산만함의
탄생

산만함의 탄생

생각하는 법을 잃어버린 사람들

매기 잭슨 지음 | 왕수민 옮김

다산
초당

짤막한 이 글을 쓰려고 책상에 자리 잡고 앉았을 때 마침 컴퓨터 화면 불빛이 깜박거렸다. '새로운 이메일이 도착했습니다'라는 표시였다. 현대인을 고민에 빠뜨리는 난국이 발생한 순간이었다. 둘 중 하나를 택해야 했다. 막 꼬리에 꼬리를 물기 시작한 생각의 단상을 붙들고 있느냐, 아니면 누가 무슨 목적으로 내게 인사를 건네고 있는지 확인하느냐. 이 어려운 국면에서 빠져나오기는 어렵지 않았다. 당연히 나는 받은 메일함으로 들어가 내용을 확인했다. 메일은 곧 전화를 걸 테니 상원에 상정 중인 기후 변화 관련 법안에 대해 잠시 이야기를 나눌 수 있는지를 묻는 내용이었다. 내가 응낙의 답장을 보내자 전화가 걸려 왔고, 그렇게 반 시간을 날려 보낸 뒤에야 나는 다시 자리에 앉을 수 있었다.

일상에서 끊임없이 되풀이되는 이 잠깐의 순간에서 손해와 이득이 정확히 얼마만큼인지 난 잘 가늠하지 못하겠다. 언뜻 보면 누군가와 교류하기가 몇 년 전에 비해 훨씬 수월해지기는 했다. 하지만 또 어떻게 보면 한 자리에 앉아 무엇이든 곰곰이 생각하기는 불가능해졌다.

산만함은 인간이 늘 겪어 온 일이다. 단 몇 분만 명상을 하려고 해도 인간의 의식이 얼마나 안절부절 못하고, 마음이 원숭이처럼 요동치는지 알 수 있다고 현인들을 일렀다. 그런데 인간의 그러한 산만함을 배가시키는 데 공모하는 요인들이 지금은 도처에 널려 있다. 발전한 기술 문명으로 인해 주의력 결핍은 어디서고 일어난다. 우리 뇌를 만족시켜 줄 무언가를 거의 언제나 손에 넣을 수 있다. 라디오나 음악을 듣지 않은 채 운전하는 시간이 과연 있는지. 또 호텔 방에 들어가면 십중팔구 TV를 켜거나 컴퓨터에 연결할 랜선을 찾는다. 한때 바쁜 일상 속 맘 편한 휴식을 제공하던 카페나 버스, 비행기에서도 우리는 실시간으로 연결된다.

이런 물결 속에 몸을 맡기고 있으니, 정작 우리는 현실을 잘 인지하지 못한다. 어떤 인위적인 상황이 간섭하지 않는 한에는 말이다. 그 인위적인 상황이란 역설적으로 자연 그 자체를 뜻한다. 이따금 일어나는 정전은 귀찮기도 하지만 어떻게 보면 우리에겐 선물이다. 긴 시간 홀로 여행을 떠나 보면 우리는 퍼뜩 신기한 사실을 깨닫는다. 처음 이삼일 동안은 CNN 방송 같은 잡음이 우리 내면에서 지직거리지만, 어떤 순간에 이르면 모든 의견, 계획, 장광설이 바닥나면서 잠시나마 아무 소리 없이 고요해진다. 그런데 그 순간이 묘하게도 편치가 않다.

풍성하고도 섬세한 이야깃거리와 일목요연한 정리가 돋보이는 이 책을 읽으면, 집중하지 못하는 우리 모습에 집중하지 않을 수가 없다. 그러는 사이 이 책은 알게 모르게 '우리는 과연 무엇을 위하여 살아가는가?' 하는 불편한 질문을 던진다. 과연 일상이 얼마나 바쁜가로, 무작위로 주어지는 여러 일들을 동시에 얼마나 많이 해내느냐로 인생의 목적을 가늠할 수 있을까? 패기 넘치는 이 글에서 매기 잭슨은 인간적인 모습은 무엇인지 예리한 질문을 제기한다. 우리가 더 명확하게, 천천히, 그리고 깊이 있게 사고해야 할 필요가 있지 않은지 묻는다.

받은 메일함 불빛이 또 다시 깜박이며 관심을 가져 달라고 아우성을 친다. 새로운 것에 사족을 못 쓰는 나는 불빛이 이끄는 대로 따라간다. 깊이에 대한 갈망 때문에 못내 아쉬운 마음이 드는 채로.

– 빌 맥키벤Bill McKibben(『자연의 종말』 저자)

지금 더 시급한 과제가 된 '산만함'

탁탁 받아치듯 가쁘게 오고 가는 대화, 쉴 새 없이 날아드는 짤막짤막한 농담들. 뉴욕의 한 소극장에서 나는 주의력결핍장애인 아홉 살 아들을 둔 엄마의 사투를 그린 연극 〈산만함Distracted〉을 관람 중이었다. 이 연극을 본 게 2009년이다. 무대 위에는 텔레비전 모니터들이 거대한 벽을 이룬 채 늘어서서 스포츠, 뉴스, 시트콤 화면을 쏟아내며 관객들의 관심을 서로 받겠다고 무대 위 배우들과 경쟁을 벌이고 있었다.

이 책을 처음 집필했을 때 세상은 그 어느 때보다 시끄럽고 과부하되고 있었다. 오늘날의 삶이 끝없는 아우성으로 가득하다는 것은 굳이 노트북이나 블랙베리, 그리고 이것들의 새로운 경쟁품인 아이폰을 켜지 않아도 알 수 있었다. 다만 이것들이 우리의 마음과 정신을 풍요롭게 할 새로운 자산일지, 아니면 두려워해야 할 불필요한 과잉일지 우리는 알 수 없었다. "이 작품은 주의력 결핍 사회를 다루고 있습니다." 〈산만함〉의 극작가 리사 루머Lisa Loomer가 인터뷰에서 한 말이다. "이런 주의력 결핍이 사회적 역기능인지, 그저 다른 시대와의 차이일 뿐인지는 잘 모르겠습니다."[1] 어쨌거나 당시는 추월차선을 요리조리 잽싸게 내달리며 살고픈 우리의 열망이 최고조로 달했던 때였다. 멀티태스킹은 직원이 숙달해야 할 직무 중 하나이자 성공의 보증 수표였다. '산만함'의 문제는 나와는 상관없는 누군가 떠안은 짐이거나 혹은 그냥 시대에 발맞추지 못하는 이들이 겪는 고충이기만을 우리는 바랐다. 우리는 이런 삶의 방식 때문에 치러야 할 대가에 별로 관심을 가질 필요가 없었다. 아니 정확히 말하면 그럴 필요가 없다고 생각했다. 우리 앞에 펼쳐질 미래는 창창했으니까. 연극 〈산만함〉은 한편의 코미디로 내걸린 것일 뿐이니까.

하지만 흐름이 뚝뚝 끊기고 초점이 분산되는 삶의 모습은 이제 더는 가려지지 않는다. 집중력의 위기는 이제 눈부신 기술의 발전이 더욱 막강한 위력을 떨치게 된 세상의 무대 한 가운데를 차지한 화두가 되었다. 우리는 매일매일 자질구레한 일들에 얽매여 헤어나지 못하고, 얼굴을 맞대지 않고 파편적으로 사람을 만나며, 집중력은 여기저기로 흩어진다. 이는 더 이상 바쁘게 살아가는 극소수만 겪는 일이 아니다. 갓 걸음마를 뗀 아기들조차 그 초

롱초롱한 눈망울로 눈앞의 화면만 응시한다. 자기들 부모가 넋 놓고 바라보는 그 반짝거리는 작은 상자만 있으면, 세상의 모든 문제에 대한 딱 떨어지는 쉬운 답들이 나온다는 사실을 아이들은 일찌감치 터득한다. 여기저기로 주의를 뻗는 것을 높이 치는 시대이다 보니, 젊은이들은 수업에서건 저녁 식사에서건 혹은 사무실에서건 건널목에서건 반은 정신이 딴 데 가 있도록 훈련받는다고 해도 과언이 아니다. 한 통계에 따르면, 도파민이 가미된 보상을 한 번이라도 더 얻으려고 사람들이 기기를 확인하는 일은 하루 평균 85회 혹은 그 이상에 달한다고 한다.[2] 지금 여기 말고 다른 데에 있으라는 세이렌의 노랫소리에 너무도 길든 나머지, 휴대전화가 조용히 그 자리에 있는 것만으로도 우리의 집중력은 눈에 띄게 훼손된다.[3] 판도라의 상자가 열려버린 것이다. 그 속에서 우리는 점점 더 분열과 불안을 느낀다. 최신의 기술이 자신의 삶에 전반적으로 긍정적 영향을 미쳤는가에 대한 미국인의 의견은 거의 반반으로 갈린다.[4] 현재 미국의 중등교육 교사들은 첨단기술이 학생들의 학습을 돕기는커녕 주의를 더욱 산만하게 만든다고 생각한다.[5] 이 모든 일은 진보를 위해 치러야 하는 대가일 뿐일까? 아니면 우리는 본연의 인간다움은 점점 잃어가는 채, 그저 신기루를 좇기에 바쁜 것일까?

처음 책이 출간되었을 때 이 책은 이미 이런 일이 일어나리라 미리 경고한 셈이었다. 하지만 우리 스스로 키우고 있는 위기가 어떤 것인지, 심지어 우리의 산만함이 얼마나 심한지 깨닫는

데에 우리는 지독히 더디다. 예를 들어 멀티태스킹 중독자들은, 여러 가지를 동시에 잘 해내는 능력은 가장 떨어지는데도 자신의 다중 작업 능력이 누구보다 강하다고 믿는다.[6] 더없이 근사한 물건인 스마트폰을 한번 생각해보자. 다수의 연구 결과를 보면 대부분의 사람은 곁에 기기들을 두어 집중력이 손상되는데도 자신은 그기기들에 전혀 영향을 받지 않았다고 주장하곤 한다. 과학자 애드리언 워드Adrian Ward가 말한 산만함이라는 두뇌 유출brain drain 현상을 인식하지 못하는 것이다.[7] 이러한 사람들의 태도는 우리 시대가 처한 가장 시급한 문제에 정면으로 맞설 준비가 되었다는 뜻일까? 내 생각에는 점점 커지는 불안이야말로 우리의 출발점이될 수 있는데, 이 불안을 박차로 삼아 우리는 한시라도 빨리 깨달아야 한다. 집중력이야말로 지혜, 돈독한 관계, 창의성의 초석이자이 순간의 운명과 미래의 틀을 결정할 능력이다. 이제는 진정 중요한 것에 초점을 맞추고 집중력에 마땅한 가치를 부여할 때이다.

더는 생각하지 않는 사람들

내가 이런 글을 쓰는데 때마침 해커들이 우리의 개인정보와자료를 제멋대로 건드리는데 페이스북, 트위터, 구글, 애플이 뒷짐만 지고 있었다는 대중들의 성토가 쏟아졌다. 하지만 가장 심란한사실은 그간 우리 머릿속을 해킹해온 장본인이 우리가 그토록 존경해 마지않던 그 신기술 발명가들이라는 사실이다. "우리의 집중력은 우리의 가장 소중한 자산인 동시에 그들의 가장 소중한 자산이다. 이 자산을 그들은 악용해왔다." 비평가 플랭클린 포어Franklin Foer가 쓴 글이다.[8] 트리스탄 해리스Tristan Harris는 구글을 등지고 나온 후 '세계 최고의 수재들'이 어떻게 두뇌-해킹 기술을 고안해 사람들의 온라인상 일거수일투족에 영향을 끼쳤는지를 만천하에 밝혀 세간의 갈채를 받았다. 슬롯머신의 잭팟처럼 두둑한 보상을 주어 우리가 기기로부터 벗어나지 못하도록 하는가 하면, 뭔가 급박한 일이 있는 듯 알림을 수시로 보내 일상에 끼어들기도 하고, 영상 자동 재생을 통해 우리의 자율성을 침해하기도 한다.[9] 나날이 정교해지는 기술들은 인간 생존의 밑바탕이 되는 인정 욕구를 악용하고 있다. "악마의 작품이죠." 어느 날 장례식장에서 밤을 새우고 있을 때 한 영업사원이 자기 휴대전화를 들어 올리며 한 말이다. 그는 시달리는 기색이면서도 어딘가에서 늘 자신을 필요로 한다는 사실, 정확히 말하면 자신의 기기가 어딘가에서 그를 늘 필요로 한다는 걸 알려준다는 사실이 한편으로는 자랑스러운 눈치였다. 곁눈질로 슬쩍 보니, 우리가 관 앞에 다다르기 직전에도 그는 문자 메시지를 마저 보내려 안간힘을 쓰고 있었다.

그렇다면 우리의 인지적 자유cognitive liberty를 구하기 위한 최선의 방편은 과연 도피일까?[10] 교수들은 정서가 영 불안한 학생들에게 기기 사용을 잠시 멈추는 것을 과제로 내주기도 한다. 스마트폰이나 컴퓨터 등 디지털 기기 없이 사는 디지털 디톡스를 하려는 사람들이 늘어나면서 세계 곳곳의 호텔에서는 고객의 기기들을 안전한 곳에 보관한 뒤 첨단기술이 아예 없는 스파나 객실로 고객을 안내하는 상품들을 제공한다.[11] 우리는 멈춤 버튼을 누르면 산만함이 억제된다고, 그러면 집중력을 도둑맞은 시대에 우리가 잃은 그 모든 것이 마법처럼 되돌아올 거라고 믿는다. 이런 믿음 속에는 '자연으로 돌아가라'는 말로 유명한 프랑스 철학자 장자크 루소가 말했을 법한 낭만주의풍의 희망이 담겨 있다. 기기를 놓고 물러날 수 있다면 우리는 디지털의 독소를 깨끗이 씻어내고 집중하는 능력을 회복할 수 있을 거라고 말이다. 그렇게만 된다면 우리는 영국의 낭만주의 시인 존 키츠가 〈영혼에 바치는 송가Ode to Psyche〉에서 썼듯, 다시 "바삐 돌아가는 두뇌가 짜내는 아름다운 화관 장식 격자무늬" 속에서 환희를 만끽할 수 있을 것이다.[12]

하지만 우리는 너무도 자주 흔들린다. 페이스북 단식이나 미디어 안식일 실행에 여지없이 실패하고 만다. 일정 시간은 전자기기에서 손을 떼는 게 정신건강에 중요하다고는 생각하는 미국인이 65퍼센트에 달하지만, 이를 실행으로 옮기는 사람은 그렇게 답한 사람의 3분의 1도 채 되지 않는다.[13] 한 실험에서는 10개국 1,000명의 학생 대부분이 미디어 없이는 24시간도 견디지 못하는 것으로 나타났다. 과제로 내주어도 마찬가지였다. 일부 학생은 단 30분 만에 포기해버리기도 했다.[14] 내가 이 프로젝트의 예비 연구에 참가한 메릴랜드대학 학생들을 상대로 인터뷰를 했을 때도 디톡스의 장점을 인정한 학생들은 많았다. 디톡스를 하자 공부에 더 집중하는 동시에 더욱 생산적이 될 수 있었다고 했다. 하지만 미디어가 없을 때의 조용하고 외로운 생활에 학생들은 불안을 느꼈다. "저는 거의 제정신이 아니었어요"라고 보스턴 출신의 언론학 전공 학생은 말했다. "그 어떤 것과도 연결될 수가 없었어요."[15] 결국 산만한 생활의 거대한 힘들은 너무 쉴 새 없고, 너무 불가피하고, 아울러 정말이지 너무도 유혹적이어서 단순히 잠시 끊는 것만으로는 그 힘을 도무지 길들일 수 없는 것처럼 보인다. 그 결과 답을 찾기 위해 외려 우리는 다시 점점 더 기계로 눈을 돌린다. 우리를 괴롭히는 기계를 통해 이뤄지는 그 갖가지 놀라운 것들이 결국엔 우리를 잘 보호해주길 바라면서 말이다.

"첨단기술은 더 쉬운 삶을 약속했으나 더 복잡하게 만든다. 결국 더 많은 기술이 답이다." 우리의 기술 의존증을 억제하게 돕는 앱과 장치들을 소개한 〈월스트리트 저널The Wall Street Journal〉의 기사 제목이다.[16] 디지털 디톡스를 도와준다는 여러 앱들은 일상의 자잘한 부분까지 모두 디톡스한다는 차원에서 우리를 유혹하는 웹사이트 일부 혹은 전부를 차단한다. 아니면 여기서 한술 더 떠 순간순간 집중력을 지도해달라고 우리가 사용하는 기기에게 부탁하기도 한다. 메일함이 얼마나 비고 찼는지, 챙겨봐야 할 뉴스와 농담은 뭔지, 잠자리에 들고 일어나야 할 시간이 언제인지 알려달라고 말이다. 명상 앱을 이용해서 들어야 할 수련을 앱이 알아서 선택하게 해놓고는 나는 잠시나마 정신의 고삐를 풀고 편안히 쉰다. 얼마 안 있으면 우리의 모니터에는 '사용자 집중 모드'가

설치돼 이것이 늘 우리의 동태를 살피며 상사의 급박한 연락이나 가족의 급하지 않은 문자를 언제 어떻게 알려줘야 좋을지 알아낼 것이다. 그런데 여기서 우리가 유념해야 할 게 있다. 이 인터페이스는 인간의 습관에 대한 연구를 토대로 설계되기에 인간의 습관이 갈수록 기계에 의해 결정될 것이라는 점 말이다.[17]

기술의 발전이 불러온 폐해를 보며 우리가 괜한 짓을 했나 슬슬 후회하기 시작하면서도, 한편으로는 기술이 우리를 위해 그 어느 때보다 많은 것을 해주기를 요구한다. 그런데 더없이 매력적인 인공 지능과 완전히 밀착되듯 연결된 우리는 인공 지능을 도구보다는 코치, 현자, 간호사, 혹은 친구 같은 존재로 여긴다. 스마트폰 사용자 중 자신의 기기를 친한 친구와 동등하게, 혹은 그 이상으로 여긴다는 이들이 전체의 3분의 1이 넘는다.[18] "알렉사, 내가이 남자와 데이트를 해야 할까?" "오늘 내 모습 어때?" "이 다음에 내가 해야 할 게 뭐더라?" 스마트폰 사용자는 이 같은 질문을 AI로 구동되는 조수들에게 던지고, 이런 기기를 사용하는 미국인만 2,500만 명에 달한다.[19] 우리가 누구보다 믿고 존경하는 기기에게 우리의 집중력을 맡기는 것은 그야말로 식은 죽 먹기다. 스위치만 누르면 우리는 종잡을 수 없는 우리 마음에 계속 신경을 써야 한다는 부담감을 단번에 내려놓을 수 있다. 그런데 정말 그럴까? 딸애가 열한 살이었을 때 그 애가 다니던 학교의 행정처에서 수업이나 집에서 쓰라며 전교 학생에게 노트북을 한 대씩 빌려준 적이 있다. 그런데 학생들이 노트북을 엉뚱한 용도로 사용하는 일이 걸

잡을 수 없이 많아지자 깜짝 놀란 학교 당국에서는 이내 '자기 통제'라는 앱을 아이들의 컴퓨터에 일일이 깔았고, 이런 대응에 딸은 어리둥절해할 뿐이었다. "엄마, 이게 무슨 자기 통제에요!"

우리가 우려를 떨치지 못한 채 이런저런 실험을 하는 건 당연하다. 디지털 시대에는 화려한 기술이 집중력을 점점 침식할 수밖에 없으니 말이다. 그런데 여기서 중요한 것은 기기들을 만병통치약이 아닌 유용한 도구로 보아야만 산만함을 억제하기 위해 갓 시작된 노력의 토대가 될 수 있다. 하지만 딸아이도 간파했듯 단순히 우리가 기계의 탁월한 성능이나 폐해, 혹은 기계의 부재나 존재에만 시선을 좁혀서는 집중력의 위기를 풀어갈 해법을 손에 넣지 못한다. 한마디로 우리는 지금 제대로 질문을 던지지 못하고 있으며, 무엇보다 우리 자신에 대해 충분히 묻고 있지 않다는 이야기이다. 그리고 이 때문에 생겨나는 공백은 결코 디톡스나 앱으로 메워지지 않는다. 오히려 이런 방법들은 지속적인 변화는 낳지 못한 채 공염불로 끝날 때가 너무 많다. 이제는 한 발 뒤로 물러서서 오늘날 삶의 리듬과 가치로 인해 한층 강화되고 있는 산만해지기 쉬운 본성을 우리는 직시해야만 한다. 그렇게 한다면 산만함은 그저 우리 주변에만 있는 게 아님을 발견하게 된다. 지금은 산만함이 그 어느 때보다 우리 안으로 들어와 있다. 그리고 이 사실을 깨닫는 순간이야말로 우리가 흔들리지 말고 마음을 다잡아야 할 때이다. 집중력을 관리하는 법을 배우는 고된 작업을 시작할 수 있는 게 바로 이때이기 때문이다. 산만함이 가하는 이 불편한 도전은 단순히 수시로 고요한 순간을 갖거나 스위치를 누르는 식의 손쉬운 방법으로 이뤄지는 게 아니다. 자신을 외면하고 뒤로 물러서는 것만으로 우리는 절대 산만함과 제대로 맞붙을 수 없다.

잃어버린 집중력을 되찾기 위해서 우리에게는 이런 질문이 더욱 필요하다. 정보 과부하의 시대를 잘 헤치고 살아가기 위해 온라인 혹은 오프라인에서 가장 필요한 집중력 기술은 무엇일까? 그리고 어떻게 해야 그 기술을 연마할 수 있을까? 기기를 발명하거나 사용할 때 어떤 가치를 중요하게 생각해야 할까? 그리고 그 가치는 우리의 능력을 어떻게 결정지을까? 분산된 집중력이 필요한 때는 언제이며 멀리해야 할 때는 또 언제일까? 단순 데이터를 지식으로, 불신을 배려로, 전염병처럼 퍼진 산만함을 정교하게 돌아가는 정신으로 만들기 위해서 우리는 잃어버린 이런 시선부터 되찾아야 한다.

더 집중하기 위해서

『산만함의 탄생』이 처음 출간되고 얼마 안 됐을 때, 한 잡지 칼럼니스트가 이 책을 생물학자 레이첼 카슨의 책 『침묵의 봄』이라는 책과 비교한 적이 있다. 이 책은 유독한 농약 때문에 생태계가 입는 피해를 고발한 역작이다.[20] 내 책을 그런 책과 비교하다니 나는 무척 놀랍기도 했고 자못 흥미롭기도 했다. 카슨도 그랬지만,

나도 설득력 있는 주장과 연구를 통해 점차 형체가 드러나고 있는 중대한 위기를 사람들에게 한시바삐 일깨워야겠다는 생각이었다. 아울러 더없이 대단한 우리의 발명품을 무작정 믿기만 하면 얼마나 큰 대가를 치러야 하는지를 일깨우고 눈앞의 이익에만 매달리는 시대에 먼 미래에도 눈길을 주어야 한다는 사실을 알리고 싶었다. 그런데 카슨의 책을 면밀하게 살펴보니, 비슷한 점이 하나 더 눈에 띄었다. 두 책 모두 처음에는 세간에서 오해를 샀었다는 사실이다.

카슨의 책이 출간된 1960년대 초반, 일각에서는 카슨이 쓸데없는 불안을 조장한다며 그를 깎아내렸다. 하지만 당시 카슨은 농약을 완전히 금지해야 한다고 주장한 게 아니라, 농약이 생태계의 미묘한 균형에 미치는 장기적 결과를 고려해 농약을 현명하게 사용해야 한다고 주장한 것이었고, 이는 수많은 과학자가 환영해 마지않는 입장이다.[21] 이와 비슷한 맥락에서, 『산만함의 탄생』이 나왔을 때 초기 비평가들도 나를 향수병 걸린 사람으로 취급하며 인류가 집중력의 황금기 시절, 즉 첨단기술이 존재하기 이전으로 돌아가기라도 해야 하냐며 몰아세웠다. 하지만 나는 산만함, 개입, 또는 모든 디지털 문명을 근절하자는 뜻이 절대 아니었다. 이 책을 통해 나는 즐거움과 답이 즉각 얻어지는 세상의 놀라운 일을 수없이 나열하고, 그와 함께 집중과 관련된 우리의 갖가지 능력을 오롯이 활용해 이런 산만함이 과해지지 않게 막을 방법을 탐구했다. 우리는 집중력 붕괴 현상의 가장 선두에서 연구하는 과학자들을 통해 최근 새롭게 조명받는 집중력의 가소성에 대해 알게 된한편, 이 기술을 훈련하는 방법도 함께 배워나가고 있다. 더욱 넓은 맥락, 더욱 깊은 관점으로 보면 우리 시대가 짊어진 난관을 헤쳐 나갈 길이 트일 것이다. 그러나 결국 이 책에 담긴 섬뜩한 결론을 우리는 잊어선 안 된다. 산만한 삶에 이대로 굴복해 버리면, 우리는 우리가 하는 일의 표면에만 매달리게 되며 그 결과 정신은 강탈당하고 미래는 더 성장하지 못 할 것이다. 더 이상 우리는 우리 삶의 방식을 선택할 처지가 아니다.

나는 오늘날이 우려스럽기도 하지만, 한편으로는 희망을 안고 있다고 생각한다. 전염병처럼 만연한 집중력 결핍이 불러오는 대가는 점점 커져 간다. 멀티태스킹에만 열심히 매달리면서 자유롭게 사고할 여지는 없어지고[22] 무언가로부터 계속 알림을 받아 생산성은 떨어지고 스트레스는 커지며[23] 중요한 순간에도 부차적이고 사소한 것에 이끌려 도로, 철도, 비행기에서 삶을 허비하곤 한다. 이제는 삶의 무대 중앙을 떡하니 차지하고 있는 문제를 어설프게 땜질하고만 있어서는 안 된다. 그저 아니라고 발을 빼며 뒷짐을 지고 있을 때는 지났다. 이 책의 결말부에 제시된 비전도 집중력의 르네상스가 도래했다는 것이다. 집중의 힘을 예리하게 가다듬으면 우리를 거의 익사시킬 듯 쏟아지는 데이터의 홍수 속에서도 지혜를 얻을 수 있다. 헐거워지는 인간관계만이 남아 있는 이 시대에 남의 이야기를 귀담아듣고, 그들의 가치를 인정하고, 또 그들을 보듬을 힘을 회복할 수 있다. 언제, 그리고 어떻게 집중해야 할지를 알면 우리를 찾아올 재정 붕괴, 전염병처럼 번지는 마약, 테러 공격, 혹은 기후 위기를 피할 방도도 더 잘 마련될지 모른다. 우리 어깨에 놓인 짐을 제대로 떠안기엔 지금도 늦지 않았다. 가장 고차원적인 인간 능력을 어떻게든 되살릴 수만 있다면 우리는 우리의 불안한 마음을 대단한 것으로 바꿀 수 있다.

언젠가 버지니아주 알렉산드리아의 한 도서관에서 사람들을 모아놓고 『산만함의 탄생』에 관해 강연한 적이 있었다. 강연을 마쳤을 때 누군가가 번쩍 손을 들더니 이렇게 말했다. "지금 선생님께서 일으킨 이 혁명은…." 맨 앞줄에 앉아 있던 여인이 이렇게 말문을 열었다. 그녀가 던진 나머지 질문 내용이나 당시 내가 얼마나 놀랐던지는 지금은 더는 기억나지 않는다. 하지만 몇 년이 지난 지금도 그녀의 확신은 선연히 떠오른다. 그때 내가 갖은 애를 쓰며 하려 했던 일을 그녀는 당사자인 나보다도 훨씬 더 잘 알고 있었다. 사전적 정의에 의하면 혁명은 '반란', '변신', 혹은 '전환점'이라는 말로 풀이된다. 한 마디로 집중해서 전혀 새로운 모습으로 거듭나야 한다는 의미이다. 그 변신을 이제 시작해보자.

집중력을 회복하는 일은
우리 자신을 되찾는 일이다

여기는 유리 부스 안, 나 혼자다. 듬성듬성 이어지는 대화, 사금파리처럼 조각난 데이터, 서로 충돌을 일으키는 이야기가 소용돌이치는 태풍처럼 유리방 안을 휩싸고 있다. 1인 감상용 연극이 펼쳐지는 부스는 조그만 카페로 단장되어 있다. 테이블 하나와 의자 두 개가 있고, 조화 데이지 한 송이가 꽂힌 꽃병과 노트북 한 대가 테이블 위에 놓여 있다. 관객이 테이블에 앉아 버튼을 누르는 순간 연극은 시작된다. 연극이라지만 배우도, 실제 음성도, 다른 관객과의 공감도 없다. 달그락거리는 접시 소리와, 손님들의 웃음소리를 배경으로 숨죽인 채 대화를 나누는 두 사람의 목소리가 들려온다. 마치 옆 테이블 이야기를 엿듣는 느낌이다.

몰래 만나고 있는 듯한 남자와 여자의 이야기를 들어 보니, 자기 배우자들이 온라인 채팅 속 불륜 사이가 아닌지 걱정하고 있는 것이었다. 이때 노트북 화면이 켜지면서 메신저 대화창이 뜨고, 온라인 채팅창에서 연인들이 서로에게 속삭이는 말들이 화면에 나타난다. 이들은 온라인에서만 이뤄지는 사랑이란 게 정말 실재하는지, 그 폐해는 없는지 열띤 논쟁을 벌인다. "당신은 우리가 불륜을 저지른다고 생각하는 거야? 우리가 부정한 짓을 하는 건 아니잖아." 한 사람이 이렇게 말하자, "그러면 죄책감은 도대체 왜 드는 거지?"라며 연인이 반박한다. 나는 온라인과 오프라인의 두 공간에서 동시에 일어나는 두 커플의 대화에 흠뻑 빠져든다.

다음 부스에도 차례차례 들어가 보았다. 여섯 개의 부스에서 여섯 편의 단막극을 감상할 수 있었으며, 처음부터 끝까지 컴퓨터가 이야기를 들려주었다. 이런 것을 '테크놀로지 연극'이라 한다. 버튼 하나만 누르면 기계 작동만으로 우리의 열정, 불신, 비인간화를 담은 드라마가 펼쳐진다.[1] 나는 이 연극들이 첫 선을 보이는 순간을 맞추느라 세 시간을 차를 몰고 달려온 참이었다.

다음 방에서는 유명 극작가 리처드 드레서Richard Dresser의 〈본사에서 보내온 인사Greetings from the Home Office〉란 작품이 공연되었다. 사무실용 책상에 앉으면 관객은 한 회사의 신입사원 역할을 하게 된다. 이 회사는 지금 혹시 터질지 모르는 분식 회계 스캔들 때문에 한바탕 소동을 겪고 있다. 전화가 울린다. 전화를 건 광분한 여성은 사장이 자신의 과오를 덮어 가리려 한다고 말한다. 이어 걸려 온 전화에서는 사장이 나긋나긋한 목소리로 그 밀고자의 말은 무시해야 한다고 이른다. 그 여자가 자신에게 앙심을 품은 옛 애인이라면서 말이다. 종국에 나는 둘 중 누구를 믿을 것인지 반드시 선택을 해야만 한다. 정보도 불완전하고 관계된 사람들의 얼굴도 모르는 채 말이다. 〈칩Chip〉이라는 또 다른 연극에는 평범해 보이는 ATM 기계가 등장한다. 그런데 설정상 이 기계가 고장이 나 내 손가락 안에 박혀 있는 신분 확인 칩을 인식하지 못한다. 이 상황에서 ATM 기계와 전화기 속 은행 대표는 서로 다른 행동 지침을 알려주고, 그 사이 기관총을 난사하는 경비 직원들이 가까이 다가오는 소리가 들린다. 기계는 내게 뒤를 돌아보지 말라 하지만, 겁에 질린 채 어깨 너머를 흘깃 쳐다보지 않을 수가 없다.

이러한 테크놀로지 연극에는 게임, 테마 파크, 첨단 기술을 이용한 스토리 전개 등의 요소가 골고루 갖춰져 있다. 그래서 순식간에 가상 세계 속으로 빠져 들어 눈에 보이지도 않는 것들을 제자리에 놓고, 제대로 이해되지 않은 일들에 대해 결정을 내리며, 100퍼센트 신뢰하지 못하는 사람들과 이야기를 나누어야 한다. 연극의 이야기는 듬성듬성 잘려나가 있고, 그 의미도 딱히 방향성이 없다. 우리 인생은 이런 식이 아닌데 말이다. 아니, 그렇던가?

나는 마지막 부스의 문을 닫고서 터덜터덜 내 차로 돌아왔다. 집으로 향하는 길에도 나는 이 짤막한 연극들이 남긴 뒤숭숭한 기분을 도무지 떨칠 수 없었다. 연극들은 용케도 현재 우리가 살아가는 모습을 짧은 시간 안에 농축해 보여주었다. 우리는 정보의 홍수 속에 이리저리 떠밀려 다니고, 속사포처럼 쏟아져 충돌하는 이미지의 물줄기에 녹초가 된다. 끝없이 펼쳐지는 가상 세계 속에서 하염없이 방황하는 사이, 신뢰를 느끼며 서로 얼굴을 맞댈 기회는 우리 손에서 스르르 빠져나가 버리고 만다.

점점 더 다층적이고, 가상적이고, 쉽게 변하는 이 세상을 어떻게 하면 더 잘 이해할 수 있을까? 여섯 편의 이 짧막한 연극은 알게 모르게 우리 삶에 드리워지고 있는 어두운 그림자를 연출하고 있는 것은 아닐까? 위험을 무릅쓰고 고개를 돌려 어깨 너머를 볼 용기가 과연 우리에게 있는지 모르겠다.

현재 우리가 이용할 수 있는 웹사이트는 10억 개 이상, 출간된 책은 수백만 권, 운영 중인 블로그는 7,500만 개에 달하며, 그외에도 갖가지 정보의 눈보라가 우리를 덮친다.[2] 그런데도 우리는 다른 업무들을 처리하는 와중에도 구글 검색이나 트위터 피드 속에서 허겁지겁 훑어볼 정보를 검색하는 일에 점점 더 매달린다. 그러다 보니 약속을 몇 번이나 취소했다 다시 잡는 건 다반사고, 정작 만난 순간에도 쉴 새 없이 메시지를 보내거나 통화를 하며 정신이 없다. 새로운 기술이 한창 찬란한 미래를 약속하고 과학이 무궁무진한 가능성을 지닌 것처럼 보이는 이때, 한편으로 사회적 유대가 얕아지고, 지식이 파편화되며, 직접적 감각에서 멀어지는 문화가 양산되고 있다. 이 새로운 세상에서는 뭔가 아쉽다. 다름 아닌 집중력을 찾아볼 수가 없는 것이다.

잃어버린 집중력

이 책에 깔린 전제는 간단하다. 지금의 방식대로 살다 보면 깊이 있고 민감한 집중력을 발휘하기가 점점 더 힘들어진다는 것이다. 그러한 능력이 사람들 사이의 *끈끈한* 관계와 지혜, 그리고 문화 발전을 이루는 초석인데도 말이다. 게다가 이러한 산만함은 우리 자신이나 사회에 커다란 손실을 불러올 수 있다. 단도직입적으로 말하면, 집중력은 우리 인간의 기본적 특징이자, 사회의 디딤돌이기 때문이다.

1890년 철학자 윌리엄 제임스William James는 이렇게 말했다. 집중력이란 "동시에 존재할 수 있는 여러 사물이나, 꼬리에 꼬리를 무는 생각 중 어느 한 가지를 분명하고 생생하게 마음에 담는 것을 말한다. 이는 어떤 일을 효과적으로 하기 위해 그 외의 잡다한 일들은 그만둔다는 의미다. 이때에는 뇌가 혼란스럽고, 멍하고, 산만한 것과는 정반대 상태가 된다."[3] 오늘날 우리는 집중력에 대해 훨씬 많은 걸 알게 되었다. 나아가 집중력에 대해 알면 알수록 그것이 우리 삶에서 얼마나 중요한지를 부정할 수 없게 된다. 인지신경학자 마이클 포스너Michael Posner의 이야기에 따르면, 집중력은 상호 관련성을 가지고 작용하는 일종의 기관계로서 우리 몸의 호흡계나 순환계와 다를 게 없다. 즉 집중력은 뇌에서 여러 가지 정신 작용을 이끄는 오케스트라 지휘자의 역할을 한다. 집중력의 다양한 작동망은 고차원의 사고뿐 아니라 우리의 윤리 의식,

심지어는 우리의 행복을 이끄는 데 핵심적인 열쇠다.

우리는 점점 그 집중력을 분산시키며 살아가고 있다. 제임스는 마음속에 무언가를 명확하고 생생하게 담는 것, 질서를 세우는 것, 초점을 맞추는 것을 집중력이라 했다. 그런 마음 상태가 되기가 살면서 점점 더 어려워지고 있다는 사실을 우리는 어렵지 않게 실감한다. 가상 세계가 우리를 유혹하고, 한 번에 여러 가지 일을 해 주는 사람들과 물건에 중독되어 헤어나기 힘들기 때문이다. 또 사람들은 끊임없이 돌아다니며 '무언가 하는 게 좋다'는 생각을 무슨 종교적 교의처럼 신봉한다. 바로 이러한 것들이 우리가 산만함의 세계에 살고 있다는 징표다. 제정신을 차리고 산다는 느낌을 가지기가 힘든 것도, 하루하루가 언제나 붕 뜬 것같이 느껴지는 것도 다 이 때문이다. 여차하다 우리 사회는 한 곳에 오랫동안 깊이 초점을 맞추는 능력을 잃어버릴지 모른다. 한마디로 우리는 또 한 번 암흑기로 미끄러져 들어가고 있는 것이다.

첨단 기술의 기적이 일어나는 시대에 암흑기라니…. 물질적 풍요와 정보가 넘쳐나고, 창의성을 통한 비약적 발전이 이루어지는 지금이 어떻게 쇠퇴로 접어드는 길이란 말인가? 유전 정보를 해독하고, 해저 지도를 만들고, 뇌의 심층부까지 파고들어 손에 잡히지 않는 추상적인 개념까지 이해하기 시작한 지금을 어떻게 문화 쇠퇴기라 이를 수 있다는 말인가? 하지만 좀 더 자세히 들여다보라. 그러면 옛날 중세 시대의 암흑기와 우리가 살고 있는 지금 시대의 여러 가지 비슷한 점들이 눈에 확연히 들어올 것이다. 그렇다면 왜 지금을 기점으로 사회적·문화적 손실이 점점 늘어난다는 것일까? 그 이유를 이해할 때 핵심 열쇠가 되는 것이 바로 집중력의 분산이다.

먼저 암흑기의 특성을 잘 파악해 두도록 하자. 암흑기라고 해서 반드시 일차원적으로 밑도 끝도 없는 붕괴가 일어나지는 않는다. 그보다 암흑기는 역사에서 일종의 '전환점' 역할을 한다. 이 시대에는 물질적 풍요가 넘쳐 위대한 기술과 여타 방면의 발전이 이루어지지만, 종국에는 문명이 쇠퇴하면서 집단 기억에서 사라져버리는 황량한 시간이 되어 버리고 만다. 중세도 기술적인 면에서는 풍요로운 시대였다. 안경, 유리창, 난로, 풍차, 등자(말 안장에 달린 발 받침대), 나침반, 기계식 시계, 항해용 키 등이 발명되었다.⁴ 그러다 6세기에 접어들면서 유럽 대륙의 대규모 도서관들이 홀연 자취를 감추었고, 그것도 모자라 봉건 사회가 성립되면서 도서관에 대한 기억마저 사라졌다고 토마스 카힐Thomas Cahill은 지적한다.⁵ 기원전 10세기에 강성했던 미케네 제국이 무너지고 난 후 그리스인들은 당대 최고로 손꼽히는 대형 갤리선과, 병사들을 사각으로 배치하여 진을 치는 '방진'과 같은 군사 전술을 개발하는 쾌거를 이루었다. 올리브를 식용으로 재배하기 시작한 것도 이때가 처음이었다. 하지만 그리스가 500년간의 기나긴 암흑기로 접어들면서 전반적인 생활수준은 급격히 떨어져 버렸고, 조각, 건축, 예술, 농업 분야에서 이루어진 발전도 슬그머니 자취를 감추었다. 구슬을 만들던 재료도 전에는 호박으로 구슬을 만들었으나 뼈를 가지고 만들기 시작했다. 또 벽을 장식하는 그림과 정성스레 세공한 보석 대신 진흙 작품들이 예술의 주류를 이루었다. 죽은 사람의 시신도 아름다운 건축물이 무너져 내린 폐허에다 묻었다. 심지어 기원전 1400경~1150년경 그리스어를 표기하는 데 사용된 음절 문자인 '선형 B문자'라는 문자 체계가 서서히 몰락하고 알파벳이 도입되는 과도기를 거치면서 글마저 쇠퇴의 길을 걸었다.[6] 얼마든지 찬란해 보일 수 있는 게 암흑기다. 하지만 전체를 살펴보자면 문화의 '막다른 골목'이 되어 버린 숙명을 피하지 못했다.

그런데 현재 우리 문명이 그런 변모의 여정을 밟고 있는 것을 보면 몸서리가 쳐진다. 물론 우리가 조만간 나무로 지은 오두막에 살게 되거나 폐허가 된 유적지에 시신을 묻게 될 거라 주장하는 건 아니다. 그보다는 우리 역시 갖가지 혁신과 풍요를 누리는 가운데 얼마 안 가 쇠퇴를 맞을 거라는 이야기다. 역사가 케네스 클라크Kenneth Clark에 따르면 문명은 '영속성을 느끼게 해 준다는 것'이 주된 특징이다. "문명화된 인간이라면 자신이 특정 공간과 시간대에 속해 있다는 느낌을 반드시 갖게 되어 있다."[7] 따라서 시공간의 한계를 모조리 깨 버리고 자유로워지기 위해 우리가 온갖 의식적 노력을 기울이면 결국 우리 문화나 사회가 닻을 내릴 곳을 내어 주게 된다. 그 대가로 우리 손에 들어오는 건 영광스런 자유의 시대와 기술 혁신, 그리고 암흑이다. 산만한 삶의 방식을 계발할수록, 아이러니하게도 우리는 정보와 연결성이 그 어느 때보다 풍성한 시대에 태어나고도 정작 지혜를 얻고 보존하는 능력은 잃어버린 무지의 시대로 빠져들게 된다. 움베르토 에코가 서구 사회를 '신중세 시대'라 부르는 것도 바로 이 때문이다. 불안이 가득하고, 탈언어적이며, 고도의 기동성이 발휘되는 지금 시대가 탈로마를 지향하던 유럽의 중세와 비슷하다는 것이다. 『미국 대도시의 죽음과 삶』의 저자인 제인 제이콥스Jane Jacobs는 윤리나 과학같이 사회를 떠받치는 기둥에 돌이킬 수 없이 금이 간 결과 곧 암흑기가 닥칠 것이라 경고한 바 있다. 비평가 해럴드 블룸Harold Bloom은 이러한 시대를 '은폐된 암흑기'라 부르기도 한다.[8]

본격적인 쇠퇴가 진행되는 데는 수세대, 심지어 수세기가 걸릴 수 있지만, 쇠퇴의 그림자가 손을 뻗치고 있다는 직접적 증거는 도처에서 발견할 수 있다. 혼잡한 일상에서 고개를 들고 주위를 똑바로 바라보기만 한다면 말이다. 그런 의미에서 나는 독자 여러분이 잠시 하던 일을 멈추고 일상생활과 지금 이 시대에 대해 가만히 반추해 봤으면 좋겠다는 생각을 한다. 나는 이 책을 통해 '지금 이 시대의 쇠퇴와 종말' 같은 책을 쓸 생각은 없고, 그럴 역량도 없다. 그보다는 '현재 우리가 살아가는 방식과, 그것이 우리 개인과 공동체의 미래에 어떤 의미를 지니는지'를 말하고자 한다.

이를 테면 주의력결핍장애(ADD) 문제를 생각해 보자. 주의력결핍장애가 있는 아동에게 처방해 주는 리탈린이나 여타 각성제에 기대 살아가고 있는 아동과 성인이 수백만 명에 이른다는 이야기를 하려는 게 아니다. 이 장애와 관련한 논쟁이 그칠 줄 모르고 계속되는 가운데, 일각에서는 다음과 같은 불편한 진실이 종양처럼 곪아 오르고 있다. 우리의 생활 방식이 적어도 일부분은 주의력결핍장애를 더욱 부채질할 수 있다는 것 말이다. ADD가 이미 의학으로 어찌할 도리가 없는 수준이 되어 버렸다는 사실에 사람들은 각양각색의 태도를 보인다. 자조를 내비치는 사람들이 있는가 하면, 우리가 그만큼 바쁘게 지내는 것이라며 이상한 자부심을 가지는 사람도 있고, 진심으로 걱정하는 사람들도 있다. 교육가들은 교육법과 육아법을 개선시켜야 어린이들이 ADD에 걸리지 않게 예방할 수 있다고 열을 올리는 한편, ADD에 걸리는 것이 오히려 좋다며 자랑하는 사람들도 늘어나고 있다. 다른 한편으로는 학생들이 시험 볼 때 집중력을 높이기 위해 애더럴 등 기타 각성용 알약을 상습 복용하고 있다. "ADD 등 현대 생활에서 비롯되는 중증 장애가 자신에게 있는지를 스스로가 어떻게 알겠습니까?" 정신과의사 에드워드 핼로웰Edward Hallowell이 뇌의 과부하 상태를 뜻하는 주의력결핍성향(ADT)이 전염병처럼 퍼질 것을 경고하며 하는 말이다. "요즘 사람들은 지독히 바쁘고 한꺼번에 여러 가지 일을 하며 그 어느 때보다 많은 자료 수치를 늘 점검해야 합니다. 그리고 이런 경향이 더욱 극단적이 되어 갈 수밖에 없는 것이 현재의 실정입니다."[9] ADD나 ADT는 걱정거리인 동시에 자랑거리인 셈이다. 하지만 ADD나 ADT를 통해 알 수 있는 가장 중요한 사실은 따로 있다. 살면서 절대 잃어버리면 안 될 자산인 우리의 집중력이 걱정스러울 정도로 뚝 떨어져 버렸다는 것이다.

오늘날 시간이 없어 자기가 하는 일의 성격이나 진행 과정에 대해 곰곰이 생각해 보지 못한다는 근로자가 전체의 거의 3분의 1에 달한다. 또 전체 근로자의 절반 이상은 곡예라도 하듯 여러 가지 일을 한꺼번에 처리하는 바람에, 혹은 너무 자주 방해를 받는 바람에 일을 제대로 마무리하기가 힘들다고 한다.[10]

1년에 걸쳐 이루어진 한 연구에 따르면, 근로자들은 근무 도중 3분마다 한 번씩 다른 일을 한다. 더구나 그 중 절반은 남에게 방해를 받는 것이 아닌 스스로 집중하지 못한 결과였다.[11] 시간이 없어 자기 미래에 대해서는 물론이고, 주변 세상조차 가만히 돌아다보지 못한다는 것을 알면 사람들은 깜짝 놀란다.

더 똑똑하게 살고 있다는 착각

이런 걸 정말 발전이라고 할 수 있을까? 우리가 걱정하는 데도 다 이유가 있다. 아이들을 한번 보라. 멀티태스킹의 달인에다 여러 기기를 능수능란하게 다루는 만큼 얽히고설켜 정신없이 돌아가는 디지털 세상에 참 잘 어울리는 것처럼 보이지 않는가? 지금 아이들은 지면에 담기지 않은 미디어 콘텐츠의 세례를 받는 시간이 하루 평균 일곱 시간에 이르고, 그중 거의 3분의 1을 화면이나 다이얼이나 채널을 하나 이상 만지작거리며 보낸다. 8~18세 청소년 중 숙제를 하면서 다양한 미디어를 한꺼번에 다루는 학생도 거의 3분의 1에 이른다.[12] 이렇게 첨단 기술을 능수능란하게 다룸에도, 연구 결과에 따르면 웹서핑을 할 때 아이들이 보여주는 인내심, 비판력, 끈기, 스킬은 어른에 비해 떨어진다. 그런데도 아이들은 자신들 실력이 뛰어나다고 과신한다.[13] 한편 경제협력개발기구(OECD)의 과학능력검증시험 결과를 보면, 미국의 15세 청소년 5분의 1의 점수가 기초 수준에 미달하는 것으로 나타난다.[14] 정부와 기타 기관의 연구에 따르면 미국의 고등학생 중 정보를 종합·평가하고, 복잡한 사고를 표현하고, 논변을 분석하지 못하는 아이들이 상당수에 이른다. 다시 말해 아이들은 비판적인 사고 기술을 갖추지 못한 경우가 많다. 비판적인 사고야말로 정보화시대를 살아가는 시민에게 꼭 필요한 디딤돌이자, 과학과 여타 분야가 발전하는 기반인데 말이다.[15] 뇌의 주의력 시스템은 가장 고차원적인 집중력을 관장하는 곳으로 여러 가지 기술을 길러 준다. 우리 아이들이 비판적 사고 능력과 함께 그러한 기술도 갖추지 못하고 있다는 사실은 단순한 우연의 일치일까?

이러한 사태가 벌어지는 이유는 분명 이루 헤아릴 수 없이 많겠지만, 한 가지 확실한 것이 있다. 산만함의 문화를 양산해서는 미국이 문제를 곰곰이 생각해 분석적으로 해결하는 나라가 될 수 없다는 것이다. 우리 아이들이 심도 있는 사고, 대화, 존재감에 빠져들었을 때의 치열한 기쁨을 과연 얼마나 맛볼 수 있을지 내심 걱정하는 건 나뿐만이 아니다. 이러다가 집중력이 인류가 잃어버린 기술이 되어, 민속촌의 대장간 옆에 신기한 물건처럼 전시되는 날이 오지 않을까? ("여보, 저것 좀 봐. 21세기 복장을 한 저 사람은 한 가지 일만 하고 있어!") 일류로 꼽히는 한 회계 회사의 고위 임원진은 요새 젊은 직원들은 집중력과 깊이 있는 사고력이 점점 떨어지고 탐구의 짜릿한 즐거움을 점점 모른다며 내게 깊은 우려를 표했다. 지식을 요하는 일은 짜깁기로는 제대로 해낼 수 없다는 것이 그의 지론이다.

하지만 어떻게 보면 쓸데없는 걱정이란 생각도 든다. 멀티태스킹, 촌각을 다투는 의사 결정, 정보 서핑, 정보 압축, 가상 연애가 새로운 규범으로 자리 잡고 있고 있는 이 세상에서, 분위기에 적응하지 못해 끙끙거리는 사람들만 있다면 그것도 문제일 것이다. 우리의 첨단 기술이 우리를 지금보다 훨씬 더 찬란한 미래로 데려다 줄지 누가 알겠는가? 그냥 흐름을 타면 되는 것이다! 지금은 그저 똑똑한 사람들이 '똑똑함'에 대한 정의를 새로 쓰고 있는 것인지도 모른다. 말의 힘이나, 인간의 정신과 영혼이 이루어 내는 기적이나, 몸과 몸을 직접 맞댈 때의 감미로움을 신봉하는 사람들은 조만간 시대에 뒤떨어진 존재가 돼 버리고 말 것이다!

우리가 만들어 낸 기구들이 우리의 삶을 형성하고 우리에게 무언가를 가르쳐 주는 건 사실이다. 그것은 인간이 막대기나 칼, 펜을 처음으로 손에 쥔 이래 늘 있어 왔던 일이다. 그리고 오늘날의 첨단 기술은 우리를 보다 똑똑한 존재로 만들어 주고 있다⋯. 적어도 몇 가지 면에서는 그렇다. 하지만 스티븐 존슨Steven Johnson을 비롯한 여러 사람들이 주장하는 것처럼, 과연 비디오게임이 우리에게 문제 해결 능력, 패턴 인식, 혼란에서 질서를 구축하는 방법 등을 가르쳐 줄 수 있을지는 의문이다.[16] 상당수의 컴퓨터 게임이 영상이나 공간을 지각하는 기술을 가르쳐 주기는 하지만 그 이외에는 별로 배울 것이 없다. 정성을 다해 만들어진 일부 컴퓨터 기반 학습의 경우 교육에 막대한 효용성을 가질 수 있고 현재 효용성을 발휘하기도 하지만, 시중에 나와 있는 상당수 게임은 컴퓨터 활용 능력을 길러 주는 '보조 바퀴'의 역할밖에 하지 못한다는 것이 일부 연구자들의 결론이다. 비디오게임을 이용하면 시각에 다양한 자극이 주어질 때 집중하는 능력을 확연히 끌어올릴 수도 있다. 그러나 이런 기술은 운전에는 유익할지언정 분석적 사고에는 도움이 되지 않는다.[17] 일부 교육 방송에서 언어, 수학, 읽기 등과 관련해 어린아이들에게 도움을 주는 프로그램을 만들기도 하지만 그 수는 손에 꼽을 정도다. 게다가 존슨의 주장처럼 시트콤의 캐릭터가 점점 늘어나거나 성인 드라마의 줄거리가 복잡해진다고 진부하고 어설픈 드라마를 볼 때보다, 우리가 방송에서 더 많은 걸 얻을 수 있는 것도 아니다.[18] 공을 들여 만든 후 지혜롭게 사용할 경우 첨단 기술을 이용한 우리의 기구들은 우리를 보다 똑똑한 존재로 만들어 줄 수도 있다. 하지만 아직까지는 그런 기능을 광범위하게 발휘하지 못하는 경우가 너무 많다.

"그건 뭐랄까, 책 전체가 아니라 뒤표지 글만 달랑 쓰는 거랑 비슷해요." 열 살짜리 초등학생 브렌던이 설명해 준다.[19] 6월의 찌는 듯한 어느 날, 도서관 수업 중 브렌던은 내게 보고서 작성과 파워포인트 발표 준비가 어떻게 다른지 알기 쉽게 설명해 주는 참이었다. 보고서는 '글을 쓰고, 조사한 후, 또 조사를 해서 글을 점점 늘려 가는 것'인 반면 파워포인트는 '짤막한 요약'이란다. 브렌던은 슬라이드에 앞 점을 넣어 말을 간결하게 압축했다. '•서식지. •아마존 강. •온수. •진흙탕 물. •늘 먹이가 있음. •포식자도 많음' 하는 식으로 말이다. 브렌던은 파워포인트가 어떤 면에서 좋은지 죽 열거해 주었다. 보다 간결하고, 움직임이 있으며, 재미있고, 보다 간편하단다.

파워포인트에서 배울 수 있는 건 그리 많지 않지만 아이들은 파워포인트의 짤막한 문장과 톡톡 튀는 말을 좋아했다. 또 파워포인트로 만든 숙제를 보여주면 부모들이 아주 놀라워한다는 것도 아이들의 즐거움이었다. 길게 늘어지는 문장이나 너무 많은 정보를 좋아하는 사람은 이제 없다고 아이들은 내게 한결같이 말했다. 아이들이 프레젠테이션에 사용하는 정보가 대개 웹사이트에서 가져다 붙인 것이란 사실도 그다지 놀랄 것 없는 일이다. 그런데 그 결과 어떤 사태가 빚어질까? "수박 겉핥기식 정보를 얻게 되지요." 이 초등학교 도서관 사서의 말이다. "여기저기 흩어진 정보 조각을 모으는 겁니다." 아이들 몇 명에게 슬라이드 속에 특정 단어를 왜 집어넣었는지, 또 맥이 닿지 않는 전혀 터무니없는 정보가 왜 들어 있는지 물었더니 대부분은 어깨를 으쓱할 뿐이었다. "저도 모르겠어요."

우리의 생각이나 아이디어를 표에 집어넣거나 앞 점을 이용해 정리하는 것, 과연 이것이 똑똑함에 대한 새로운 정의일까? 현재 시중에 수억 부가 유통 중인 파워포인트는 전 세계에서 가장 인기 좋은 프레젠테이션 툴이다. 요새는 파워포인트가 제대로 실려 있지 않을 경우 수업 교재에서 제외되기도 한다.[20] 파워포인트가 없이 프레젠테이션을 진행할 엄두를 못 내는 회사원들이나 관료, 군부대 장교들도 상당수에 이른다. 당연히 마이크로소프트를 비롯한 파워포인트 지지자들은 오늘날처럼 정보 과부하의 세상에서는 정보를 거를 필요가 있다고 주장한다.

하지만 정보 이론가 에드워드 터프트Edward Tufte가 이끄는 또 다른 일각에서는 그런 비판을 매섭게 일축한다. 파워포인트를 처음 접하는 사람들에게 이 프로그램은 주의를 산만하게 하는 매체일 뿐이다. 파워포인트를 사용한 발표를 들은 사람이 기억하는 정보는 발표자가 내용을 말로 직접 전했을 때보다 15퍼센트 줄어들었다. 반대론자들이 보기에 이보다 더 중요한 사실은 따로 있다. 파워포인트의 틀 때문에 겉보기엔 자료가 전문적으로 보일지 몰라도 별 내용 없이 오해만 낳는 발표가 이루어질 가능성이 크고 그러면 발표자의 창의성이나 주장이 살아나기 힘들다는 것이다. 터프트의 연구가 영향을 미쳐, NASA도 파워포인트 의존증 때문에 패턴 혼란과 의사소통 미비 사태가 빚어졌고 여기서 우주왕복선 챌린저의 참극이 일부 비롯됐다고 결론을 내린 바 있다.[21] "프레젠테이션 자체가 막강한 아이디어가 되어 버리면 우리는 복잡한 현상을 제대로 인식하는 능력을 점점 잃어버리게 됩니다." MIT의 교수 셰리 터클Sherry Turkle 교수가 수업에서의 파워포인트 활용에 대해 연구한 끝에 내린 결론이다.[22] 락 뮤지션 데이비드 번이 파워포인트를 풍자해 만든 곡이 떠오른다. "파워포인트는 생각하는 법을 일러 준다. 파워포인트는 즐거운 경험이 될 수 있다."[23]

몰입하는 사람만이 느끼는 만족감

파워포인트가 우리를 바보로 만들진 않는다. 지혜롭게만 사용하면 그런 슬라이드 프로그램은 정보 과부하의 이 세상을 헤쳐 나가는 데 도움을 줄 수 있다. 지금 나는 집중력 감퇴 현상을 멈추기 위해 기계가 없는 옛날 시골풍의 에덴동산으로 돌아가자는 이야기를 하는 게 아니다. 사회가 아프다고 첨단 기술을 탓할 수는 없는 노릇이다. 하지만 그렇다고 정반대편으로 돌아서 오늘날 사람들이 흔히 빠지곤 하는 함정에 발을 들여서도 안 된다. 우리가 만들어 낸 갖가지 새로운 틀이 우리를 자동적으로 찬란한 미래로 데려다줄 거라는 맹목적 믿음을 가져서는 안 된다는 이야기다.

오늘날 우리가 환영해 마지않는 여러 가지 툴들은 본래부터 막강한 힘을 가지고 있으나, 거기 담긴 진실을 외면했다간 커다란 위험에 처하고 만다. 생각해 보라. 막대기는 감자를 캐는 데 사용될 수도 있지만 당신의 이웃을 찌르는 데도 사용될 수 있다. 즉 막대기를 어떻게 사용하느냐가 중요하다는 이야기다. 그런데 그만큼 중요한 것이 막대기는 바퀴가 될 수는 없다는 사실이다. 비디오게임부터 트위터에 이르기까지 우리가 새로 만들어 낸 첨단 기술 툴이 앞으로 우리에게 어떤 영향을 미칠 것인가를 보다 명확히 인식하는 것이 중요한 까닭이 여기에 있다. 더불어 우리가 만들어 낸 툴은 우리 시대의 가치를 반영하기도 한다. 파워포인트가 짜깁기의 세상에서 최고의 툴이 된 것도 우연의 일치가 아닌 것이다.

우린 이렇게 탐탁지 않은 방식으로 기술과 관계를 맺고 있다. 이 시대의 빛나는 주역인 첨단 기술을 이 책에서는 결국 조연으로 밖에 그리고 있지 않은 것도 이 때문이다. 첨단 기술은 현재 우리가 살고 있는 세상을 이해하는 핵심 열쇠이기는 하지만 그것이 전부는 아니다. 그보다 우리는 다음과 같은 질문을 던져야 마땅하다. 우리는 발전이란 것을 과연 어떻게 정의하고자 하는가? 새로운 세상에 적응 중인 이 와중에 우리는 과연 엄청난 속도, 멀티태스킹, 정보 압축 등을 '똑똑함'의 주된 정의로 내걸어야 하는가? 친밀감이나 신뢰도 혹시 비슷한 식으로 재정의하고 있지는 않은가? 혹시 우리는 기술의 화려한 겉모습에 완전히 홀린 나머지 '발전' 때문에 생기는 보다 심오한 인간적인 면의 손실을 막기는커녕 그런 손실이 일어나는 것조차 눈치 채지 못하고 있는 것은 아닐까? 우리는 이것저것 버튼을 누르거나 각종 요란한 소리를 내 가며 통신 장비로 우리 생각을 전달하고, 화면을 누비며 가상의 적을 한꺼번에 둘씩 추적하는 데에 점점 달인이 되어 가고 있다. 하지만 점점 더 복잡해져 가는 세상 속에서 잘 살아가기 위해 필요한 기술들은 잃어버리고 있다. 심도 있는 학습과 추론, 문제 해결 능력을 말이다. 화면이나 통신 장비를 통해 세 사람을 한꺼번에 상대할 수 있는 능력은 더 나아졌을지 모른다. 그러나 우리가 잊고 있는 사실이 하나 있다. 인간관계가 점점 더 신뢰를 잃고 소모적이 되어 가는 이 시대에 우리에게 더욱더 필요한 것은 바로 정직성, 서두르지 않는 침착함, 그리고 배려다.

내 생각에 지금 우리 앞에는 암흑의 시대가 펼쳐지기 시작한 듯하다. 첨단 기술 덕분에 어디고 연결성을 갖추지 못한 곳이 없는데 미국인 중 4분의 1은 마음을 터놓을 절친한 사람이 자기 곁에 없다고 말한다(이런 사람들의 수는 30년 전에 비해 두 배로 불어났다). 한쪽 눈이나 귀, 손 등에 장비를 걸친 채 소통하는 것을 친밀함으로 여기는 암울한 시대인 것이다. 환자나 노인 수발도 이제는 로봇에게 맡기기 시작했고, 의사가 진료실에서 환자 이야기에만 귀기울일 수 있는 시간은 평균 18초에 불과하다. 그새 무언가가 방해를 하는 것이다. 8세 미만의 아동 5분의 2가 집에 텔레비전이 항상 혹은 대체로 틀어져 있는 환경에서 살아가는데, 이런 환경은 주의력 결핍과도 연관성이 있다.[24] 직장에서 익힌 단기적 사고 때문에 사람들이 체계 잡힌 지적 틀을 형성하지 못하는 것도 걱정거리다. 문화에 대한 기억 대부분도 디지털 자료에 의지하다 보니 엄청난 속도로 우리 뇌리에서 사라져가고 말이다. 우리는 모래가 손가락 사이로 빠져나가듯 집중력을 잃어버리고 있다.

학습·만족·배려·윤리·반성·영혼 등을 기반으로 풍성한 사회를 만들 때 가장 중심이 되는 것이 바로 집중력이다. 인간인 우리는 어딘가에 집중력을 기울일 수밖에 없다. 집중력 없이는 우리는 생존 자체를 할 수가 없다. 우리의 호흡 기관이나 순환 기관이 여러 부분으로 이루어져 있듯이, 집중력을 구성하는 체계도 세 가지이며 각각 인식, 집중, 계획의 서로 다른 영역을 담당한다.[25] 간단히 말해, '주의' 체계를 통해 우리는 우리에게 들어오는 각종 자극에 민감해지게 되고, '방향 설정' 체계를 통해서는 세상으로부터 받아들이는 수만 가지 감각 중 특정 정보를 자발적으로 혹은 주변 상황에 대한 반응으로서 선택하게 된다. 아기가 태어나서 처음 하는 일이 바로 이런 기술을 갈고닦는 것으로, 그렇게 '인식 능력'과 '집중력'을 기르게 된다. 하지만 집중력의 우두머리는 집행 체계다. 이 체계가 복잡한 인지 및 감정 작용과 뇌의 다양한 부분에서 일어나는 갈등을 조정하기 때문이다('망치'라는 단어의 쓰임새를 생각해 내는 등 간단한 단어의 문제를 해결하는 데만 우리 뇌의 각기 다른 네 부분이 활성화된다고 한다).[26] 이 세 가지 체계는 모두가 꼭 필요한 부분이며 함께 작동하는 경우가 많다. 나아가 집중력이라는 강력한 기술이 없으면 우리는 세상사에 시달리느라, 성장하여 삶을 즐길 수 있는 능력을 제대로 발전시키지 못하게 된다. 집중력이 좋은 사람들은 일상에서 절망이나 두려움, 슬픔을 덜 느끼는 것으로 알려져 있다. 그 이유 중 하나가 이들은 인생에서 일어나는 부정적인 일들에서 관심을 돌려 버릴 수가 있기 때문이다. 반면 집중력에 문제가 있으면 어떤 도전을 만나 자신의 능력을 최대한 발휘할 때 느끼는 깊은 만족감인 '몰입'을 맛보는 데 큰 장애를 겪는다.[27] 예를 들어 정신분열증이 있는 사람들은 말 그대로 어떤 쾌감도 느끼지 못하는 '쾌감 상실증'으로 인해 고통을 받는 경향이 있는데 각종 자극을 걸러 내는 능력이 없기 때문이다.[28] 집중력이 오케스트라를 이끄는 지휘자로 서지 않으면, 두뇌의 음악은 종잡을 수 없는 불협화음에 그칠 뿐이다.

집중력은 우리 내면의 짐승을 길들여 주기도 한다. 영장류 동물은 집중력 훈련을 받으면 공격성이 덜해진다.[29] 집중력의 가장 고차원적인 형태는 '의식적 통제력'인데, 초점을 다른 데로 돌리고, 열심히 계획을 짜고, 스스로의 충동을 조절하는 능력을 말한다. 이 능력을 검사하는 테스트에서 높은 점수를 낸 6~7세 유아들은 공감 능력이 더 뛰어나고, 공격성도 덜했다. 연구자들이 현재 진행하고 있는 연구 결과에 따르면, 의식적 통제력은 양심을 키우는 데도 없어선 안 되는 요소다.[30] 훔친 쿠키를 다시 제자리에 가져다 놓을 수 있으려면 먼저 자기의 찜찜한 마음과 행동 그 자체, 그리고 추상적인 윤리 원칙에 주의를 기울일 수 있어야 한다. 그러고 나서야 올바른 반응이 나오는 것이다. 무엇보다도 집중력은 개인으로서 우리가 가지고 있는 자유 의지를 구현하거나 자신보다 커다란 대의에 스스로를 헌신할 때 핵심적인 요소다. 사전을 보면 집중력을 "관심이나 주의를 기울이는 행동, 사실, 상태: 마음을 한 가지 방향으로 열심히 모으는 것"이라고 정의하고 있다. "실제에 대한 이해, 무언가를 놓치지 않고 주의 깊게 보는 것"이 두 번째 정의다. 집중력attention이란 말은 라틴어 ad와 tendere가 어원으로, '무언가를 향해 쭉 뻗다'라는 의미다. 한마디로 의도와 노력이 들어간 행동이라는 것이다.[31] 집중력에 늘 의식적 노력이 들어가는 건 아니지만, 집중력이 있어야만 어떤 것이든 우리가 지향하는 최고 목표에 도달할 수 있는 것만은 확실하다. 어떤 문화가 집중력이 분산된 무기력한 상태에 안주해서는 그 미래를 그려 나갈 수가 없다.

다시 삶에 집중하기 위하여

　오늘 아침 나는 도서관에 앉아 머릿속에 떠오르는 갖가지 생각을 붙들어 매려 애쓰고 있었다. 하지만 고삐 풀린 말처럼 날뛰는 생각들은 도무지 멈출 생각을 하지 않았다. 먼저 우리 부부는 가장 친하게 지내는 친구 부부의 아기 돌잔치를 챙겨 주지 못한 터였다. 한동안 그 생각에 머릿속이 부글거렸다. 또 신문 칼럼에서 인터뷰를 한 어떤 사람은 오늘 저녁에 나간 사진에 대해 편집자로부터 사전 확인을 받지 못했다며 열을 냈다. 그 통에 한바탕 이메일을 보내며 법석을 떨어야 했다. 게다가 내 연구실 바깥에서 어떤 남자가 규칙을 어긴 채 전화로 한참 통화를 하고 있었다. 내가 좀 끊어 달라고 부탁했지만 한번 해 보겠냐는 제스처를 취할 뿐이었다. 낡은 배수관에서는 처음 들어보는 기묘한 쇳소리가 흘러나왔다. 전에는 내가 이처럼 집중력이 쉽게 흐트러지는지 미처 몰랐었다. 한 친구는 내가 머릿속에 생각이 너무 많아서 그런 거라고 너그럽게 이야기해 주기도 한다. 내 집중 능력의 최대 약점은 아무래도 모든 것을 놓치지 않으려 하는 '예민함'인 것 같다. 내 주위에서 끊임없이 감지되는 대인 관계상의 어조, 몸짓으로 하는 말들, 얼굴 표정에 무척이나 신경을 쓰는 것이다. 심지어 비교적으로 조용한 도서관에서조차 이 세상은 엄청난 속도로 내게 달려들어 쉼 없이 요동치는 바다처럼 내 안을 온통 휘저어 놓는다.

하지만 알고 보면 바로 여기서부터 우리의 집중력은 시작되지 않는가? 정보를 받아들여, 분류하고, 모양을 만들고, 계획하고, 결정을 내리는 것. 그 모든 과정이 바로 집중력 아니겠는가. 정신과 감정으로 삶이라는 빵의 모양새를 잡고 반죽하는 것이 바로 집중력이다. 집중력의 처음 두 체계 즉, 주의 체계와 방향 설정 체계를 통해 우리는 주변 환경을 감지하고 거기에 반응하게 된다. 한편 세 번째 체계이자 집중력의 가장 고차원인 집행 체계는 우리가 세상에 궁극적 의미를 부여할 때 필요하다. 우리가 얼마나 주의를 기울일 수 있느냐는 유전에 따라서도 일부 결정되지만, 주위 환경이 얼마나 우호적이냐, 그리고 이 기술의 최고 경지에 다다르기 위해 우리가 얼마나 성의를 다하느냐도 관건이다.

여기 뛰어난 재능을 타고난 운동선수가 있다고 해 보자. 재능이 아무리 훌륭해도 기회가 주어지지 않고, 격려를 받지 못하고, 연습하려는 순수한 열의가 없다면 그는 자기 종목에서 절대 최고의 경지에 이르지 못한다. 가상현실이 존재하고, 한 화면에서 여러 가지 일을 하고, 끝없이 떠돌아다니게 되는 요즘 시대에는 깊이 있게 집중하고, 인식하고, 반성할 기회가 점점 줄어들고 있다. 그 결과 우리는 사회적 쇠퇴라는 심각한 위기를 맞게 되었다. 하지만 희망은 버리지 않아도 좋다. 집중력은 얼마든지 훈련하고 가르치고 또 형성시킬 수 있는 것이기 때문이다. 이러한 사실이 첨단 기술이 넘쳐나는 이 세상에서 온전히 살아갈 수 있는 핵심 열쇠가 되어 준다. 고차원의 집중력을 발휘할 수 있는 잠재력을 우리는 낭비할 필요가 없다. 또 모든 것이 조각나고 뿔뿔이 흩어져 뒤죽박죽이 돼 버린 이 세상에 안주하고 있어서도 안 된다. 집중력의 르네상스 시대가 도래할 수 있을지는 우리 손에 달린 문제다.

사실 애초에는 집중력에 대한 책을 쓸 생각이 아니었다. 다만 그토록 많은 사람이 인생에 깊은 불만족을 느끼고, 스트레스를 받는 이유가 궁금했다. 또 자원이 이토록 풍성한데도 사람들이 왜 자기 미래를 어쩌지 못한다고 생각하는지도 궁금했다. 처음에는 과거에서 실마리를 찾으려 했다. 전보, 영화, 철도가 전성기를 누리던 제1기 첨단 시대를 연구하면 180도 달라져 버린 시공간에 대한 우리의 경험을 더 잘 다루게 되지 않을까 생각하고서 말이다. 하지만 그 과정에서 나는 오히려 이 첫 번째 혁명기에 잉태되었던 변화가 우리가 만들어 낸 갖가지 장치를 통해 절정에 다다르고 있다는 사실을 발견하게 되었다. 혹시 지금이 토마스 카힐이 '역사의 연결점'이라 말한 역사적 전환기는 아닐까? 이 질문에 대한 답을 구하는 과정에서 나는 과거 암흑기와 현재 우리 시대가 엄청나게 닮아 있는 것을 보고 놀라움을 금치 못했다. 동시에 나는 집중력의 본성과 그 작동 원리를 밝혀 놓은 최근 30년 사이의 놀라운 연구들에 대해서도 공부하기 시작했다. 겉보기엔 아무 상관없어 보였던 이 두 분야를 깊이 파고들어갈수록 두 개의 실타래가 엮여 일정한 형태의 수가 놓아지는 게 보였다. 집중력이 스스로 빠져나가도록 내버려 둘 경우 앞으로 어떤 일이 펼쳐질지 말이다. 우리가 집중력을 잃고 있다니 참 흥미롭지 않은가. 그로 인한 결과는 놀라움 그 자체다.

카힐의 지적에 따르면 문명이 기운을 잃으면 질서와 균형을 기본으로 삼았던 자신감이 무너져 내린다. 그리고 그러한 버팀목들이 없어지면 사람들은 어두운 그림자와 두려움의 시대로 돌아가게 된다.[32] 현재 우리가 마음대로 골라 볼 수 있는 TV채널은 500개, 마음대로 골라잡을 수 있는 시리얼은 300종에 이른다. 그러다 보니 신처럼 무엇이든 할 수 있다는 생각에 빠져 무엇 하나 영원하지도, 확실하지도 않은 시대가 어느덧 우리 곁에 다가오고 있다는 사실을 눈치 채지 못하고 있는 게 아닐까? 또한 미디어가 줄기차게 내놓는 사탕발림에 취하고, 첨단 기술이 만병통치약이라는 믿음에 감각이 무뎌져 있다. 중대하다 여겨지는 우리 사회의 발전이 사실은 가물거리는 신기루에 지나지 않는다는 사실을 보지 못하는 것은 아닐까? 지금 우리는 너무 바쁘게 움직이고, 여기저기의 통신 장비에 귀 기울이고, 초점을 여기저기 흩뜨리고, 집중력을 너무 분산시켜 놓은 것일 수 있다. 그래서 어두운 그림자와 두려움의 시대로 되돌아가고 있다는 걸 미처 눈치 채지 못하고 있는 것이리라.

기원후 410년 고트족이 로마를 무자비하게 침탈했을 때였다. 당시 황제는 아드리아해에 있는 시골 별장에서 지내며 자신이 아끼는 새들을 돌보는 중이었다.[33] 하인 하나가 와서 로마가 방금 죽었단 소식을 전하자 황제 호노리우스가 놀라며 물었다. "로마가 죽었다고? 한 시간 전만 해도 내 손에서 먹이를 받아먹었는데?" 그러자 시종이 고쳐 말했다. 자기는 지금 로마란 이름을 가진 새 이야기를 하는 것이 아니라, 도시 로마에 대해 이야기하는 것이라고 말이다. 이 이야기는 신빙성은 없지만, 그 요지는 간단하다. 암흑시대로 접어드는 사회에서는 어렴풋이 다가오는 위협을 제대로 인식하거나 대처하지 못하는 경우가 많다. 황혼을 맞은 문화는 깊이나 내용보다는 화려한 겉모습과 형식에 치우치기 시작하고, 지도층에서부터 그 아래 사람들 모두 행동의 결과는 어떻게든 외면하려 든다. 다시 말해 집중력이 감퇴하고 있다는 것은 암흑기가 임박했다는 확실한 징후다.

이제 당신도 거기 들어선 셈이다. 산만함의 세계에 온 것을 환영한다.

차례

1부
무엇이 우리를 산만하게 하는가

1 산만함의 뿌리를 찾아서

2부

사라지는 집중력, 무너지는 삶

DISTRACTED

DIS 1부

TRAC

TED

무엇이 우리를 산만하게 하는가

1

산만함의
뿌리를 찾아서

시공간을 초월하려는 끝없는 갈망

"언젠가는 우리가 두 손을 꼭 잡을 수 있는 날이 올 겁니다. 지금은
어쩔 수 없이 통신으로 영혼의 두 손만 맞잡고 있지만요. 우리 지금
두 손을 잡은 거 맞죠?" C가 말했다.
"그럼요. 여기 내 영혼의 손이 있잖아요!" 내티가 망설일 것도 없이
대답했다. 둘 사이에 놓인 아득한 거리를 실감하며.

- 『사랑은 전선을 타고Wired Love』[1]

이 묘한 느낌의 대화는 소설 속 이야기다. 그것도 말들이 마차

를 끌고, 후프스커트가 유행하고, 아가씨들이 사교장에 나갈 때 따라가서 보살펴 주는 샤프롱을 대동해야 했던 시절의 소설이다. 주인공 두 젊은이는 전화 교환원으로, 처음에는 말싸움을 하며 토닥거리다 이내 함께 수다를 떨기 시작한다. 그러더니 한동안 메시지를 보내고 놀리며 서로에게 추파를 던지다 결국에는 사랑에 빠져버리는데, 이들이 나누는 이야기는 같은 전화국에서 일하는 교환원이 전부 듣게 된다. 마침내 서로를 만난 자리에서 여러 가지 질투 어린 감정과 현실의 복잡한 문제 때문에 말문이 막히고 심란해하던 이들은 결국 한 여관의 방 두 개에다 사설 전화선을 놓고는 모스 부호를 두드려 자신의 연정을 표현한 후에야 약혼을 한다. 1880년에 나온 이 소설은 C가 N에게 청혼하며 보내는 모스 부호로 끝을 맺는다.

『사랑은 전선을 타고』는 문학계에서 잊혀진 지 오래된 책으로, 소용돌이치듯 재빠르게 전개되는 테크놀로지 연극과는 한참이나 먼 시대를 살짝 엿보게 한다. 당시는 기차 여행이나 환등기 슬라이드 감상이 최첨단 기술로 여겨지던 시절이다. 그런데 우리가 어떻게 집중력 결핍의 시대에 발을 들이게 됐는지 그 경위를 이해하려면 대수롭지 않아 보이는 이 2류 소설에 담긴 그림을 한번 되살려 볼 필요가 있다. 사실 우리는 스마트폰, 스냅챗, 문자 메시지 때문에 촌각을 다투며 한 번에 여러 가지 일을 하는 인생을 살게 되었다고 은연 중 가정하고 있다. 하지만 우리가 반드시 기억해야 할 사실이 있다. 가상현실 속 연애는 인터넷에서 시작되지 않았다는 것이다. 또 오늘날 우리가 유목민처럼 끝없이 떠돌게 된 것도 전적으로 비행기와 자동차 탓만은 아니다. 『사랑은 전선을 타고』에 담긴 시대상을 보면 곧 인류에게 무지막지한 새로운 힘이 몰아칠 조짐이다. 우리를 옭아매고 있는 땅의 족쇄를 깨부수고 이 세상을 통째로 변화시킬 그 힘 말이다. 우리를 집중력 결핍의 세상으로 데려고 온 변화가 시작된 것도 이때다.

여기서 우리는 동시성, 즉 동일한 시점에 두 가지 장소에 있는 것처럼 보일 수 있는 능력에 주목해야 한다. 이것 덕분에 인간 의 사소통의 본질 자체가 새 역사를 쓰게 됐고, 더불어 중간에 낀 여 러 영역을 동시에 다루려는 열띤 노력도 시작됐다. 과학, 영혼, 사 회를 탐구하는 장인 가상공간의 개념이 태동하게 된 것도 심령술 이 커뮤니케이션의 영역을 새로이 넓혀 가려는 노력을 열심히 펼 친 덕분이었다. 마지막으로, 이 시대에 매개 경험mediated experience 과 지각 통제control of perception에 대한 실험이 열심히 이루어진 것 도 우리가 파편화되고 조작된 집중력의 시대에 단련되는 데 일조 했다. 한마디로 지금 우리 시대를 이해하기 위해서는 우리는 먼저 과거를 돌아봐야만 하는 것이다. "이 세상이 한껏 늘어나 펼쳐졌 다가 다시 쪼그라들어 닫히네. 자학을 즐기는 손에게 고문받는 아 코디언처럼." 20세기 초 블레즈 상드라르Blaise Cendrars라는 프랑스 시인이 당대에 일어난 혁명적인 변화를 담아내기 위해 쓴 표현이 다. "분을 못 이긴 기관차는 하늘의 갈라진 틈으로 올라가네…. 그 것이 결국 어디까지 갈지 몰라 나는 두렵다네."[2]

'동시성'의 짜릿함에 중독되는 사람들

전보와 전화가 우리 정서에 미친 영향을 제대로 인식할 수 있
으려면 다음과 같은 사실을 유념해야 한다. 그러한 장치들이 발명
되기 전의 적어도 1,000년간은 소식을 전하는 방법이 아주 열악
했다. 심부름꾼이 말을 타고 하루 종일 달려야 고작 100마일을 갈
수 있었다.[3] 당시에는 원거리를 넘어 동시 소통을 한다는 것은 상
상조차 할 수 없는 일이었다. 자연 세계에서는 동시 통신의 실마
리를 얻는 일은 불가능했다는 것이 휴대전화의 영향을 탐구한 저
서 『영원한 접촉Perpetual Contact』의 저자 제임스 카츠James Katz와 마
크 아크후스Mark Aakhus의 지적이다.[4] 버지니아에서 조지 워싱턴이
사망했을 때 그 소식이 뉴욕까지 닿는 데는 일주일이 걸린 반면,
댈러스에서 존 F. 케네디가 암살되었을 때 국민의 70퍼센트는 30
분 만에 그 소식을 전해 들었다.[5] 1825년 새뮤얼 모스Samuel Morse
는 뉴헤이번에서 치러진 아내 루크리샤Lucretia의 장례식에 참석하
지 못했다. 당시 그는 워싱턴에 있었는데, 거기서 코네티컷까지 가
려면 꼬박 나흘이 걸렸기 때문이다. 하지만 스탠디지가 지적하는
바에 따르면 모스가 최초로 대중용 전보를 만들어 내고 나서 약
20년 정도가 흐른 1870년대에 이르자 6,005만 마일에 이르는 전
선과 3,000마일에 이르는 해저 케이블이 깔리면서 런던에서 봄베
이로 소식이 오가는 데는 단 4분밖에 걸리지 않게 되었다.[6]

이러한 혁신적 발명이 사람들의 시공간 개념에 미친 영향은

그야말로 대단했다. 19세기 말과 20세기 초에 온갖 종류의 '동시성'이 열렬한 사랑을 받은 것이 그 증거다. 이때는 통신뿐만이 아니라 여행과 여가 방면에서도 정신을 못 차릴 정도의 놀라운 발전이 이루어졌다. 1912년 독일의 문화사가 카를 람프레흐트Karl Lamprecht는 철도, 증기선, 전화를 비롯한 '떠돌이 기술' 덕분에 사람들이 한순간에 어디에든 있는 것이 가능해 보이게 되었다고 지적했다.[7] 사람들은 빠르지 못하면 아쉬워하게 되었고, 전기가 등을 밝혔다. 축음기와 영화가 감각적 경험에 일으킨 혼란은 그보다 훨씬 더 대단했다. 축음기와 영화는 견고하게 자리 잡고 있던 시간과 공간의 개념에 마음대로 변형을 가하는 것처럼 보였다. "현재의 삶은 과거 그 어느 때보다 파편화되어 있고 또 빠르게 움직이고 있어 역동적인 점묘법을 그 표현 수단으로 받아들이지 않으면 안 되었다." 이는 입체파 화가 페르낭 레제Fernand Léger가 한 말로, 파블로 피카소와 조르주 브라크Georges Braque가 일으킨 짧지만 막강했던 예술 운동의 뿌리를 탐구한 1913년의 글에 들어 있다.[8]

입체파 화가들이 미와 원근법을 내던지고 마음의 눈에 떠오른 조각난 추상적인 이미지들을 화폭에 담은 것처럼, 버지니아 울프를 위시한 문학 작가들도 종래의 서사 규칙들을 한구석으로 밀어 놓고 물질적 세계와 정신적 세계 양쪽에서 일어나는 동시성을 포착하기 위해 애썼다. 하지만 동시성 문학의 최고봉 하면 역시 제임스 조이스의 『율리시스Ulysses』다. 이 소설은 더블린을 잠시 배회하는 한 남자의 눈으로 각양각색인 도시 삶의 순간들을 영화처

럼 담아 낸 수작이다. 역사가 스티븐 컨Stephen Kern은 이 소설에서
는 6월 중순의 어느 하루가 "엄청나게 늘어나 현재를 구축한다"
고 이야기한다.[9]

그런데 『율리시스』가 출판되기 10년 남짓 전에 상드라르가
흥미로우면서도 선견지명이 돋보이는 짤막한 작품을 하나 출간
한 일이 있었다. 아이디어와 형식 양면에서 동시성을 훌륭히 접
목시키고 있는 작품이었다. 바로 작자 자신이 '동시성을 표방한
최초의 책'이라 주장하는 『시베리아 횡단 철도와 프랑스 소녀 잔
의 산문La Prose du Transsibérien et de la petite Jehanne de France』(1913년)이
다. 1904년 상드라르가 모스크바부터 하얼빈까지 여행한 이야기
를 그린 시로, 중간 중간 자기 애인을 그리는 내용이 풍미를 더한
다. 이 시는 6피트 길이의 종이 한 장에 인쇄되었는데, 한쪽 가장
자리에는 세로로 다채로운 색깔의 기하학적 얼룩무늬가 들어가
있고, 위쪽에는 여행 경로를 지도로 표시해 두었다. 종이를 펼치면
이 모든 것을 한눈에 볼 수 있었다. 지금 우리 기준으로 따지면 보
잘것없는 기술이지만, 지금도 이 시를 펼쳐 보면 거리감이 무너지
면서 여행의 속도감과 활기를 생생히 느낄 수가 있다. 사실 당시
대부분의 책들은 실험이란 걸 할 줄 몰라 거의 연대순으로 서술을
했고, 삽화도 내용과는 동떨어진 진부한 그림이 들어가곤 했다. 하
지만 이 시를 장식하고 있는 소용돌이 형상의 삽화는 담홍색, 민
트색, 검푸른 색, 오렌지색이 한데 어우러져 어디에도 갇히지 않을
듯한 모습이다. 시에는 드문드문 강조된 부분이 있고, 거의 모든

글자가 저마다 다른 빛깔과 크기를 뽐내고 있다. 이 시를 통해 독자는 고대와 현대의 여러 공간을 종횡무진 누비게 된다.

> 내 마음
> 한 순간은 에페소스 신전의 불꽃이 되었다가
> 다음 순간엔 모스크바 붉은 광장에서 뉘엿뉘엿 지는 해가 되네.

상드라르가 당대의 어찔한 변화를 마음껏 즐겼다면, 『사랑은 전선을 타고』의 작가 엘라 치버 세이어Ella Cheever Thayer는 당시 사람들이 새로 맺게 된 매혹적인 관계 속에 숨겨진 불편함과 불안을 그려 내고 있다. 세이어는 보스턴에 있는 한 호텔의 전보 통신원이었는데, 소설의 도입부에서 19세의 주인공 내티 로저스Nattie Rogers가 두 가지 세상 속에서 살고 있다고 말한다. 꽉 막힌 과부 아줌마가 주인인 아파트의 추레한 셋방이 하나의 세상이고, 전보국의 사무실이 또 하나의 세상이다. 사무실은 그녀가 일상에서 벗어나 "전기라는 날개를 달고 머나먼 도시까지 날아갈 수 있는 곳"이다. 이곳에서는 "하루 종일 혼자지만 사람들과 얼마든지 친분을 나눌 수 있었다."[10] 소설의 첫 장면에서 내티는 이 두 가지 사이를 오가며 멀티태스킹을 하느라 정신이 없다. C에게서 속사포처럼 날아드는 부호를 해독함과 동시에 호기심 많은 구경꾼들의 무식한 질문과 잠재 고객들의 억지스런 요구까지 다 처리해야 하기 때문이다. 소설이 전개되는 내내 내티는 사무실을 찾아오는 고객에게는 늘 툴툴거린다. 자기 눈앞에 펼쳐진 직접적인 물리적 세계의 요구를 들어주기보다 전선을 통해 펼쳐지는 세상의 매력(특히 기지 넘치는 자기 친구)을 대하는 것이 더 좋은 것이다. 하지만 내티도 '전선을 통한 사랑이 과연 진짜일까?' 하는 의문을 가지고 늘 씨름을 한다. 마음이야 그렇다고 생각하고 싶지만, 그녀의 의구심은 완전히 가라앉지가 않는다. 클렘(C)과 연애를 하면서 내티는 마음 한 구석이 불편하다. 하지만 둘 사이의 물리적 거리가 있으니 남녀 사이에 정해진 선을 마음껏 넘어도 된다고 생각한다. 심지어 이 둘은 전보를 통해 서로에 대해 잘 알게 된 후에도 자기들 관계의 실재성을 전혀 믿지 못한다. 그래서 서로를 만난 자리에서 완전한 이질감을 느껴 이들의 연애 게임은 원점으로 돌아가 버리고 만다. 이들은 개인용 전보를 피난처로 삼아 만나다가 결국엔 전선을 통한 연애를 끝내기로 약속한다. '전기보다 더 막강한 힘을 지닌 진짜 사랑'을 하기 위해서다.

이런 식의 가상 연애는 당시의 전보국 사무실에서 심심찮게 일어나는 일이었는데, 들어가기 까다로운 전보국 통신원 자리 태반을 여자들이 차지하고 있었기 때문이다. 1870년대에는 뉴욕에 있는 서부 노조 본사 간부 중 3분의 1이 여자일 정도였다.[11] 전보 회사에서는 직원들이 연애를 하거나 친구를 사귀지 못하게 하려고, 그런 직원들을 색출하거나 통신원들을 계속 다른 지부로 발령을 냈다. 하지만 서로 다른 지국에 있으면서도 통신원들은 전보를 이용해 계속 가상 장기를 두고, 이야기를 나누고, 연애를 했다.

1891년에는 주간지 〈웨스턴일렉트릭션Western Electrician〉에 한 남자 통신원의 이야기가 실린 적이 있다. 이 사람은 자신이 남자라 알고 있는 사람과 통신으로 우정을 나누게 되었다. 그러다 그 "친구 놈"이 더 이상 남자 행세를 하지 않고 본모습으로 돌아왔다. 그 '친구 놈'은 여자였던 것이다. 그 후에 둘은 어찌됐건 한번 만나보기로 했고, 그것이 결국 연애로 이어져 결혼까지 하게 되었다. 또 이런 일도 있었다. 시골에서 일하는 한 통신원이 타지의 통신원과 결혼을 하려 하는데 회사에서 휴가를 허락하지 않았다. 그러자 이 남자는 통신으로 결혼식을 올리기로 한다. 그와 애리조나에 있는 신부를 위해 캘리포니아의 사제가 결혼식을 집전해 주었다. 주간지의 표현에 따르면, "정해진 순서에 맞추어 때가 되자 '맹세'를 약속하는 엄숙한 전보가 오갔고, 전보 지국 여기저기서 신랑 신부에게 보내는 축하 메시지가 날아들었다."[12]

이게 다 가상공간 속 연애, 그리고 온라인 게임이지 않은가? 한마디로 큐비즘 화가나 동시성을 지향한 시인, 전보국 통신원은 산업사회가 산만함의 문화로 뛰어들 때 제일선에 서 있었다. 오늘날 우리가 매일같이 씨름하는 문제들에 처음 맞닥뜨린 것도 바로 이들이었다. 눈에 보이는 세계와 보이지 않는 세계를 어떻게 동시에 누비고 다닐 것인가? 손에 잡히지 않는 신비한 부호들 속에서 맺어지는 관계에는 어떻게 대처해야 할 것인가? 또 컨의 지적처럼, 거리감이 완전히 사라져 버리고 "전 세계에서 일어나는 사건까지 포함될 정도로 현재가 지칭하는 시간 간격이 확장된다면"

과연 인간성은 어떤 식으로 변화할 것인가?[13] 가상 세계에서 지켜져야 할 규칙과 선이 어디까지인지를 두고 우리는 아직도 씨름하고 있다. 그리고 가상 세계는 인간이 창조력을 발휘하고 유대를 맺는 공간으로서 점점 더 큰 비중을 차지해 가고 있다. 그와 함께 동시성도 보다 풍부한 내용과 다양한 층위를 지닌 개념으로 거듭나는 중이다. 빅토리아 시대에는 발목만 얼핏 발목만 보여도 큰일날 일이지만 오늘날에는 사람들이 허벅지, 배, 어깨를 다 드러내고 다녀도 아무렇지 않다. 이와 마찬가지로 한때는 먼 거리를 누비며 순간을 공유하는 것이 진기한 경험이었으나, 지금은 여러 가지 시간과 공간을 동시에 접하는 것도 진부한 일이 되어 버렸다.

10대 아이들도 친구들과 직접 만나거나 전화로 수다를 떠는 게 메신저 대화보다 더 재미있다고 말한다. 그럼에도 메신저 대화를 더 좋아하는 건 대화를 하면서 피차가 다른 일도 함께 할 수 있기 때문이란다. "저는 개인적으로 한꺼번에 많은 사람과 이야기를 하는 게 좋아요." 피츠버그 지역에 사는 한 10대 아이가 연구자들에게 해 준 말이다. "그러면 계속 바쁘게 뭔가를 할 수 있어요. 한 사람하고만 이야기하면 심심해요…. 또 다른 누군가와 이야기 할 수 없으니까요."[14] 한마디로 요즘 우리는 유대를 맺을 수 있는 다양한 공간을 자유자재로 넘나들며 다양한 인간관계 속을 요리조리 누비고 다닌다. 육체와 땅의 속박을 완전히 벗은 듯한 모습으로 말이다. 이런 다차원의 세상에서 집중력은 공기 중으로 사라져 버렸다.

또 하나 주목해야 할 것이 있다. 죽은 자와 소통을 시도했던 19세기의 동향, 즉 심령술의 세계다. 심령술은 전보가 발명되고 나서 몇 년이 지난 후 한창 유행했는데 이를 활용하는 사례는 다양했다. 사기성이 짙은 쇼를 보여주는 모임이 이루어지는가 하면, 토머스 에디슨, 러디어드 키플링Rudyard Kipling, 마크 트웨인, 아서 코넌 도일 등 당대의 위대한 사상가나 과학자들이 심령술을 주제로 글을 쓰기도 했다. 토머스 에디슨의 회고록 중 한 장은 온통 죽은 자와의 의사소통 내용이다.[15] 트웨인은 영국심령연구학회의 회원으로, 1884년에는 학회지에다 '생각 이동'에 대한 글을 발표하면서 앞으로는 텔레파시가 인간의 차세대 의사소통이 될 것이라며 추켜세웠다. "전화, 전보, 입으로 하는 말은 오늘날 시대에 이용하기에는 너무 느리다. 우리는 그보다 더 빠른 것을 반드시 손에 넣어야 한다"고 그는 힘주어 말한다.[16]

오늘날 우리가 경험하는 무한정한 온라인상의 경험을 죽은 사람에게 전보를 보내거나 텔레파시의 존재를 증명하려 했던 과거의 노력에 견주는 것이 기이하게 비칠지도 모르겠다. 하지만 그 시대나 지금이나 공통적인 현상이 있다. 과학과 기술 분야의 발명이 시공간의 제약을 허물고 대중의 상상력에 불을 지폈다는 점이다. 한때는 종교와 상상력만이 관장할 수 있다 여겨지던 영혼과 생각의 세계가, 이제는 과학이 개척하는 최첨단 분야이자 새로운 형식의 유대와 의사소통이 이루어지는 장이 된 것이다. 역사가 패밀라 터시웰Pamela Thurschwell은 이렇게 지적한다. "죽은 자와 이야기하는 것이나 전화로 이야기하는 것이나, 예전에는 상상도 못했던 사람들 사이의 교류를 약속해 준다는 점에서는 똑같다."[17] 심지어 인간의 무한한 잠재력을 상징하는 또 하나의 발명품인 전등조차도 초자연적 현상에 비교되었다.

이제 보이지 않는 세계를 거침없이 탐험하고자 하는 마음은 쑥쑥 자라나 새로운 세상에서 '살겠다' 하는 단호한 희망으로 변했다. 옛날만 해도 영매들은 영혼의 '인도'가 있어야만 사후 세계인 서머랜드Summerland 같은 '영혼 대학교'에 대해 이야기를 해 줄 수 있었다.[18] 하지만 오늘날에는 더 이상 영혼의 인도를 받아 다른 세계의 이야기를 전할 필요가 없다. 우리 손으로 직접 만든 가상의 세상에서 점점 더 많은 시간을 보내고 있기 때문이다. "시청자가 수동적으로 바라보는 역할밖에 하지 못하는 TV와는 달리, 게임을 하면 우리는 신과 같은 역할을 하게 된다." 한 비평가가 어떤 온라인 게임을 두고 한 말이다. "이때 우리는 아득히 먼 곳에 있는 자비로운 신이 되는 것이 아니라, 인간을 장난감처럼 가지고 놀았던 로마 시대의 옹졸한 신이 된다."[19] 가상의 영역에서 우리는 돈을 벌 수도 있고, 다른 이들과 친해지거나 반목할 수도 있으며, 우리가 머릿속에 그렸던 삶을 실제로 살아볼 수도 있다. '진짜 삶'에서와 똑같은 방식으로 말이다. 미술사가 조너선 크래리Jonathan Crary에 따르면 "한때는 공상거리에 불과하다 여겨지던 것들 대부분이 리듬, 이미지, 속도, 회로 등이 미리 설정된" 중간의 매개 세계에서 일어나고 있다.[20] 혹시 우리는 스스로의 능력을 업그레이드시켜 '전선을 통한 사랑'을 진정 완성해 가고 있는 것은 아닐까? 화면을 이 세상을 초월할 수 있는 발판으로 삼아서 말이다.

영매를 이용하든 사이버 게임을 이용하든, 과거와 현재의 기술자들이 똑같이 갖는 강한 확신이 한 가지 있었다. 바로 다른 세계를 찾아 떠날 때에만 꿈에서나 그리던 이상적인 관계를 맺을 수 있다는 희망이다. 전보가 발명되면서 사람들이 환호했던 건 사람들 사이의 거리가 확 줄어들기 때문만은 아니었다. 19세기에 영국 총리를 지낸 솔즈베리 경Lord Salisbury의 말대로 전보는 "전 세계 사람들의 의견을 거의 동시에 한 군데로 모아 주는" 장치였다.[21] 한편 전화 산업계의 리더들이 처음에 전화가 전보처럼 비즈니스에만 사용될 거라 생각한 것은 오산이었다. 1920년대에 이르자 전화가 발명된 덕에 "온 국민이 이웃사촌이 될 것"이라 자신하는 업계 연구가 나왔다.[22]

피에르 테야르 드 샤르댕Pierre Teilhard de Chardin만큼 오늘날의 온라인 네트워크가 가진 힘을 통해 전 인류가 하나로 연결된 거란 믿음을 열렬히 신봉한 사람은 아마 없을 것이다. 테야르는 일평생을 인간이 하는 모든 사고가 단순히 기록의 형태로만 존재하지 않고 또 하나의 대기권처럼 지구를 싸고 있다는 인지권人智圈 개념을 발전시키며 살았던 인물이다. "공동 사유 작용의 결과로, 인간의 정신은 끊임없이 위로 올라가 한데 모이게 된다. 기술이 서로 간의 연결 고리를 단단히 만들어 준 덕이다"라고 그는 이야기했다. 그가 주창한 '정신권' 개념은 오늘날 사람들 사이에서 점차 호응을 얻어 더욱 널리 회자되고 있다.[23] "지구상에서 유일하게 입담 좋은 종족에게서 나온, 전 지구를 둘러싼 생각 덩어리"라는 것이다.[24] 한편 네트워크 이론가들의 연구에 따르면, 웹이나 북미 지역의 전력망같이 전적으로 다른 시스템도 공통적인 역학과 관리 구조를 가지고 있다고 한다. 다시 말해, 알고 보면 결국 모든 것이 연결되어 있다는 것이다. 인지권은 보는 사람에 따라 터무니없는 발상으로도, 천재적 발상으로도 비칠 수 있다. 하지만 어찌 됐건 오늘날의 지식이나 인간관계가 웹을 기반으로 우후죽순 자라나는 모습을 미리 간파할 정도로 그에게 혜안이 있었던 것만은 분명하다. 설사 우리에게 비유의 의미밖에 지니지 못한다 하더라도, 인지권이란 그의 개념 속에는 우리가 가지는 기대와 오늘날의 현실이 잘 담겨 있다.

그런데 동시성을 원하던 과거의 마음이 한꺼번에 많은 일을 하고자 하는 열망으로 바뀌고, 보이지 않는 세계를 탐구하고자 했던 개척 정신이 끝도 없이 펼쳐지는 여러 차원의 세상에서 '살고자' 하는 마음으로 바뀌면 결국 어떤 일이 벌어질까? 어디까지가 풍성한 인간관계고 어디까지가 도를 지나친 유대 관계인지, 어디까지가 풍요고 어디까지가 혼란인지 그 경계를 정하기는 아주 어렵다. 어떻게 하면 우리는 이 변덕스럽고 산만한 가상 세계 속에서 길을 잃지 않고 살 수 있을까? 곰곰이 생각하고 집중하는 것이 점점 더 가치를 잃어 가는 상황에서 말이다. 현재 우리가 어떤 난국에 처했는지 좀 더 제대로 조망하기 위해서는, 집중력에 대한 문화적 관점이 옛날에 비해 얼마나 많이 바뀌었는지 살펴볼 필요가 있다. 땅에 묶인 속박을 완전히 떨치고 하늘의 별을 향해 올라가려고 노력하는 지금, 세상을 보는 우리의 시각은 완전히 달라져 있다.

쏟아지는 정보, 빼앗기는 통제력

"도저히 뛰어넘지 못할 아득한 거리, 현대인에게 그런 게 과연 있는가?" 1905년 아우구스트 푸어만August Fuhrmann이 던진 질문이다. "지금은 기차, 비행기, 우편, 전보 등으로 원거리도 얼마든지 뛰어넘을 수 있다. 따라서 현대인의 문화생활에서 거리는 더 이상 주요 요인이 못 된다 해도 과언이 아니다."[25]

사실 푸어만은 멀리 떨어져 있는 세계를 유럽에 전달하는 일로 먹고 산 사람이었다. 독일의 물리학자이자 기업가로서 영화와 텔레비전의 전신前身을 발명해 낸 사람이 바로 그였다. 이 기계는 1880년 첫 선을 보일 때부터 구경꾼들의 눈을 사로잡아 제2차 세계대전이 터지기 직전까지 줄곧 인기를 누렸다. 애초에 벨트파노라마Weltpanorama란 이름이었다가 제1차 세계대전 이후 카이저파노라마Kaiserpanorama란 이름으로 바뀌었는데, 목재로 만든 커다란 원통에 렌즈 25개가 붙어 있었다. 구경꾼들이 그 렌즈를 통해 안을 들여다보면 3차원으로 보이는 회전 슬라이드 속에서 세계 각지에서 일어난 사건과 이국적인 풍경이 펼쳐졌다. 이를 테면 터키의 하렘이나 교황의 개인 거처 같은 것들이다. 당시 유럽인들이 보기에 그 환등식 슬라이드에는 믿기 어려울 정도로 변화하고 있는 세상의 조각들이 담겨 있었다. 이 발명품은 사람들로부터 큰 인기를 얻어서 유럽 전역에서 상영관이 성황을 이루고, 한 지점에서 기계를 250대씩 돌릴 정도였다. 슬라이드 쇼 내용은 매주 두 번씩 바뀌어야 했기 때문에, 푸어만은 일단의 사진기자들을 자기 사람으로 만들어 세계 각지로 뉴스를 보내오게 하고 멀리 떨어진 곳의 풍경을 찍어 오게 했다.

카이저파노라마가 한 일은 사진술이 등장하던 초창기, 사진의 매력에 푹 빠진 사람들이 아득한 이국땅의 풍경을 살짝 엿보게 하는 것에 그치지 않았다. 푸어만의 발명품은 빅토리아 시대 사람들의 인식을 변화시키는 데도 일조했다. "카이저파노라마의 커다란 매력 중 하나는 어디서부터 보든 다 똑같다는 것이다." 비평가 발터 벤야민Walter Benjamin이 베를린에서의 어린 시절을 그린 회고록에서 한 말이다. "슬라이드는 원을 그리며 돌아갔기 때문에 모든 그림은 사람들이 앉아 있는 지점을 지나가게 되어 있었다. 자리에 앉아 조그만 두 개의 창으로 그림을 감상했다."[26] 카이저파노라마는 삐걱대는 기계가 보여주는 일종의 가상현실 쇼였던 셈이다. 역사가 안젤라 밀러Angela Miller는 이에 대해 "줄기차게 이어지는 이미지의 물결을 보는 구경꾼에게는 그 안에 담긴 서사적 내용보다 현실의 시각적 대리 경험이 더 중요했다"라고 이야기한다.[27]

한마디로 빅토리아 시대판 〈섹스앤더시티〉와 CNN 자막 뉴스를 한 세트로 묶은 것이었다. 이 자동 파노라마는 기계를 통해 인간의 집중력을 머나먼 세상으로 인도했던 최고의 발명품으로 손꼽힌다.

집중력이 사람들로부터 각광을 받기 시작한 시대에 카이저파노라마가 대박을 터뜨린 것은 우연의 일치가 아니었다. 물론 집중력을 항상 통제하고 이해하고 유지할 수 없다는 사실이 보다 분명히 드러나면서 사람들은 낙담하기도 했다. 1880년대 초반 헨리 모즐리Henry Maudsley는 "그 본질이 무엇이든 간에, 집중력이 정신의 틀을 형성하고 발달시키는 데 있어 빠질 수 없는 조건인 것만은 분명하다"라고 말했다.[28] 콕 집어 말할 수 없는 인간의 이 속성은 세간의 끊임없는 논쟁거리이자, 당대의 과학자, 문인, 철학자들의 주된 연구 대상이었다. 과학자들은 사람들이 전기 자극에 어떻게 반응하는지, 혹은 사람들이 자신의 마음이나 시각에 얼마나 집중할 수 있는지 연구했다. 이를 테면 정신물리학자 구스타프 테오도어 페히너Gustav Theodor Fechner는 눈앞에다 색깔이 다른 물건 두 개를 든 채 한동안 있으면 나중에는 두 가지 색깔 중 하나만 볼 수 있다는 사실을 알게 되었다. 두 가지 색깔을 계속 한꺼번에 볼 수는 없었다.[29] 과학사가 마이클 해그너Michael Hagner는 그러면서 갑자기 집중력이란 것이 페히너나 그의 동료들이 생각했던 것과는 달리 인간의 마음대로 되는 현상이 아니게 되었다고 지적한다.

이때의 시대적 특징을 유념할 필요가 있다. 사회는 재빠르게 돌아갔던 데다가, 커뮤니케이션을 할 수 있는 수단과 기술들이 속속 등장했고, 더불어 일반적인 기준들마저 무너져 내렸다. 세상은 일거에 평평해지고, 조각조각 깨지고, 쪼그라들고, 파열되고, 변덕스러워졌다. 예술부터 과학, 그리고 정치에 이르기까지, 그동안 위로가 되어 주었던 공통의 실체가 있다는 생각은 시대에 뒤떨어진 개념이 되고 말았다. "삶이 엄청나게 빨라지면서 인간의 정신과 눈은 부분만을 부정확하게 보고 판단하는 데 익숙해진다. 따라서 이제 사람들은 다들 객차에 앉아 창밖을 내다보며, 어떤 나라나 그곳 사람들을 파악하는 여행객과 같은 존재가 되었다." 시대를 앞서서 '관점주의'라는 새로운 철학(실재는 해석하기에 달린 문제라는 내용)을 옹호했던 니체의 말이다.[30] 1905년에는 알베르트 아인슈타인이 다섯 편의 논문을 세상에 내놓으면서 공간과 시간 개념에 대한 지형도를 완전히 바꾸어 놓았다. 그 중에서도 가장 유명한 상대성이론에는 우리가 공간 속을 어떻게 움직이느냐에 따라 우리가 관찰하는 내용도 달라진다는 주장이 들어 있다. 『시간과 공간의 문화사: 1880~1918The Culture of Time and Space: 1880~1918』에서 스티븐 컨은 인간의 삶이 "다수의 공간 안에서, 즉 설계자가 질서정연하게 세운 틀을 벗어나 과감히 우주를 향해 도약하며 여기저기서 뒤섞이는 의식 속에서" 이뤄지게 됐다고 말한다.[31]

이제 사람들이 집중력을 주관적이고 변덕스러운 것으로 보기 시작한 것은 어쩌면 당연한 일이었다. 집중력은 더 이상 안정적이지도 통제가 가능하지도 않았다. 더구나 그 어느 때보다 합리성을 중시했던 계몽 시대에는 훌륭한 정신적 능력으로 동경의 대상이었으나, 이제는 그만큼 높은 평가를 받지도 못했다. 벤자민 프랭클린이 살던 시절에 집중력은 사람 말을 잘 따르는 개와도 같았다. 문명인이 원시적인 미신을 버리고 세상을 과학적으로 이해하고자 할 때, 그 뜻에 따라 주는 충실한 종복이었던 것이다. (당시 생리학적으로 집중력은 뇌 한구석의 '유동성 신경 물질'이 모여 있는 곳에서 나온다고 생각되었다.)

스위스 곤충학자 샤를 보네Charles Bonnet 같은 18세기의 자연주의자들은 곤충과 식물을 연구한다는 목적으로 묘기에 가까운 관찰 작업을 너무 열심히 수행해 풍자가들로부터 조롱을 당하기도 했다. 보네는 생식 주기를 알아 내겠다며 진딧물 한 마리를 매일 오전 5시 30분부터 밤 11시까지 21일 동안 계속 연구한 적도 있다. 그가 공책에 적어 둔 실험 내용은 너무 세세해서 현대 과학자들은 그가 연구하던 곤충이 어떤 종류인지 헷갈리기도 한다. 역사가 로렌 다스톤Lorraine Daston의 말에 따르면 보네의 공책에서는 "(전체가 부분을 압도하는 게 아니라) 부분이 전체를 압도한다."[32] 보네와 그의 동료들의 연구 노력이 극단으로 치우친 것은 분명 사실이다. 하지만 집중력에 대한 그들의 관점은 당대의 생각을 반영하고 있었다. 지적 작업의 원동력이 되는 집중력을 의지와 끈기를 갖고 엄격하게 통제할 수 있다고 여긴 것이다. 해그녀는 이렇게 말한다. "1800년에 우리는 집중력을 통해 우리 자신이나 주위 세상에 대한 탐구에서 대가의 경지에 오를 수 있었다."[33]

19세기를 지나면서 집중력은 이미 더 이상 나긋나긋하고 말 잘 듣는 친구가 아니게 되었다. 마음대로 풀어 놓기도 곤란하고, 그 막강한 힘이 무시무시하지만, 그러면서도 인간적인 것이든 기계적인 것이든 외부 힘에는 무척 취약했다. "이제 집중력이 갖고 있는 위험, 결함, 그리고 불안정성이 전면에 그 모습을 드러내기 시작했다"라고 해그녀는 이야기한다.[34] 특히 황홀경 상태의 집중력, 수면, 최면 상태 사이의 미세한 경계를 탐구하는 연구가 봇물을 이뤘다. 이와 함께 최면에 걸려 집중력이 고도로 높아지면 학습 능력과 기억 능력도 함께 향상된다는 연구 결과도 나왔다. 이 기법은 (제대로 이해되지 않은 채) 처음에는 중대한 의학적 발전으로 칭송을 받았다. 하지만 누군가의 집중력을 다른 누군가가 마음대로 (때로는 악의적으로) 통제한다는 것에 대해 대중이나 전문가 모두 심히 불편해했다. 1894년 조지 듀 모리에George du Maurier가 쓴 『트릴비Trilby』는 1890년대 영국과 미국에서 가장 인기 있던 소설 중 하나로, 한 음악가가 보헤미아의 아가씨에게 최면을 걸어 노예로 만든 후 오페라 스타로 변신시킨다는 내용이다. 브램 스토커Bram Stoker의 소설 『드라큘라』에서는 뱀파이어가 희생자의 피만 빨아먹는 게 아니라, 텔레파시와 최면술을 이용해 그들의 마음까지 조종한다. 뱀파이어는 자신의 피를 강제로 먹이기 전에 "나의 뇌가 너에게 '이리 오라!'고 말하거든, 너는 육지와 바다를 건너서라도 내 말에 따라야 한다"라고 소설의 여주인공 미나를 위협한다.[35] 결국 최면은 사람을 수동적으로 만들고 통제력을 빼앗아 가는 면모를 띠면서, 현대의 복잡한 삶과 씨름을 벌여야 하는 일반 대중과 학계로부터 외면을 당하게 되었다. 『지각의 지연: 집중력과 구경거리와 현대 문화Suspensions of Perception: Attention, Spectacle and Modern Culture』에서 크래리는 19세기에서 20세기로 접어들 무렵에는 프로이트처럼 최면술을 지지했던 유명인들까지 점점 최면술을 멀리하게 되었다고 말한다. "전성기를 구가하던 최면술은 1880년대 말 문화적 대반전을 맞았다. 유럽과 북미 전역에서 최면술은 일종의 치료책으로서 끝없는 혜택을 가져다줄 것처럼 보였다. 그러다 20세기에 접어들면서 과거 최면술을 옹호하던 사람들조차 최면술을 난감한 것으로 여기게 되었다."[36]

이런 식으로 수 세대 전, 사람들은 꿈에 그리던 새로운 세상을 향해 본격적인 첫발을 내딛었다. 카이저파노라마가 보여주는 콜라주 같은 영상 세계와 새로운 영적 공간부터, 불안 불안한 마음으로 받아들인 최면술의 세계까지 말이다. 실질적인 위험이 따름에도 사람들은 무모하다 싶을 정도로 이런 경험들에 달려들었다. 온갖 경계와 가정들이 산산이 부서지는 시대에서 통제력을 잃어버린다는 것은 언제나 덮칠 수 있는 위험이 현관 한구석에 자리 잡고 있는 거나 마찬가지였다. 그런데 지금 우리는 어떤가? 집중력을 사방으로 분산시키고 제2의 세계로 빠져드는 일이 너무도 잦다. 그리하여 앞으로 어떤 결과가 닥칠지 질문을 던지는 능력과 의지 자체를 상실하고 있는 것처럼 보인다. 이제 우리는 집중력이 사방으로 분산돼 있고 이 세상이 조작이 난무하는 시끄러운 전쟁터가 돼 버린 것을 당연하게 여기기 시작했다. 『산만함의 시대에서In the Age of Distraction』의 저자 조지프 어고Joseph Urgo는 1920년대만 해도 침묵은 "생각, 대화, 존재 일반을 뒷받침해 주는 것이었다"라고 말한다.[37] 이 침묵의 공간이 이제 "점령당하고 말았다"는 것이 그의 이야기다. 침묵의 영역은 이제 처녀림만큼이나 찾아보기 힘든 것이 되었고 우리 현대인 상당수는 침묵을 불편해 한다. 문학 비평가 스벤 버커츠Sven Birkerts는 "수많은 관점들이 넘쳐나고, 정보가 사방으로 촉수를 끝없이 넓혀 가고 있는 지금, 사람들은 더 이상 부분을 모아 전체 상을 그릴 수 있다고 생각지 않는다"라고 말한다. "현재 우리는 깊이 상실의 시대를 경험하고 있다. 깊이의 패러다임 그 자체를 잃어버린 것이다."[38]

크래리의 책은 1907년 9월 22일자로 된 한 통의 편지로 마무리된다. 프로이트가 로마에 있는 동안 자기 가족에게 보낸 것이다. 프로이트는 그날 저녁 사람들과 함께 환등 슬라이드 쇼를 본 이야기를 해 준다. 쇼는 콜로나 광장의 한 저택 지붕 위에 영상을 비추는 식으로 진행되었다. 프로이트는 슬라이드의 내용에 대해서는 아무 말 하지 않고, 그 슬라이드가 어떤 결과를 불러왔는지 이야기한다. 광고가 나오는 동안 잠시 자리를 뜨려고 할 때마다 "슬라이드에 집중하는 사람들에게서 모종의 긴장감이 느껴져" 마지못해 단편 영화들과 스틸 슬라이드를 쳐다볼 수밖에 없더라는 것이었다. "저녁 9시까지는 슬라이드에서 눈을 떼지 못하다가 사람들 틈에 있는데도 너무 외롭다는 생각이 들기 시작해 이렇게 내

방으로 돌아와 편지를 쓰고 있다"고 프로이트는 말했다.[39] 이 위대한 사상가는 머나먼 타지에서 오늘날 우리를 포위하고 있는 미디어의 힘을 알아 버린 것이었다. 책의 후미를 장식하고 있는 단편적 일화는 우리에게 의미심장하다. 프로이트는 슬라이드에 완전히 사로잡혔다가 그 자동적인 마력에서 헤어 나오자 향수와 허탈감을 느꼈다. 100년도 더 된 어느 날 저녁의 로마를 그린 이 글은 현재 우리가 살고 있는 세상, 매혹적이지만 덧없는 세상의 모습을 속살거려 주고 있다.

이 세상에서 인간성은 살아남을 수 있을까?

우리는 어쩌다가 이 새로운 암흑기로 접어들게 된 것일까? 현재 우리가 사는 세상을 태동시킨 씨앗은 첨단 기술의 제1 혁명기에서 찾을 수 있다. 그 시절에는 새로운 기술들이 지역의 경계를 허물고 단조롭던 옛날의 일상을 완전히 뒤바꾸어 놓았다. 19세기에 사람들은 눈이 번쩍 뜨이는 새로운 방식을 통해 여러 가지 속박에서 벗어나 힘을 얻으면서 갖가지 기쁨과 난관을 맛보기 시작했다. 그와 함께 오늘날 우리를 매일같이 따라다니는 시급한 문제들에도 맞닥뜨리게 되었다. 경제학자 제러미 리프킨Jeremy Rifkin은 "인류 역사의 위대한 전환기는 공간과 시간에 대한 개념이 변하면서 일어나는 경우가 많다"라고 우리에게 일깨워 준다.[40] 사람들은 전보 덕분에 처음으로 동시성의 짜릿한 세계에 발을 들일 수 있었다. 지금 사람들은 가상 세계를 손쉽게 넘나들면서 너나 할 것 없이 멀티태스킹을 한다. 여러 곳에 있을 수 있게 해 주는 그 기적과도 같은 능력이 사람들 사이를 가깝게 하는지 멀어지게 하는지 알지 못한 채로 말이다. 또 전보나 위자보드(Ouija board: 일종의 점을 치는 기법으로 서양식 분신사바라 할 수 있다 - 옮긴이) 저 너머에서 아련하게 반짝이던 삶도 서서히 진화를 거듭해 실재와 상상이 뒤섞인 타자의 은하수가 되었다. 마지막으로, 카이저파노라마는 사람들이 집중력의 암울한 신비에 사로잡혀 있던 시대에 기계를 통한 가상 세계의 즐거움을 처음으로 맛보게 해 주었다.

그런데 우리가 그러한 삶 속에서 얻어지는 행복에 젖어들수록, 인간으로서 가지고 있는 중대한 면모(즉, 집중력, 인식 능력, 훌륭한 추론 능력)가 침식당할 수 있다는 인식이 점차적으로 강해지고 있다. 사람들을 무한히 만날 수 있는 것처럼 보이는 이 세상에서 친밀성은 과연 살아남을 수 있을 것인가? 한 화면에서 여러 일을 하면서 우리는 과연 삶의 질을 제대로 유지할 수 있을 것인가? 쉴 새 없이 돌아다니는 삶에서 우리는 서로 간에 어떻게 정을 나눌 것이며, 또 그러한 삶은 공간에 대한 우리의 경험을 어떻게 바꾸어 놓을 것인가? 이 갖가지 도전에 맞선 우리들은 우리들의 집 안에 생긴 그 '새로운 방' 속으로 들어가 보지 않을 수가 없다. 하지만 그 방에 들어가기 전에, 대부분 사람들의 기억에서 사라진 19세기의 위대한 사상가에 대해 마지막으로 한마디 하려 한다. 그는

19세기에 현재 우리 시대의 모습을 꿰뚫어 보는 눈을 가지고 있었다.

침묵과 고독의 기쁨을 잃어버리다

알베르 로비다Albert Robida는 만화가이자 삽화가이자 소설가였다. 첨단 기술이 당대 사회의 일상에 끼치는 영향을 빈틈없이 정확하게 그려 내는 그의 솜씨는 공상과학소설에서 최고로 손꼽히던 쥘 베른이나 허버트 조지 웰스Herbert George Wells까지도 뛰어넘을 정도였다. 그가 쓴 『20세기The Twentieth Century』나 『전기 인생The Electric Life』 같은 소설을 보면, 헬리콥터, 대형 TV, 24시간 실시간 중계되는 세계 뉴스, 화상 전화, 시험관 아기를 미리 만날 수 있다. 또 그는 전쟁에 생물학이 동원되고, 환경이 파괴되고, 이미지가 실제 세상을 지배하고, 삶의 속도가 빨라질 것임을 벌써부터 예견했다. 이상주의와 재치 넘치는 풍자, 공상과학 기법이 고루 안배된 로비다의 작품은 (베른의 소설과는 달리) 단순히 앞으로 등장할 기술이 가져다주는 기적이 아닌, 그 사회적 파장을 탐구하고 있었다. 소설 『20세기』에는 지독히 바쁜 나머지 전화로 딸의 결혼식에 참석하는 아버지가 등장한다. 또 다른 장면에서는 오늘날의 웹캠이라 할 만한 '텔레포노스코프'란 기계를 사용하는 사람들이 원거리에서 영문도 모르는 두 사람의 침실을 감시하기도 한다.[41]

필립 윌렘스Philippe Willems에 따르면, 로비다의 글과 그림은 당대 급속히 진행되던 기술 발전에 대한 사람들의 불안을 누그러뜨리는 힘이 있었다.[42] 하지만 그가 전하고자 하는 메시지는 분명했다. 끝도 없이 발전하는 기술이 삶에 어떤 결과를 불러올지 경각심을 가져야 한다는 것이다. 1848년에 태어난 그는 조심성이 많고 근시까지 있어서 평생 자전거를 딱 한 번밖에 타지 못했다. 자동차라면 질색이었고, 당대 최고의 첨단 기술이라 손꼽히던 전화도 마다했다. 우리는 로비다를 괴팍한 기계 파괴주의자쯤으로 치부할 수도 있지만, 그랬다간 그가 명확히 제시했던 번뜩이는 비전을 놓치고 만다. 『1965년』이란 유쾌한 단편소설을 완성한 후, 로비다는 인터뷰에서 자기는 지금 우리가 사는 시대가 전혀 부럽지 않다고 이야기했다. "그 사람들은 매일 매일을 기계처럼 움직이는 사회의 톱니바퀴에 갇힌 채 지내야 할 겁니다. 그렇게 살면 과연 지금 우리가 마음껏 누리는 소박한 기쁨을 누릴 시간이 그들에게 있을지 모르겠어요. 침묵과 고요, 고독의 기쁨을 말입니다. 그 기쁨을 알 기회가 없었으니, 이런 것들을 그리워하지도 못할 겁니다. 저는 그런 사람들이 정말이지 불쌍합니다."[43] 오싹하게도 알베르 로비다는 산만함의 시대를 그때 예견했던 것이다. 하지만 세상은 그의 경고를 귀담아듣지 않았다.

2

짧아지는
감정의 유통기한

감정을 얄팍하게 소비하다

앨런 에델슨Alan Edelson은 열네 살짜리 아들 재커리Zachary를 잃은 미시건 호수 기슭에 서서 자신의 휴대전화를 열어젖혔다. 사고가 나고 벌써 4년이 흘렀지만 전화번호부 목록 1번은 아직도 재크의 차지였다. 집에 들어가 컴퓨터를 켤 때도 마찬가지, 아들의 메신저 대화명 Snoopy1372가 화면에 떴다. "어떻게 삭제할 수 있겠습니까?" 디트로이트 교외에서 가구점을 운영하고 있는 에델슨이 물었다. "그럴 수는 없습니다."[1] 에델슨은 호숫가에서 발걸음을 떼지 못하고 미적거리다 시커먼 먹구름에 가려 어두컴컴해진

하늘을 올려다보았다. 노인 하나가 낚싯대를 걸머지고 호숫가를 어슬렁거렸고, 그 뒤를 강아지 한 마리가 졸졸 따라다니고 있었다. 재크가 죽고 나서 월넛 호수를 찾은 건 이번이 처음이었다. 사고 당일, 재크는 친구들과 튜브 놀이를 마치고 구명 재킷을 막 벗은 참이었다. 돌연 한바탕 돌풍이 일어 보트 안에 있던 튜브 하나가 밖으로 날아갔고, 그때 재크의 다리에 밧줄이 휘감기면서 재크를 보트 밖으로 끌어가 버렸다. 재크는 머리를 심하게 부딪친 채 물 속으로 가라앉았다.

80피트 깊이, 7도씨의 물속에서 아이의 시신을 찾아내는 데는 꼬박 3일이 걸렸다. 에델슨은 샤워를 하고 몇 시간 눈을 붙인 걸 제외하고는 3일 밤낮 동안 한시도 지금 서 있는 그 자리를 뜨지 못했다. 수백 명이 몰려들어 수색 작업을 지켜보았고 이들은 이따금 휴대전화를 꺼내어 다른 이들에게 수색 상황을 전했다. 에델슨도 자기 휴대전화를 가지고 아내에게 호수로 오라 일렀고, 재크의 할아버지, 할머니에게도 사고 소식을 전했었다. 전화로 호수 위를 맴돌던 TV 뉴스용 헬리콥터를 쫓아 보려고도 했지만 그건 허사였다. 하지만 주 중인 그날 오후, 호수는 언제 그랬냐는 듯 평온했다. 호수 언저리의 배들은 조용히 떠 있었고, 잔디밭도 텅 비어 있었다. 하지만 72시간의 그 기억이 에델슨에겐 아직도 생생했다. 이 사려 깊은 남자의 머리칼은 희끗희끗해진 채 듬성듬성 숱이 빠져 가고 있었고 안색은 창백했다. 인기 많고 운동을 잘하던 막내가 남긴 기억은 그에겐 고문이면서 동시에 위안이었다. 막둥

이 재크가 아기나 다름없었던 형 둘과 이복누나 둘은 이제 모두 자기들 삶을 찾아 가는 중이었다. 호수 근처 스타벅스에서 우리가 처음 만났을 때, 에델슨은 가상 세계에서 재크의 모습이 어른거리는 걸 보노라면 마음이 편안해진다고 줄곧 이야기했다. "거기서는 녀석이 정말 있는 것 같아요. 아직 나와 끊어지지 않은 채 말입니다. 기억은 우리의 일부잖아요. 우리는 그걸 최대한 간직하고 싶어 하지요." 분홍빛 랄프로렌옥스퍼드 셔츠에 카키색 면바지 차림을 한 그는 망연자실한 낯빛을 벗지 못하고 있었다.

자신의 상실감에 대해 이야기하면서도 그는 사람들이 '계속 살아가는 일'의 중요성을 거듭 되새겼다. 이혼한 아내인 재크의 친엄마와 한바탕 다투면서까지 아이의 이메일 계정을 기어이 정지시킨 것도 바로 그런 이유에서였다. 아이가 죽고 나서도 재크의 친구들은 줄기차게 메일을 보내 수다를 떨고, 그 아이를 추억하고, 그를 잊지 않겠다고 다짐했다. 인터넷에 추모 사이트를 개설하지 않기로 마음먹은 것도 마찬가지 이유에서였다. 이 '공동묘지'에서는 사람들이 고인에게 바친 추모의 글이나 편지를 페이지를 넘겨가며 볼 수 있고, 그 곁에 놓인 가상의 꽃은 시들 줄을 모른다. "사람들 역시 계속 살아가야 하는 것 아니겠습니까? 녀석은 친구들이 많았어요. 그 아이들에게도 살아가야 할 인생이 있습니다." 하지만 아이가 쓰던 방에는 손도 대지 못했다. 아이의 컴퓨터 대화명도, 휴대전화에 들어 있는 이름도 역시 지우지 못하고 있었다. 실제 세계에도 또 가상 세계에도 아이가 남긴 흔적은 너무도 실감나게 다가와 섣불리 무시할 수가 없다.

불과 얼마 전까지만 해도, '가상현실'하면 우리는 일종의 게임을 생각했다. 헬멧을 쓰거나 조이스틱을 쥐고 즐기게 되는, 현실과 똑같이 없는 게 없고 속이 울렁거릴 정도로 짜릿해 도저히 빠져나올 수 없는 그런 게임 말이다. 한마디로 머릿속으로 하는 공간 여행인 셈인데, 황홀하긴 하지만 사람들 사이에서 대세를 이루지는 못했었다. 그런데 이제는 그러한 가상이 '실제 삶' 속에 완전히 녹아들었다. 아닌 게 아니라, 현재 '세컨드라이프'나 '월드오브워크래프트' 같은 역할 수행 게임(MMORPG: 다수의 사람들이 하나의 서버에 접속해 각자의 역할을 맡아 수행하는 게임)을 하는 인구가 수천만 명에 이른다. 사람들은 이곳에서 또 하나의 정체성을 지니고, 복합적인 자기 존재가 지닌 각양각색의 특징을 내보인다.[2] 더구나 가상현실은 스멀스멀 그 영역을 넓혀 게임 너머까지 촉수를 뻗치고 있다. 가상으로 세워진 그 세계 한 귀퉁이에서는 수천 마일 떨어진 곳에 있는 엄마나 아빠가 동영상을 가지고 아이에게 잠들기 전 동화책을 읽어 주며 잠시나마 함께한다. 그런 식으로 법원에서 정한 자녀 양육 의무를 일부 수행하는 것이다. 결혼도 약혼도 하지 않은 대학생이 싱글인 자기 친구를 페이스북에 '남편'이라 올려놓는 것도, 뉴욕의 전봇대 위에 휘갈긴 낙서를 보고 온라인 시 링크에 접속하고픈 맘이 이는 것도 같은 맥락이다. 어떤 집에서는 가족 둘이 각자의 방에서 (혹은 같은 방의 한구석을 각각 차지하고서) 메신저로 농담을 주고받기도 한다. 대학생들이 자기 룸메이트와 다투는 방식도 전혀 다를 것 없다. 사전을 찾아보니 실재real는 "정말로 존재하는 것", 가상virtual은 "모의로 혹은 명목상으로 존재하는 것"으로 정의되어 있다. 사회학자 마뉴엘 카스텔Manuel Castells이 지적한 바에 따르면, 인류가 가상을 통해 실재를 경험한 지는 이미 오래다. 알파벳이나 화폐 등의 상징을 이용해 왔다는 점에서 보면 말이다. 하지만 요즘의 통신 수단이 제공해 주는 세상은 시뮬레이션 속에 실재가 너무도 잘 녹아 있어서 '보는 것이 곧 경험이 된다'는 말을 믿게 될 정도다.[3] 그 결과 발생하는 문화가 바로 카스텔이 말하는 소위 '실재 가상'이다('실재처럼 존재하는 가상'이라고 하면 더 간단할 것이다). 눈 한 번 마주친 적 없는 채로(사실 그리고 싶어 하지도 않는다) 온라인에서 첫사랑에 빠지는 두 명의 10대 청소년이나, 아직도 메일이 수신되는 죽은 소년의 AOL 계정이 이런 문화에 해당한다.

사회과학자 셰리 터클은 이런 일이 일어날 수 있는 건 "이제 우리 모두가 컴퓨터족이 되었기 때문"이라고 말한다.[4] 나는 이와 더불어 우리가 TV족, 휴대전화족이 되었다는 점까지 함께 이야기하고 싶다. 배리 웰먼Barry Wellman은 기술이 널리 보급되어 있을 때만 기술의 영향력을 가장 깊이 실감하게 된다고 말한 바 있다.[5] 지금 우리 주변은 온통 가상 경험의 천지다. 가상공간이 회의실이 되기도 하고, 무엇이든 그릴 수 있는 빈 화폭이 되기도 하며, 우리의 자원을 늘리는 수단이 되기도 하고, 우리의 희망과 꿈, 두려움을 담아 두는 그릇이 되기도 한다. 우리는 우리도 모르는 사이 어느덧 가상 경험을 진짜처럼 받아들이게 되어 버린 것이다. 우리는 생명력을 가진 일종의 화폐를 주조해서, 옛날 화폐와 함께 쓰거나 옛날 화폐의 확장판으로 사용하고 있다. 내가 이런 사실을 퍼뜩 깨닫게 된 것은 가상 세계를 기반으로 운영되는 전문가 그룹의 정기 회의에 처음 참석했을 때였다. 한 싱크탱크 모임이 가상공간에서의 협동 개념을 탐구해 보자는 취지에서 전문가들을 모은 것이었는데, 나도 끼게 되었다. 현장 회의에 참석하기 전 온라인 토론에 참여해 본 적은 있었지만, 실제 모임에 나가 얼굴을 비친 적은 한 번도 없었다. 그래서 그날 저녁 행사 자리에서 사회자가 처음 온 사람들은 일어나 자기소개를 하라고 했을 때 나도 자리에서 벌떡 일어났다. 그런데 순간 그녀의 표정이 굳어지는 것이 아닌가. "아, 당신도 '이 자리에는' 이번에 처음 나온 것이지요." 나는 나중에야 내가 실수했다는 걸 깨달았다. 실제 살아 움직이는 사람들이 나오는 회의는 나가 본 적이 없어서 나는 스스로를 신참이라 여겼지만, 다른 사람들은 가상 토론 참여로 함께 시간을 보낸 것으로 생각했던 것이다. 가상 속 존재도 계산에 들어간다는 점을 나는 놓치고 있었다. 이제 우리는 눈에 보이지 않는 것에도 액면 가치를 매기고 있는 것이다.

그런데 이렇게 도처에서 점점 더 삶의 터전이 되어 가고 있는 가상공간은 도대체 어떠한 곳인가? 이런 공간으로 인해 타인에 대한 우리의 관심은 본질적으로 어떻게 변화할까? 이 '신세계'는 그 정도가 더하든 덜하든 우리가 발붙이고 있는 물리적인 자연 세계를 모방한 것이다. 게임 개발자 대부분이 자기 공상 속의 세계를 보다 '리얼'한 것으로 만들려 엄청난 공을 들이지만, 우리 현실을 폰트와 픽셀로 그대로 옮겨 놓는다는 건 지금도 앞으로도 영원히 불가능하다. 이는 당연한 이야기다. 다만 확실하게 예측할 수 없는 것이 하나 있다면, 이 현실과는 다른 매혹적이고 자유로운 세계에서 우리가 시간을 보내다 보면 우리, 특히 우리가 서로와 맺는 관계가 어떻게 바뀔 것인가 하는 점이다. 가상 세계는 홀로 훌쩍 떠나는 여행이 아니기 때문이다. SF 작가 윌리엄 깁슨William Gibson의 말을 빌리면 사이버 공간은 "사람들이 교감하며 일으키는 환각"이다.[6] 그리스 신화, 켜켜이 쌓여 있던 중세의 천당, 영화나 연극 등도 인간이 꿈꾼 일종의 대안 세계지만, 이 가상 세계만큼 그러한 특징을 여실히 보여주는 곳도 없다. 이 새로운 왕국은 단순히 생각하고 상상하는 것에서 그치지 않는다. 우리는 그 속에서 살면서 가장 가까운 관계까지도 '허공 속에서' 맺는다. 우리가 살고 있는 가상 세계(나아가 그것이 현실 세계와 맺고 있는 상호 관계)를 이해하는 것이야말로 산만함의 시대를 해독하는 첫걸음일 것이다.

오늘 누군가가 당신 안부를 물었어.

참 오랜만에 당신 안부를 묻는 사람을 만난 거야.

당신 이야기를 하니 기분이 그렇게 좋을 수 없더군.

당신에 대한 나의 기억을 함께 나누는 것이,

그저 당신 이름을 큰 소리로 입 밖에 낼 수 있다는 것이.

사람들이 당신 이야기를 해도 괜찮으냐고 물었지.

당신이 당한 일을 이야기해도 괜찮으냐고…

그 이야기를 하면 괴롭지 않느냐고…

나는 매일같이 그 생각을 한다고 말했어.

오히려 이야기를 하면 내 머릿속에서 소용돌이치는

고통스런 생각들을 놓아 버릴 수 있다고.

사람들은 내가 이토록 오랫동안 괴로워할 줄 몰랐다고 말하더군.

T, 우리 모두 여전히 당신을 생각하고 아주 많이 그리워해.[7]

아내가 죽은 지 1년이 더 지났는데도 아직 슬픔에 잠겨 있는 한 남자가 아내를 위해 만든 인터넷 추모관에 그녀를 생각하며 쓴 편지다. 큰 인기를 누리고 있는 월드와이드세머터리World Wide Cemetery를 비롯한 가상 공동묘지가 처음 등장한 것은 1995년의 일이었다. 현재 개인적인 추모관들은 이런 가상 공동묘지에서 나와 친목 사이트 등으로 자리를 옮기고 있지만 말이다. 어떤 낚시 동호회 사이트에서는 한 남자가 돌아가신 아버지에게 추도문을 올리자 몇 시간 만에 댓글이 수십 개나 달리기도 했다.[8] 아들이나 딸을 잃고 나서 몇 시간 후 부모들이 아이 친구들에게 그 충격적인 소식을 알려주려 소셜 네트워킹 사이트에 로그인해 들어가면 벌써 게시판에 글이 올라와 있는 걸 볼 수 있다. 아직 장례는 치르지도 않았는데 묘지에 바치는 듯한 글들이 있으니 부모로서는 놀라울 따름이다.[9] 에델슨 부부같이 사이버 추도를 탐탁찮게 여기는 사람들도 있지만, 반대로 그런 식으로 추모관을 세우는 것에 매력을 느끼는 사람들도 이루 헤아릴 수 없이 많다. 그곳을 통해 일반 사람들로부터 자신의 잃어버린 사랑에 대한 추도를 받는 동시에, 그곳에 자신의 슬픔을 고이 담아 두는 것이다.

지금은 현실 속 슬픔의 유통기한이 아주 짧다. 그 점을 이해한다면 가상의 세계에서 그렇게 감정을 쏟아 내는 것에 어느 정도 공감할 수 있을지 모른다. 지금 사람들도 무언가를 잃으면 슬퍼한다. 그리고 그 슬픔은 늘 사라지지 않을 것이다. 하지만 사람들이 슬픔을 창피하게 여기고 피하려 하는 경향은 날이 갈수록 심해지고 있다. 사람들은 장례식을 삶을 축하하는 행사라 부르고 있고, 장례식만 끝나면 집에는 죽은 이를 추모하는 흔적이 거의 남지 않는다. 남아서 차갑게 식어 버린 음식과 점점 더 시들어 가는 꽃 몇 송이를 제외하고는 말이다. 당연히 언제까지고 검정색 옷만 입지도 않는다. 한마디로 현실에서는 슬픔에 가급적 빨리 종지부를 찍으려 한다. 시인인 샌드라 길버트Sandra Gilbert는 남편이 죽고 나서 일종의 추도문으로 슬픔에 관한 책을 한 권 썼는데 거기서 이렇게 말한다. "죽어 가는 사람을 사회의 변방 지대(병원, 요양소, 호스피스)에 보내 버리는 것처럼, 우리는 죽음과 붙어 다니는 슬픔과 애도의 마음을 억눌러 가둔다. 그 슬픔에 빠지면 무기력해지는 경우가 너무도 많고, 심지어 어떤 때는 그 슬픔 때문에 감추고만 싶고 어떻게든 도망치고만 싶은 죽음의 추한 몰골이 생각나 당황스럽기 때문이다."[10] 그렇게나 막강한 힘을 가지고 우리를 불편하게 만드는 죽음과 슬픔을 우리는 이제 손쉽게 '가둘' 수 있다. 살아 움직이는 현실과 몇 발작 떨어지지 않은 가상 세계에 고이 모셔 두면 되니까 말이다. 인터넷에 추모관을 세워 두고 있는 한 여성은 연구원 패밀라 로버츠Pamela Roberts에게 사람들이 글을 남겨 힘을 주는 것에 고마움을 느낀다고 말했다. 현실에는 직접적으로 그런 위안을 주는 사람이 거의 없기 때문이다. "그렇게 사무치는 고통과 슬픔은 직접 마주하지 못하는 사람이 아주 많아요"라고 그 여성은 설명한다. 데이비드 몰러David Moller의 주장에 따르면, 사람들이 함께 애도하는 의례가 없다는 것은 사회가 "일상적인 틀에서 고통과 슬픔을 떼어 내려 애쓰는" 경향이 점점 강해지고 있다는 것을 보여준다.[11]

이렇게 포스트모던 문화에서 제대로 얼굴을 내밀지 못하는 슬픔은 웹으로 그 자리를 옮겨 가고 있다. 우리 곁을 떠난 이들과 이야기를 나누고 싶어 하는 인류의 오랜 열망도 함께. 이런 현상의 이면에는 두 가지 감정이 교차한다고 볼 수 있다. 머리 아픈 현실에서 벗어났으면 하는 마음과 함께, 죽음으로 모든 것이 끝나버렸다는 사실을 초월하고 싶은 것이다. 상실감으로 슬픔에서 헤어나지 못하는 사람들은 무덤을 찾아가 나지막하게(혹은 목청껏) 이야기를 나누거나 편지를 쓴다. 부치지 못하는 편지를 말이다. 하지만 이제는 마우스를 클릭하고 자판만 두드릴 줄 알면 이 세상을 떠난 이에게 메시지를 띄우고 그것을 게시해 모든 이들에게 보여줄 수 있다. 물론 종과 호각, 영기靈氣로 마법을 부려 저 머나먼 사자死者의 세계로부터 전갈을 받았던 19세기 심령술사들만큼 많이 '답신'을 얻지는 못할 것이다. 하지만 이를 통해 가상 세계의 무궁무진한 잠재력이 더욱 실감나는 것만은 사실이다. 또 아이러니하게도 현세 삶을 초월하기 위한 우리의 노력이 결실을 맺고 있다는 느낌을 준다. "그 친구가 마이스페이스에 더 이상 없다는 걸 알면서도 아직도 거기에 가면 그 친구를 만날 수 있다는 생각이 들어요." 조지아에서의 차 사고로 절친한 친구 데보라 리 워커Deborah Lee Walker를 떠나보내야 했던 제나 핑크Jenna Finke의 말이다. 핑크를 비롯한 워커의 친구들은 (지금은 추모 사이트가 된) 그녀의 마이스페이스 페이지를 매일 방문해 워커에게 보내는 메시지를 올려놓곤 한다.[12]

얼마 전까지만 해도 길버트는 이따금 조용히 생각에 잠긴 채 죽은 남편과 이야기를 했었다. 그런데 "남편의 이메일 주소가 아직까지 남아 있다는 사실을 깨달은 후에는 나도 모르게 밤하늘이 반짝이는 모니터 화면 앞에 앉아 그 은밀한 가상공간에 메시지를 띄운다. 그이가 거기서 편지를 기다리고 있다가 읽어 주기를 바라며."[13] 놀랍기만 한 사실은, 꼭 생전에 알고 지낸 사람이 아니더라도 얼마든지 죽은 사람 곁에 가서 말을 걸 수 있다는 것이다. 한 연구 결과에 따르면 추모 사이트의 방명록 중 낯모르는 사람이 남기는 글이 전체의 35~42퍼센트이며, 그 중 4분의 1이 고인 앞으로 직접 전하는 메시지라고 한다.[14] 근처 추모 사이트를 방문했다 들른 사람들이 글을 남기는가 하면, 가상 세계의 흥미로운 구석을 또 하나 발견하고 살짝 엿보러 온 관광객들이 남긴 글도 있다. 우리가 만들어 낸 기술이 최소한 민주주의적 이상에는 부합하고 있다는 이야기이리라. 과학의 시대에는 제대로 된 기계와, 제대로 된 이행 계획만 갖추면 얼마든지 기적을 이룰 수가 있다. 토머스 에디슨도 말년의 몇 년간 죽은 이의 전언을 받을 수 있는 기계를 만들기 위해 힘을 썼다. "얼마간 기계 장치 하나를 만들어 그 기계로 이 세상을 떠난 사람들이 우리와 이야기를 나눌 수 있는지 시험을 해 보았다." 에디슨이 1920년의 일기에 적은 말이다. 일기 여기저기서 그는 자신이 성공하지 못하는 것에 분통을 터뜨리며 아쉬워한다. 적절한 '과학적 방법'만 있으면(물론 심령술사들의 '유치하고 터무니없는' 방법은 해당되지 않았다) 분명 해낼 수 있을 거라면서 말이다.[15] 모험이 성공하지 못한 데 대한 그의 못내 아쉬운 마음은 끝없이 울리는 전화기 발신음처럼 허공을 맴도는 느낌이다. 하지만 우리가 전혀 진척이 없었던 건 아니다. 죽은 이들과 저 세상에 함께 있으면서 그 은밀함을 마음껏 즐긴 후 다시 집으로 돌아올 수 있는 '기계 장치'를 우리가 결국 만들어 낸 것처럼 보이니 말이다. 이런 마당에 사자에게서 메시지를 받을 필요가 무엇이 있겠는가?

많은 이들에게 사이버 공간은 누구에게나 열려 있는 새로운 영계靈界에 지나지 않는다. 사이버 공간을 방편 삼아 "사람들은 몇천 년 품어 온 숙원을 풀고 있다. 온전히 살아 있는 몸으로 자기 마음껏 물리적 세계를 초월한 저 어딘가에서 살아보는 그 꿈 말이다. 거기서 우리는 홀로 혹은 다른 이들과 어울리며 나름의 힘과 깨달음을 얻은 뒤 원래 세상으로 돌아온다"라고 『사이버 공간: 첫 번째 계단Cyberspace: First Steps』이라는 훌륭한 에세이집의 편집자 마이클 베네딕트Michael Benedikt는 말한다.[16] 물리학자이자 수학자인 마거릿 버트하임Margaret Wertheim은 『반짝반짝 빛나는 사이버 공간의 문The Pearly Gates of Cyberspace』이란 책에서 불평등과 파편화, 그리고 미국 문명의 쇠퇴로 말미암아 사람들이 사이버 공간에서 영적 의미를 갖고자 하는 간절한 바람을 갖게 되었다고 주장한다. 먼 옛날 로마가 무너져 내릴 때 각종 신비주의 종교가 성행한 것과 똑같은 이치다. 당시 그리스도교가 유별나게 인기를 끌었던 것도 천당을 통한 구원을 약속했기 때문이었다.[17]

　　문화지리학자 이-푸 투안Yi-Fu Tuan에 따르면, 공간space은 본래 자유와 일맥상통하는 말이다. 반면 장소place는 안전 및 영구성과 연이 깊다. 따라서 기막히게 이름 지어진 사이버 공간cyberspace은 그 규모와 넓이, 개방성과 변동성을 최대 강점으로 꼽을 수 있다. (셰익스피어도 죽음이란 "발견되지 않은 나라"라고 말하지 않았던가?)[18] "공간성은 자유 개념과 밀접하게 연관되어 있다"라고 투안은 말한다. 그 덕분에 우리는 "현재의 조건을 초월할 수 있는 능력을 손에 넣게 되고, 이 초월성이야말로 어딘가로 갈 수 있는 가장 기본적인 힘이 된다." 나아가 원하는 곳에 갈 수 있다는 점이 무엇보다 좋다. "열린 공간에는 사람들이 만들어 놓은 길도 표지판도 따로 없다"라고 투안은 지적한다.[19] 하지만 그러한 공간에는 위협도 공존한다. 길을 잃은 채 어딘가를 그저 정처 없이 떠돌고 있다는 생각이 들 수 있다. 사람들은 뻥 뚫린 길이나, 미개척 지대, 소유권, 우주 경쟁이라면 사족을 못 쓴다. 그 점을 고려한다면 단순히 가상 세계가 물리적 세계와 똑같은 실재성을 가지는 건 아니라는 말이 이해가 갈 것이다. 가상 세계는 이 속세를 넘어서고자 하는 대안인 것이다. 이와 관련해 랜들 월서Randal Walser는 컴퓨터는 더 이상 "정신을 보조해 주는 수단이 아니라, 새로운 경험 세계로 들어가기 위한 엔진"이라고 말한다.[20]

그런데 이러한 기적들 속에서 우리가 사는 집(선구적인 로봇학자 한스 모라벡Hans Moravec의 말을 빌자면 이 "지루한 구닥다리 지구")은 혹시 가상 세계에 비해 그 의미가 퇴색되어 가고 있는 건 아닐까?[21] 왠지 가상 세계의 '떡이 더 커 보이는' 것이다. 즐거움이 끝없이 솟아나는 이 '마법의 정원'에서 우리는 현실에 등을 돌린다. 늘 모든 게 썩어 없어지고, 인간적인 약점이 존재하고, 완벽한 순간을 찾아볼 수 없는 엉망진창의 세계로부터 말이다.[22] 윌리엄 깁슨의 거친 입담을 빌면, 그곳에서 우리 몸은 한낱 "고깃덩이"가 되어 버린다. 인간으로서 우리가 가진 한계는 참을 수 없는 속박이 되기 시작한다. 언제든 들어갈 수 있는 가상 세계가 있는 만큼 이제 우리는 서로 시선을 맞추고 서로를 부담스럽게 바라보고 적절한 위로의 말을 건네기 위해 고심해서 말을 찾을 필요도 없다. 애써 어깨 위로 눈물을 떨어뜨릴 필요도 없다.

'관계 취소' 세대의 사고방식

늦은 봄의 어느 날 저녁 7시쯤, 메이 코헨Mae Cohen은 큼지막한 통에서 다진 마늘을 덜어 스테이크 위에 한층 두껍게 펴 발랐다. "이 정도면 됐죠?" 그녀가 물었다.[23] "음, 된 것 같구나." 그녀의 엄마 베스Beth가 대답했다. 베스는 부엌의 낡은 식탁에 앉아 감자 샐러드에 쓸 삶은 감자 껍질을 벗겨 내고 있는 중이었다. 그 스테이크는 집에서 몇 시간 거리에 있는 근방의 조용한 보스턴 지역 여자 대학교에서 무사히 1년을 마치고 돌아온 메이를 위해 특별히 마련한 것이었다. 메이의 열네 살짜리 동생 윌리Willie는 막간에 짬을 내어 학교 친구들 둘과 함께 방에 틀어박힌 채 게임에 매달려 있는 중이었다. ("중세 시대가 배경이에요"라고 윌리가 내게 이야기해 주었다. "디아블로란 녀석이 있는데, 제일로 무서운 왕이에요. 그 녀석을 따라다니다 죽여 버리는 거죠.") 아이들 아빠 토퍼Topher는 그날 늦게까지 야근을 하는 중이었다. 메이는 아스파라거스를 담은 접시 위에 올리브오일을 듬뿍 뿌려 주었고, 부엌에서는 윌리의 열여섯 살짜리 친구가 오하이오의 여자아이와 인터넷으로 사귄다는 이야기로 화제가 옮겨 갔다.

"내 생각에는 인터넷이 아주 안전하다는 점 때문에 아이들이 그런 방식을 더 좋아하는 것 같아"라고 컴퓨터 소프트웨어 전문가 베스가 자못 진지한 어조로 말했다. "말로는 얼마든지 내가 네 남자친구네 여자친구네 하며 사귈 수 있지만, 매일같이 하루 몇 시간 전화 붙들고 이야기하는 것밖에는 실질적으로 하는 게 없어." 그녀는 그 둘이 실제로 만난 적이 있는지조차 의심스러워했다. 한 번은 아이들이 마땅치 않아 하는 부모들을 겨우겨우 설득해서 서로 만나도 좋다는 허락을 받았지만, 여자아이가 잔뜩 겁을 먹고 나가지 않았다. 남자아이 역시 여름에 오하이오에 있는 친척 집에 놀러가면서도 그 여자아이는 따로 만나고 싶어 하지 않는 눈치였다. 만일 둘이 한 방에 있으면 어떻게 될까 하고 내가 물었더니 메이가 재빨리 끼어들어 대답했다. "아마 십중팔구는 같이 놀지 않을 거예요." 얼굴을 직접 본다는 건 "두려운 일"이라고 메이가 말했다. 동그랗고 귀여운 얼굴의 메이는 밤색 머리 위에 자수로 장식된 꼭 맞는 모자를 쓰고 있었다. "관계란 변할 수 있는 거거든요." 메이는 다 겪어 봐서 안다는 듯한 투로 말했다.

저녁을 먹고 난 후 메이는 내게 자기가 제일 좋아하는 컴퓨터 게임인 에일리언 어덥션 에이전시Alien Adoption Agency에 대해 이야기해 주었다. 외계인에게 옷을 입히고 훈련을 시켜 전쟁에 내보내기 위해 메이는 물고기를 잡아 팔았다. (왜 그런 걸 사는지는 모르겠지만) 다른 플레이어들이 물고기 비늘을 사 가기 때문이다. 게임 이야기를 하는 동안 메이는 그날 저녁 그 어느 때보다 신이 났다. 고등학교 때는 한동안 그 판타지 게임에 너무 빠지는 바람에(지금은 사람들과 이야기를 더 나누려고 게임에 들어간 후 화면은 꺼 둔다) 억지로 게임을 그만두기도 했었다. 당시 정확히 하루 몇 시간 외계인에게 옷을 입혀 전쟁에 내보냈는지 물어보자 메이는 슬그머니 꽁무니를 빼고 "매일이요"라고 모호하게 대답했다. 내가 계속 알려 달라고 조르자 결국 "잘 기억이 안 나요"라며 수줍은 미소를 짓고는 고개를 절레절레 흔든다. 메이는 초콜릿 바를 한입 크게 베어 물었다. 최근에 외계인을 새로 하나 입양했고 온라인 남편까지 만들었단다. "결혼한 지 106일 됐어요"라며 자랑하듯 말한다. 신문을 훑으며 윌리의 신입생 오리엔테이션에 대해 살펴보고 있는 아이의 엄마 베스는 아무 말이 없다.

인맥이란 무엇일까? 인맥은 시시각각 변하는 별자리와도 같은데, 이제는 그것이 땅 위에서만이 아니라 '밤하늘의 반짝이는 화면' 속에서도 맺어진다고 생각해야 한다. 이제 우리는 머리가 핑 돌 정도로 많은 분야(즉, 집, 일터, 학교, 운동 모임, 예배당, 대화방, 게임 등)의 사람들과 관계를 맺게 되었고, 이들과는 언제 어디서고 마주칠 수 있다. 현대 기술이 보여주는 이런 특성이야말로 인간의 삶에 가장 많은 변화를 일으켰다 할 수 있을 것이다. 생각해 보라. 지난 수백 년 간 사람들은 정착 생활을 하면서 대부분 일정한 범위 안의 이웃들과만 관계를 맺어 왔다. 사회 네트워크 분야의 선구적 연구가인 배리 웰먼은 그 범위가 대개 "발품을 팔아 만날 수 있는 사람들로 한정되었다"고 이야기한다. 지난 세기만 해도 인간의 기동성이 점점 향상된다는 것은 "상부상조의 정신과 친목, 정보와 소속감"을 더욱 키우고 갖게 된다는 의미였다. 하지만 그건 우리 이웃이나 마을 내부 사람과의 일이었지 외지인까지 포함하지는 않았다고 웰먼은 말한다. 그때까지의 사회는 대부분 "조그만 상자"와 같아서 "포함의 경계가 명확히 정해져 있었고, 그 안에서 한 번에 한 집단이 상호 작용을 했다."²⁴ 엘크자선보호회 모임에 참석한 사람이 직장의 현장 주임으로부터 전화를 받는 일 같은 것은 없었다. 밤 교대 근무자가 방금 전 세상을 뜬 경우만 아니라면 말이다. 또 절박하다 못해 우편으로 신부를 주문했던 사람들을 제외하고는, 멀리 떨어져 있어 한 번도 만나 보지 못하는 여자와 사귀는 사람도 없었다.

지금 우리는 웰먼이 '인맥 개인주의'라 명명한 현상이 지배하는 사회에 살고 있다. 우리는 거의 어느 때나 누구와도 연분을 쌓을 수 있다. 하지만 그 관계는 그 사람보다는 장소, 그리고 그 사람 전체보다는 그 사람의 극히 일부분에 주안점을 두는 경우가 많다. 이 말은 베스 코헨이 미 전역의 학생들을 대상으로 온라인 강의를 할 수 있다는 의미이기도 하다. 또 댈러스에서 가상 팀을 짜 놓고도 몇 달이 지나도록 팀 멤버를 한 번도 만나지 않을 수 있다는 의미다. 나아가 고객이나, 동료, 부모, 그리고 (그녀가 엄마이자 선생님이자 컨설턴트이자 작가이자 매니저라는 사실을 꿈에도 모를) 타인과 직접 얼굴을 맞댄 채 혹은 가상 세계에서 온갖 방법으로 연분을 쌓을 수 있다는 이야기다. 인맥 개인주의는 또 메이 코헨이 온라인에서 어떤 녀석과 '결혼'을 했는데 알고 보니 그 녀석이 여자나 혹은 나이 어린 꼬마에 불과할 수도 있다는 뜻이기도 하다.

이는 세상에 있는 모든 사람들은 최대 6단계 이내에서 서로 아는 사람으로 연결될 수 있다는 '6단계 연결 고리 법칙'이 지나친 속도로 확장되고 있는 것이다. 이메일을 통해 메시지가 촘촘하게 얽힌 관계망 사이를 오가면서 친목 단체들을 공고히 통합시켜 주고 연결성을 증대시키고 있다. 물론 그 결과가 언제나 예측 가능하고 일률적이지는 않다는 것이 웰먼의 지적이다.[25] 이러한 현상에서 긍정적인 측면을 찾자면 관계의 폭이 말도 못하게 넓어진다는 것이다. 버클리의 캘리포니아대학원에서 사회학을 공부하고 있는 다나 보이드dana boyd는 그녀의 친구 마이크Mike가 5년 동안 저장해 놓은 이메일 함을 세세히 분류하는 작업을 해 보았다. 그랬더니 총 1만 5,537명의 사람들과 8만 941통의 메일을 주고받았다는 결론이 나왔다. 그 중 보스턴의 미술품 전시 회사에서 일하는 스물네 살의 마이크로부터 메일을 열 통 이상 받은 사람은 405명에 불과했다. 그런데 이메일을 연결성의 기준으로 삼아 조사를 해 보니, 마이크와 연을 맺고 있는 사람이 전 세계에 66만 2,078명에 이른다는 결과가 나왔다. 마이크가 50명 이상의 수신자를 대상으로 보내거나 받은 메시지까지 합치면 그 숫자는 1억 1,700만 명에 달했다.[26] 마이크의 사회적 활동 범위는 가족, 고등학교, 직장, 그리고 대학 시절의 친분 모임이 전부였고 대개가 뉴욕, 보스턴, 텍사스, 캘리포니아에서 이루어졌다. 마이크가 유난히 사람 만나기를 좋아하는 유형인지 알 길은 없지만, 오늘날 기준에서 그의 사회적 활동 수준은 보통이다. 또 다른 연구를 보면 인터넷 사용하든 안 하든 사람들이 절친하거나 '핵심적인' 관계에 있다고 꼽는 사람들 수는 비슷하다. 한마디로 오늘날 전선족들은 알고 지내는 사람이나 업무로 만나는 사람 등의 인맥은 넓어진 데 반해 유대 관계는 약해진 것이다. (첨단 기술 학자인 클레이 셔키Clay Shirky가 즐겨 하는 표현대로, 기술이 발달한다고 해서 당신이 신장을 기증할 수 있는 사람들 수가 변하는 것은 아니다.)[27] 한때 보이드 자신도 친목 사이트 프렌드스터Friendster에서 278명의 친구를 사귀어 그녀와 전혀 모르던 110만 명의 사람들과 연결된 적이 있다.[28]

그런데 이때 두려운 것은 인터넷이 우리를 모두 외톨이로, 그것도 사회 부적응형 외톨이로 만들어 버리지 않을까 하는 것이었다. 물론 초창기의 순진한 공상가들은 깁슨이 쓴 『뉴로맨서Neuromancer』를 사이버펑크(cyberpunk: 1980년대 이후 등장한 SF의 한 장르로, 인간의 본성과 첨단 기술이 엮이면서 가까운 미래에 나타나게 되는 새로운 아이디어를 주로 표현한다 - 옮긴이)계의 성경이자, 인터넷의 급속한 확산을 숨 가쁘게 전하는 작품으로 보기도 했다. 나아가 "나의 의식에 말을 걸어오는 의식과 완전한 상호 작용을 하고 싶다"고 했던[29] 시인 존 페리 발로John Perry Barlow를 미래 사회의 모델로 여겼다. 하지만 우리 모두가 가상 세계의 블랙홀로 빨려 들어가 접촉에 굶주린 창백한 얼굴로 각자의 방에서 외로이 지내게 될 거라 경고한 비관론자들도 적지 않았다. 에드워드 모건 포스터Edward Morgan Forster가 1909년작 단편소설 〈기계 멈추다The Machine Stops〉에서 그려 낸 것처럼 말이다.[30] 허버트 조지 웰스가 그린 지나치게 낙관적인 미래상에 반격을 가하는 그 이야기에서 사람들은 그들이 애지중지하는 기계가 통제하는 지하 방 속에서 가만히 앉아 가상 생활을 한다. 소설 도입부에서 포스터는 "팔걸이 의자 안에는 포대기로 꽁꽁 싸맨 살덩어리가 자리 잡고 있다. 키가 5피트 정도 되는 여자로, 얼굴은 버섯처럼 창백하다"라고 말한다. 소설의 여주인공 바시티Vashti를 비롯한 여타 인물들은 그 속에서 움직이려고도, 직접적인 경험을 하거나 감정을 느끼려고도 하지 않은 채 벌집 속의 벌처럼 살아간다. 종국에는 그 기계가 망가지기 시작하면서 사회는 일대 혼란에 빠져든다는 이야기다.

포스터가 제시하는 예견 속에는 생각 있는 SF가 흔히 그렇듯 일말의 진실이 담겨 있다. 로버트 크라우트Robert Kraut가 인터넷 사용자들을 대상으로 실시한 장기간의 정밀 연구에 따르면, 인터넷 사용자 상당수가 처음에는 스트레스와 우울증, 고립감의 징후를 보였으며, 온라인 세계에 들어간 후에는 친구들이나 가족들과 얼굴을 맞대고 의사소통을 하려 하지 않았다. 하지만 3년이 지난 후에는 대인 기피 성향이 있는 사람을 제외하고는 이 현상들은 대부분 어느 순간 사라졌다.[31] 사실 인터넷에 중독됐던 사람들 이야기를 우리는 심심찮게 들을 수 있다. 버지니아에 사는 10대 청소년인 데이브 피터스Dave Peters도 고등학교 시절에는 인터넷에 너무 빠져들어서 저녁 먹는 것도 잊어버리고 친구들과의 우정도 망가졌었다. 대학에 가서도 방에 틀어박혀 포장 구입한 음식을 먹으며 30시간 연속으로 온라인 롤플레잉 게임에 매달렸다. 그러다 자신과 똑같은 부류의 게임자들을 만나고 나서 그들 대부분이 침울한 컴퓨터광에 지나지 않는다는 사실을 퍼뜩 깨달을 수 있었다. 자신도 마찬가지고 말이다. "알고 보니 전 은연 중 권력을 즐기고 있었던 거더라고요"라고 피터스는 〈워싱턴포스트〉에서 이야기했다. "(게임을 하면서) 전 귀족이 된 기분이었어요."[32] 피터스뿐만이 아니다. 게임 에버퀘스트EverQuest를 이용하는 게이머 중 20퍼센트가 게임 속 세상을 주된 거처로 여기고 이 지구는 잠시 왔다가는 곳으로만 생각하고 있었다.[33] 물론 이들이 진심으로 그런 말을 하는 거라고 생각하기는 어렵다. 하지만 웹의 공간이 어느 정도 광활해진 뒤에는 술이나 약, 도박 대신 인터넷을 통해 삶의 고통에서 벗어나려는 사람들이 분명 있는 듯하다. 그리고 그 중 일부는 늘 도에 지나칠 정도로 삶의 고통에서 완전히 벗어나려 한다. 쉴 틈이 없는 사람들이 도피적 성향을 갖게 되는 건 당연한 일이라고 투안은 지적한다. "외부 현실과 너무 오랫동안 단절된 판타지 세계는 자기기만을 일으키는 지옥으로 퇴색할 위험이 있다. 사람들은 그곳이 지옥인 줄 알면서도 빠져나오지 못한다."[34]

오래됐든 새롭든, 유대가 약하든 강하든, 게임의 방식이든 아니든, 사람들과 직접적인 현실 속에서도 관계를 맺되 아련히 빛나는 가상 세계 속을 더 이용하게 된 것이다. 우리는 '관계 관리함', '관계 포트폴리오'를 만들어 놓고[35] 수백만 명에 이르는 사람들을 한꺼번에 관리하면서, 그 내용을 계속 바꾸고 분류하고 그 순위를 정하지 않으면 안 된다. 가상 세계를 통해 우리는 그 어느 때보다 폭넓은 관계를 맺고, 쉽고 빠르게 의사소통을 하고, 거침없는 자유를 누리게 되었다. 그러다 보니 여러 가지 면에서 우리가 서로에게 관심을 기울이는 방식에 변화가 생겼다. 무엇보다 우리의 선택 폭은 이제 무한히 넓어졌다. 정보화시대에서는 디지털 기술로 언제든 정보 복사가 가능한 것처럼, 마음만 먹으면 언제든 관계를 맺을 수 있는 사람들이 우리 곁에 늘 있다. 그 결과 "사람들은 관계를 쉽게 맺었다가 또 끊는다"고 웰먼은 이야기한다.[36] 이는 우리가 친구들과 우정을 나누거나 직장에 다니는 방식은 물론, 사랑을 찾는 방식까지도 변화시키고 있다.

"아주 평범한 데이트였어요. 아니면 그보다 아주 조금 나은 정도랄까." 뉴욕에 사는 20대 젊은이 그레그Greg의 말이다. 소설가 제니퍼 이건Jennifer Egan이 온라인 데이트를 주제로 잡지 기사를 썼을 때 연애담을 제공했던 주인공이 바로 그레그였다.[37] 그가 온라인에서 만나 처음 데이트했던 여자 이야기는 이러했다. 먼저 술집을 여러 곳 거치며 술을 마시고, 그릴 치즈 샌드위치를 먹은 다음, 내기 당구를 치고서, 그의 아파트로 가서 섹스를 했다. "그녀가 맘에 들었지만 사랑이 불타오를 정도는 아니었죠. 선택할 수 있는 사람이 무한정 많다는 생각이 드니까 마음이 넓게 써지지 않았어요." 그게 그레그의 결론이었다. 나중에 그레그는 셈이라는 닉네임을 쓰는 여자와 만남을 갖기 시작했는데, 한두 달 새 옛날 어른들이 진지한 '데이트'라 불러도 될 법한 관계가 되었다. 지금은 주말 대부분의 시간을 함께 보내고, 서로의 가족들도 만나고, 섹스도 하고, 이메일로 연애편지도 주고받는다. 하지만 둘은 서로가 친구일 뿐이라면서 데이트 사이트에 계속해서 개인 광고를 올리고 있다. 이건의 표현을 빌리면 "함께 자면서도 다른 사람들에게 추파를 던지는 것이다." 이렇게 보다 느슨하고 자유로우며 환경에 구속되지 않는 관계를 지향하는 세상, 그곳에서는 "모든 게 다 어그러져 버렸을 때는, 말 그대로 간단히 사라져 버리면 돼요"라고 샘은 이야기한다.

사라져 버리는 것은 쉽다. 답신을 안 하면 그만이다. 연락을 보내 온 사람이 도대체 무슨 일이냐며 물어봐도 그저 내버려둔다(사실 그렇게 의아해할 정도로 오래 기다릴 사람이 있을지도 의문이지만). 때로는 작정하지도 않았는데 연락을 끊게 되는 경우가 있다. 바쁘게 돌아가는 생활에 이메일 보내는 걸 한참 미뤄 두다 결국 답신할 마음이 서서히 사라져 버리고 만 것이다. 고등학교 시절 나와 친하게 지내다 뉴욕으로 다시 돌아간 친구에게 그런 적이 있었다. 마음 같아서는 저녁 약속을 한번 잡고 싶었지만 미루다 시기를 놓치고 말았다. 처음엔 드문드문 오가던 이메일마저도 1년 반 전에는 뚝 끊어져 버렸다. 대학 시절 내 룸메이트는 자신이 시내에서 지내고 있으니 한번 만나자고 연락을 해 왔었다. 내가 좋다며 연락을 했지만 그 이후에 답이 없다. 마음이 바뀐 걸까, 시간을 더 알차게 보낼 방법이 생긴 것일까, 아니면 내가 재미없는 사람이라는 사실이 문득 생각난 것일까? 내 고등학교 때 친구도 지금 나 같은 생각을 하고 있는 건 아닐까? 현대 사회에서 우리는 "언제 한번 보자"는 선의의 거짓말을 무심결에 잘도 내던진다. 그러면서 늘 서로의 삶 언저리를 맴돈다. 이렇게 언제든 쉽게 연락이 되어 연결성이 마구 퍼지면 결국 모든 관계의 매듭이 엉성해진다. 그리고 얼마든지 다른 사람을 만날 수 있다는 유혹과, 오해를 조장하는 가상 세계의 매체가 병을 더욱 부채질한다. (가상 세계에서는 친밀성도 악의도 막지 않는 분위기가 팽배하다.) 우리는 유령처럼 서로의 의식 속을 들어갔다 나왔다 한다. 보통은 아무 소리 없이 조용하게, 때로는 섬뜩한 비명소리와 울음소리를 동반한 채로.

올해 열아홉 살의 미구엘 데 로스 산토스Miguel de los Santos는 멕시코인에 대한 농담을 내게 들려주며 어깨를 으쓱한 채 웃음을 지어 보였다.[38] 산토스는 7학년 때 도미니카 공화국에서 미국으로 이민 온 친구로 성격이 아주 태평하다. 지금 대학생인 그는 보스턴의 한 비영리 단체 사무실의 강철 책상에 자리 잡고 앉아 파트타임으로 근무하는 중이다. IT 부서의 비좁은 사무실은 썰렁했고, 빛이라곤 산토스의 토실토실한 얼굴을 비추고 있는 컴퓨터 화면 불빛이 전부였다. 레몬색 폴로셔츠를 입고 금 목걸이를 여러 줄 걸치고 곱슬거리는 긴 갈색머리를 가진 산토스는 사무원보다는 바닷가의 서퍼처럼 보인다. 나는 산토스가 애써 쿨한 모습을 보이려 한다는 걸 알 수 있었다. 기하급수적으로 늘어 가는 가상 세계 속 인맥 관리가 파트타임이 아닌 거의 전업이 되다시피 한 세상에서 그것은 흔한 일이다.

그 농담을 할 때 산토스는 자신의 친구, 그리고 그 친구의 친구와 함께 대화방에 들어가 있었다. 산토스가 라틴계 이주민을 비하하는 게 주특기인 막장 TV 코미디 프로그램에서 나왔던 농담을 똑같이 따라하자, 친구의 친구가 대화방을 나가 버렸다. 그와 이야기하지 않겠다는 뜻이었다. 그러자 산토스의 친구가 너무 심했다며 그에게 한마디 했다. 하지만 산토스는 TV에서 그 농담을 들었다면 전혀 거슬리지 않았을 거라 대답했다. 산토스 말로는 가상 세계에서 친구들이 그런 식으로 등을 돌려도 자기는 신경 쓰지 않는단다. 아예 연락을 끊어 버리는 아이들도 있지만, 관계를 차단했다가 몇 달 지난 후 불쑥 잘 지냈냐며 말을 거는 아이들도 있다는 것이다. "재미있는 거 같아요. 세상만사 변한다는 게 그런 거 아니겠어요." 사실 산토스도 거의 마찬가지다. 친목 사이트인 마이스 페이스에 올라 있는 '탑 8'이라는 절친한 친구들 목록을 수시로 바꾸기 때문이다. 자기를 화나게 한 친구가 있으면 빼 버리고 생일을 맞은 친구들을 그 자리에 대신 올려 주는 식이다. 이례적으로 욕을 입에 올리지 않는 친구 하나에게는 영구적으로 탑 8의 자리를 주었다. "고등학교 5년을 다니는 동안 그 아이가 욕하는 걸 한 번도 들어 본 적이 없어요. 참 대단하다는 생각이 들어서 한 자리 내줬죠." 산토스는 짐짓 위세를 부리며 말했다. "친한 친구들을 여기(탑 8)에 올리는 거예요. 그러면 제가 어떤 사람들을 좋아하는지 모두가 알 수 있죠." 한 게임 개발자는 가상 세계가 존재하는 세상에 태어난 아이들을 '취소 세대'라 부른다. 인생의 모든 것을 '다시 시작'하거나 '게임 오버' 시킬 수 있다는 인식을 갖고 있기 때문이다.[39]

이런 식으로 '세간의 이미지를 관리'하는 작업은 엄청난 시간을 잡아먹지만, 네트워크가 정신없이 몸을 불리고 있는 세상에서는 도저히 피할 수 없는 일이다. 싱글들이 구글을 이용해서 예비 데이트 상대의 정보를 캐내는 세상이다. 고용주는 페이스북 페이지에 들어가 대학생 지원자들의 면면을 체크한다. 또 친구들은 블로그나 친목 사이트에서 일어나는 변화를 꼼꼼히 살펴 친구들의 상태를 확인한다. (산토스의 말에 따르면 이렇다. "뭔가 이상한 낌새가 감지되면 전화를 걸어 물어보죠. 무슨 일 있냐고요.") 흥미로운 점은 이미지 관리에 필요한 기술이 게임을 잘하는 데 필요한 기술과 유난히도 비슷하다는 것이다. 완전히 숙달했다는 감이 있어야 하고, 초연함을 잃지 말아야 하며, 타인의 순위를 매기는 직감이 있어야 한다. "온라인 커뮤니티는 사랑과도 같아요." 산토스가 탑 8에 들어 있는 친구들의 사진 쪽으로 커서를 옮기며 진지하게 말했다. "참 신비로우니까요." 화면을 살짝 훔쳐보니 마리아, 스위트 피, 밸, 킬라 캘빈, 휘트니 등의 사진이 열을 맞춰 나란히 자리 잡고 있다. 나는 '사람을 체스 말 다루듯 하는 게 무슨 사랑인가?' 하는 생각을 도저히 떨칠 수가 없었다.

하루가 끝날 때쯤 되면 인맥 관리는 촌각을 다투는 숫자 게임이 된다. 이는 사이버 스페이스가 아무리 풍요롭더라도 해결이 안나는 일이다. 이를 두고 우리는 삶이 다차원성을 말할 수도 있고, 삶의 파편화를 말할 수도 있지만, 어찌 됐건 인맥 개인주의의 주된 특징은 분산이다. "연결성은 증대되지만, 응집력은 떨어진다"는 것이 웰먼의 설명이다.[40] 한편 핵심 인맥 인원수가 이렇게 스무

명 남짓인 사람들은, 핵심 인맥 인원수가 열 명 미만인 사람들에 비해 핵심 인맥과 교류하는 비율이 12~18퍼센트 적었다. 개인적인 만남, 전화 통화 등 어떤 방식을 이용하든 말이다(단, 이메일 교류만은 예외였다). 150명 이상으로 관계가 확장되면 효과적인 협업은 감소하고 연락도 끊기는 경향이 있다.[41] 아마도 이것이 우리가 점점 더 많이 연결되어 있으면서도 점점 더 고립감을 느끼는 이유일 것이다. 그래서인지 미국인 중 속마음을 터놓을 절친한 친구가 하나도 없다고 하는 사람들이 4분의 1에 이른다. 이토록 고립감을 느끼는 사람의 숫자는 1985년에 비하면 두 배가 불어났다. 게다가 중년 이상의 성인 40퍼센트 이상이 외로움을 느낀다고 답했는데, 이는 1970년대의 17퍼센트에서 두 배 이상 증가한 수치다.[42] 한편 10대 청소년들은 직접 만나는 만큼이나 온라인상으로도 친구들을 만나 많은 시간을 보내지만, 대다수는 인터넷이 친구들과 어울리는 데에는 별 도움은 안 되는 것 같다고 말한다.[43] 유별나게도 산토스 같은 친구는 개인적으로 직접 만난 사람들만 마이스페이스 페이지에 올린다고 말했다. 하지만 산토스도 평소엔 이 '친구들' 대부분을 거의 보지 않을 게 분명하다.

얼굴을 맞대는 직접 교류는 터클의 표현대로 여전히 인간관계의 "황금 기준"이다. 가정생활에서도 또 온라인 데이트에서도 (우리가 완벽한 사이버 섹스의 방법을 마련하기 전까지는) 가장 바람직한 이상은 직접 대면하는 것이라고 사람들은 이야기한다. 가상 세계가 한창 판치는 지금도 우리는 여전히 파티에 나가고, 사람들과 길거리에서 우연히 마주치고, 함께 점심을 먹고, 야구를 하지 않는가? 이는 앞으로도 늘 마찬가지일 거고, 모두들 그런 시간을 좀 더 자주 갖지 못하는 것을 못내 아쉬워할 것이다. 우리는 혼자 지내는 외톨이가 아닌 것이다. 우리는 몸과 얼굴을 맞대고 시끌벅적하게 관계를 맺고 있다. 하지만 진짜 같은 가상이 펼쳐지는 세계에서는 그런 직접적 대면이 점점 시간 아까운 한물 간 사치가 되어 가는 건 아닐까? 오래 전부터 있어 왔던 물리적인 실재를 우리가 지금은 은근히 깎아내리는 건 사실이다. 하지만 거기서 완전히 탈피하려고 하는 것 같지는 않다. 생각해 보라. 사람들과 함께 하게 될 때(특히 사랑하는 사람과) 우리가 등을 획 돌리고 가 버리던가?

고통도 감동도, 함께 느끼려 하지 않는다

티셔츠에 반바지 차림을 한 듬직한 체구의 아빠가 거실의 소파에서 일어나며 기지개를 켠다. 퇴근해서 방금 집에 돌아온 그는 아내와 함께 저녁 뉴스를 잠깐 보려고 기다리는 중이다. "광고 끝나거든 불러 줘"라고 목청 높여 얘기한 후, 그는 잔뜩 어질러진 가정용 사무실로 향한다. 그곳에서는 여덟아홉 살쯤 돼 보이는 아들 녀석이 친구 둘과 함께 시끄러운 컴퓨터 게임을 하고 있다.

"안녕, 얘들아, 무슨 게임하니?" 아빠가 묻는다.

아이들은 아무 대답이 없다.

아빠가 다시 질문을 던져 본다. "학교는 재밌었어?"

침묵.

"요 녀석아"라며 아빠가 귀엽다는 듯 아들의 머리를 쓰다듬는다. 아이는 화면에서 눈을 떼지 못한 채로 말한다. "아빠, 안녕. 그런데 아빠 때문에 잘 안 되잖아요."

아빠는 무언가 알 수 없게 중얼거리고는 게임에 대해 농담을 던지며 아이들과 이야기를 해 보려 한다. "너희가 하고 있는 게 뭐니? 니모를 찾아서?" 아빠는 아이들에게 세 번이나 물어본다.

"아니야." 마침내 아들이 대답을 하면서, 처음으로 화면에서 눈을 떼고 잠시 아빠 얼굴을 바라본다. 아빠는 방을 나서며 중얼거린다. "저 게임밖에 모르니 이를 어쩐다."

내가 이 영상을 본 건 엘리너 오크스Elinor Ochs의 노트북 컴퓨터에서였다. 오크스는 언어인류학자로, 맥아더재단 연구원이자 UCLA대학의 가정일상생활센터 소장을 맡고 있다.[44] 2001년부터 2004년 사이 그녀는 로스앤젤레스 지역에서 경제 능력과 인종이 저마다 다른 32개 가정을 골라 연구하는 작업을 진행시키고 있다. 가정생활에 대해 이토록 세심한 연구가 진행되는 건 아마 이번이 처음일 것이다. 고고학자들은 이들 가정이 보유하고 있는 산더미 같은 물품들을 사진으로 촬영했고, 심리학자들은 이들의 스트레스 호르몬 증감 수치를 연구했다. 또 인류통계학자들은 새벽부터 잠자리에 들 때까지의 가족 구성원들 모습을 디지털 비디오 카메라에 담아 1,600시간에 달하는 분량을 한 프레임 한 프레임

치밀하게 분석했다. 내가 오크스에게 전화를 걸어 그 가정에서 테크놀로지를 어떻게 활용하는지 물어봤을 때, 그녀는 하루 일과가 끝나고 가족들이 다같이 집에 모인 순간에만 화제를 국한시켰다. 아까 동영상 게임에 정신이 팔려 있던 그 아들과 마찬가지로, 가족 구성원 대부분은 집에 오면 서로를 아는 척 하지 않았다. 하지만 그런 사소한 부분은 내 관심사가 아니었다. "여보, 안녕. 나 왔어!" 하는 식의 인사가 한물 간 겉치레라는 건 모두가 아는 사실 아닌가?

오크스는 아주 열정적인 여자다. 머리칼은 검고, 체구는 아담하고 가녀리며, 성격은 모난 곳 없이 쾌활해 아득한 옛날이야기 속 신비한 현자를 연상시킨다. 오크스는 언어 사회화라는 분야(아이들이 언어를 통해 사회화되는 과정을 연구한다)를 만들어 내는 데 기여한 인물로 세계적으로 명성이 자자하다. 그녀에게는 특별한 능력이 있다. 어떤 이야기를 하다 갑자기 다른 이야기를 툭 던지는데, 거기서 요점을 기막히게 정리할 실마리를 얻을 수 있다. 언젠가 그녀를 찾아갔더니 한 가지 문제에 골몰하는 물리학자, 무아경에 빠진 듯 기도하는 근본주의자, 가상 세계 매체에 빠져들어 나올 줄 모르는 아이들 이야기를 하는 것이었다. 그것들은 모두 사람들이 현실에서 빠져나와 관심을 집중하는 방식으로서 대단한 힘을 발휘한다고 오크스는 설명해 주었다. 나는 그제야 이해가 가기 시작했다. 다른 사람들의 틈에 언제, 그리고 어떻게 끼고 또 거기서 빠져나오느냐가 우리의 관계를 형성한다는 것을. 겉보기에 별 의미 없어 보이는 인사는 사실 먼저 나서서 상대방의 존재를 인정하고, 하루 일과를 마치고 나서는 식구들 무리에게로 다시 돌아왔음을 알리는 중대한 표시인 것이다. 한마디로 사람들에게서 빠져나와 있지 않다는 의미다.

어느 날 저녁 UCLA 교정 근처, 사람들이 북적거리는 조그만 레스토랑에서 식사를 하는데 오크스의 다정다감한 이탈리아인 남편 알레산드로 두란티Alessandro Duranti가 자리를 함께하게 되었다. 우리는 그 부부가 최근 파리에 머물렀던 이야기며, 음악 이야기, 오크스의 연구 성과 등에 대해 이야기를 나누었다. 두란티는 재즈 문화에 일가견이 있었고, 수십 년 동안 전 세계 문화 속의 인사법을 연구한 언어인류학자로 명성이 높았다. 장례식과 마찬가지로 인사는 모든 사회가 공통적으로 가지고 있는 의식으로서, 보통 두 사람 이상의 만남이 이루어지는 그 순간 혹은 그 언저리에서 서로의 존재를 인정하는 수단으로 활용된다.[45] (선구적인 사회학자 어빙 고프먼Erving Goffman의 이야기에 따르면 사람들과 관계를 맺으면서 서로의 관심사를 집중시킬 때 필요한 첫 단계가 바로 함께 존재한다는 인식을 확립하는 것이다.)[46] 두란티의 설명에 따르면 인사를 통해 사회적으로 누굴 알아 두면 좋겠다고 생각하는지가 드러난다. "단순히 누구에게는 인사를 하고 누구에게는 안 하는 것으로, 세상 사람들을 함께 이야기 나눌 가치가 있는 사람과 가치가 없는 사람으로 나누고 있는 것이다"라고 그는 지적한다. "당신이 인사를 건네지 않는 사람들은 그림자와 같다. 있지만 없는 것으로 취급받는다." 인사는 여러 가지 면에서 관계의 출발점인 것이다.

오크스 팀이 연구한 가족들을 살펴보자. 아내들의 경우 배우자가 집에 돌아올 때 하던 일을 멈추고 인사를 건네는 사람이 3분의 1을 조금 넘었다. 대부분이 잔뜩 짜증이 나 있거나 할 일이 너무 많아서 인사를 건네지 않았다. 남편들이 그나마 나아서 아내에게 먼저 나서서 인사하는 경우가 절반을 넘었다. 대개 가장 나중에야 집에 돌아오는 아이들이 아빠와 인사를 나누는 모습은 보기 힘들었으며, 아빠가 밖에 나갔다 다시 돌아왔을 때도 얼굴조차 내밀지 않는 경우가 많았다. "이때 아이들 절반은 어딘가에 완전히 정신이 팔려 있어서 자기가 하던 일을 멈추고 집에 돌아오는 아빠를 아는 척 하려 하지 않았다"고 오크스는 말한다. "단 0.001초도 아빠 얼굴을 보지 않았다." 내가 하루 일과를 마치고 집에 돌아올 때의 상황에 대해 수십 명의 부모에게 이야기하자, 처음에 그들은 애써 웃음을 지어 보이며 집에서의 인사는 강아지들 담당이라고 농담을 던졌다. 그러다 나중에는 진지하고 때로는 쓸쓸하다는 듯 이야기를 털어놓았다. 집에 돌아와 보면 식구들이 다들 있는데도 모두 자기 일에 바빠 정적만이 흐르던 밤이 많았다는 것이다.

가상 세계를 통해 온종일 서로의 상태를 확인하기 때문에, 애써 물리적 세계의 문턱을 넘어 들어가는 게 아무 의미 없어진 게 어쩌면 당연한지도 모른다. 장소의 개념이 사라진 세상에서 어딘가로 돌아왔다고 아는 척을 해 줄 필요가 있을까? 게다가 경계마저 허물어졌으니, 집에 돌아왔다고 하루 일과가 끝났다는 뜻이 아니다. 휴가에도 온전히 휴식을 즐기지 못하고, 한 지붕 아래 있다고 해서 순수한 가족들만의 시간이 시작되는 게 아니듯. 실재든 가상이든 세상은 늘 우리 곁에 있으면서, 사람들과 연결되고, 관심을 분산시키고, 여러 가지를 선택할 수 있는 세계가 있다며 우리를 홀린다. 일분일초라도 우리가 오로지 현재에만 존재하는 경우는 드물다. 현재에 존재한다는 것은 일종의 무방비 상태가 되어 끊임없이 침투와 접합을 당한다는 의미가 된다. 미국 가정의 이 자화상을 인맥 개인주의와 연결시켜 보라. 그러면 왜 식구들이 더 이상 문으로 달려 나와 서로에게 인사를 건네지 않는지 이해가 갈 것이다. 굽이치는 각자의 인생행로를 따라가기 위해 우리는 각자의 입맛에 맞는 메뉴가 마련된 자기 나름의 세상 속에서 살아간다. 각자의 침실에 기지를 두고 있는 이 세상은 주인이 짜 놓은 스케줄대로만 움직인다. 현재 직장 근로자 중 적어도 일주일에 한 번은 퇴근 후에도 업무를 보는 사람 전체의 3분의 1에 이른다. UCLA 연구에 따르면 저녁을 저마다 다른 시간에 각자 방에서 따로 먹는 가족이 40퍼센트를 넘었다. 평일 부모가 아이 한 명이상과 한 방에서 보내는 시간은 집에 있는 총시간의 16퍼센트에 불과했다.[47] 물론 같이 시간을 보낸다고 무조건 친하다는 뜻이 되지는 않는다. 하지만 귀찮음을 무릅쓰고 가족이라는 의미에 최대한 충실할 수 있도록 함께 지내려는 노력을 하지 않는다면, 우리는 보다 깊은 유대 관계를 맺을 기회를 잃어버린다. 관계를 맺기위해서 우리는 "사람들과의 교류에 잘 이끌리는 경향이 있어야 한다"고 오크스는 말한다. 가상 세계가 판치는 지금, 우리는 고통과 감동을 함께 느끼게 되는 깊이 있는 인간관계를 맺을 의지를 점점 더 잃어 가고 있는 건 아닐까? "사람들과 얼굴을 맞대고 이야기할 기회가 있을 때, 당신은 그 기회를 이용하나요? 사람들이 누구든 다가와 말을 걸 수 있는 상황에 있을 때 귀찮다는 생각을 하지 않나요?"라고 오크스는 묻는다. "우리가 잠에서 깨어나서는 '이런, 그때 딱 이야기를 나눠 볼 수 있었는데' 하며 후회할 날이 오지 않을까 두려워요."

더는 서로를 쳐다보지 않는 가족들

태미 브라우닝Tammy Browning은 가족들을 서로 떼어 놓기 바쁜 이 세상에서 자신은 가족들을 한데 뭉치기 하기 위해 노력하고 있다는 것을 자랑스레 여기는 주부다.[48] 뉴저지의 부유한 교외 지역에서 치어리더 감독을 하고 있는 그녀는 안 좋은 일에도 밝은 표정을 짓는 데 익숙하다. 대형 회계 회사의 공동 경영자로 일하고 있는 남편 랜디Randy를 두고는 출장을 너무 많이 다녀 어딘가에 애 딸린 두 번째 부인을 두고 있을 거라 농담을 한다. 세 살짜리 아들을 옆에 낀 채로 열네 살과 열여섯 살인 두 딸의 운전기사 노릇을 할 때도 쾌활한 모습이다. 아이들이 모델 수업이나 보컬 레슨을 들으러 갈 때, 댄스 경연 대회나 파티에 참가할 때, 영화를 보거나 친구들과 외박을 할 때, 학교에 갈 때를 일일이 챙기는 것이다. 부엌에는 항상 '건강 바구니'가 구비되어 있어, 딸들은 밤에 있는 댄스 수업을 들으러 갈 때 그것으로 저녁 요기를 한다. 가족 모두를 한 방에 모이게 하는 것은 하늘에 떠 있는 행성들이 일렬을 이루는 것처럼 참 드문 일이다. 그녀 마음대로 안 되는 경우가 부지기수지만, 태미는 항상 그것을 열망하고 또 그것을 위해 줄기차게 노력한다. 열여섯 살짜리 조던Jordan이 내게 "우리는 가족이 아네요. 다른 가족과는 달라요….'라고 말하자, 태미가 말을 끊고 끼어들었다. "우리도 가족이 함께 모여 〈그레이 아나토미〉 드라마를 보잖니!" "하지만 아빠가 말을 못하게 하잖아. 줄거리를 몰라서 매일 '저 사람 누구지? 도대체 어떻게 돌아가는 거야?'라고 물어보니까."

나는 그렇게 한 화창한 여름날 오후 브라우닝네의 뒤뜰 풀장 옆에 자리한 테라스에서 통신 장비 없이는 못 사는 가족의 생활이 어떤지 듣고 있었다. 예쁘고 눈이 커다란 조던은 가급적이면 숙제를 마치고 나서 TV를 본다고 말했다. 자기가 제일 좋아하는 쇼가 방송될 때는 예외지만 말이다. 그러면서 음악을 틀어 놓고 메신저로 대화를 하고 친구들과 문자 메시지를 보내는 게 일상이다. 조던과 동생 린제이Lindsay는 엄마 아빠가 아래층에서 똑같은 쇼를 보고 있어도 각자 자기 방에서 TV 보는 것을 더 좋아한다. 각자의 방에서 통신을 하기가 가장 편하기 때문이다. 통신에 접속하지 못하는 것은 랜다나 두 딸들에겐 너무 고통스런 일이다. 최근 결혼식 때문에 캘리포니아 시골의 한 농장에 가서 휴대전화나 인터넷을 전혀 이용할 수 없자 그 셋은 당장에 통신이 닿는 동네의 바이커 전용 바로 달려갔을 정도였다. 태미는 "농장이 참 아늑하고 낭만적인 곳이었어"라고 말했다. 그러자 조던이 불쑥 끼어들었다. "우리 셋은 숲이랑은 안 맞아." 시골에서 통신이 두절됐던 여섯 시간 사이 조던의 전화에는 스물두 통의 부재 중 전화가 와 있었다. 우리가 이야기를 나누는 동안 조던과 댄Dan이라는 친구는 부산스레 서로의 사진을 찍고 다른 친구들에게 문자 메시지를 보내고 했다. 아빠 말에 따르면 휴대전화가 "몸의 일부나 다름없는" 린제이도 어느새 집에서 나와 슬쩍 자리를 잡고 앉았다. 그때 조던이 위층에 있는 엄마에게 전화를 하면 엄마가 받지 않는다며 불평을 했다. 조던은 엄마의 휴대전화로 전화를 걸어 보더니, 이어서 린제이에게 전화를 거는 것이었다. "이 둘은 전화를 빨리 안 받아요."

태미가 가족들이 함께 저녁 먹을 기회가 너무 적다며 아쉬워하기가 무섭게 랜디가 지하실에 있던 가정용 사무실에서 불쑥 나타나 고객과 저녁을 먹으러 시내로 나가야 한다고 말했다. 옷을 갈아입기 위해 쭈뼛쭈뼛 다시 집으로 들어가던 랜디가 말했다. "사람들은 이제 사람들을 어떻게 사귀어야 하는지 잘 모르는 것 같아요. 한자리에 앉아서 같이 시간을 보내는 방법을 모르죠. 그것 말고도 할 수 있는 게 널려 있으니까요. 사람 사귀기보다는 오락을 즐기고 싶어 하죠." 그러자 조던이 이의를 달았다. 얼마 후 댄스 수업을 들으러 30분 동안 차를 타고 가는 길에 두 자매는 아옹

다옹 말다툼을 벌이고, 엄마를 꼬드겨 용돈을 타 내고, 학교에 대해 수다를 떨었다. 그러고는 휴대전화를 꼭 붙들고는 자기 친구들에게 연신 문자 메시지를 보내 대기 시작했다.

신뢰가 사라졌을 때 벌어지는 일

새로운 시대에 걸맞게 새롭게 쓰인 가족의 정의에서는, 안전보다는 자유가, 집단보다는 식구들간의 느슨한 관계가 주요 특징으로 자리 잡았다. 날이 갈수록 혹은 인생을 살아갈수록 가족이 꼭 모여 살아야 한다는 숨 막히는 이상을 추구하지도 않는다. 그런데 이 모든 것들이 가족 관계의 본질을 뒤바꾸어 놓고 있다. "옛날에는 가족간의 유대를 신뢰가 밑바탕에 깔린 당연한 것으로 여겼다. 하지만 이제 신뢰는 협상이나 거래를 통해야만 얻을 수 있고, 가족 사이에서도 섹스 관계에서만큼이나 서로에 대한 헌신이 중요한 문제로 부각되고 있다." 앤서니 기든스Anthony Giddens가 『친밀성의 구조 변동The Transformation of Intimacy』이란 책에서 한 말이다.[49] 재결합 가정은 자발적인(즉 선택적인) 핵가족이라는 트렌드를 양산해 내고 있다. 다른 모든 관계와 마찬가지로 가족 관계 역시 선택의 문제가 되어 가고 있는 것이다. 기술 발달로 온갖 방면에서 인간이 서로에게 직접적으로 의존할 필요가 적어지면서 "서로 관계를 맺는다는 것은 의식적인 의지가 있어야 하게 되는 일이 되었다"고 마이클 하임Michael Heim은 이야기한다.[50] 가상 세계가 전면에 부상하면서 무엇이 실재인지 우리가 잘 지각하지 못하게 되었듯이, 지금 우리는 철학자 폴 비릴리오Paul Virlio가 말한 "타자에 대한 방향 감각 상실"로 고통을 받고 있다.[51] 지금 시대에는 사람들이 다른 이에게 넘어가기도 이리저리 끌려 다니기도 더 쉽고, 관계를 딱 끊어 버리기도 쉽다. 24시간 작동되는 연결성을 통해 주어지는 온갖 요구들에 강력한 장치들로 맞서는 것이다. 그러한 장치만 있으면 타인을 얼마든지 걸러 낼 수가 있다. 체스판의 말이 돼 버린 사람들은 가만히 있는 것은 원하지 않는다. 케이트 저니크Kate Zernike는 "공항의 매점, ATM 기계, 온라인 식품 배달 서비스, 의류 카탈로그, 레스토랑 예약 등을 셀프서비스로 이용하고 아이팟을 어디든 들고 다닐 수 있게 되다 보니, 언제 어디서나 인간과의 교류를 차단하는 것이 가능해졌다"라고 말한다. 나아가 뒷좌석에 스크린이 달린 미니밴은 부모들이 이동하는 길에 아이들 입을 다물게 할 수 있는 방법이 되고 있다는 점도 무시할 수 없다.[52] 관계의 우연성에 대한 여지는 조금도 남지 않는다.

그런데 살과 피로 이루어진 이 물질 세계에서는 우연성이 무엇보다 중요하지 않던가? 철학자 알베르트 보크만Albert Borgmann은 "예기치 못한 것의 존재"라는 뜻의 우연성이야말로 현실적인 실재의 핵심이라고 이야기한다.[53] 그는 우연성으로 인해 삶이 임의적이거나 아무 의미 없게 되는 건 아니라고 말하면서, 고대에는 '우연성'이 '완결성'의 뜻을 가지기도 했다고 부연 설명한다. 우연성은 삶을 무의미하게 만들기보다는 오히려 실재가 '자신을 드러내는 최고의 웅변'으로 통했다. 우연성을 통해 우리는 우리 힘으로 어쩔 수 없고 또 이해조차 못하는 실재에 정면으로 맞서기 때문이다. 얼굴을 맞대고 직접 만나면 서로간의 몸짓, 감정, 영혼 등을 읽어 내야 하기 때문에 가상 세계의 만남보다 상대방의 뜻을 헤아리기가 어렵고, 예측도 잘 되지 않는다. 하지만 상대방과 얼굴을 맞대려는 의지를 잃어버린다는 것은 곧 예기치 못하게 뒤죽박죽 돌아가는 '진짜' 삶에서 등을 돌려 버린다는 의미다. 사람들에게 해고 통지를 하고, 위로를 건네고, 구애를 하고, (이혼 후 양육권이 없는) 아이를 만나고, 연인과 헤어지는 등의 인생의 골치 아픈 부분들을 보다 얄팍하고 간접적인 세상(가상 세계)으로 떠넘기는 것이다. 엘루윈 브룩스 화이트Elwyn Brooks White는 70년도 더 전에 이러한 현상이 도래할 거라 내다봤다. 미디어가 우리가 사는 세상을 탈바꿈시켜 "우리로 하여금 가까이에 있는 중요한 것은 잊고, 대신 저 멀리에 있는 부차적인 것에 관심을 갖게 만들 것"이라고 그는 말했다.[54] 소설가 마크 슬로카Mark Slouka는 인터넷 시대에 접어들고 얼마 지나지 않았을 때 벌써 화이트의 예언이 적중했다는 것을 실감할 수 있었다. "우리가 실재 세상을 점점 더 충격적으로 받아들이고 있는 것이 정말 놀라울 따름이다. 얼굴을 맞댄 의사소통의 적나라함, 자연 세계의 투박한 힘이 우리에게는 충격이다."[55] 비탄에 잠긴 사람의 눈물, 기대와 어긋나는 연인의 모습 등은 감당하기 너무 버겁게 되었다.

하지만 종국에 가상 세계가 물리적 세계를 밀어 내고 그 자리를 대신 차지하는 일은 없을 것이다. 현실 속의 우리 자신을 뒤로 하고 떠날 수 없다는 사실은 우리 스스로가 잘 알고 있다. 셰리 터클의 말에 따르면 우리는 끝없이 긴장 상태에 있는 그 두 세계의 경계선에 아슬아슬하게 발을 디디고 있다.[56] 하지만 겁나는 것은 우리가 점점 더 진짜 현실을 단순히 우리에게 유용한 도구이자, 여러 현실의 한 차원으로만 치부하는 것 같다는 점이다. 현실에 어려운 일이나 인정하기 싫은 일이 발생해 그것을 피하고 싶을 때 우리는 얼마든지 다른 현실로 넘나들 수 있다. 보크만은 가상 세계에 비하면 "현실 세계는 단조롭고, 빈약하고, 골치 아프게 보인다"고 말한다.[57] 그래서 우리는 현실이 우리 맘에 들 때만 잠시 그 속에 발을 담근다. 상대방과 함께 회의를 하거나 가족들과 한 방 혹은 한 집에 있을 때도 늘 또 다른 세계에 주파수를 맞춰 놓고 더 나은 기회를 엿보고 있다. 그 와중에서 우리는 가상의 현실을 실제 현실보다 더 선호하게 된다. 우리가 어렴풋이 빛나는 세계를 계속 맛보면서 거기에 조금씩 더 발을 들이지 않으면 안 되겠다고 결정을 내린다면 어떻게 될까? 현실에서 등을 돌리고 가상 세계를 둥둥 떠다니겠다는 선택을 자주 하게 된다면 어떻게 될까? 우리는 신기루에 배부른 떠돌이족이 되고 말 것이다.

죽음의 의미가 없어지면, 삶의 의미도 사라진다

나는 앨런 에델슨은 만나기 전에 미시건주에 있는 밀포드란 마을에 들렀다. FBI가 히든드림스 말 농장에서 2주 동안 진행된 지미 호파Jimmy Hoffa의 유해 발굴 작업을 막 끝마친 참이었다. 폭력 조직에서 활동한 혐의를 받은 그는 1975년에 자취를 감추었다.[58] 덕분에 밀포드는 수십 명의 FBI 요원에다 지리학자, 고고학자, 시체 탐지견, 그리고 경찰까지 동원해 공연한 일을 벌여 25만 달러만 날린 우스운 일이 벌어진 마을이 되고 말았다. 한 빵집에서는 생크림 위에다 조그만 녹색 플라스틱 손 두 개를 꽂은 컵 케익이 날개 돋친 듯 팔려 나가기도 했다. 마을 외곽을 지나올 때 데어리 퀸(Dairy Queen: 미국의 아이스크림 전문점으로, 워렌 버핏이 이곳 아이스크림을 너무 좋아해 회사를 아예 인수한 것으로 유명하다 - 옮긴이) 광고판에는 수사관에 보내는 작별 인사가 적혀 있었다. "장미는 빨갛고, FBI는 창백하네. 그들이 찾는 뼈는 없고, 우리가 내는 세금만 올라가네." 나는 조용한 주택가에 자리한 대형 슬레이트 건물의 진입로에다 차를 주차시켰다. 한 남자가 유령처럼 불쑥 나타나 낮게 깔린 목소리로 무슨 일로 왔느냐고 물었다. 현관에는 에밀리 디킨슨Emily Dickinson 의 시 한 수가 적혀 있었다.

이것이 선각자의 시간

기억해야 하리, 마지막 순간까지 살았다면

얼어 가는 사람이 눈의 감촉을 떠올리듯

처음엔 오한이 나다가 이윽고 황홀, 이윽고 해방이 오는 것을

나는 밀포드에서 가장 크게 장례식 사업을 벌이고 있는 린치 앤선스Lynch & Sons의 사무실에 도착한 것이었다. 우리들이 현실과 저 세상의 사이에 발을 디디고 있다면, 톰 린치Tom Lynch는 삶과 죽음의 경계선을 찾아오는 자들을 눈을 부릅뜨고 지켜보는 자라 할 수 있다. 사무실 정면의 간판이 말해 주는 것처럼 린치는 아들들과 함께 일을 꾸려 가는 사업가인 동시에 시인이다. 그의 시는 아일랜드인이라는 자신의 뿌리, 술에 절어 살던 지난 날, 실패한 결혼 생활, 그리고 무엇보다 밀포드란 마을에서 장례식을 치러 주면서 자신의 두 눈으로 확인한 삶의 적나라한 진실을 노래한다. 그 진실은 웅대한 동시에 평범하다. 그는 우리가 이 세상을 떠날 때 무슨 일이 벌어지는지, 더 이상 슬픔을 마주하려 하지 않는 세상에 남겨진 사람들은 어떻게 되는지 두 눈으로 확인한다. 그가 보기에 지금 사람들은 그 어느 때보다도 죽음을 똑바로 바라보고 싶어 하지 않는다. 책이 가지런히 꽂혀 있는 그의 아늑한 사무실에서 이야기를 나누는 중간에, 그는 자신이 가장 최근에 작업한 노트를 꺼내더니 로버트 포그 해리슨Robert Pogue Harrison의 글에서 인용한 부분을 읽어 주었다. 우리는 "인간을 넘어선 가상 세계에 충실하든지, 죽으면 썩어 문드러지는 실제의 현실에 충실하든지" 둘 중 하나를 선택해야만 한다는 내용이었다.[59]

이 업계에 30년 동안 몸담으면서 린치가 알아차리게 된 사실이 하나 있다. 장례식이 열릴 때 점점 더 홀대를 받는 사람은 단 하나, 바로 장례의 주인공인 시신이라는 것이었다. "전통적인 방식에서는 죽은 사람이 누워 있고 그 주위에 사람들이 모여 있는 광경을 볼 수 있었지요. 하지만 지금은 장례식장에 들어가면 골프 가방처럼 생긴 유골함 옆에 실제로 골프 가방을 들고 온 사람들이 있는 걸 볼 수 있습니다. 이게 무슨 의미겠습니까?" 땅딸막한 체구에다 푸른색의 형형한 눈빛을 가진, 후춧가루를 뿌려 놓은 듯 뾰족뾰족 턱수염을 기른 린치가 다그치듯 물었다. 그의 말에 따르면 장례식은 판매용 이벤트인 동시에 살아 있는 것을 축하하는 의식이 돼 버려 "변해 버린 현실의 경계로 우리를 데려다주지 못한다." 우리의 통제력과 이해와 예상을 벗어나 있는, 종국에는 우리도 피할 수 없는 죽음의 세계를 우리는 화려한 겉치레에 가려 제대로 보지 못한다. 죽음은 어지럽게 돌아가는 현실의 축약판이며 동시에 삶의 축약판이기도 하다. "결국 우리가 죽은 사람에게 관심을 가지는 이유는 단 한 가지입니다. 죽음이 삶을 고귀하게 만들어 주고, 삶에 의미를 부여해 주기 때문이지요. 죽음이 의미가 없어지는 곳에서는 삶도 의미가 없어집니다"라고 린치는 말한다. 그러면 어떻게 되겠느냐고 린치가 엄청난 크기의 책상에 앉아 다그치는데 그 앞에 실크처럼 감촉이 부드러운 의자 위에 앉은 채 나는 안절부절못하고만 있었다. 그 순간만큼은 친절한 장의사가 아니라 손에 책을 든 무시무시한 문지기인 것만 같았다. 나는 위스턴 휴오든Wystan Hugh Auden이 지은 『미술관Musée des Beaux Arts』의 시구가 떠올랐다. 사람들이 타인의 고통에 얼마나 무심할 수 있는지 노래한 시로, 이카로스가 하늘에서 떨어지는 걸 보고도 아무렇지 않은 피터 브뤼겔Pieter Brugel의 그림 속 농부 이야기로 시는 끝이 난다.[60]

> 모두가 한가로이 재난에서
> 고개 돌리고 있으니
> 물에 추락하는 소리, 버림받은 그 외마디 소리를 들었겠지만
> 농부에겐 그것이 큰 낭패가 아니었네.

린치가 물었다. "결국 무엇을 택해야 하겠소? (인간적인 것을 넘어선 가상이자 대용품인) 골프 가방 유골함을 택해야겠소, 아니면 땅, 무덤, 마을, 국가, 특정 공간 혹은 신앙을 택해야겠소? 이 진짜 현실에서야말로 인간의 뿌리를 통해 현재가 과거 및 미래와 연결되는 것 아니겠소?"

하루 일과가 끝나면 사람들은 (현실과 가상 세계의) 문턱에 선다. 삶이 끝날 때도 사람들은 삶과 죽음 사이의 문턱에 선다. 과연 우리는 현실, 그리고 죽음에 등을 돌리고 말 것인가?

3

멀티태스킹의
불편한 진실

인간의 생존본능을 교묘히 이용하는 미디어

몰리Molly는 한창 바빴다. 까만 머리카락에 토실토실한 얼굴을 한, 걸음마도 제대로 못 뗀 14개월짜리 아기 몰리는 한 손으로 선반을 잡고 서서 선반의 장난감들을 있는 힘껏 밖으로 빼내는 중이었다. 색색깔의 플라스틱 블록을 한 개, 두 개, 세 개까지 바닥에 떨어뜨린다. 곰 인형은 한 번 꼭 껴안아 준 후 옆으로 내동댕이친다. 그러다 몰리는 갑자기 우두커니 서서 커다란 방 한쪽 끝의 대형 텔레비전 쪽으로 고개를 돌렸다. 세서미스트리트Sesame Street의 아기 엘모Elmo캐릭터가 몸을 이리 저리 흔들며 노래하는 모습에 넋이 빠졌다. "몰리가 TV에 끌려가고 있어요." 옆방 실험실에서 몰리와 몰리의 엄마를 비디오로 찍고 있는 심리학과 교수 댄 앤더슨Dan Anderson이 나직이 속삭였다. "지금 몰리는 TV를 보겠다고 결정한 게 아니에요. 그보다는 내내 TV에 끌려가는 거지요."[1] 앤더슨과 대학원생 두 명이 일방향 투시 벽을 통해 관찰을 하는 사이 몰리는 몇 초 동안 그렇게 넋을 잃은 채 서 있다 화면을 향해 발을 내딛었다. 순간 몰리는 앞으로 넘어졌다. 근처의 마룻바닥에 앉아 있던 젊은 새댁 몰리 엄마는 TV에서 눈을 돌려 황급히 아이를 받아 안았다. 다행히 바닥에 머리를 부딪치지는 않았다. 앤더슨은 아무 반응도 보이지 않았다. 그는 방 안 구석구석의 움직임을 감지하는 중이었다. 장난감에서 TV에 눈을 돌렸다가 다시 엄마에게로 품으로 간 몰리, 아기를 보고 있긴 하지만 주로 TV에서 눈을 떼지 못하는 몰리 엄마가 관찰 대상이었다. TV에서는 수요가 폭발적으로 증가한 2세 이하 유아 시장을 겨냥해 세서미스트리트에서 만든 프로그램이 방송 중이다. 평생 아이들이 TV에 보이는 관심을 연구해 온 사람에게 여기만큼 생각거리가 풍성한 곳도 없다.

앤더슨은 매사추세츠대학 교수로, 활달한 성격에 노래하는 듯 아름다운 목소리를 가진, 요정 이야기에 나오는 사람 같다. 길을 잃고 헤매는 아이에게 집으로 가는 길을 일러 주는 마음 착한 마법사라면 제격일 것이다. 처음에는 관찰 대상자들이 각자의 집에서 TV 시청하는 모습을 지켜본 앤더슨은, 이제 매사추세츠 스프링필드의 노동자 거주 지역에 있는 자신의 실험실에 와 있었다.

그는 우리가 TV를 시청할 때 무슨 일이 벌어지는지 이해하기 위해 심장 박동 수를 재고 시선을 추적하는 등 갖가지 다양한 수치들을 연구하고 있다. 앤더슨의 연구 결과에 따르면, 사람들은 자신이 생각하는 것만큼 TV에서 눈을 떼지 못하는 것은 아니다. 평균적으로 아이와 어른 모두 시간당 최대 150번 TV에서 눈을 떼고는 한다.[2] 오로지 시선이 15초 이상 한 곳에 머무른 이후에야 우리는 최대 10분까지 계속 이어서 TV를 볼 가능성이 높다('집중력 관성'이라 불리는 현상이다).[3] TV에서 방영되는 내용이 너무 빠르고 자극적이거나 혹은 너무 조용하고 느려도 우리는 주의를 집중하지 못한다. 텔레비전이 사람들을 잡아끌 수 있는 건 그 내용이 우리의 의식을 자극하기 때문이다. 하지만 무엇보다도 빠른 속도로 계속 뒤바뀌는 이미지를 보면 우리는 자연스레 그 화려하고 선명한 움직임에 계속 이끌릴 수밖에 없다. 한마디로 텔레비전은 대단히 독창적인 물건이다. 우리의 생존 본능에 호소해서 우리를 사로잡는 오락이니 말이다. 몰리처럼 아주 어린 시청자들이 봇물처럼 쏟아지는 새로운 영유아를 겨냥한 '교육용' 프로그램에 넋을 잃는 것도 바로 이 때문이다. 아기들이 그 내용을 이해하고 거기서 뭔가 배울 가능성은 거의 없는데도 말이다.[4] 사람을 이리저리 흔들며 쥐었다 놓았다 하는 텔레비전은 알고 보면 인간을 방해하는 데 전문인 기계로, 인간의 집중력을 잘게 쪼개는 힘이 이만큼 막강한 장치는 이제까지 없었다. 눈부신 화면이 반짝거리는 방 안으로 들어서는 그 순간 우리의 삶이 바뀐다.

바로 이것이 앤더슨이 (TV 시청의 마지막 미개척 분야인) 꼬맹이 시청자들의 시선을 탐구해 얻은 흥미로운 발견이다. 그를 비롯한 다른 연구자들은 '사람들이 TV에 얼마나 집중력을 집중하는가' 하는 문제를 해결하려고 오랜 세월 노력해 왔으면서도, 텔레비전이 켜져 있는 동안 화면 밖의 세상이 어떤 영향을 받는지에 대해서는 아무도 의문을 가질 생각을 하지 않았다. (그러한 연구 대부분은 TV 시청 자체에만 초점을 맞추고, 시청을 많이 하면 좋다는 식으로 산업계의 관점을 대변했다.) 하지만 앤더슨과 그의 연구 팀은 아이들이 TV를 시청하지 않고 있는 순간조차도 TV가 가정생활에 영향을 준다는 사실을 최근 밝혀냈다. 게임 방송이 나오고 있을 때, 1~3세 아기들은 TV가 꺼져 있을 때에 비해 장난감을 가지고 노는 시간이 절반인 데다가 놀이에 대한 집중력도 25퍼센트 떨어지는 것으로 나타났다.[5] 다시 말해 아기들은 주의력결핍장애 아동에게서 나타나는 전형적인 특징(놀이 시간이 단축되고 집중력이 떨어지는 현상)을 보여주고 있었다.[6] 아기들은 멀티태스킹을 하느라 바쁜 청소년과 비슷한 모습이 되어 갔다. 한 가지 장난감을 오래 갖고 놀지 못하고 이것저것에 손을 댔으며 TV에 재미있는 대목이 나오면 거기에 빠져 지금 자신이 뭘 하고 있는지 잊어버렸다. 부모들도 덩달아 집중력을 잃어버려, TV를 볼 때는 아이들과의 교류가 20퍼센트 줄어들고 아이들과의 관계에서도 수동적인 반응을 보인다("귀찮게 하지 마. TV 보는 중이잖니" 하는 식으로 말이다). 8~18세의 아동 중 집에 TV가 거의 항상 켜져 있는 경우가 40퍼센트라는 사실을 우리는 유념해야 한다.[7] 병원, 공항, 엘리베이터, 교실, 자동차 뒷좌석에서까지 우리는 화면을 접할 수 있다. 정신없이 깜박이며 우리의 뇌리 속으로 들어오는 텔레비전 자막이 주의력 결핍을 일으키는 경우가 많다는 사실도 잊어서는 안 된다. 우리가 정신을 차리고 기억해야 할 사실은 또 있다. 매일같이 홍수처럼 쏟아지며 우리의 집중력을 흩뜨려 놓는 정보의 물결이 TV에서만 비롯되지는 않는다는 것이다. 몰리는 시선을 어디에 두든, 몸을 어디로 향하든, 누구와 이야기를 나누든 집중력이 분산되는 상황을 경험할 가능성이 높다. 몰리는 동시에 많은 일이 벌어지는 '멀티태스킹'과 새로운 일이 갑자기 끼어드는 '인터럽트 구동'으로 돌아가는 세상에서 살아갈 만반의 준비를 하는 셈이다. 그것은 엘모가 굳이 가르쳐 주지 않더라도 알 수 있는 사실이다.

가상 세계가 우리가 살아갈 수 있는 대안적인 공간을 무한정 마련해 주었다면, 멀티태스킹은 우리가 시간을 벌 수 있는 새로운 방법을 건네준 것처럼 보인다. 사이버 스페이스 덕분에 우리는 머나먼 거리를 극복할 수 있었다. 더불어 이 땅에 발이 묶여 있는 우리의 한계도 극복한 것처럼 보인다. 사이버 스페이스는 지각의 경계에 자리 잡고 있던 문들을 부수어 버렸다. 새로운 공간이 겹겹이 쌓여 있는 오늘날 세상에서 살아남으려면 인지력을 향상시켜야만 하는데, 그 인지 능력을 확 끌어올리는 수단으로서 우리가 활용하고 있는 것이 바로 산만함이다. 1967년 마셜 매클루언 Marshall McLuhan은 그러지 않고는 그 어느 때보다 동시성이 발달한 시대를, "갑자기 뚝 떨어진 듯 갈피를 잡을 수 없는" 공간을 헤쳐 나갈 방도가 없다고 지적한 바 있다.[8] 마법 같은 힘을 발휘할 비책, 그 해답은 바로 멀티태스킹이다. 한 가지 일을 마치기 전에 다른 일을 두세 가지 더 하면 안 될 것이 뭐 있는가? "지금 우리 앞에는 멀티태스킹의 세상이 펼쳐져 있습니다. 뉴스도 거기에 발맞추어야 합니다. CNN 파이프라인 각지의 다양한 뉴스들을 당신의 컴퓨터로 바로 보내드립니다." 5월의 어느 날 저녁 집으로 돌아오는 항공편이 취소되는 바람에 디트로이트 공항에 머무는 동안 대형 화면에 떠 있던 광고다. 내 주위의 여행객들은 저마다 PDA, 아이팟, 노트북, 휴대전화, 공항 구석구석을 차지하고 있는 TV 화면들 사이에서 시선을 이리저리 옮기며 쉴 새 없이 움직였다. "CNN 파이프라인에서 당신의 세상을 누비세요." 광고는 그렇게 끝이 나고 있었다. 몰리야, 너도 속도를 높이렴. 드넓은 우주가 펼쳐져 있잖아.

현재 직장에 다니는 부모는 전체 근무 시간 중 3분의 1 이상을 멀티태스킹을 하며 업무를 본다.[9] 또 우리는 휴대전화를 몸에 달고 술 취한 사람처럼 운전을 한다. 그러다 죽을 수 있는데도 기어코 통화를 한다. 메신저는 '오프라인 표시' 기능 덕분에 완벽한 멀티태스킹 커뮤니케이션 수단으로 거듭났다. 10대 청소년들은 (기가 막히게도) 그것이 바로 메신저의 매력이라고 말한다. 직접 만나는 것이 좋긴 하지만 메신저를 이용하면 더 많은 것을 할 수 있기 때문이란다![10] 조이치 이토가 이야기한 '야유 전광판'에 대해서도 생각해 보자. 컨퍼런스에 참가한 사람들의 뒷담화나 무심코 던진 농담을 공개적으로 나타내 주는 이 장치는 한 벤처 자본가가 품은 터무니없는 공상의 산물일 수도 있다. 하지만 그 이면을 들여다보면 회의실, 컨퍼런스 모임, 대학 수업 등에서 집중력을 사로잡기 위한 영역 다툼이 얼마나 치열하게 벌어지고 있는지 감지할 수 있다.[11] "그 사람이 정말 그렇게 말했어?" 객석에 앉아 있는 한 청중이 같은 방의 다른 이에게 메신저로 보내는 말이다. "정말 그랬다니까"라며 누군가 대답을 해 온다.[12] 웹서핑과 이메일 체킹은 실시간으로 할 수 있는 활동이 된 지 이미 오래고, 여기에 메신저가 새롭게 가세한 셈이다. 덕분에 대니얼 호Daniel Ho의 테크놀로지 연극 작품에 등장하는 이중 대화는 허구보다는 실제에 가깝게 다가온다. 기업의 상사와 연사, 그리고 교수들은 여러 가지 위협과 정전停電 사태를 당하면서도 사람들이 다시 강연에 집중하게 하려고 애를 쓴다. 반면 강연에 참석한 청중들은 그들을 무시하면서 집중력을 분산시킬 권리를 주장한다. 이런 모습들은 단순히 발전 도상에서 부딪히게 되는 장애물에 불과한 것일까? 과연 우리는 조각난 시간을 이어 붙여 무한한 생산성에 이를 수 있을 것인가? 미디어 비평가 캐린 제임스Caryn James는 "뉴스 앵커의 말과 동시에 자막이 나온다는 것 자체가 현재 우리 삶의 방식을 여실히 보여주는 사례다. 지금 우리는 머리 뒤에도 눈이 달렸으면 좋을 법한, 그 어느 때보다 빠르게 돌아가는 세상에서 살아가고 있다"고 이야기한다.[13] 카이저파노라마를 만들어 낸 아우구스트 푸어만의 말을 빌리면 보다 간단하다. 그는 첨단 기술의 기적이 나타나는 시대에는 단순히 먼 곳으로 여행을 가는 것만으로는 사람들 성에 차지 않을 것이라 이야기했다. 거기서 한 걸음 나아가 미지의 것을 파고드는 동시에 불가능한 것까지 하고자 할 것이다. "많이 가지면 가질수록, 우리는 더 많은 것을 원한다."[14]

컴퓨터의 정보 처리 방식에 맞춰 살아가다

나는 또 한 번 실험실을 찾아 이번에는 관찰을 당하는 아기 신세가 되어 보았다. 나는 앤아버에 자리한 미시건대학의 지하 실험실에 설치된 비좁은 부스 안으로 들어가 턱받침에 머리를 올려놓고 헤드셋을 썼다. 오른손은 네 개의 금속키가 달린 장치 위에 올려놓았다. 내 앞에 있는 테이블에는 컴퓨터 모니터가 한 대 놓여 있고 그 위에 눈 모양으로 생긴 비디오카메라 두 대가 달려 있었다. 화면에 떠 있는 톤이나 색깔이 다른 화면 위의 글자들에 반응해 특정 키를 잘 누르려 애쓰는 광경을 찍으려는 것이었다. 이건 꽤나 만만찮은 일이었다. 각기 다른 톤과 색깔의 글자들이 동시에 날아드는 와중에(동시라고 하지만 내 눈엔 신호음이 난 뒤 한참 뒤에 글자가 지나가는 걸로 보였다) 최대한 빨리 특정 키를 눌러야 했기 때문이다. 색깔들은 그마나 맞추겠는데, 신호음은 귀에 들리지 않는 경우조차 있었다. 나는 건너편 부스에 있는 두 대학원생 애덤Adam과

조너선Jonathan의 모습을 머리에 그려 보았다. 테스트 속도를 유지하느라 바쁘게 눈을 굴리고 있을 터였다. 나는 집중하려고 애를 쓰면서 있는 힘을 다해 테스트를 치렀다. 머리를 굴리는 게 아닌 이를 악물게 만드는 테스트 같다는 생각이 들었다.

그날 나는 미시건대학의 뇌인지행동연구소 소장인 데이비드 마이어David Meyer의 인도를 받아 인지신경과학의 관점에서 멀티태스킹을 바라보는, 이제 막 싹트기 시작한 새로운 연구 분야에 발을 들일 수 있었다.[15] 마이어는 많은 동료들로부터 실험심리학계의 최고 학자로 추앙받는 인물이었지만, 외양을 봐서는 천재적인 학자보다 야외 활동을 좋아하는 사람 같았다. 호리호리한 체격에 키가 크고 얼굴은 조각 같았고 남부 사투리를 썼으며 켄터키 지방의 억양이 희미하게 묻어났다. 뇌과학의 내용을 알기 쉽게 풀어 설명하는 능력이 기가 막힌 마이어는 최근 몇 년 동안 미디어의 사랑을 한 몸에 받고 있다. 멀티태스킹 연구 분야의 최근 동향을 이야기할 때면 그의 이야기가 빠질 수가 없다. 마이어는 자신의 시간을 기꺼이 내줄 뿐만 아니라 기자 회견이라는 방해물도 기꺼이 감내한다. 그 역시 인터럽션을 통해 작동되는 사람인 것이다.

그 푹푹 찌던 5월의 아침, 마이어는 빛바랜 티셔츠와 청바지를 입은 채 위장병으로 고통스런 몸을 이끌고 터덜터덜 실험실로 들어왔다. 올해로 64세인 그는 최근 몇 년 동안 멀티태스킹의 위험성에 관심을 가진 사람에게라면 다른 연구에 쓸 시간을 쪼개서라도 그 심각성을 일깨워 주고 있다. 마이어가 보기에 사람들은 이게 얼마나 큰 재난이 될지 모르고 있다. 30년 전만 해도 흡연이 얼마나 위험한 일인지 몰랐던 것처럼 말이다. 혹시 그가 이목을 끌려는 목적으로 괜한 걱정을 사서 하는 건 아닐까? 사실을 있는 그대로 까발리는 그의 성향 때문에 점잖은 과학계가 적잖이 놀란 것도 분명 사실이다. 간결하고 짤막한 네 쪽짜리 보고서가 점점 대세가 되어 가고 있는 지금, 그가 쓴 논문이나 연설문은 길고 장황하다. 하지만 그 분야의 거물들의 이론을 인용하며 쓸데없이 겉모습만 화려하게 꾸미는 일은 없다. 그는 학계에 르네상스를 일으킨 인물이기도 하다. 뇌를 컴퓨터로 모형화하는 작업에서부터 '의미 점화'(단어의 의미를 처리하는 과정에서 정신 및 신경 활동이 자동적으로 확장되는 것을 말한다) 분야에 이르기까지 다양한 분야에 여러 가지 업적을 이룬 것으로 명망이 높다. 과연 그는 세상의 이목을 위해 사소한 것에 목숨 거는 못 말리는 독불장군일까, 아니면 우리를 곤경에서 구해 줄 수 있는 혜안 있는 예언자일까?

집중력 연구에서 오랫동안 비주류로 여겨지던 분야에서 그가 가장 큰 명성을 얻고 있다는 것은 아이러니한 일이다. 1879년 빌헬름 분트Wilhelm Wundt가 라이프치히대학에 처음으로 심리학 실험실을 만들었을 때는, 뜻을 가진 과학자들이 모여 몇 년 동안 인간이 이 세상을 어떻게 인식하는지를(특히 시각적으로) 연구했다.[16] 이때 인간은 일상생활을 단순히 있는 그대로 소화하는 것이 아니라 감각을 통해 '해석'한다는 사실이 밝혀졌다. 미술사가 조너선 크래리는 이를 발단으로 인간이 주변 환경의 자극에 어떻게 반응하고, 지각이 "기억, 욕망, 의지, 예상, 곧 일어날 경험"의 힘에 얼마나 영향을 받는지를 밝히려는 여러 가지 연구가 끝없이 맹렬하게 이어졌다고 일목요연하게 정리한다.[17] 윌리엄 제임스도 지각과 인식의 그런 복잡한 작용을 깊이 염두에 둠으로써 천재성을 보여줄 수 있었다. 하지만 아무리 중요하다 해도, 초기 심리학 연구자들이 매료되었던 '입력-출력'식의 정보 처리는 인식 능력의 일부밖에 보여주지 못하는 것이었다.

과학자들은 제2차 세계대전이 끝나고 나서야 (특히 사람이 압박감을 느낄 때) 정신이 기어를 어떻게 바꾸는지 연구하는 것이 고차원의 정신 작용을 규명하는 길이란 것을 깨닫기 시작했다. 작업 변환task switching에 대해 처음으로 체계적인 연구를 수행한 것은 아서 T. 저어실드Arthur T. Jersild였다. 그는 논문에 쓰기 위해 학생을 두 부류로 나누어 한 쪽은 비슷한 종류의 수학 문제, 다른 한 쪽은 서로 다른 종류의 수학 문제를 풀게 하고 시간을 쟀다. 하지만 도중에 이 주제를 포기하고는 다시는 이에 대해 연구하지 않았다.[18] 그러다 시간이 흘러 전후戰後의 영국 과학자들이 작업 변환 연구에 달려들었다. 고차원적인 인지 수행 능력 연구에 있어 획기적인 단초를 마련하기 위함이었다. 그러면서 이중 작업, 즉 말 그대로 두 가지 일을 동시에 해내는 인간의 제한된 능력을 파고드는 연구가 줄을 이었다.[19] 그리고 1990년대에 이르자 멀티태스킹에 대한 연구가 봇물 터지듯 쏟아져 나왔다. 일군의 학자들의 노력(대표적으로 앨런 올포트Alan Allport, 고든 로건Gordon Logan, 데이비드 마이어, 스티븐 몬셀Stephen Monsell, 해럴드 패실러Harold Pashler 등을 꼽을 수 있다)과 오늘날의 생활 여건이 영감이 원천이 되었다. 오늘날 인간은 일을 하면서 지구상에 등장했던 그 어떤 기계보다 복잡하고 똑똑한 컴퓨터의 리듬에 점점 발을 맞추지 않을 수 없게 되었다. 이런 시대이니 만큼 컴퓨터와 인간의 정신 작용을 연관시킨 연구가 봇물을 이루는 것도 자연스러운 일이다. (마이어에게 명망을 안겨준 작업 역시 컴퓨터과학자이자 인지심리학자인 데이비드 키에라스David Kieras와 함께 진행한 것이었다. 둘은 컴퓨터를 활용해 작업 변환 메커니즘을 비롯하여 뇌의 인지 구조를 모형화하는 작업을 수행했다.)[20] 우리의 뇌는 과연 인공적인 정보 처리와 어떤 식으로 비교될 수 있을까? 또 그것을 얼마나 따라갈 수 있을까? 우리가 멀티태스킹에 그토록 사로잡히는 것은 이 두 질문과 절대 무관하지 않다. 지금 우리는 여러 비행기의 움직임을 동시에 살피는 항공 관제소 직원처럼 일하는 셈이다.

멀티태스킹하는 뇌가 치르게 될 진짜 비용

나는 다시 부스로 돌아와 또 다른 실험에 달려들었다. 이번에는 두 가지의 복잡한 시각적 활동을 번갈아 하는 속도를 측정하는 것이었다. 첫 번째 실험에서는 동시에 주어지는 자극에 반응하는 내 능력을 시험하는 것이 주된 목적이었지만, 사실 두 가지 실험 모두 작업 변환 능력을 측정하는 것이나 다름없었다. 우리가 두 가지 일을 정확히 동시에 시행할 수 있는 경우는 거의 없기 때문이다. 이메일을 읽으며 전화 통화를 한다는 것은 사실 알고 보면 이메일을 읽고 난 '후에' 수다를 떨거나, 수다를 떤 '후에' 이메일을 읽는 식으로 진행된다. 전화 통화를 하면서 운전을 할 때도 이와 유사하게 인식 능력의 전환이 이루어져야 한다. 이 두 번째 시험에서는 화면에 일렬로 늘어선 빈 칸 네 개 중 하나에 숫자 0이 뜨게 되어 있었고, 나는 그 위치에 맞추어 손가락의 키를 눌러야 했다. 예를 들어 첫 번째 칸에 0이 뜨면 둘째손가락 키를 눌러야 했고, 두 번째 칸에 뜨면 셋째손가락 키를 눌러야 했다. 탁탁. 알겠네. 쉬웠다. 숫자의 순서와 손가락 순서를 일치시키면 되는 것이었다. 그런데 그 다음이 문제였다. 이번에는 아까와는 반대로 키를 눌러야 했다. 이를 테면, 줄 맨 끝에 0이 나타나면 이번에는 둘째손가락을 눌러야 했다. 여기에도 패턴은 있었지만 그것을 파악하기가 쉽지 않았다. 난 얼마 지나고 나서야 숫자들이 초록색이냐 빨간 색이냐에 따라 숫자와 손가락의 대응 방식을 바꿔야 한다는 걸 알 수 있었다. 난 숫자와 손가락을 반대로 대응시켜야 하는 고난이도 테스트에서는 어쩔 줄 몰라 하면서 아무 키나 되는 대로 눌러 댔다. 테스트가 끝나자 그렇게 마음이 편할 수가 없었다. '윌리엄 제임스, 봐요. 이 세상은 단순한 입/출력으로 돌아가지 않아요. 훨씬 복잡하죠.' 세상에 맞추려고 무던 애를 쓰는데 세상이 어떻게 돌아가는지 알 수 없을 때, 우리는 허둥지둥 싸움을 벌이게 된다. 내가 실험실에서 한바탕 뇌를 쥐어짜야 했던 잠시의 순간은 우리 인간이 오랜 세월동안 벗어나지 못한 그 치열한 싸움판을 그대로 보여주고 있었다.

멀티태스킹을 제대로 이해하기 위해서 우리는 먼저 하위 뉴런, 특히 (집중력과 관련해 가장 중요한 감각이라 할 수 있는) 시각을 담당하는 뇌의 36개 부분에 자리 잡고 있는 뉴런을 살펴봐야 한다. 이들 뉴런은 서로 가차 없는 경쟁을 벌이는 관계에 있다. 망막에 있는 이런 뉴런이 먼저 색깔이나 위치 같은 시각 대상의 단순하고 제한된 특성을 전송하면, 대뇌피질과 다른 부분에 있는 상위 뉴런이 시각 대상의 의미 같은 복잡하고 추상적인 특성을 정립한다. (이것이 얼굴인지 토스터인지, 이 사람이 내 이웃인지 엄마인지 구별하는 식으로 말이다.) 이 각계각층의 뉴런들이 반드시 조화롭게 작동을 해서 (과학자 스티븐 얀티스Steven Yantis의 표현을 빌리면) "지각 응집 에너지장"이 마련되어야만 그 대상이 뇌에 의미를 지니고 나타나게 된다.[21] 그런데 시간은 촉박한데 처리해야 할 정보는 너무나 많다. 그래서 다양한 뉴런 집단은 기억 속에 의미를 새기기 위해 뇌에 감각 정보를 남기려 경쟁을 벌이는 경우가 많다. 그렇다면 온갖 정보가 뒤죽박죽 섞여 있는 이 와중에서 의미를 만들어 내는 데 핵심 역할을 하는 열쇠는 무엇일까? 바로 집중력이다. 의도적이든 그렇지 않든 간에, 주의를 기울이면 하나의 응집 에너지장이 부각되고 '경쟁에서 진' 나머지 뉴런 집단은 활동이 억제된다. 이들이 나타내는 대상에 대한 인식은 강제로 사라져 버리는 것이다. 우리가 세상을 바라볼 때 집중력이 얼마나 중대한 역할을 하는지는 오른쪽 두정엽에 손상을 입은 사람들을 살펴보면 잘 알 수 있다. 오른쪽 두정엽은 특정 형태의 집중력과 관련해 핵심적인 부분인데, 이 부분에 손상을 입은 사람들은 시각이 멀쩡해도 사물을 제대로 보지 못할 수 있다. 이렇게 '시각적 오류'를 일으키는 환자들은 접시의 왼쪽에 놓여 있는 음식만 먹거나 신체 왼쪽 부분에만 옷을 입는다.[22] 집중력이 가 닿지 못하는 부분은 전혀 보지 못하는 것이다. 심지어 우리처럼 뇌가 건강한 사람들의 경우에도 극도로 집중하면 그렇게 안 보이는 부분이 생긴다. 우리가 극도로 집중해 한 대상을 부각시킬 경우 주위 것들이 완전히 안 보이게 되지는 않더라도, 대단한 은폐 효과가 발생한다. "눈을 뜨고 있으면 우리 눈앞에 있는 것을 모두 볼 수 있다는 생각이 일종의 환상이라는 건 이미 오래 전부터 알려진 사실입니다"라고 얀티스는 지적한다.[23]

하지만 우리 인간은 어느 한 곳에 집중한 채 삶에서 동떨어져 있을 수만은 없게 되어 있다. 살아남으려면 우리는 한 곳에 집중하는 상태와 이 세상에서 의미를 끌어내는 상태를 늘 힘겹게 오가면서 주변에서 일어나는 변화에서 한시도 눈을 떼지 말아야 한다. 이것이야말로 진정한 한판의 줄다리기다. 우리는 목적을 이루기 위해 많은 집중력을 의식적으로 사용하면서도, 마음속으로는 주변의 변화에(특히 급작스런 변화에) 눈을 떼지 못하는 경향을 갖고 있다. 갓난아기나 어린아이들은 특히 주변 환경에 완전히 좌우된다. 멀티태스킹을 비롯해 목적 지향적인 복잡한 행동들을 수행할 수 있는 뇌의 능력을 개발하기 위해서는 몇 년의 세월과 많은 훈련이 필요하기 때문이다. 걸음마에 익숙해진 유아들의 경우, 엄마가 아이들에게 항상 지시를 내리면(즉 아이들의 주의 집중력을 엄마 마음대로 통제할 경우) 1년 후 목표 설정 능력과 독립심을 훼손당하는 것으로 나타났다.[24] 심지어 어른조차도 목적 지향적인 '하향식'의 주의 집중력과, 자극에 따라 움직이는 보다 강력한 '상향식'의 집중력 체계가 항상 갈등을 일으킨다.[25] 예를 들어 먼 옛날 우리 조상들이 길을 가다 멈춰 서서 길가에 난 풀이 먹을 수 있는 것인지 생각에 잠겼다고 해 보자. 그 풀을 양식으로 삼을 것인지 판별을 하려면 주변 환경은 잊은 채 오랜 시간 생각에 잠겨야만 했을 것이다. 하지만 나무 위에 있는 표범도 무의식중에 생각하지 않으면 안 된다. 안 그랬다간 순식간에 잡아먹힐 수 있기 때문이다. 우리 인간은 날 때부터 인터럽트 구동식이다. 린다 스톤Linda Stone의 표현을 빌면 우리 주변 환경에 "부분적으로나마 지속적인 주의"를 기울이는 것이다.[26] 그러면서 그 무엇보다 어려운 집중력 기술을 고생스레 배워 그 능력을 지속시킬 수 있게 갖은 애를 써야만 한다. 물리학자 앨런 라이트먼Alan Lightman은 〈내게 세상은 너무 버거워The World Is Too Much with Me〉라는 에세이에서 그러지 않을 경우에는 우리는 환경에 통제권을 내어 주게 된다고 말한다. 라이트먼은 자신이 하루 일과를 부지불식간에 "효율적으로 활용할 수 있는 시간 단위로 점점 더 작게" 쪼개는 걸 보고는, 자신이 꿈꾸고, 상상하고, 의문을 가지고, 탐구하고, 나아가 내면의 자아를 키워 나가는 능력을 잃어버리고 있다는 사실을 깨달을 수 있었다. 어떻게

보면 그는 "이 세상의 포로"가 되어 가고 있는 것이었다.[27]

멀티태스킹을 할 때 우리는 집중력의 바다에 빠져 헤엄치고 있는 것과 같다. 다른 작업을 위해 기어를 바꾸거나 주변 환경의 낌새를 다시 파악하기 위해 물 위로 고개를 잠시 내밀고는 다시 집중력의 바다로 빠져든다. 우리가 (집중과 주변 환경 파악 사이에서) 하루 종일 벌이는 줄다리기 시합의 속도를 부쩍 높인 것과 같다. 그런데 손대고 있는 작업들에 우리가 아무리 능숙하다 해도, 여러 작업을 이리저리 오가면 '변환 비용'이 들 수밖에 없다. 우리 뇌가 목표를 바꾸고, 새로운 작업에 필요한 룰을 기억하고, 아직도 잔상이 선명한 이전 활동들이 인지 능력에 가하는 방해를 차단해야 하기 때문이다.[28] "멀티태스킹에 보다 적절한 전략들을 구사하는 방법을 익히면 그런 비효율성을 극복하는 데 어느 정도 도움을 얻을 수도 있습니다. 하지만 지극히 드문 경우를 제외하고는 그런 훈련을 하다 완전히 녹초가 되어 버리고 맙니다. 한 번에 한 가지 일을 할 때보다 절대 더 잘할 수도 없고 말입니다. 더 이상 무슨 설명이 필요합니까? 그게 핵심입니다"라고 마이어는 말한다. 게다가 작업이 복잡하면 복잡할수록 변환 비용의 폭도 커진다. 첫 번째 실험에서 신호음과 색깔 모두를 생각해야 했을 때, 색깔만 생각하면 되었던 저난이도 테스트를 치를 때보다 반응 속도는 거의 두 배가 느려졌다. 잘 들리지 않는 신호음까지 제대로 듣기 위해 집중해야 했기 때문이다. 아마도 어떤 색깔에 어떤 손가락 키를 눌러야 하는지 기억하느라(마이어는 이를 "규칙 활성화"란 말로 표현했다) 행동이 더뎌졌던 것 같다. 아니면 '선행 작용의 소극적 방해' 때문에(즉 신호음을 구별하는 일에 계속 매달려 있는 바람에) 뇌의 작용이 느려졌을 수도 있다. 더구나 오랫동안의 도시 생활로 청력이 닳아 버린 상태인데 말이다. 이러한 상충 작용은 두 번째 실험에서도 비슷하게 나타났다. 숫자의 위치와 손가락의 위치가 일치했던 테스트에서는 느긋하게 반응을 해도 되었다. 하지만 부아가 치밀 정도로 비논리적이던 두 번째 단계에서는 미친 듯이 반응 속도를 높여야 했다. 그러니 정확하게 반응하지 못하는 것은 당연한 일이었다. 이렇게 실험실의 쥐를 다루는 듯한 테스트나, 0.001초 사이에 발생하는 '비용'을 따지는 것이 현실과 너무 동떨어진 이야기로 들릴지 모르겠다. 하지만 어딘가에서 아이 하나가 쏜살같이 달려 나오는 걸 봤다고 해 보자. 그게 골목으로 차가 쌩 지나는 순간이라면 순간의 방심이나 더딘 반응이 엄청난 차이를 부를 수 있다. 집중력이 분할되는 순간은 말 그대로 삶을 산산조각 내는 결과를 초래할 수도 있는 것이다. 나아가 실험실에서 벗어나 보다 넓은 안목에서 이런 질문을 던져 보자. 과연 우리는 이 문제를 얼마나 심각하게 인식하고 있는가? 멀티태스킹은 과연 마이어가 생각하는 것만큼 그렇게 커다란 재앙일까?

그러한 변환 비용이 조금씩 쌓여 가는 것, 즉 분할 화면식으로 삶을 살아갈 때 인지 능력에 나름의 손익이 발생하는 것만이 문제는 아니다. 보다 중요한 것은 시간이 조각조각 이어진 이 시대에 우리가 가치를 따질 수 없는 무언가를 잃어버리고 있을지 모른다는 것이다. 마이어의 실험실에서 훌륭한 실험실 원숭이 노릇을 하려 분투하는 동안 내게 무척이나 중요하게 여겨졌던 그 무언가를 말이다. 복잡한 환경 속에서 우리는 기어를 어떤 식으로 바꿔 나가던가? 인지신경학자나 마이어 같은 실험심리학자와 이야기를 나누다 보면 우리가 가지고 있는 가장 고차원적인 형태의 집중력, 즉 판단, 계획 수립, 자기 조절 등을 지휘하는 집행 체계에 한계가 있다는 사실이 금방 부각될 것이다. 이렇게 집행을 담당하는 집중력은 우리에게 없어서는 안 될 소중한 자원이다. 우리가 살아가면서 멀티태스킹에 의존하면 할수록, 세상을 커다란 그림으로 바라보고 장기적 목표를 추구할 수 있는 기회와 능력은 점점 바닥나고만다. 효율성만 내세우다 보니 우리를 진정 인간으로 만들어 주는 기본 자질들은 점점 빛을 잃어 가고 있다.

'생산성'과 '효율성'이 남긴 비극

필라델피아의 갑부로서 미국에 산업이 한창 꽃피던 시절 성년기를 보낸 인물이 하나 있다. 프레더릭 윈슬로 테일러Frederick Winslow Taylor인데, 그가 지금 시대에 태어났다면 아마 데이브 마이어와 할 이야기가 아주 많지 않았을까 싶다. 1856년 엄청난 부잣집에서 태어난 테일러는 스스로 공장에 들어가 공장 일을 익힌다. 그는 자기만의 삶의 방식을 만들겠다는 신념이 워낙 강해서 아버지가 자기 몫으로 남겨 준 상당한 유산까지 거절할 정도였다. 공장 관리자로서 열심히 일하던 당시의 사진을 보면 그는 비쩍 마르고 강철 같은 눈매는 결의에 차 있다. 개혁가 성향을 가지고 있었던 그는 쉬운 말로도 사람을 선동하는 재주가 있었다. 우리들이 끊임없이 외쳐 온 '머리 써서 일하자'란 구호를 처음 만들어 낸 것도 바로 테일러였다. 경영계의 구루 피터 드러커는, 테일러가 이 세상에 마르크스나 프로이트만큼이나 큰 영향을 미쳤다고 이야기했다.[29] 멀티태스킹을 지향하는 우리의 성향은 장기적 안목을 지니지 못한 이 엔지니어가 남긴 유산이라 해도 과언이 아니다. 그가 살아 있을 때도 그의 사상은 존경과 멸시를 동시에 받았다.

어린 시절 테일러는 '일하고, 익히고, 극기하라'를 굳은 신조로 삼은 어머니 밑에서 자라났다. 덕분에 그는 수학과 기계 장치 발명, 그리고 무엇보다 정확성에 대한 애착을 키워 나갈 수 있었다. 시력이 안 좋으면서도 운동 실력은 타고났던 그는 자신이 할 수 있는 운동의 법칙이나 테크닉을 갈고 다듬는 걸 너무도 좋아해 어린아이 때에도 동네의 놀이란 놀이는 다 즐겼다고 한다. 그는 정확성이 중요하기로 악명 높은 크로케 게임에서도 최고의 타법과 전략을 연구하며 몇 시간을 보냈다. 마흔이 되어 골프를 치게 되었을 때는, 전혀 새로운 골프채, 흙 배합, 페어웨이의 잔디 등을 만들어 게임의 수준을 한 차원 끌어올렸다. 이러한 노력은 자주 결실을 맺었다. 테일러는 1881년 열린 미국테니스대회 복식에서 우승을 거두었고, 1902년, 1903년, 1905년에는 필라델피아컨

트리클럽에서도 우승을 거두었다.[30] 이런 만큼 그는 어떤 작업을 개선시키고자 할 때 결코 대충 해결책을 찾는 법이 없었다.

1870년대 말 테일러가 필라델피아의 엔터프라이즈하이드롤릭워크스Enterprise Hydraulic Works에서 수습 기계공으로 처음 일을 시작했을 때만 해도 제조업은 변변찮은 데다 예측도 할 수 없는 사업이었다. 아직 조립 라인이 갖추어지지 않은 그 시절에 효율성은 그 가치를 인정받지 못했다. 노동자들은 굼벵이처럼 일했다. 근무 시간에 따라 보수를 받았을 뿐 아니라, 항상 일을 일찍 마쳤다간 해고될지도 모른다는 두려움을 느꼈기 때문이다. 당시 유일한 관리직이었던 현장 주임은 노동자들의 더러운 손이라면 질색했다. 나아가 노동자들을 게으른 족속이자 소모품으로 여기고 경멸했다. 당시 '생산성'이나 '동기 부여' 등은 듣도 보도 못한 말이었다. 그러니 노사 관계에 끊임없이 긴장이 발생하고 간간이 폭력 사태로까지 번지는 것은 당연한 일이었다. 어떤 식으로 하면 일터를 발전시킬 수 있을지 연구하는 사람은 단 한 명도 없었다. 그러다 테일러가 나타난 것이다.[31] 20년이 흐르는 동안 노조와 경영진 양쪽에서 다양한 직책을 두루 거치면서, 테일러는 복합적이고 기발하고 다차원적인 해결책들을 마련해 냈다. 그리고 이는 이후에 산업심리학, 인적 자원 관리, 실적 평가, 품질 관리, 경영학 등의 분야에 영감을 주었다. 나아가 전 세계 사람들의 일하는 방식까지 바꾸어 놓았다.[32] 심지어 블라디미르 레닌은 공산주의자임에도 그를 열렬히 신봉했다. 레닌은 테일러가 59세의 나이로 세상을 뜨고 난 후 3년 뒤인 1918년 〈프라우다Pravda〉지에 "우리는 테일러의 체계에서 과학적이고 진보적인 부분을 모두 시도해 봐야 한다"고 이야기했다.[33] 테일러가 1911년에 쓴 『과학적 경영의 원리The Principles of Scientific Management』는 20세기 전반기에 나온 책 중 가장 유명한 경영서가 되었고, 그의 사상은 20세기 일본이 경제 발전을 이루는 모태가 되기도 했다.[34] 하지만 테일러가 살아 있을 당시, 노조 간부들은 그의 사상을 줄곧 멀리했고, 회사 경영진 대부분도 그를 '위험한 급진론자'나 '말썽꾼'쯤으로 치부했다.

테일러의 사상은 왜 그토록 막강한 동시에 그토록 많은 논란을 불러일으킨 것일까? 그가 외쳤던 개혁은 본질적으로 다음과 같은 단순한 개념에 기반하고 있었다. 작업의 각 부분을 수량화하고 서로 얼마든지 대체될 수 있도록 세분화하는 것. 테일러가 최초로 이용한 가장 막강한 혁신은 바로 스톱워치를 이용해 근로자들의 동작별 시간을 잰 후, 불필요하거나 지나치게 고생스런 움직임은 빼 버린 것이었다. 경영학 교수 대니얼 렌Daniel Wren은 "다른 사람들은 모두 작업에 걸리는 총시간으로 족했지만, 테일러는 작업을 구성 요소별로 쪼갠 후, 그것을 하나하나 분석하고, 작업을 '이상적인' 방식으로 재구성했다. 보다 효율적이면서 힘은 덜 드는 방식으로 말이다"라고 이야기한다.[35] 테일러는 또한 임금 인센티브제, 노사간 협력, 개인 기술에 맞춘 작업도 옹호한 인물이었다. 하지만 이런 혁신적 노력들은 그가 유산처럼 남겨 놓은 스톱워치식 경영 때문에 빛이 바래고 만다. 당시 테일러가 일터에 이뤄 놓은 성과는, 영화와 사진술 분야에서 동시다발적으로 일어난 발명이 시각과 관점에 일으킨 변화와 일맥상통했다. 순간을 멈추고, 재생시키고, 속도를 높이고, 한 순간을 영원히 가두는 작업이 이루어졌다. 이러한 새로운 느낌들의 발견은 시간을 통제하고, 나아가 시간 추이의 형태까지 잡아냈다. 에드워드 마이브리지Eadweard Muybridge가 힘차게 내달리는 말의 사진을 찍어 발레를 하는 듯한 동작 하나하나를 프레임별로 담아낸 것이 바로 이때였다. 피카소가 큐비즘을 내세우고 정물을 조각조각 내어 일상을 산산이 부순 후 재조합한 것도 이때였다. 발터 벤야민은 고전적인 에세이 〈기술 복제 시대의 예술 작품The Work of Art in the Age of Mechanical Reproduction〉에서 영화에서는 카메라의 "상하 이동, 방해와 고립, 확장과 가속, 확대와 축소"로 인해 이 세상을 보다 정확하게 담게 되었을 뿐 아니라, 우리가 미처 의식하고 있지 못하던 기저의 구조와 패턴까지 드러나게 되었다고 말한다.[36] 시인이자 저널리스트였던 찰스 릴런드Charles Leland가 이 새로운 시대를 맞아 '민첩한 집중력'이 중요하다 외쳐 댔던 것도 당연한 일이었다. 1891년 그는 아동들이 그러한 집중력 기술을 익혀 기억의 보관함 속에서 필요한 사진을 건져 올리듯 머릿속에 쌓인 지각 정보들을 재빨리 기억하고 찾아낼 수 있게 해야 한다는 취지로 글을 쓰기도 했다.[37] 이러한 사고는 "집중력을 기본 동력으로 삼아 전반적인 작업을 효율적으로 해내는" 데이터 프로세스 작업과 같았다고 스티븐 아라타Stephen Arata는 지적한다.[38]

하지만 작업을 기본 요소들로 하나하나 쪼개고 분산시켜서 공장을 '훌륭한 짜임새를 갖추고 부드럽게 돌아가는 하나의 기계'로 만든 결과 몸서리쳐지는 일이 빚어졌다.[39] 테일러는 결국 사람을 어디나 바꿔 낄 수 있는 기계 부품으로 만들어 버린 것이었다. 드러커는 바로 이것이 테일러의 맹점이자 노동자층이 그에게 적의를 품게 된 이유라고 결론을 내린다. 테일러로부터 영감을 받아 고안된 작업 시간 측정 테크닉은 50가지가 넘는데, 이러한 테크닉을 사용하는 공장은 오늘날도 상당수 근로자들이 아주 꺼린다.[40] (한편 테일러는 임금 인상을 적극 장려하고, 경영진에게 날카로운 비판과 신랄한 언동을 서슴지 않아 사측으로부터도 미움을 샀다.) 드러커는 테일러가 주창한 원칙을 칭송해 마지않으면서도 "테일러가 일의 낭만을 파괴해 버렸다"라고 이야기한다. "일은 고상한 '기술'이 아닌 일련의 단순한 움직임이 되어 버렸다."[41] 거기다 테일러는 작업에 대한 계획과 실제 작업은 철저히 분리되어야 한다고 주장했다. 그는 1907년의 강연에서 "생각은 근로자들의 몫이 아니다. 생각은 우리가 할 일이다"라고 이야기한 바 있다. 또 한 번은 "옛날에는 사람이 가장 먼저였다. 미래에는 시스템이 가장 먼저가 되어야만 한다"라고 말했다.[42] (레닌이 테일러를 열렬히 좋아한 것도 당연한 일이었다.) 테일러는 냉혹한 발명가라기보다는 (아직까지도 우리 일터에 남아 있는) 당대의 사상과 가치를 표방하고 있을 뿐이었다. 그가 우리와 같은 시대에 살았다면 멀티태스킹에는 반대했을 가능성이 높다. 그는 근로자들이 한 번에 한 가지 일만 해야 한다고 굳게 믿었기 때문이다. 하지만 그의 사상은 우리의 삶 구석구석에 그림자를 드리우고 있다. 우리가 신줏단지 모시듯 하는 생산성을 제일선에서 신봉했을 뿐 아니라, 업무를 잘게 쪼개는 스타일을 처음 도입한 것도 분명 그이기 때문이다(찰리 채플린의 〈모던타임스〉를 연상시킬 정도로 극단적인 경우도 더러 있었다). 한때 테일러의 후견을 받았던 프랭크 길브레스Frank Gilbreth는 자기가 생활하는 가정집을 시간을 측정하는 실험실로 삼아, 면도날 두 개를 이용하면 매일 아침 면도 시간을 40초 줄일 수 있다는 사실을 알아냈다. 하지만 시간 절약을 위해 자기 아이들 열두 명을 나란히 뉘어 놓고 편도선 수술을 시켰던 길브레스는 얼마 뒤 양손 면도를 그만뒀다. 양손 면도를 하다 난 상처에 밴드를 붙이는 데만 2분이 걸렸기 때문이었다. "그는 안타까워한 것은 상처가 아니라, 잃어버린 2분의 시간이었다"라고 렌은 설명한다.[43] 효율성을 추구하려면 한 순간도 그냥 흘려보내서는 안 되었다.

　정보화시대에 살면서 우리들 대부분은 계획 수립과 실제 작업을 모두 맡아 하고 있다. 스톱워치를 들고 우리를 감시하는 사람은 없는 것이다. 나름대로 효율성 전문가인 우리들은 좀 더 많은 일을 그 어느 때보다 빨리 해내려고 쉼 없이 스스로를 몰아친다. 이렇게 생산성을 끝없이 추구한 결과 이제 막 싹을 틔웠지만 급속히 세를 불려 가고 있는 인터럽션 사이언스interruption science란 것이 나타나게 되었고, 여기서는 멀티태스킹에 대한 연구가 빠질 수가 없다. 여러 가지 인터럽션이 발생하는 상황을 적절히 처리하는 것이 곧 멀티태스킹이라 할 수 있기 때문이다. 이때 우리는 자의든 타의든 한 가지 일을 멈추고 다른 일로 넘어가게 된다. 이렇게 조각난 시간들을 분석해서 지형도를 구성해 보면 현재 우리가 어떤 식으로 살아가고 있는지가 훤히 드러난다. 인터럽션 사이언스 분야의 선구적인 학자 글로리아 마크Gloria Mark의 표현을 빌면, 그것은 '업무 파편화'의 초상이다. 현재 우리는 조각나 버린 우리의 생각과 프로젝트를 다시 하나로 끼워 맞추는 데 일과의 많은 시간을 할애하고 있다. 그 결과 우리의 생각과 프로젝트는 통일성을 갖지 못하고 여기저기 기운 누더기 같다. 서부 연안의 첨단 기술 회사 두 곳에서 일하는 근로자 1,000명 이상을 대상으로 1년 동안 연구를 한 후 마크가 걸러 낸 자료는 그야말로 입이 떡 벌어지게 했다. 그녀의 말에 따르면 업무 파편화 현상은 "이제껏 상상했던 것보다 훨씬 더 심각한 수준"이었다.[44]

　마크의 연구에 따르면 평균적으로 근로자들이 프로젝트에 실제로 할애하는 시간은 11분에 불과했고 그 시간이 지나면 다른 일을 손에 잡았다. 또 한 프로젝트에 집중한다 해도 3분마다 한 번씩 다른 작업을 하는 것으로 드러났다.[45] 예를 들어 직원들은 예산 프로젝트를 붙들고 11분 동안 일을 하는 동안에도 관련 이메일을 이것저것 열어 보고, 웹서핑을 하고, 전화 통화까지 하는 식이었다. 물론 이런 모습이 전적으로 나쁘다고만은 할 수 없다. 릴런드가 지적했듯이 현대 생활에는 민첩한 지각 능력이 필수적이며, 여러 가지 방해물(인터럽션)이 필요한 때 우리를 쉬게 해 주기도, 유용한 정보를 가져다주기도, 기막힌 아이디어를 번쩍 떠오르게 하기도 한다. 하지만 근로자들이 처리해야 할 방해물의 수가 너무 많기도 하거니와, 그런 방해물로 인해 한 번 끊어진 생각의 끈을 다시 복원하려면 힘든 시간을 거쳐야 한다. 심리 실험실에서는 피실험자들이 예전 작업으로 돌아오라는 신호를 받을 수 있지만, 일반적인 상황의 근로자들은 방해를 받고 나서 끊어진 작업이나 생각의 끈을 스스로 다시 찾아야만 한다. 마크의 연구 결과에 따르면 집중력이 한 번 분산되고 난 후에 우리가 예전 작업으로 돌아오는 데는 25분 가량이 걸리며, 그 중간에 다른 업무 프로젝트 두 개에 더 매달리게 된다.[46] 이런 일이 일어나는 이유는 첫째, 복잡하고 시시각각 변하는 환경에서 인지 능력이 일관된 맥을 기억해내기가 쉽지 않기 때문이다. 두 번째는 오늘날 우리가 다루고 있는 정보의 특성상 어쩔 수 없는 일이다. 표범이 근처에 있을 때 그 의미는 딱 보면 알 수 있다. 하지만 '딩동'이나 '삐' 소리만으로는 그 정보의 특성을 그다지 많이 파악할 수가 없다. 과학 분야 작가 클라이브 톰프슨Clive Thompson은 "이메일이 왔는데 열어 보지 않을 경우, 그 메일이 일을 멈추고 열어 볼 만큼 중요한 내용인지 아닌지 알 길이 없어 고민하게 되지요. 이때 당신은 이미 스스로를 방해하고 있는 것입니다"라고 지적한다. "우리가 쓰는 소프트웨어는 우리들의 관심을 끌려고 서로 간에 경쟁을 벌일 수밖에 없다. 마치 관심 가져 달라고 보채는 아기들처럼."[47] 도널드 브로드벤트Donald Broadbent의 연구 결과, 작업의 성격이 복잡하면서도 원래 하던 작업과 유사한 면이 있을 경우에는 (주된 작업에 대한 기억이 흐려져), 방해가 잠시 동안만 일어나도 오랜 시간 방해를 한 것만큼 이나 우리의 주의를 완전히 흩뜨려 놓을 수가 있다는 사실이 밝혀졌다.[48] 평균적인 지식 근로자의 하루 일과에서 인터럽션이 일어나는 시간은 총 2.1시간에 달하며, 이는 미국 경제에 연 5,880억 달러의 손실을 가져온다고 한 리서치 회사가 추정한 바 있다.[49] 일하면서 머릿속으로 내내 끊어진 끈을 찾으러 다니는 것이 근로자들로서는 "무척 꺼림칙한 일"이라고 마크는 잘라 말한다.

마크를 비롯한 연구자들은 일터에서 스스로 인터럽션을 일으키는 경우가 거의 45퍼센트에 달한다는 사실을 알고 놀라움을 금치 못했다. (더불어 스스로가 일을 방해한 경우에는 원래 하던 일로 돌아가려면 약 28분 정도가 걸린다. 타인에게 방해를 받았을 때보다 회복에 시간이 조금 더 걸리는 것이다.)[50] 한마디로 우리는 첨단 기술 시대에 태어나 '관심을 가져 달라 보채는 아기들'의 비위를 맞춰 주고 있을 뿐 아니라, 여기저기를 누비며 이 일 저 일을 할 수 있도록 스스로를 훈련시키고 있다. "오늘날 사무실에서 일할 수 있으려면 하루 종일 물 위를 튕겨 다니는 돌멩이처럼 집중력을 움직여야 한다. 어딘가에 집중력이 머무는 순간은 이따금뿐이어야만 한다"라고 톰프슨은 이야기한다. 바로 이것이 테일러가 정보화시대에 물려준 진정한 유산이리라. 어린 시절 우리의 기강을 잡던 부모님의 목소리가 어른이 되어서도 계속 되살아나는 것처럼, 업무를 잘게 쪼개 더 빨리 일을 해야 한다는 테일러의 훈계는 미국 작업 윤리의 일부로 굳어져 버렸다. 신비함이 담긴 장인정신을 땅속에 파묻어 버림으로써, 인간의 속도에 맞춘 일의 흐름을 완전히 파괴한 장본인이 바로 테일러였다. '멀티태스킹'이란 말은 원래 다수의 작업이 병행 처리되는 것을 가리키는 컴퓨터업계 전문 용어였다. 그런데 마크를 비롯한 여러 사람들이 밝혀낸 바에 따르면, 지금 우리는 하루 평균 열두 개의 프로젝트를 왔다 갔다 하고 있으며, 컴퓨터의 한 화면에 할애하는 시간은 고작 20초에 불과하다.[51] 우리의 집중력이 잘게 분할되었다는 것이 바로 우리가 컴퓨터와 비슷해지도록 우리 자신을 정형화시키고 있다는 증거다. 또 테일러식으로 일을 쪼개는 것으로 모자라, 멀티태스킹의 속도까지 확 끌어올린 참이다. 그 결과 일과 생각의 끈이 풀어지고 끊어져 버린 이 현실 속을 과연 우리는 어떻게 헤쳐 나가야 할까?

깊이 몰입할 때 생기는 변화

테일러가 필라델피아의 미드베일강철회사에서 고생해 가며 자신의 경영 원칙들을 벼려 내던 1880년대, 윌리엄 모리스William Morris란 인물은 벌써부터 파편화된 문화가 어떤 운명을 맞을지 곰곰이 생각 중이었다. 잉글랜드에서 가장 유명한 디자인 회사의 회장이었던 모리스는 성공한 사업가이자, 존경받는 시인, 직조 기술자, 가구 제조업자, 인테리어 디자이너, 소설가, 번역가, 인쇄업자,

화가, 정치가로서 다방면에서 동시에 활동하고 있었다. 모리스는 조급하고 초조한 성격에 무지막지한 에너지를 발산하면서 걸핏하면 화를 폭발시키곤 했다. 모리스 자신이 스스로를 "어느 모로 보나 너무나 바쁜 사람"이라 표현한 적도 있었다.[52] 그가 62세의 나이로 세상을 떠날 때 그의 주치의는 "모리스는 다른 이유에서가 아니라 윌리엄 모리스였기 때문에, 혼자서 열 사람보다도 더 많은 일을 했기 때문에" 죽었다고 판정을 내렸다.[53] 또한 에드워드 카펜터Edward Carpenter는 책에서 "그의 유일한 취미는 또 다른 일이었다"라고 썼다.[54] 소설가 피터 애크로이드Peter Ackroyd는 심지어 이리저리 얽힌 덩굴손과 화려한 꽃송이 문양이 가득 들어가 있어 그의 작품이란 걸 단번에 알아볼 수 있는 디자인 속에도 그 "강박적인 활동성"이 그대로 드러나 있다고 이야기한다. "시간만 있었다면 그는 공간이란 공간은 모두 채우려 했을 것이다." 나아가 하루의 매순간까지도.[55] 그와 동시대를 살았던 사람들은 한 번에 여러 가지 일을 했던 그의 성향을 자주 입에 올렸다. 그는 직물을 짜면서 시를 짓거나 이야기를 나누며 벽지의 무늬를 스케치하곤 했다. 그는 다른 사람들과의 관계에서나 업무 면에서 경쟁적, 적대적 경향이 강하고, 시간적으로 조급함을 느끼는 성격에다 멀티태스커였으니, 모리스가 오늘날에도 살아 있다면 디트로이트 공항의 사람들과 잘 어울리지 않았을까? 그들도 이메일을 체크하면서, 핫도그를 우걱우걱 집어삼키고, 전화기에 대고 호통을 치고, 그러면서 눈으로는 TV 화면의 CNN 뉴스를 훑으니 말이다. 우리가 모리스를 기억하게 된 것은, 사람들이 그의 디자인 작품을 열렬히 찾아다니는 것은, 그의 작품 전시회가 성황을 이루는 것은 그가 지칠 줄 모르는 멀티태스커였기 때문이 아닐까?

그가 다방면에 재주를 가지고 에너지를 발산했다는 것은 녹슬지 않는 매력일 수도 있다. 하지만 모리스가 오늘날 우리에게 의미를 갖는 것은 그가 겉으로는 전혀 상관없어 보이는 다양한 활동을 했음에도, 집중력을 분산시키는 일은 없었기 때문이다. 그의 비전은 단지 자신이 운영하는 소규모의 스테인드글라스, 가구, 직물 작업장, 그리고 벽지 사업장에 머물지 않았다. 그는 자신의 일을 훌쩍 뛰어넘어 산업 시대가 일과 인류에게 장차 어떤 함의를 지니는지 간파할 수 있었다. 그의 노력으로 일궈 낸 모든 작품 속에는 한 가지의 일관된 생각이 흐르고 있었다. 그가 보기에 당시 문명은 "타고 남은 석탄의 잿더미 꼭대기에 있는 경리과"에 불과했고, 그의 작품들은 하나같이 그에 대한 나름대로의 반응이었다. (이따금 그는 사소한 제스처 하나로 귀엽게 현대 세계에 대한 반감을 표현하기도 했다. 한번은 자기가 쓰는 중절모 위에 주저앉아 시장 경제에 대한 항의의 뜻을 표했다.)[56] 그가 평생 노력한 것은 장인정신이 깃든 아름다운 미적 감각과 옛날의 지혜를 이용해 산업 세계의 모습을 표현해 내는 것이었다. 실용주의자면서 이상주의자였던 모리스는 누구도 따라오지 못할 만큼 엄청난 결과물을 내놨지만, 테일러와는 다르게 결과물을 목표로 삼지 않았다.

1861년 옥스퍼드 출신인 일단의 친구들과 회사를 설립하면서 모리스는 예술품과 공예품을 제작하는 공동체를 만들어 운영하기 시작했다. 이곳은 장차 상류층과 중류층 가정을 위한 고품질의 제품을 생산하게 될 것이었다. 평생 공들여 이 작업을 하면서 모리스는 자연과 중세 시대의 모든 것에서 영감을 얻었다. 피터 스탠스키Peter Stansky는 산업화가 이루어지기 전인 그 시대에야말로 장인들이 작품에 "전심전력하려는 의식"을 지녔었다고 이야기한다.[57] 애크로이드는 여기에 덧붙여 모리스는 "영원성이란 것이 부분들이 무한히 복제되는 뉴튼식 세상보다는, 독특한 디테일 속에 존재한다고 믿었다"고 말한다. 하지만 땅딸하고 뚱뚱한 체구에 늘 단정치 못한 차림이었던 모리스는 기계 파괴론자는 아니었다. 기차라면 질색을 하면서도 한동안은 기차를 타고 통근을 하기도 했다. 또 중산층이 구매할 수 있는 제품을 만들기 위해 작업장에 방적기를 들여놓기도 했다. 모리스는 〈수공예의 부활The Revival of Handicraft〉이라는 1888년의 에세이에서 "기계를 이용한 생산이 삶의 조건이 된다면 그것은 100퍼센트 악이다. 하지만 기계는 더 나은 삶을 강요하는 수단으로서 이제까지 인간에게 없어서는 안 되는 것이었고, 앞으로도 당분간은 그럴 것이다"라고 이야기했다.[58] 하지만 무엇보다 중요한 것은 그의 다음과 같은 주장이다. "우리가 일상의 세세한 부분들에 대한 책임을 모조리 기계와 그 기계를 조작하는 사람들에게 넘겨 버린다면 행복은 우리에게서 달아나 버릴 것이다."

누군가의 작품을 보고 기쁨을 얻는 것, 모리스에게 그것은 홀륭한 인생에서 빠질 수 없는 요소였다. 그리고 그 기쁨을 파괴하는 것이야말로 공장 시스템이 저지르고 있는 중죄였다. 일은 모름지기 마음과 몸 모두를 쏟아 부어야 하는 것이며, 어디에도 얽매이지 않는 자유로운 마음이 특히 중요했다. 모리스가 1980년에 써 낸 유토피아 소설 『유토피아에서 온 소식News from Nowhere』에 주인공으로 등장하는 윌리엄 게스트William Guest는 모두가 보람된 일을 하는 미래 세상을 여행하면서 보다 고차원적인 집중력을 길러 세상을 바라보는 법을 배우게 된다.[59] 모리스가 "충만한 에너지 속에서의 평정"이라 부른 이러한 마음 상태는 무아지경에 빠진다고 하는 것과 비슷하다. 행동과 생각이 혼연일체가 되어 스스로를 잊고 어려움을 인내하면서 종국에는 보다 높은 경지로 나아가게 되는 것이다. 모리스에게 이런 종류의 집중력은 정치적인 의미도 있는 것이었다고 아라타는 지적한다. 당시 산업 경제가 근로자나 학생들에게 고도의 집중력을 철저히 교육시키려 하는 경향이 점점 강해지는 데 대한 대응이었다는 것이다.[60] 1877년 모리스는 영국 최고의 시인에게 주어지는 옥스퍼드대학의 명예직인 시 교수professor of poetry직을 거절한다. 여러 가지 이유가 있었지만 점점 더 제도화되어 가는 독서에 반대한다는 것이 한 가지 이유였다. 이제 독서는 정해진 시간 내에서 일을 끝내야 하는 제조업 기술과 비슷해지고 있었다. 모리스도 동시에 여러 가지 일을 하기는 했지만, 융통성 없이 마구잡이로 집중만 하는 분위기에서 이루어진 것은 아니었다. 작업 전환을 밥 먹듯 하는 오늘날 사람들과는 달리,

모리스는 대화를 할 때, 직물을 짤 때, 시를 쓸 때에 맞는 페이스를 나름대로 정해 두었다. (그리고 보통 몸으로 하는 활동과 두뇌로 하는 활동을 병행했다. 과학자들 이야기에 따르면 이런 식의 활동이, 전화 통화를 하면서 이메일을 읽는 등 두뇌의 비슷한 영역을 활용하는 활동보다 수월하다고 한다.) 무엇보다도 동시대 사람들이 모리스에 대해 들려주는 이야기를 보면, 그에게 멀티태스킹은 일종의 스포츠였다. 그 자신도 전력질주를 하듯 단숨에 시를 써 내려간다고 인정한 바 있다. 당대 최고의 시인으로 명성을 떨치던 모리스였지만, 그의 시가 우리에게 편안히 술술 읽히는 것도 아마 그 때문일 것이다. 애크로이드는 이를 두고 "대중을 위해 알프레드 테니슨Alfred Tennyson의 시를 알기 쉽게 다시 풀어 쓴 것 같다"고 설명한다.

　시 이야기는 이쯤에서 접기로 하자. 모리스가 순간을 온전히 즐기고 어디에도 얽매이지 않는 자유로운 상상력을 마음껏 펼칠 수 있는 사회를 그려 낼 수 있었던 데에는 다 원동력이 있었다. 그는 꿈을 꿀 줄 아는 사람이었던 것이다. 조지 버나드 쇼George Bernard Shaw나 윌리엄 버틀러 예이츠William Buttler Yeats 같은 사람들이 모리스를 예언자라 부른 것도 바로 이 때문이었다.[61] 그가 가진 천재성의 뿌리는 전력투구하려는 노력과 비전에 있었다. 그는 계산으로 따질 수 없는 인간적인 것보다 물질과 효율성을 더 중시하는 시대는 혹독한 대가를 필요로 한다는 걸 꿰뚫어 보았다. 꿈이 서서히 죽어가는 시대가 다가오리라는 걸 그는 알 수 있었다. 각종 문양이 빽빽한 모리스의 디자인이 묘하게도 고요한 느낌을 주는 것도 아마 멀리 내다본 이 통찰 때문일 것이다. 모리스의 작품은 자연스러운 풍광을 연상시키며, 전체적이고 통합된 그 모습은 절대 보는 이를 압도하지 않는다. 더 나은 세상을 그릴 줄 알았던 그의 재능에 힘입어 그는 끝까지 낙관주의를 버리지 않았다. 사회 변화를 위한 자신의 방대한 계획을 실현시킬 수 없었음에도, 수없이 열변을 토하고 또 좌절했어도, 모리스는 삶을 늘 기뻐했다. 더불어 기막히게 섬세한 삶의 순간에서 만족을 찾을 수 있다는 사실을 잘 알고 있었다고 모리스 사후에 발간된 회고록에서 예이츠는 이야기한다. "그의 예술 작품 속에는 한결같이 만족감이 쌓여 있다. 심지어 심각한 비극적인 상황에서도 소소한 행복들을 발견할 수 있는 경우가 많다." 예이츠가 『북맨Bookman』에서 한 이야기이다.[62] 테일러의 모습은 이와는 정반대였다. 그의 사상은 결국 이 세상을 완전히 바꾸어 놓았지만 필라델피아의 그 엔지니어는 자신의 과학적 경영 원리를 보다 철저하게 실행시키려고 사투를 벌이다 사람들에게서 아무런 이해도 받지 못한 채 불행하게 생을 마감했다.

빨라지는 속도, 짧아지는 기억력

빅토리아 시대 사람들이 윌리엄 모리스를 장차 자신들의 병을 치유해 줄 치료 모델로 봤다면, 우리에게는 마리 체르빈스키

Mary Czerwinski가 있다. 그녀는 에너지가 넘치는 마이크로소프트의 연구원으로 현재보다 나은 시대를 만들기 위한 최첨단 '월페이퍼'를 디자인 중에 있다. 체르빈스키는 마이크로소프트의 싱크탱크인 마이크로소프트연구실험실 내 시각화 및 상호 연구 그룹 매니저를 맡고 있다. 옛날에는 작업 변환을 주제로 논문을 쓰기도 하고, NASA를 도와 바쁘게 움직이는 우주인들에게 가장 좋은 인터럽션 방식을 정해 주기도 했다. 하지만 지금은 컴퓨터 사용자들의 그런 불안한 상태를 치료하기 위한 방법들을 개발하고 있다(그러기 위해서는 인터럽션의 베일을 벗겨 그 중요성을 정확히 가늠할 필요성이 있다). 이때 주로 사용되는 치료책은 우리가 가진 정보를 공개적인 장소에 모으는 것이다. 그곳은 체르빈스키와 (레이저프린터를 발명한) 게리 스타크웨더Gary Starkweather가 만들고 있는 것은 42인치짜리 컴퓨터 스크린으로, 근로자들은 이 화면을 통해 자신이 진행하는 프로젝트, 보관 중인 파일, 웹페이지 등을 모두 한꺼번에 볼 수 있다. 귀에 들리지 않으나 몸으로 진동을 느끼게 하는 LCD 센서라운드Sensuround 음향 효과에 3피트가 넘는 화면이라니, 컴퓨터광에겐 최고의 호재다. 게다가 체르빈스키와 그녀의 팀은 힘을 합쳐이 대형 화면의 우주 속에서 인터럽션을 곧바로 지각할 수 있는 새로운 방법들을 구상 중에 있다. 스케일러블 패브릭Scalable Fabric이라는 프로그램을 이용하면 화면 주변부에 눈으로 식별되는 조그만 창들이 죽 뜬다. 창들은 저마다 색깔이 다르고 어딘가에 연결이 되어 있어 그들의 상태에 변화가 있을 때마다 신호를 보내온다. 예를 들어, 새로운 이메일이 새로 도착하면 화면 한구석의 받은 편지함 창에 녹색 불이 깜박이는 식이다. 프로젝트와 관련된 창은 원형의 레이더스크린 모양으로 화면 옆쪽에 자리 잡고 있다. 화면 안을 떠다니는 점 여러 개는 관계된 정보를 나타낸다.[63] 한마디로 체르빈스키는 우리의 생각과 계획, 대화, 아이디어로 사이버 스페이스의 벽들을 장식하고 있는 셈이다. 이 정도면 펜시브 (Pensive: 해리 포터의 지혜로운 교장선생님 덤블도어가 마법의 힘으로 머리에 저장된 기억을 보여주는 신비한 샘)도 저리 가라 할 정도 아닌가?

기억력의 한계야말로 멀티태스킹의 아킬레스건인 만큼, 체르빈스키의 연구는 이 부분에 집중돼 있다. 멀티태스커들을 아연실색케 하는 '끊어진 끈' 신드롬이 일어나는 데는 다 이유가 있다. 정보를 기억하는 우리 두뇌의 저장고 용량이 지극히 한정돼 있는 것이다. (심지어 마법사라는 존재도 무언가를 잊어 먹고는 하지 않는가?) '눈에서 멀어지면, 마음에서도 멀어진다'는 말은 백번 옳다. 당면한 상황에 가장 적절한 정보에만 정신 작용을 집중하는 것이 생존의 길이기 때문이다. 우리의 기억 작동은 타임스퀘어 전광판에 떠 있는 디지털 뉴스 자막과 비슷한 면이 있다. 계속해서 업데이트되지만 단편적인 정보에 불과하고 한번 지나간 것은 다시 올라오지 않는다. 기억력 연구가였던 페터슨 부부Margaret and Lloyd Peterson가 50년도 전에 밝혀낸 바에 따르면, 사람들은 집중력이 한번 분산되거나 다른 일에 이끌리게 되면 관련 없는 글자나 말은 불과 몇 초 만에 잊어버린다.[64] 조지 밀러George Miller는 1956년에 쓴 고전적인 논문 〈신비의 수 7±2The Magical Number Seven Plus or Minus Two〉에서 음절로 된 단기 기억의 경우 사람들은 (전화번호 같은) 정보 조각을 7개 정도 기억할 수 있다고 가정한다. 하지만 이 7개의 조각은 보다 길고 복잡한 관련 정보 조각인 정보 덩어리chunk로 구성될 수도 있다. 그런데 최근의 증거들을 보면 밀러의 견해가 지나치게 낙관적이었으며, 사람들은 1~4개의 정보 덩어리를 기억할 수 있다는 사실이 드러났다.[65] 게다가 기억의 용량이 다 차면, 사람들이 집중력을 분산시킬 확률이 한층 높아진다. 화면에 자막이 있으면 화면에 자막이 없을 때보다 뉴스에서 시청자가 기억하는 사실이 10퍼센트 적어지는 것도 이 때문이다.[66]

전화 회의에 참여해 처음으로 체르빈스키와 논의를 할 때, 그녀는 전화 회의 일정을 사전에 통보해 주지 못한 홍보 직원에게 장난스레 면박을 주며 회의를 시작했다.[67] "제게 회의 일정도 안 알려주신다는 건 일을 좀 쉬고 싶다는 뜻 아닌가요?" 체르빈스키가 보기에 '끊어진 끈' 증후군을 고치는 방법은 간단하다. 첨단 기술을 활용해 우리의 기억을 보강하는 것이다. 물론 이런 해결책이 전혀 새로운 것은 아니다. 알파벳, 포스트잇 메모지, PDA, 그리고 현재 체르빈스키가 만들고 있는 혁신적 발명품 모두 우리의 기억력을 대폭 증진시키기 위해 인류가 오래 전부터 해 온 노력의 흔적이다. 색색으로 깜박이며 무슨 일인지 대번에 알게 해 주는 이 각양각색의 표시들이 우리 기억력을 환기시켜 주는 건 분명 사실이다. 하지만 오히려 더욱더 눈덩이처럼 불어난 정보에 휩싸일 위험도 있다. 그 점은 체르빈스키도 인정하는 바다. 화면이 커지면 커서를 잃고 헤매게 될 테고, 열려 있는 창도 더 많아질 것이며, 적절한 정보를 찾아내느라 많은 시간이 걸리게 될 것이며, 그로 인해 훨씬 복잡한 멀티태스킹 행동이 일어나게 될 것이라고 체르빈스키는 지적한다. 여기에 덧붙여 나는 동시다발적인 데이터 흐름 때문에 콘텐츠는 평면적이 되어 서열화가 힘들어질 거라는 점을 이야기하고 싶다. 이에 대해 체르빈스키는 "작업 관리 능력을 향상시키는 일이 필요합니다"라고 간결하게 결론 내린다. 우리가 바쁘다는 것을 인식하고, 우리에게 언제 어떤 식으로 인터럽션을 걸지 결정할 수 있는 컴퓨터가 필요하다는 이야기다. 이런 디지털 문지기라면 우리에게 해결책을 내놓을 수 있을 것이다.

세계 각국의 과학자 집단들이 찾아 헤매고 있는 보물이 이것이다. "컴퓨터가 자기 앞에 앉은 주인을 인식 못한다니 말이 됩니까? 공중변소도 하는 일인데요." 온타리오주 퀸스대학의 로엘 버티갈Roel Vertegaal이 소변기 자동 센서를 두고 하는 말이다. 시선을 맞추기만 해도 전화를 걸어주는 것처럼 개입에 민감한 장치를 개발한 버티갈의 선구적 작업은 집중 상태를 인지하는 최초의 전화기인 아이폰 X 계발에도 영감을 주었다. 터프츠와 버트넬 대학에서 계발 중인 카슨CARSON이라는 프로토타입 모델은, 사용자의 두뇌 신호를 모니터한 것을 토대로 중요 이메일을 발송하기 가장 좋은 순간을 결정해 사용자에게 알려준다. 대화, 키보드 조작, 다른 컴퓨터의 활동 등을 분석해 방해 정도를 측정하는 IBM 소프트웨

어는 정확도가 최대 87퍼센트에 이른다.[68]

체르빈스키의 동료이자 절친한 협력자이기도 한 에릭 호비츠 Eric Horvitz는 마음을 읽는 컴퓨터 장치계의 최고봉이라 할 만하다. 그가 사람을 자세히 읽어 내는 인공 지능 플랫폼을 만들어 온 지는 이제 10년이 다 되어 간다(이 장치는 누군가가 받은 이메일, 통화 습관은 물론 그 사람이 얼마나 오랫동안 아무 말 없이 일하는지, 심지어 메시지의 내용이 얼마나 긴박한지도 파악한다). 호비츠는 "우리 인간의 집중력이나 기억력에 한계가 있다는 사실을 컴퓨터나 전화에 조금만 이해시킬 수 있어도 그것들은 훨씬 사려 깊고 예의 바르게 굴 것입니다"라고 말한다. 그는 가장 최근에 비지바디BusyBody라는 이름의 모델을 개발했다.[69] 한편 인공 지능 분야의 선구자인 존 맥카시John McCarthy는 이런 프로그래밍을 사뭇 다른 식으로 표현한다. '성가시다'는 것이다. "결국에는 '사려 깊은 인터페이스'(interface: 사용자인 인간과 컴퓨터를 연결하여 주는 장치)에 제가 길들여질 겁니다"라는 것이 스탠퍼드의 명예교수로 있는 그의 주장이다.[70] 그리고 사려 깊은 인터페이스가 세상에 태어나기 훨씬 전에 프랑스 철학자 폴 비릴리오는 사람들이 미처 인식하지 못하는 PC의 힘에 대해 비슷한 불평을 늘어놓은 적이 있다. 비릴리오는 PC에 비전 머신 Vision Machine이란 이름을 붙였는데, 그 이유에 대해 PC로 인해 지각 자동화의 길이 열렸기 때문이라고 말했다.[71] 파워포인트가 "생각하는 법"을 일러 준다고 장난스레 비아냥거렸던 데이비드 번의 말과 비슷하다.

한번 자문해 보자. 기계에 편승하는 것이 답일까? 똑똑한 컴퓨터 덕분에 우리는 점점 더 집중력과 기억력의 한계를 극복하고, 더 수월하고 빠르게 멀티태스킹을 수행하여, 테일러가 지향했던 최고 효율성의 경지에 이를 수 있을까? 체르빈스키는 "어떻게 해서든 조금이라도 생산성을 더 쥐어짜 내려 하는 것이 우리 인간의 본성 아닐까요? '우리가 좀 더 할 수 있지 않을까?' 하는 생각을 갖는 게 인간 아니겠어요?"라고 말한다. 반대의 생각도 있다. 우리는 모리스가 염려했던 것처럼 "일상의 세세한 부분들에 대한 책임을 모조리 기계와 그 기계를 조작하는 사람들에게" 넘겨 버리고, 의미를 부여하는 우리의 능력을 컴퓨터에게 외주를 주고 있는 것은 아닐까? 기계가 보충해 주는 삶이 가치 있는 것이 되기 위해서는, 삶을 반성할 시간과 공간을 마련하는 것이 무엇보다 중요하다. 반성이야말로 복잡다단하고 시시각각 변하는 새로운 세상을 살아나갈 진정한 비책이다. 화면 분할의 세계에 맞는 아이들을 키워 내다 보면 통제 능력을 다른 곳에 내어 준 채 살아가는 세대를 양산해 내게 된다. 교육가 제인 힐리Jane Healy의 주장에 따르면, 오늘날 아이들은 세상의 페이스에 맞추는 방법을 배워야 하기도 하지만, 새로운 세상에서 올바로 추론하고 문제를 해결하는 방법도 배워야 한다. "무엇보다 자기 두뇌를 자기가 책임지고 움직인다는 것이 무언지 아는 것이 가장 중요할 것이다. 집중력을 분산시키는 갖가지 유혹들을 물리치고 정신적 혹은 신체적 활동의 맥을 적극적으로 좇아야 한다"고 힐리는 이야기한다.[72]

멀티태스킹 연구가 아서 저어실드가 벌써 수세대 전에 이 딜레마를 예견했다는 것은 아이러니한 일이다. 저어실드는 테일러의 이론과 여타 시간관리 및 분업 이론에서 자극을 받아 작업 변환을 주제로 한 논문을 소리 소문 없이 발표했다. 그러고 나서는 발달심리학자가 되어 학교가 아이들의 인식 능력을 키워주는 것이 급선무라고 주장해 명성을 얻었다. 그의 관점은 이례적인 것이었다. 당시만 해도 교육가들은 아이들 스스로의 인식 능력은 없다고 여겼으며, 설령 있다 해도 그런 정서적 차원의 문제는 가정에서 해결해야 한다고 생각했다. 1967년 콜롬비아대학에서 은퇴하며 남긴 구술에서 저어실드는 아이들에게 반드시 다음과 같은 점을 가르쳐 주어야만 한다고 주장했다. "아이들이 유능하다면, 아이들은 스스로를 유능한 존재로 여길 수 있어야만 한다. 또 자신들의 힘을 인식하고, 머뭇거리는 마음이 들 때도 스스로 나서 보아야 한다. (…) 아이들은 자신이 어떤 힘을 가지고 있음을 스스로에게 입증해야만 한다."[73] 덴마크에서 미국 중서부로 이주해 온 목사 집안의 10형제 중 여섯째였던 저어실드는 온화하고 예민한 성격에 어떻게든 혼자 힘으로 살아가려 애쓴 사람이었다. 열네 살이던 1916년 사우스다코타에서 농장 머슴살이를 할 때도 그는 옥수수 밭에서 잡초를 뽑다가 벌떡 일어나 하늘을 향해 주먹을 불끈 쥐고 "이곳을 벗어나고 말리라!"라고 굳게 다짐하기도 했다. 애초에는 근로자들이 분업을 얼마나 빨리 진행시킬 수 있는가가 관심사였지만, 말년에 이르자 관점은 360도 바뀌었다. 그는 당시 교육

시스템이 속도에만 너무 치중하고 반성은 충분히 가르치지 않아 걱정이었다. "개념적 사고에서는 상황을 가늠해 보고, 행동에 나서려는 순간적 충동을 억제하고, 상황을 있는 그대로 받아들이기 위해 스스로 시간을 가지는 일이 필수적이다"라고 저어실드는 이야기한다. "남의 말을 경청하는 것도 중요하지만, 명상과 반성이 더 중요한 요소다."

복잡한 세상을 헤쳐 나갈 때 멀티태스킹에 너무 의존하다 보면, 또 첨단 기술만 따라가다 보면 결정적인 위험이 따른다. 우리의 지식 저장고에 내용을 보태는 고생스런 작업에서 발을 빼 버릴 수 있는 것이다. 우리가 배우고자 할 때 가장 먼저 하는 일은 장기 기억의 저장고 속에 기억을 집어넣는 것이다. 이 인지 작업이 이루어지는 데는 며칠, 나아가 몇 달까지 걸릴 수 있다. 이때 집중력은 우리가 세상을 이해하고 의미를 부여하도록 도와주며, 나아가 기억을 형성하는 첫 단계로서 중대한 역할을 한다. 하지만 단순히 주의를 기울이는 것만으로는 안 된다. 연구자 스콧 브라운Scott Brown과 퍼거스 크레이크Fergus Craik는 "우리는 추상적이고, 체계적이며, 개념적인 차원에서 집중력을 가공해야 한다"고 지적한다. 여기에는 기계적 반복 작업과 '공들인 리허설'이 모두 필요하다. 즉 그 내용이 의미를 가지도록 다른 정보와 연관시켜 보아야 하는데, 이 작업은 너무 빨리 이루어지지 않는 게 좋다.[74] 기억을 쌓아 올리는 것은 경험, 지혜, 적절한 정보 등 우리가 캐낸 귀중한 자원들로 건물을 짓는 것과 같다. 하지만 시간에 쫓겨 기억 저장과 검색 작업을 하면서 동시에 집중력을 잘게 쪼개는 우리의 모습은 마치 술에 취해 있거나 불면증에 시달리는 사람 같다. 앨런 라이트먼의 섬뜩한 소설 『진단The Diagnosis』의 도입부를 보면, 잘 나가던 기업 중역 빌 챌머스Bill Chalmers가 지하철을 타고 출근하다가 자신의 기억을 잃어버리는 장면이 나온다.[75] 순식간에 그는 백치가 되고 기억나는 것이라곤 "최단 시간에 최대의 정보를"이라는 회사의 모토뿐이다. 그러다 기억을 되찾았을 때에는 몸을 마비시키는 기이한 질병에 걸려 공허한 인생을 실감한다. 영화 〈매트릭스〉나 소설 『마의 산』의 소외된 주인공들처럼, 챌머스도 현대 세계에 발묶인 죄수나 다름없다. 집중력이 쪼개진 문화는 끊어진 끈이나 느슨한 매듭만 찾아 헤매게 만드는 게 아니다. 그것은 암흑의 시대의 징표인 망각의 문화가 일어나도록 부채질한다. 그리고 그 속에서 우리 자신도 인식하지 못하는 정신적 변환이 이루어진다. 세상과 처음 눈을 맞추고 있는 아기 몰리에게 우리가 부지불식간에 가르치고 있는 것도 바로 그런 '정신적 변환'이다.

멀티태스킹은 효율적이지 않다

마이어의 목소리가 높아진다. 고함까지 쳐 댄다. 다시 그의 대학에 자리 잡은 교수실로 돌아온 지금, 그는 사람들의 '허상'을 공격하고 있다. 속도를 최고로 끌어올리면 한 번에 한 가지 일을 할 때만큼 여러 가지 작업들을 훌륭히 해낼 수 있다는 헛된 망상을 말이다. "말도 안 돼요"라고 그가 호통 치듯 말한다. "터무니없어요!" 윌리엄 모리스가 그랬듯 마이어도 가끔 한 번에 여러 가지 일을 한다. 〈뉴욕타임스〉를 읽으면서 손녀와 수다를 떨고 텔레비전까지 시청한다. 주말 아침에 나와 전화 통화를 하다 중간 중간에 TV에서 나오는 윔블던 테니스의 스코어를 일러 주기도 했다. 하지만 그것은 다 재미로 하는 것일 뿐이라는 게 그의 이야기다. "여러 가지 일들을 하면 거기서 나름의 소소한 정보들을 얻게됩니다. 하지만 그 어떤 경우에도 한 가지 일에 집중할 때만큼 몰입과 이해가 깊어지지는 않지요. 그게 핵심입니다." 그를 만나 여러 차례 이야기를 나누던 어느 날 그가 내게 슬픈 이야기를 하나 털어놓았다. 그가 멀티태스킹이란 주제에 매달리게 된 데는 애초에 이유가 있었다. 1995년 어느 날 밤 딴 곳에 정신이 팔린 운전자가 빨간 신호등을 무시하고 지나치는 바람에 열일곱이던 그의 아들 티모시Timothy가 차에 치여 목숨을 잃었다는 것이다. 멀티태스킹의 비효율성에 대해 그렇게 떠들고 다니는 것은 팀의 죽음을 '보상' 받으려는 목적도 조금은 있다고 그는 이야기했다. 하지만 그게 전부는 아니었다. 지금 마이어가 멀티태스킹이 가져오는 손실에 대해 목소리를 높이는 데는 멀티태스킹이 가치가 전도된 근시안적인 삶의 방식이기 때문이다. 거기서는 행복보다는 물질주의가, 통찰이나 연민보다는 생산성이 더 중시된다. 진화론적 관점을 가진 마이어는 낙관적이다. 멀티태스킹이 가져오는 손실이 혜

택보다 더 크다는 것을 사람들이 결국에는 깨닫게 되리라는 것이다. 하지만 그러려면 먼저 극소수의 선지자들이 나서서 시끄럽게 떠들어 대야만 한다. 그래야 엄청난 문제의 심각성을 인식하고 변화를 일으키기 시작할 테니 말이다. 그가 목청껏 목소리를 높이는 것도 그래서다.

4

머물지 못하고
끊임없이 이동하는 사람들

포장, 배달, 간편식이 늘어나는 이유

잡음이 가득한 사내 식당, 나는 햇빛이 비쳐드는 한구석에 박혀 레지나 루이스Regina Lewis와 함께 점심을 드는 중이었다. 루이스는 던킨도너츠, 배스킨라빈스 아이스크림, 투고Togo 샌드위치 체인 제품을 생산하는 던킨브랜드에서 고객 통찰consumer insight 담당 부장으로 근무하고 있다. 우리는 층층이 쌓인 빵 진열대에서 먹을거리를 구해 왔다. 진열대에는 크롤러 모양의 넙데데한 패스트리, 파이 크러스트 안에 여러 재료를 넣고 구워 낸 둥그런 아침 식사용 피자, 그리고 '플랫 브레드'라 불리는 얇고 바삭바삭한 그릴 치즈 샌드위치(루이스는 이 빵을 참 좋아하는 것 같았다) 등 갖가지 빵들이 가득했다. 모두 특별히 선정된 몇 개 매장에서 베타테스트(선발된 잠재 고객에게 제품을 일정 기간 무료로 사용하게 한 후에 나타난 여러 단점을 수정, 보완하기 위한 테스트 - 옮긴이)를 거치고 있는 신상품들이었다. 루이스는 샌드위치를 오물거리면서 요즘 사람들은 이런 음식을 좋아한다고 말했다. 내용물이 줄줄 흐르거나 바스러지는 음식은 쳐다보지도 않는다. 차 안에서 음식을 먹는 사람들이 엄청나게 많은 데다가 옷이 더러워지는 건 질색이기 때문이다. "이 제품들은 사방으로 흘러내리는 피자와는 달라요. 피자는 한 입 베어 물면 딸려 있던 나머지 부분이 무릎 위로 떨어지기 일쑤잖아요." 작고 아담한 체구에 금발머리를 한 루이스는 그녀의 눈동자 색깔과 잘 어울리는 연녹색 스웨터를 입고 있었다.[1] 그녀 말이 맞았다. 그날 점심으로 내가 먹고 있었던 키쉬 모양의 그 피자는(치즈 속에 빨갛고 파란 피망 조각과 옥수수 알이 박혀 있다) 꽤 높은 곳에서 떨어뜨려도 내용물이 흐트러지지 않을 것처럼 보였다. "우리 R&D 팀에서 이렇게까지 해도 괜찮은 피자를 만들어 낸 거예요." 루이스가 피자를 위아래로 사정없이 흔드는 시늉을 하며 자랑스럽다는 듯 말했다.

지금 우리에게 필요한 건 손에 들고 깔끔하게 먹을 수 있는 한입거리 음식이다. 하루 종일 어딘가를 바쁘게 쏘다니면서 음식을 먹기 때문이다. 현재 미국인 중 집 밖에서 식사를 하거나 이동 중 식사를 한다는 사람은 거의 절반에 달한다.[2] 식비에서 외식이 차지하는 비중은 40퍼센트에 이르는데, 1970년대의 25퍼센트에서 크게 늘어난 수치다.[3] 식당 음식을 차에 탑승한 채 주문하는 경우도 21퍼센트에 달해, 1988년의 15퍼센트보다 늘어난 양상을 보였다.[4] 이것이 끝이 아니다. 항상 시간에 쫓기며 이동하는 가운데 음식은 어디에나 있다 보니 식사에 대한 정의까지 새로 쓰이고 있다. 현재 미국인 중 '식사'를 아침, 점심, 저녁의 정식으로 한정 짓지 않는 이들이 20퍼센트에 이른다.[5] 30년 전만 해도 멸시받기 십상이었던 간편한 스낵이 식사의 표준으로 자리 잡았기 때문이다. 반면 정식 식사는 여건이 되는 경우에만 하는 경향이 있다. 결국 간식과 정식 식사 사이의 구분이 사라져 미국에는 스낵snack으로 식사meal한다는 일명 스닐족snealer이 넘쳐나고 있다. 이제는 초원의 풀을 뜯듯 종일 돌아다니며 먹는 사람들이 많아졌다. 싱글인 루이스는 아파트에는 물과 우유만 사다 둔 채 몇 주씩 지내는 경우가 많다. 포커스 그룹에 참가했던 한 남자가 오후 간식으로 맥도널드 치즈버거 두 개를 먹었다는 이야기에 그녀는 어안이 벙벙했다고 한다. 루이스는 "밥으로 드신 거예요, 간식으로 드신 거예요?"라며 남자를 채근했지만, 남자는 간식을 먹은 것뿐이라고 계속 고집을 부렸다. "세상에, 그게 간식이래요!" 우아한 목소리와 도도함이 합쳐져 유난히 새침해 보이는 루이스가 웃으며 말했다. 요즘 사람들의 식습관을 접하고 늘 놀라며 종종 그렇게 웃음을 터뜨리지만, 정작 그녀 자신도 언제나 먹잇감을 노리며 몸을 웅크리고 있다가 순식간에 달려드는 모습이다. "요즘 사람들은 예전과는 전혀 다른 방식으로 하루를 헤쳐 나갈 에너지를 충전하지요. 이제는 포테이토칩이나 크래커로는 만족하지 못하는 것 같아요."

치즈버거는 그렇다 쳐도, 항상 음식을 싸들고 다녀야 하는 생활이 그녀는 안쓰럽다. 항상 눈에 불을 켜고 빈틈없이 계획을 짜서 하루 종일 먹을거리를 챙겨야 하는 상황이 말이다. 루이스가 열변을 토한다. "제가 지금 가맹점 미팅에 참가하러 가는 중이라고 생각해 보세요. 오랜 시간 차를 몰고 가서 비행기를 잡아타야 했는데, 비행기에서 먹을 게 안 나오는 상황이 있어요. 그러고는 서둘러 미팅에 참석하러 가게 되면 '제발 먹을 게 있기를, 제발 먹을 게 있기를' 하고 기도하게 되지요. 먹을 걸 늘 싸 들고 다닌다 해도 그렇게 원하는 때 먹지 못하는 때가 많으니까요." 우리 인류가 자신의 터전에서 가급적 적은 에너지를 들여 가급적 많은 식량을 확보하는 이른바 '식량 확보의 달인' 기술을 연마해 온 지는 수천 년이 지났다.[6] 그런데 포스트모던 시대 들어 새로운 양상이 생겨났다. 자기 터전이 아닌 곳에서도 먹잇감을 구하는 경우가 많아진 것이다. 끊임없이 떠도는 여행객인 우리는 먹이를 손에 움켜쥔 채 먹고는 다시 무언가를 찾아 길을 떠난다. 어디라도 훌쩍 떠날 수 있는 자신의 능력을 마음껏 즐기면서도, 그로 인해 치러야 하는 대가에 놀라기도 하고 심지어 고통스러워하기도 한다.

웨스트버지니아 광산업자의 손녀딸인 루이스는 끝없이 솟구치는 호기심을 억누르지 못하고 자신을 가두고 있던 시골의 우리에서 뛰쳐나온 경우다. 그는 시카고에 있는 대학에 입학한 후, 뉴욕에서 대학원 과정을 마치고, 듀크대학에서 커뮤니케이션을 연구해 박사학위를 받았다. 샌프란시스코에서 직접 컨설팅 회사를 경영한 적도 있다. 지금은 보스턴 외곽의 한 아파트에서 3년 넘게 머물고 있는 중이다. 근방으로 부지를 점점 더 늘려 가고 있는 회사 본사에서 그리 멀지 않은 위치다. 루이스는 주말에 날을 잡아 비행기를 타고 뉴욕의 친구들과 메인주의 레스토랑에서 만나고 나서, 이탈리아까지 날아가 런던의 친구와 마라톤에 참가하는 것쯤은 아무렇지도 않게 여긴다. 그녀는 지금 막 내시빌에서 열린 미팅에 참여하고 오는 길이라며, 매일 미친 듯 돌아가는 일상을 따라잡으며 살아간다던 사람들을 떠올렸다. 하지만 루이스가 보기엔 그들은 그나마 여유가 있는 사람들이었다. "그들은 마음속으로는 좀 더 단순하고 편한 시간을 보내고 싶어 해요. 하지만 행동하는 걸 한번 보세요. 끊임없이 움직이는 게 미국이란 나라라고요." 이렇게 말하는 루이스에게는 느린 삶에 대한 환상 같은 것은 없다. 산업 단지가 주변부로 들어오면서 이제 막 성장하기 시작한 캔튼에 뿌리 내리는 게 어렵지 않느냐고 내가 묻자 루이스는 별 질문을 다한다는 눈초리로 나를 쳐다보았다. "솔직히 여기에 뿌리 내리고 살 맘은 없어요"라고 느릿느릿 말한다. "제 안전망을 구성하는 것은 사람들 개개인이거든요. 시간이나 공간과도 연을 맺으며 살 필요가 있지만, 저는 어디든지 갈 수 있어요." 루이스는 웃으며 말했다.

무엇을 위해 이동하는가?

산만함의 세상을 해독하는 마지막 열쇠는 바로 이동성이다. 가상 세계가 '공간'의 개념을 완전히 허물고, 동시성이 우리의 '시간' 관념을 재정의했다면, 끊임없이 이동하는 생활로 인해 우리는 '장소'와 전혀 다른 관계를 맺게 되었고, 이 세상에 존재한다는 것의 의미도 달라졌다. 웹서핑, 사무실이나 자리를 호텔을 옮기듯 여건에 따라 옮기는 호텔링hoteling, 직원들이 지정된 자리를 갖지 않고 업무 공간을 공유하면서 일하는 핫데스킹hot-desking, 운전하면서 식사하기 등의 용어가 일상어가 되었다는 것은 우리가 이동을 그만큼 좋아한다는 뜻이다. 우리는 정지의 개념을 우습게 본다. 사회학자 지그문트 바우만Zygmunt Bauman은 우리가 한 자리에 머물러 움직이지 않는 것을 "사회적 궁핍과 퇴화"로 치부한다고 말한다.[7] 우리의 삶에서 이동성은 점점 더 중심이 되어 가고 있다. 인간관계도, 지식도, 여가도, 음식도, 심지어 자기 자신마저도 얼마든지 옮길 수 있다. 그리고 이 때문에 우리가 사물을 지각하는 방식과 이 세상에 주의를 기울이는 방식이 바뀌고 있다. 지금 우리는 주변 세상을 바라볼 틈도 없이 하루하루 바쁘게 살아가고 있지 않은가. 자기 자신이나 이 세상과 뚝 떨어진 채 지내고 있지는 않은가. 집중력이 분산된 세상에서, 집중력은 쉴 틈도 머물 곳도 없이 늘 떠돈다. 그리고 삶은 어디에도 뿌리 내리지 못하고 물 흐르듯 흘러간다. 루이스와 점심을 먹고 난 뒤 나는 뉴욕으로 돌아가는 아셀라 고속 열차에 몸을 실었다. 해가 뉘엿뉘엿 지는 사이 기차는 그날 아침 나를 북쪽으로 날라 주었던 선로를 따라 이번에는 남쪽으로 달리고 있었다. 나는 재미삼아 그날 하루 종일 내가 어떤 사람들을 만났는지 찬찬히 입 밖으로 내뱉어 보았다. 택시 기사, 경비원, 기차에서 만난 사업가, 마케팅 매니저. 점심 약속을 위해 500마일을 달려가며 만난 사람들이었지만, 기억에 남을 것 같은 사람은 하나도 없었다. 가까이 있건 멀리 있건 그들도 다 어딘가를 향해 가는 중이었고, 우리가 거리를 멋지게 정복해 버렸다는 사실에 도취되어 있었다. 뉴헤이븐역에 도착하자 여자들 몇몇이 열차에 올라탔다. 저마다 손에 빨간색 종이 도시락 가방을 들고서. 이내 사람들은 하나씩 도시락을 열고 샌드위치와 칩에 달려들었다. 그렇게 우리는 또 하루를 향해 어스름 속을 달리고 있었다.

미국은 이동성으로 악명 높은 나라다. 이동성은 아메리칸 드림을 떠받치는 초석인 동시에 미국에 만연한 낙관주의의 근본 원인이기도 하다. 미국은 역사가 짧고 이민자가 세운 나라인 데다가 개척 정신이 넘쳐, 새로운 것과 자유에 대한 열망이 무척이나 강한 반면 소속감은 무척 약한 경향이 있다. 미국인이라는 것은 곧 어느 지방에나 속할 수 있다는 뜻이 된다. 일례로 미국 북동부 대서양 연안에 있는 뉴잉글랜드 하면 빠지지 않는 시인 로버트 프로스트Robert Frost도 알고 보면 캘리포니아에서 태어났고 아버지는 인디아나 출신의 카퍼헤드(Copperhead: 남북전쟁 당시 미국에서 전쟁에 반대하고 남부와의 협상 타결을 통해 연방을 되살릴 것을 주장했던 북부의 시민들을 경멸적으로 일

컨던 말이다 - 옮긴이)였다.[8] 또 반항적이었던 영웅들을 보면 모두 이동성이 뛰어났다. 실비아 힐턴Sylvia Hilton과 코넬리스 반 미넨Cornelis van Minnen은 『늘 이동 중인 나라Nation on the Move』라는 책에서 방랑하는 유목민들이 그랬고, 카우보이들은 이곳저곳을 배회했으며, 노예나 범법자들은 도망다녔고, 운전자들은 탁 트인 길에 열광했다고 이야기한다.[9] 역사가 조지 피어슨George Pierson의 주장에 따르면 외국인들의 존경과 혐오를 동시에 받는 미국인의 특성(격식 없고 친절하며 불안정하고 쉴 줄 모르는 것)은 상당 부분 이동과 관련한 사상에서 비롯된 것이라고 한다. 스페인 여행가 후안 부스타만테 이 캄푸사노Juan Bustamante y Campuzano는 미국인의 '지칠 줄 모르는 활동성'을 주제로 1885년 글을 쓰기도 했다.[10] 알렉시스 드 토크빌Alexis de Touqueville은 여행을 시작한 지 불과 한 달 만에 미국인들이 '쉬지 않고 움직이는 성격'을 가졌다고 결론 내렸다. 나중에 그는 자세한 설명을 덧붙였다. "내가 미국에 있을 때였다. 한 남자가 있었는데 (…) 과수원에 나무를 심더니 열매가 막 맺히려는 찰나 다른 사람에게 소작을 주었다. 또 밭을 가는가 싶더니 나중에는 다른 사람들이 수확을 해 가도록 내버려두었다. 일자리를 하나 얻어 열심히 하는가 싶더니 또 그만둬 버렸다 (…) 마침내 죽음이 그를 덮쳤지만, 평생 그를 피해 달아나기만 하던 행복을 헛되이 좇을 여력이 그에게는 아직 남아 있었다."[11] 무언가 좀 더 나은 것을 손에 넣을 수 있다면 절대 지치지 않는 것일까?

오늘날 우리가 움직이고 있는 것은 우리의 집이 아니라 우리 자신이다. 나이절 스리프트Nigel Thrift의 이야기대로 우리는 지금 "다른 물건과 똑같이, 몸만 이리 옮겼다 저리 옮겼다 하고 있다."[12] 미국인의 주거지 이동률이 전후 이래로 가장 낮은 수치를 기록하고 있는 것은 사실이다. 미국인 중 매년 이사하는 사람들은 전체의 11퍼센트에 불과해, 20년 전인 17퍼센트보다도 떨어졌다. 하지만 매년 운전하여 이동하는 평균 거리는 지난 20년 동안 거의 30퍼센트나 증가했다.[13] 케네스 거겐Kenneth Gergen은 "단 한 지역에서 몇 주 동안 머무는 일은 흔치 않다. 한 동네에서 하루 종일 지내는 것도 드문 일이 되고 있다"고 이야기한다.[14] 여행으로 인해 지역과 세계의 구분도 희미해졌다. 통근 거리가 길어지고, 하와이의 마우이 섬으로 휴가를 떠나고, 사업상 해외여행을 하고, 주말에 미국으로 날아가 물건을 사는 것이 예삿일이 되었다. 2016년에는 전 세계적으로 정기 항공편을 타고 여행한 사람들의 숫자만 38억 명에 달했는데, 이는 10년도 안 되어서 거의 60퍼센트가 증가한 수치다. 세계에서 가장 큰 숙박업 체인인 힐튼 호텔은 그 해에 하루에 거의 한 개 꼴로 새 매장을 열었다.[15] 버진애틀랜틱항공사에서는 자사 최고의 고객들에 대해 "빠르게 이동하며 문화를 형성하는 제트로섹슈얼(jetrosexual: 명품을 사기 위해 제트기로 전 세계 곳곳을 방문하는 사람들 - 옮긴이)로서, 다양한 세상과 시간대에 존재한다"며 치켜세운다. 이런 사람들은 새로운 것이라면 사족을 못 쓰고, 장소성이 없는 공항의 대도시를 집처럼 편하게 느낀다. 물론 우리 모두가 이런 제트로섹슈얼이 될 수는 없을 것이다. 하지만 그건 중요하지 않다. 그럴 '가능성'이 있고, 그 가능성에 대한 열망이 대단하기 때문이다. 우리는 언제든 여행을 떠날 채비가 되어 있다. 여행용 더플백에는 운동복이 챙겨져 있고, 각종 전기 제품은 늘 충전이 되어 있으며, 휴대용 음향 시설, 바퀴 달린 배낭, 네비게이션도 늘 곁에 있다. 요즘은 일반 승용차와 RV(레크레이션 차량)가 명확히 구분되지도 않는다. 컬런 머피Cullen Murphy는 "낯선 사람의 가방에 무엇이 들었는지 관찰해 보라"고 말한다. "십중팔구 그 사람은 예정에도 없이 알마아타나 바쿠까지 가도 돈이나 전기, 나아가 신선한 공기까지 얼마든지 음미할 수 있을 것이다."[16] 일자리나 사랑 또는 이상을 위해 떠나는 일은 이제 우리에게 더 이상 매력적이지 않다. 우리는 그저 움직이기 위해 움직이는 것이다. 바우만의 지적에 따르면 "이동성은 사람들이 열렬히 추구하는 가치 중에서도 최고의 것이 되었다."[17] 더 나은 것을 찾아 헤매는 우리의 헛된 노력은 아직도 끝나지 않은 것이다. 과연 저 모퉁이를 돌면 무엇이 나올까?

다시 손가락으로 음식을 먹는 현대인

보스턴 시내의 4차선이 꽉 막히자 제이미 에샥Jamie Eshak은 핸들을 꺾어 하버드스퀘어 쪽으로 차를 몰았다. 이제 운전대를 잡은 것은 그녀의 양 무릎이었다.[18] 그녀는 도시락 상자를 가져다 다리

위에 올려놓고는 안을 뒤적여 그날 아침 집에서 뚝딱 만든 샌드위치를 찾아냈다. 마트에서 파는 통밀 빵에다 노란 치즈 두 장을 끼워 넣은 것이었다. 에샥은 생수 한 병과 사과, 요구르트, 영양 바두 개(하나는 깜박하고 아침에 못 먹은 것이었고 하나는 오후 간식이었다)도 꺼냈다. 운전 중 수다를 떨면서 그녀는 아무렇지 않게 샌드위치까지 한 입 베어 물었다. 에샥의 하루는 늘 이런 식이다. 일주일에 나흘은 똑같은 샌드위치를 먹고 금요일에는 특별히 참치 샌드위치와, 그녀가 관리하는 보스턴의 세븐일레븐 편의점에서 파는 스트링치즈로 기분을 낸다. 아침은 이제 16개월 된 딸아이를 놀이방에 보낼 준비를 하면서 손에 든 채로 먹는다.

오늘 아침 메뉴는 와플 두 개와 커피 한 잔이었다. "시럽도, 접시도 필요 없어요"라고 에샥이 말한다. 키가 크고 마른 체격에 광대뼈가 툭 튀어나온 그녀는 까맣고 긴 머리를 뒤통수 한가운데 질끈 동여맨 채였다. "한 손에 와플을 든 채 주방을 뛰어다니다시피 했죠." 에샥에게 식사가 쉬거나 어딘가에 앉는다는 뜻이 되는 경우는 거의 없다. 심지어 저녁 식사조차도 최대한 간소하게 먹는다. 자동차 정비공인 남편이 간단한 그릴 요리를 하거나, 둘이서 샌드위치 가게에 들러 사먹는 식이다. 시간이 너무 귀하다 보니 에샥은 늘 미안한 마음으로 가족의 바쁜 생활에 잘 맞는 '근사한' 먹을거리를 찾느라 고민이다. 빵에 들어 있는 섬유소, 딸아이의 유기농 이유식의 성분, 가족들이 잘 먹는 여러 가지 에너지 바와 영양 바에 들어간 소금과 설탕은 꼼꼼히 살펴본다. "영양 따지는 게 취미에요." 에샥의 목소리는 활기차고 다정하면서도 묵직하다. 하지만 선택 안이 여러 종류일 때는 휴대하기 편한 것이 낙점된다. "먹으면서 움직이고, 뭔가 생산적인 일을 하고 싶으니까요."

우리는 에샥이 일과 중 맨 처음 들르는 세븐일레븐 점포에 들어가 서 있었다. 시청 근처 번잡한 도심의 길가 모퉁이에 자리 잡은 그 점포는 사무실 직원, 이 도시 곳곳을 점령하고 있는 대학생들, 그리고 건설 현장의 인부들(이들의 숫자도 무시할 수 없을 정도로 많다)에게 요깃거리를 제공해 주고 있었다. 에샥이 샌드위치 상자에 들어갈 새로운 표시에 대해 매니저와 이야기를 나누는 동안 드문드문 손님들이 들어와 시리얼이며 컵라면, 신문, 커피 등을 사 갖고 나갔다. 이곳에서 파는 음식은 거의 모두 들고 다니면서 먹을 수 있게 되어 있다. 점포 내 전자레인지에 데워 먹을 수 있는 1인분 스프가 있는가 하면, 핫도그와 튜브 모양의 피자도 팔고, 매장에서 뽑아 주는 빅 걸프 탄산음료는 양이 16, 32, 64온스로 다양하다. 어디든 휴대성이 판매의 관건이 되고 있는 것이다. 밀라노 쿠키 두 개들이 포장에는 On the Go!(가면서 먹어요!) 라벨이 붙어 있다. 크래커, 참치, 피클 양념, 박하사탕, 스푼, 냅킨, 저칼로리 마요네즈를 한데 묶은 상자에도 당연하다는 듯 Lunch to Go(가면서 먹는 점심) 라벨이 붙어 있다. 2017년에는 미국의 신생 제조업체 중 제품 라벨에 '가면서 먹는'이라는 문구를 넣은 곳이 전체의 절반에 달했는데, 4년 전에는 이런 문구를 넣은 데가 3분의 1도 채 안 됐었다.[19] 에티오피아 출신으로 열여섯 살에 수단에서 미국으로 이민 와 점포 매니저로 일하고 있는 메콘넨 케베데Mekonnen Kebede에게는 현대인의 식습관이 참 재미있다.[20] 그가 어릴 때 아프리카에 있을 때는 정오만 되면 사무실이 일제히 문을 닫고 사람들이 의식이라도 치르듯 집으로 돌아가 식사를 하거나 오랜 시간 느긋하게 점심을 먹었다. 그가 서 있는 자리 옆, 점포 한가운데에는 6피트짜리 코너가 마련되어 있다. 영양 바, 에너지 바, 식사 대용식품 등 갖가지 간편 식품들만 진열해 놓는 자리다. 통계에 따르면 2013년 이래로 이 시장은 액상으로 섭취하는 식사 상품과 함께 매년 두 자리대 성장세를 기록해 오고 있다.[21] 그 점포 한 곳에서만도 종류와 맛이 다른 영양바만 해도 95가지나 되었다. 한 영양 바에는 "구운 맛이 일품!"이라는 라벨이 붙어 있기도 했다. "집에서 직접 구운 바나나 빵의 기억을 되살려, 들고 다니면서 먹을 수 있게 만든 스낵입니다." 케베데는 대형 냉장고 쪽으로 걸어가더니 단백질과 비타민이 다량 함유된 주스 한 통을 꺼내 왔다. "점심에 이걸 먹는 손님들이 있거든요." 그가 주스 병을 들어 올리면서 말한다. "그게 점심이래요. 주스 한 잔이 끝이랍니다." 아까 아프리카에서는 점심시간이면 도시 전체가 작동을 멈춘다는 이야기를 할 때 에샥이 어안이 벙벙하더니, 이번에는 케데베가 그 표정이었다.

음식은 힘을 내게 하는 연료다. 그만큼 우리가 먹어치우는 음식의 모양, 느낌, 맛도 무시할 수가 없다. 먹는다는 것은 움직이면서 즐길 것이 아니다. 그럼에도 오늘날 음식들은 점점 더 우주인의 식량처럼 압축화, 소형화, 1회용화 되어 가고 있다. 부서질 일 없는 냉동 피넛 버터 샌드위치나, 저녁 식사거리가 그릇까지 통째로 들어 있는 포장 제품을 사는 것이 우리다. (주 메뉴에 곁들여 먹던 사이드 메뉴는 천 냅킨의 전철을 밟아 사라질 위기에 있다.) 집에서 하는 식사나 스낵에 과일이나 채소 같은 '신선한' 음식이 포함되는 경우는 전체의 17퍼센트에 불과하다.[22] 한때 환자 전용이라 여겨지던 유동식도 사람들 사이에서 대인기다. 세븐일레븐 판촉 담당 부사장 케빈 엘리엇Kevin Elliot은 "음식은 기능이 중요합니다. 영양 바를 먹었다면 그것으로도 식사가 됩니다"라고 말한다. 현재 세븐일레븐은 담배나 우유를 사던 구멍가게에서 식도락가의 집합소로 거듭나기 위해 노력 중이다.[23] 댈러스에 자리한 그의 사무실에는 항상 소형 믹서기가 구비돼 있다. 매일 그걸로 요구르트와 단백질 파우더를 넣고 쉐이크를 만들어 점심으로 먹는다. "그거면 충분히 하루를 버티죠." 엘리엇은 매장 식품에 대한 커다란 포부를 갖고 있다. 자기 말고도 이런 새로운 식습관을 가진 사람들을 위해 생수에 단백질과 비타민 파우더를 섞어 판매할 계획이다. "소비자들은 빨리 시작해서 빨리 끝내고 싶어 합니다." 그가 집으로 배달시킨 피자 값을 치르느라 통화에 잠시 공백이 생겼다. "사람들은 가야 할 데가 있습니다. 그것도 빨리요. 그래서 휴식을 취한다 해도 얼른 취하고 싶어 합니다."

분명 맞는 이야기다. 프랑스 태생의 시장 조사 연구원인 클로테르 라파이유Clotaire Rapaille의 설명은 이렇다. "몸이 기계라면 그 기계를 계속 돌아가게 하는 것이 음식이 하는 일이다."[24] 라파이유의 이야기에 따르면, 먹는 즐거움은 "움직이고자 하는 욕구에 밀려 그 의미가 퇴색되고 있다." 현재 결혼한 가정주부들이 음식 섭취에 할애하는 시간은 일주일에 8시간으로, 1965년에 비해 한 시간이 줄어들었다.[25] 미국인들은 보통 맥도널드에 앉아 14분 만에 한 끼 식사를 꿀꺽 해치우는 한편, 프랑스인들은 똑같은 맥도널드 매장에 앉아 평균 22분 동안 느긋하게 식사를 한다.[26] 오늘날 미국 아동의 3분의 1 이상이 평상시에 패스트푸드를 사먹는데, 여기서 섭취하는 칼로리가 미국인 하루 1일 섭취량의 약 10분의 1을 차지한다.[27] 또 사람들은 무언가를 간편하게 혼자 먹는 일이 많아졌다. "엄마나 아빠는 사무실에서 밤늦게 퇴근하면서 인스턴트로 간단히 식사를 때우고, 딸아이는 혼자 시리얼을 만들어 먹고, 아들은 전자레인지에 뭔가를 데워 가지고 집을 나선다." 의료인류학 박사이기도 한 라파이유는 아무리 열심히 노력해도 우리의 저녁 식사는 이러한 풍경을 벗어나기 어렵다고 이야기한다. "미국인들이 식사를 마치고서 '배부르다'라고 하는 것은 탱크를 채우는 것이 목적이었기 때문이다. 식사를 다 하고 나면 '배부르다'로 탱크 채우기 작업이 완료됐다고 알린다."[28] 프랑스인 특유의 입담으로 자신을 길러 준 미국을 끓리는 게 주특기인 라파이유는 요새 주유소에 우후죽순처럼 생겨나는 음식점 왕국에 대해서도 농담을 던졌다. (예전만 해도 주요소의 규모는 700평방피트 정도였다. 지금은 그 규모가 세 배로 커졌다.)[29] "주유소로 차를 몰고 가서 직원에게 탱크를 가득 채워 달라고 했을 때, 그 직원이 '어떤 탱크요?'라고 묻는다 해도 전혀 이상하지 않을 것이다."

이런 식습관이 생긴 것이 (적어도 일부는) 포크 탓일 수 있다. 아닌 게 아니라 포크야말로 지금 우리 상황이 어디까지 와 있는지 제대로 이해하고자 할 때 더없이 유용한 도구이다. 포크가 세상에 처음 쓰이기 시작한 역사는 우리가 전근대의 공동체주의에서 벗어나 개인주의를 열렬히 추구하게 된 분위기와 궤를 같이 하기 때문이다.

몇 세기 전으로 시간을 되돌려 중세 시대 식탁을 한번 차려 보자. 당시의 잔치는 "온갖 소음과 색깔, 움직임으로 떠들썩했다. 의례와 소동이 한데 섞여 머리가 핑 돌 지경이었다. 극치를 자랑하던 예술과 예의범절 한 옆에는 동물적 식탐과 야만성이 자리 잡고 있었다"라고 지리학자 이-푸 투안은 이야기한다.[30] 먹다 버린 뼈와 개의 배설물이 바닥에서 뒹구는 와중에 마술사와 여러 하인이 손님들 사이를 바쁘게 오갔다. 한편 테이블 위에 놓인 음식은 누구나 공짜로 먹을 수 있었다. "특이하게도 요리사들은 가마솥에 들어가는 식재료의 독특한 질감이나 향에는 별 관심이 없었다." 제1요리는 아마도 삶거나 절여 큼지막하게 썬 멧돼지 고기, 우유와 사슴고기를 곁들인 밀빵, 백조, 농어, 토끼 등이었을 것이다. 그 뒤를 이어 비슷한 육류와 생선류를 이것저것 가득 담아 내온 것이 제2요리였을 것이다. 중세 시대 요리는 2,000년 전의 로마 시대 요리와 별로 다를 것이 없었다. 로마 시대 요리는 동물을 통째로 공들여 요리해 내놓거나 무늬만 다른 음식들을 엄청나게 모아 일 품으로 내놓는 식이었다. 비텔리우스Vitellius 황제는 창꼬치의 간, 꿩의 뇌, 공작의 뇌, 플라밍고 혓바닥, 칠성장어 알을 버무려서 지 혜와 예술의 여신 미네르바에게 공들여 바치기도 했다. (휴대성은 극히 떨어지지만 정력에는 좋다.) 중세인은 식탁에 앉아 식사를 했던 반면 로마인은 누워서 식사를 했다. 하지만 음식에 대한 기본 태 도는 그다지 다르지 않았다.

그러다 중세 시대가 지나고 빅토리아 시대에 접어들면서 서 서히 세속적이고 정을 중시하던 공동체 의식 대신 딱딱하고 가 차 없는 개인주의가 들어서게 되었다. 중세 시대만 해도 개가 먹 던 음식을 먹거나 저녁 식사 자리에서 사람들과 다정하게 음식을 나누어 먹는 것을 바람직하게 생각했다. 로마 시대 이래 나이프와 스푼을 사용하는 데 꽤 익숙해졌는데도, 15세기가 한참 지나서도 지체 높은 사람들조차 다같이 먹는 모듬 요리나 푹 익혀 음식물이 줄줄 흐르는 그릇, 소스를 잔뜩 친 고기에 손가락을 푹푹 넣어 가 며 음식을 먹었다고 역사가 다라 골트슈타인Darra Goldstein은 지적 한다.[31] 1600년대 말까지도 손님들에게 개인용 식기구를 나눠 주 는 일은 없었다. 물론 여행에까지 개인 식기구를 가지고 다닌 일 부 귀족층도 있었지만 말이다. 엘리자베스 1세도 개인 포크가 있 었지만, 루이 14세와 마찬가지로 손가락으로 먹는 걸 더 좋아했 다. 포크가 서양인의 삶에 오랜 기간 서서히 침투하는 모습은 서 구 사회가 자의식을 지닌 개인에게 점점 더 가치를 두게 되는 과정을 그대로 보여주고 있다. 골트슈타인의 부연 설명에 따르면, 비잔틴 제국의 한 공주가 이탈리아로 들여온 포크는 애초엔 반감을 샀다고 한다. 그 모양이 사탄을 연상시킬 뿐 아니라, 손이 아닌 포크를 이용하면 신이 내려 주신 양식의 은총을 제대로 느끼지 못한다는 이유였다. 그러다 결국 에티켓과 위생 관념이 발전하여 사람들이 각자 자리에 앉아 자기 몫의 음식을 따로 먹게 되면서 그 논쟁 많던 포크가 환영받게 되었다. 투안은 "당시에는 야만성, 본능, 폭력성, 지저분함, (음식이든 사람이든 가리지 않고) 무분별하게 뒤섞는 것에서 멀어지려 부단히 노력하는 사람이 교양 있는 사람이었다"고 결론 내린다. 이는 자연과 사람이 조화를 이루는 것이 최고의 덕이라 여겼던 중국의 음식 문화와는 대조적이다. "(중국의) 음식 예절은 조화가 목적이었지, 분리가 목적이 아니었다."[32]

촌각을 다투는 시대인 지금 우리는 포크를 더 이상 거들떠보지 않는 동시에 우리가 입에 넣는 그 모든 것에 그 어느 때보다 태무심해지고 있기도 하다. 물론 양손으로 뭔가를 집어먹늘 날이 또 올 수도 있겠지만, 그런다 해도 그 내용물이 직접 우리 몸에 닿는 일은 거의 없을 것이다. 랩, 포장 용기, 캔, 빨대를 이용해 순식간에 음식물을 식도 중간까지 넘겨 버리기 때문이다. 물론 음식 자체부터 몇 단계나 간소해져 내용물이 줄줄 흐르거나 주변을 어지럽힐 일이 없다. 옛날처럼 상다리가 휘어질 정도로 푸짐하게 차려 놓고 먹을 일도 없다. 우리는 문명이란 이름을 내걸고 청결하게 가공 처리된 '단정한' 음식을 향해 나아가고 있다. 레지나 루이스의 말대로, 사람들은 조용히 배만 채우면 그만이다. 냄새를 피울 일도, 시끄럽게 쩝쩝거릴 필요도 없다. 먹는 건 더 이상 삶의 목표가 아니며, 먹을 때도 혼자이기를 원한다. 1970년대 NASA에서는 프랑스 태생의 산업 디자이너 레이몽드 로위Raymond Loewy를 고용해 역사상 최초의 우주정거장에서 우주인들이 한 번에 몇 달씩 머물 때 어떻게 생활하면 좋을지 설계를 맡겼다. 로위는 창문을 하나 만들어 우주인이 그곳에서 개인 시간을 갖도록 하면 집에서와 비슷한 생활 패턴이 만들어질 거라고 생각했다. 환경심리학자 제이미 호로위츠Jamie Horowitz는 당시 우주인들은 우주 경관이나 아늑한 정거장은 참 좋아했지만 함께 식사하는 것만큼은 질색했다고 말한다.[33] 미국 우주인들은 움직이면서 혼자 먹고 싶어 했던 반면, 유럽인들은 함께 모여 먹는 걸 누구보다 즐겼다. 미국의 한 베테랑은 테이블을 아예 없애 버리고 자동 음식 배급기를 설치하자고 할 정도였다. 그러면 자신들이 원할 때 언제든 탱크를 채울 수 있을 테니 말이다.

이동하며 사는 삶이 불러온 정체성의 위기

이렇듯 간편식을 연료 삼아 돌아다녀야 힘이 난다는 건 우리가 새로운 유목민이 돼 버렸단 뜻일까? 다른 건 몰라도 토머스 에드워드 로렌스Thomas Edward Lawrence가 소위 "가장 깊이 있고 혹독한 사회 질서"라 표현한 바 있는 그 유목 생활에 우리가 엄청난 매력을 느끼고 있는 것만은 분명하다.[34] 원래 초원을 떠도는 유목 생활은 정착 생활을 하는 농경문화 이전에 생겨난 것이 아니라, 그 대안으로서 생겨난 것이었다. 수렵·채집 생활을 하던 몇몇 소규모 무리가 정착 생활을 시작하면서 고대 수메르와 메소포타미아 지역에 최초의 농경 생활을 이룩하고 나중에는 최초의 도시까지 발전시켰다. 그 후 가축을 거느리고 이탈한 무리가 새로운 문화 체계를 확립했는데 끝없이 이동하고자 하는 인간의 본능과 새롭게 발견한 농법이 그 토대가 되었다. 유목민은 맥 빠지는 농사 생활을 하느니 차라리 문명의 변방에 살면서 정착 생활의 여러 방법들을 다각도로 차용하기도 하고 거부하기도 한 사람들이었다. 이들은 정착 생활에 반쯤 길든 '이민족'이 되어 교역을 하거나 약탈을 감행했다. 농경민이나 도시 사람들은 그 리듬을 도무지 종잡을 수 없었다. 고대 중국 국경 지대에는 다양한 유목 민족이 활동했는데, 중국인들은 중국 문명에 얼마나 영향을 받았느냐에 따라 그들을 숙熟과 이夷로 구별했다.[35] 흉노족의 군주가 한漢 제국의 수도를 찾아왔을 때 황실에서는 동물이 가득한 정원에다 그의 거처를 마련해 주기도 했다.[36] 멀리 떨어져 있던 유럽인에게 이런 이민족들은 두려움의 대상이었다. 중세 시대 런던의 한 수도사는 당시 러시아를 짓밟고 있던 몽골 부족에 대해 두려움과 존경심이 섞인 글을 남겼는데, 말 덩치가 얼마나 큰지 사다리를 타고 올라가야 하며 먹성도 하도 좋아서 나뭇가지도 모자라 나무를 통째로 씹어 먹는다고 적었다.[37] (사실 대초원 지대의 말은 무척 빠르기는 해도 덩치는 작은 편이다.) 1960년대 미술 전문가에서 여행 작가로 전업한 브루스 채트윈Bruce Chatwin은 편집자에게 유목민에 관한 책을 펴내자고 편지를 보냈다. 유목 생활을 갈망하는 문명인 이야기가 나오는 장에는 '낙원을 그리워하다'라는 제목을 붙일 생각이었다. 채트윈은 결국 이 책을 쓰지 못했다. 하지만 반半 유목 생활에 대한 그만의 독특한 생각은 작품들 곳곳에 드러나 있다.

사회가 고도로 복잡해지고 엄격히 구획되고 사람들로 북적댈수록 유목 생활에 대한 동경심은 커져만 간다. 유목민은 우중충한 회색 정장과 갑갑한 빌라촌에서 벗어나 자유를 누리는 우리의 이상적인 자아를 형상화하고 있다. 5세기 로마 제국을 침략하며 세를 떨쳤던 훈족의 왕 아틸라Attila는 엄청난 부를 약탈해 손에 넣고도 소박한 나무 컵을 사용했으며, 유목민들의 펠트 천막 역시 단순성을 자랑한다. 또 베두인족은 혹독한 사막의 기후에서도 잘만 살아간다. 이는 모두 유목민들이 여러 가지 속박에서 벗어나 자유롭게 살아간다는 표시 아니겠는가. 영국의 외교관 존 우어John Ure는 로렌스부터 제인 딕비Jane Digby까지 지난 몇 세기 동안 유목민을 따라다니며 연구한 북아메리카인의 이야기를 들려준다. 자기 자신부터가 문화에 덜 길든 반항아였던 이 탐험가들이 유목민에게 반했던 이유는 그들이 "자유롭게 이동하고, 권위에서 자유로우며, 도시 생활의 고민이나 꽉 짜인 농경 생활의 제약에서 자유로웠기 때문이다. 그들은 자신이 정한 틀 외에는 어떤 관습에도 얽매이지 않았다."[38] 고고학 박사였던 브루스 채트윈은 시력을 거의 잃고 난 후에야 첫 번째 탐험길에 올랐다. "사람들이 내 '눈'을 그렇게 부러워하더니 거기에 반항이라도 하듯 눈이 안 보이기 시작했다"라고 채트윈은 이야기한다.[39] 의사가 도무지 어디가 잘못됐는지 모르겠다고 하자, 채트윈은 묘한 제안을 한다. "길게 뻗은 대지를 여행해 보는 건 어떻겠습니까? 이를 테면 아프리카 같은 곳 말입니다." 그렇게 채트윈은 쳇바퀴 돌던 일상에서 벗어나 유목민과 짜릿한 동행길에 오른다.

이 탐험가들 중에서도 가장 못 말리는 낭만주의자를 꼽으라면 단연 이자벨 에버하트Isabelle Eberhardt를 들 수 있을 것이다. 대마초를 피우며 자유연애를 즐겼고 남자 옷도 거리낌 없이 입었던 그녀는 러시아에서 추방당한 처지였다. 20세기에 접어들 무렵에는 알제리를 배회하면서 예리한 관찰력을 발휘해 그때껏 유럽인이 거의 접하지 못한 곳들의 모습을 일기에 가득 담았다. 1904년 사하라 아틀라스 산맥을 지나다 급작스런 홍수에 떠밀려 익사하고 만 에버하트는 스스로를 '뿌리 없는 방랑자'나 '유목민'이라 부르는 걸 좋아했으며, 끝없이 돌아다니다 죽는 것이 자기 운명임을 간파하고 있었다. "자유로워지기 위해, 모든 속박을 끊기 위해 유목민은 인생의 커다란 사막에 천막을 쳤다. 거기서 나는 아웃사이더이자 이방인 침략자밖에 되지 못한다. 그 사실이 아무리 씁쓸하다 해도 그것이 하늘이 내게 내려 준 지고의 행복인 걸 어찌하리." "아주 어린 아이였을 때부터 유목민 기질이 있던 나는 미지의 땅을 향해 쭉 뻗어 있는 새하얀 길을 넋을 잃은 채 뚫어지게 바라보곤 했다. 앞으로도 나는 평생 유목민의 삶을 살아갈 것이다. 시시각각 바뀌는 지평선의 모습을 영원히 사랑하며…"[40] 이상주의적이고 반反 문화적인 에버하트의 이런 말들은 오늘날 우리 귀에도 멋지게 들린다. 스스로를 '사이버 유목민' 혹은 '디지털 유목민'이라 자칭하며 가상 세계 여행에서 먼 옛날 유목 생활의 흥취를 찾는 우리 말이다. 데이비드 매너스David Manners와 쓰지오 마키모토는 『디지털 유목민Digital Nomad』이란 저서에서 "우리가 유목 생활을 꿈꾸게 된 것은 통신 독점, 지리적 구속, 독재 정권 등에서 연이어 해방된 결과"라고 말한다.[41]

초원을 누비는 유목민이 원하는 곳을 어디든 자유롭게 갈 수 있는 '뿌리 없는 방랑자'인 것은 아니다. 종종 마지못해 선택하게 되는 그들의 혹독한 삶에서 이동은 '세상의 속박에서 벗어나기 위한' 탐험이나 원정이라기보다는 생존을 위한 수단이다. 초원의 유목민 대다수가 철이 바뀔 때마다 다른 길을 다니며 이리저리 이동하는 것은 가축들이 가장 배불리 먹을 수 있는 목초지를 찾기 위해서다. 19세기 그리스의 유목 민족에 대해 글을 쓴 역사가 페르낭 브로델Fernand Braudel은 "해마다 여름이 되면 그들은 산악지대로 돌아간다"고 설명했다. "양떼들이 기다란 행렬을 이루고 느릿느릿 지나가면 그 속도에 맞추어 말들이 호위병처럼 뒤를 따랐다. 말은 최대 1,000마리에 이르기도 했는데 저마다 등에 가사용품과 야영 도구, 천막 등의 짐을 지고 있었다. 어린아이들은 바구니

속에서 잠을 잤다. 이들 무리에 성직자가 끼어 있는 경우도 있었다."[42] 이러한 이동은 집단으로 이루어졌고, 고도로 조직적이었다. 미국인이었지만 중국에서 태어나 선교사들 손에서 자란 오언 래티모어Owen Lattimore의 지적에 따르면, 중앙아시아 초원 지대의 유목민들은 야크, 낙타, 말, 노새, 양을 데리고 다니면서 저마다 다른 먹성과 이동 패턴에 늘 신경을 써야 했다. 가족들은 서로에게 많이 의지했으며, 모두들 땅에 관한 해박한 지식을 삶의 밑거름으로 삼았다. 중국인은 일렬종대로 길게 늘어서 말을 탔던 반면, 초원 지대의 유목민은 가로로 길게 늘어서 나란히 말을 타고 이동했다. 그래야 공격을 받았을 때 흩어지거나 말에게 풀을 먹이기 쉬웠으며 주변 경관을 자세히 관찰하기도 좋았다는 것이 40년 동안 몽골 지방을 여행한 래티모어의 이야기다.[43] 우어 교수는 "래티모어가 낮 동안의 힘겨운 행군이 힘이 부쳐 선두 낙타에서 뒤쳐져 아무 말도 안 하고 있으면, 유목민이 중국인의 근성을 보이라며 그를 질책했다"고 말한다.[44]

오랫동안 이어진 정착 생활에 이제는 별 애착이 없는 듯, 우리도 초원의 유목민과 비슷한 모습이다. 우리 역시 해가 뜨기 전에 잠자리에서 일어나 길고 고달픈 여행길에 올랐다가 하루가 지면 그 길을 되밟아 돌아온다. 매일 왕복 90분 이상씩 걸려 직장에 다니는 미국인은 1980년 이래 40퍼센트가 증가해, 지금은 전체 인구 다섯 명 중 한 명이 장거리 출퇴근을 한다.[45] 원거리에 집을 두 군데 장만해 놓고 두 곳을 오가며 지내는 사람도 많아졌다

(두 집 모두 사용은 거의 안 한다). 그러면서도 여행에 대한 미련을 버리지 못해 얽매이는 것 없이 더 여유롭게, 꼭 원시시대의 수렵 채집인들처럼 이동을 하며 살아간다. 피터 윌슨Peter Wilson이 『인간 종족 길들이기The Domestication of the Human Species』라는 책에서 하는 말에 따르면, 수렵 채집인들에게 중요한 것은 '영역 혹은 경계'가 아니다. "경계라는 것이 없고, 영원히 경계를 정한다는 개념도 없기 때문에 수렵 채집인들은 사람들과의 관계나 주변 환경에 속박된다는 관념이 없다." 오스트레일리아의 인류학자인 윌슨은 집중력의 성격이 변화하는 면에서 구조가 여러 가지로 중요하다고 주장한다. "유목민들은 주변 경관과 그 특징에 집중한다. 그곳이 대지인지, 길인지, 물웅덩이인지, 은신처인지, 성역인지, 탄생지인지, 기념비인지 유심히 살피는 것이다." (오늘날로 따지면 쇼핑몰, 고속도로, 드라이브 스루 식당, 사무실, 광고판 등이 될 것이다.) "유목민들은 마찬가지로 서로에게도 집중력을 보인다. 자신 곁에 늘 가까이 있는 사람에게 그 누구보다 집중을 하며 그 순간만큼은 그들에게 강한 유대감을 보여준다."[46] 경계가 무너진 지금의 포스트모던 사회처럼 그들의 인간관계는 유동적인 것이다. 또 지금 우리 시대와 마찬가지로 자립성에 높은 가치를 부여했다. 그렇다고 일정한 틀도 없이 그저 떠돌기만 하는 삶은 아니다. 그보다는 가만히 정주하는 사회보다 일상이나 전통에 대한 '관심과 집중, 그 한계와 틀'이 훨씬 덜한 것이다. 정착보다 이동을 중시하는 사회는 영원에 가치를 두지 않는다. "유목민들에게는 과거도 미래도 없다"는 클레어 파

넷Claire Parnet의 말처럼 말이다. "그들에게는 오로지 변하는 과정만 있을 뿐이다. 여자로 변하는 것, 동물로 변하는 것, 말로 변하는 것 등. 이는 유목민 특유의 동물관이다. 유목민들에게는 역사도 없다. 지리만 있을 뿐이다."[47] 윌슨의 이야기에 따르면, 수렵 채집자를 연구하는 고고학자들은 "수렵 채집자들이 떠나간 지 불과 일주일 정도밖에 되지 않은 곳에 가도 건질 게 거의 없다. 반면 선사시대 촌락 사회를 연구하는 고고학자들은 수천 년 동안 버려진 유적지에서 동네 하나를 새로 세워도 될 만한 유적을 발굴하곤 한다."

이렇게 전혀 '다른 종'의 인간, 그리고 쉽게 변할 수 있는 존재라는 개념이 오늘날 유목민을 자처하는 우리의 뿌리가 되고 있는 것만은 분명하다. 이러한 '변화'의 개념으로부터 나온 것이 피코 아이어Pico Iyer가 말하는 글로벌 소울Global Soul이다. 글로벌 소울이란 다양한 문화 속에서 자라나 세계 각국을 돌아다니며 일하고 생활하는 사람을 말한다. 이런 사람들에게는 열대 지방에 있다가 비행기를 타고 세 시간 만에 눈보라 속으로 들어가는 것이 아무렇지도 않다. 아이어 자신부터가 글로벌 소울이다. 어린 시절 캘리포니아에 살며 이주민 인디언의 손에 길러지다가 아홉 살부터는 영국의 기숙학교에서 자랐기 때문이다. 아이어의 이야기에 따르면 글로벌 소울의 "자기 개념에는 구멍이 숭숭 뚫려 있으며" 집의 의미도 얼마든지 변할 수 있다. "우리 글로벌 소울들은 늘 불안감을 곁에 지닌 채 살아갑니다"라고 아이어는 말한다.[48] 토머스 L. 프리드먼Thomas L. Friedman의 말처럼 세상이 점점 더 "평평해지고" 있듯, 우리 문화도 점점 더 글로벌 소울의 특성을 많이 가지게 되는 건 아닐까? 이런 다문화적인 삶이 참 대단해 보이고 그 가능성이 무한한 것은 사실이지만 어두운 그림자도 무시할 수가 없다. 여행자는 늘 불안함을 지고 다녀야 한다는 것이다. 글로벌 소울은 어디에 가도 집처럼 편안해 할 수 있다는 사실이 자랑스러우면서도, 어느 길모퉁이를 돌다 평정심이 산산이 부서질지 몰라 두렵기만 하다.

던킨도너츠에서 함께 점심을 들고 나서 레지나 루이스는 주말에 웹 지도를 이용해 포틀랜드까지 달려갔다 온 이야기를 해 주었다. "여기 메인에서 딱 8마일만 가겠다고 맘을 정했어요. 지도를 보면 어디로 가면 될지 정확히 나오니까 마음이 그렇게 편안할 수 없더군요. 게다가 내가 지금 가고 있는 방향도 정확히 알 수 있고요." 루이스는 열변을 토했다. (사회학자 지그문트 바우만은 이제는 우리가 공간도 얼마든지 자유롭게 선택할 수 있게 되었다고 이야기한다.)[49] 루이스와 나는 끊임없이 여행을 다니는 사람들이 항상 만반의 준비를 갖추어야 할 필요성에 대해 이야기를 나누기 시작했다. 그러다 루이스는 자신이 최근 관심을 갖게 된 주제가 있다며 이동의 달인들이 끝없이 여행을 하면서 숙소를 자기 집처럼 만드는 비결을 일러 주었다. 루이스는 식당에 앉아 있다 갑자기 자리에서 일어나 (다른 글로벌 유목민처럼) 호텔 방에 들어갈 때 자기가 하는 행동을 마임하듯 재현해 주었다. 호텔에 구비돼 있는 소설은 서랍 속에 집어넣고 침대 옆 탁자 위에 그녀가 들고 다니는 책과 시계를 놓는다는 것이었다. "우리 같은 사람들에게는 그 시계가 마법 같은 힘을 발휘하는 것처럼 보여요." 루이스가 말했다. "무엇보다 그 시계가 있어야 시간과 유대가 생기고, 우리 자신도 모르게 흘러가 버리는 삶을 비로소 느끼게 돼요. 또 이곳저곳의 호텔 방을 전전하다 보면 그냥 시계가 아니라 '내' 시계를 원하게 돼요. 그래야 내가 내 삶을 살고 있다는 생각이 확실하게 들거든요."(잠깐, "우리 자신도 모르게 흘러가 버리는 삶"이라고?) 바우만의 이야기에 따르면 시계는 그렇게 마력을 지닌 부적 차원을 넘어서 "모래처럼 흘러 다니는" 우주 속에 우리가 발붙이게 하는 도구다.

글로벌 유목민들에게 가장 무서운 순간은 호텔 방에서 눈을 떴는데 여기가 어딘지 도무지 감이 오지 않을 때라고 플로라 바르디Fleura Bardhi는 말한다(루이스도 마케팅 연구 분야의 권위자인 바르디의 발표회에 가 본 적이 있다고 말했다). 바르디는 수년 동안 구호 단체의 직원, 환경 운동가, 은행원 등 삶에서 여행이 60퍼센트를 차지하는 사람들을 연구해 오고 있다. 우리가 조금씩 받아들이기 시작한 이동 지향적인 삶을 이들은 온몸으로 경험하고 있다. 이런 여행자들 중 일부는, 현재의 집에는 거의 정이 없고 어린 시절의 집이나 고향을 나중에 나이가 들면 돌아가야 할 곳으로 생각한다. 그런가 하면 해외에는 일시적으로만 발을 붙이고 고국에 돌아와 끊임없이 '자기 정체성의 박물관'을 매만지는 사람들이 있다. 마지막 부류는 그 어디에도 근거지를 두지 않는 사람들이다. 다만 야구 모자, 주머니 칼, 사진 등 늘 가지고 다니면서 자기 정체성을 확인시켜 주는 물건에 애착을 보인다고 바르디는 이야기한다.[50] 이들은 지극히 현실적이다. 어딘가에 머무는 건 잠시 뿐이고, 집은 얼마든지 옮길 수 있다고 생각하고, 자신이 떠돈다는 느낌을 떨칠 수 있는 방법을 다 마련해 두고 있다. 바르디는 이들을 십분 이해한다. 그녀 역시 알바니아에서 태어나 노르웨이로 이민을 갔었고, 다시 네브래스카로 갔다가 지금은 공부와 일을 위해 보스턴에 머물고 있기 때문이다. 보스턴으로 이사 오자마자 그녀는 사람들 사이에서 평판이 좋은 아일랜드인 거주지에서 살기로 결정했다. 지금은 고급 주택가가 된 이곳에서 그녀는 자신이 도시의 일부가 된 느낌이지만 여전히 스스로는 드러내지 않은 채 생활한다. "저는 어디에 가든 되도록 빨리 집의 느낌을 가지려 하죠. 내일이라도 당장 떠날 수 있기 때문에 그리워할 이웃은 만들면 안 돼요. 어딘가에서 완전히 맘 편히 지내거나 그곳을 집처럼 여기고 저와 동일시하는 것이 저에겐 허용이 안 되죠." 브루스 채트윈은 『불안증의 해부Anatomy of Restlessness』라는 에세이집에서 영국의 한 타자기 판매원을 만났던 이야기를 떠올린다. 이 판매원은 3개월마다 아프리카에 있는 나라를 모두 돌아야 했고, 이 여정이 끝날 때쯤 런던에 들르곤 했다. 한마디로 여행 가방에만 의지한 채 그 어디에도 머물지 않았는데, 회사 금고에는 검정색의 조그만 양철 상자를 넣어 두고 자기 물건으로 가득 채웠다. 곰 인형, 돌아가신 아버지 사진, 어릴 때 수영 대회에서 받은 트로피 같은 것들 말이다. 런던으로 돌아올 때면 늘 상자 속 물건 하나를 꺼내 버리고 다른 것을 넣어

두었다. "이제까지 내가 만난 사람 중 물건과 자유 사이에서 균형을 잡는 까다로운 문제를 해결한 것은 그 남자뿐이었다"라고 채트윈은 부럽다는 듯 말한다. "그 상자는 그의 이동 생활의 중심축이었다. 런던에 고정된 그 지점으로부터 그는 자신의 정체성을 새롭게 일깨울 수 있었다. 그 상자마저 없었다면 말 그대로 그는 미쳐버리고 말았을 것이다."[51] 휴대용 시계나 조그만 검정 상자만 있으면 된다니, 어딘가에 자신의 뿌리를 내린다는 게 이렇게 쉬울 수가 없다. 그런데 그 쉬운 일을 우리는 얼마나 못하고 있는가. 이동에는 나름대로의 위험이 따른다. 그 중에서도 우리가 특히 염두에 두어야 할 위험은 너무 멀리, 너무 빨리, 너무 자주 이동을 할 경우 말 그대로 우리 자신을 잃게 된다는 것이다.

지금 우리는 경계가 허물어진 시대에 발맞추어 집이나 장소를 새롭게 정의하려 애쓰고 있다. 머묾이나 뿌리같이 시대에 뒤떨어진 개념은 이제 당연히 버려야 한다고 생각한다. 이렇듯 여러 가지 면에서 우리는 장소에서 점점 더 멀어지고 있다. 다른 이유도 있겠지만 쇼핑몰이나 체인점처럼 어디나 똑같고, 생겼다 금방 사라지곤 하는 곳이 주위에 많아졌기 때문일 것이다. 하지만 더 이상 그 고유한 의미를 가지기 어렵다고 해서 장소의 중요성이 줄어드는 건 아니다. 인간이 이동을 하거나 모험을 하려면 공간이 늘 필요할 수밖에 없다고 투안은 주장한다. 더불어 '확실히 정립된 가치에 대해 고요히 생각할 곳', 즉 쉽게 말해 '잠시 쉴 장소'도 필요할 수밖에 없다.[52] 전통 시대 유목민들은 정착을 질색하면서도 늘 주변 경관과 종교적 의식에는 큰 관심을 가져 왔다. 공간을 통해 우리는 현재 우리가 어디에 속해 있는지 알 수 있고, 공간은 곧 애착과 참여를 의미한다. 투안은 "이 세상을 끝없이 변하는 과정으로 볼 경우, 우리는 공간감을 전혀 갖지 못하게 된다"라고 이야기하며 햄릿과 덴마크의 크론버그 성에 대해 이야기한다. 햄릿의 이야기를 알고 있으면 덴마크의 크론버그 성이 전혀 다른 곳으로 보인다는 것이다. "참 신기하지 않은가? 햄릿이 이곳에 살았다고 상상하는 순간 이 성이 전혀 다르게 보여." 물리학자 닐스 보어 Niels Bohr가 크론버그 성을 구경 갔다가 동료 베르너 하이젠베르크 Werner Heisenberg에게 한 말이다.

우리는 과학자여서 성이라면 단순히 돌덩이로 만든 것이라 생각했고, 그 돌덩이를 한데 쌓아 올린 건축가의 솜씨만 대단하다 여겼다…. 햄릿이 여기에 살았다는 것 때문에 바뀌는 건 하나도 없었지만, 동시에 그 사실 때문에 모든 게 바뀌었다. 갑자기 성곽이며 누벽이 아까와는 전혀 다른 이야기를 하는 것만 같았다. 뒷마당은 온전한 하나의 세상이 되었다. 그 어두운 구석을 보니 인간 영혼에 자리한 암울함이 생각났고, "사느냐 죽느냐, 그것이 문제로다"라던 햄릿의 목소리가 귓전에 울리는 것 같았다. 우리가 햄릿에 대해 제대로 아는 사실이라곤 13세기에 그의 이름이 연대기에 언뜻 등장한다는 것뿐인데 말이다. 그가 이 성에 정말 살았는지는 물론 그가 실존 인물이었는지조차 정확히 증명할 사람이 없다. 하지만 셰익스피어가 햄릿을 통해 던졌던 질문, 그리고 햄릿을 통해 드러난 인간의 본성을 사람들은 가슴속에 생생히 기억하고 있다. 그래서 세상에 존재하는 공간 안에서, 즉 이곳 크론버그 성에서 그의 존재를 찾아야 했던 것이다. 이 사실을 깨닫고 나자, 크론버그 성은 우리에게 전혀 색다른 곳으로 다가왔다.[53]

장소를 통해 우리는 역사와 문학과 그 깊이를 알 수 없는 인간의 영혼에 다가갈 수 있다. 바르디가 들려준 여행자들의 이야기 사이에서 우리는 공통되는 성향 하나를 발견할 수 있다. 깨진 인간관계를 그대로 내버려둔다는 것이다. 그런 점에서 일정한 공간에 있어야 "관심이 생겨난다"는 투안의 말이 일리 있게 들린다.[54]

투안에게 왜 지리학자가 되었냐고 물으면 여러 가지 대답을 한다. 파티 같은 가벼운 자리에서는 아버지가 중국 국민당의 학자이자 외교관이어서 한참 자라나던 1930~1940년대에 세계 각지로 이사를 다녔기 때문이라고 말한다. 약간 진지한 자리에서는 막연히 길을 잃어버릴지 모른다는 "두려움이 항상 너무 컸기 때문"이라고 이야기한다. 투안은 자서전 『나는 누구인가?Who Am I』에서 "길을 잃으면 무력해진다. 무작정 그 길로 가 보는 수밖에는 다른 도리가 없어진다"고 이야기한다. "나는 지리학자들은 자신의 위치를 늘 잘 안다고 생각했다. 배낭 속이든 머릿속이든 그들 곁에는 늘 지도가 있으니 말이다." 그 솔직한 이야기에 가슴이 저릿하면서 많은 걸 생각하게 된다. 옥스퍼드에서 교육받고서 그가 원하던 분야로 뛰어들 때만 해도 지리학자들은 꼬질꼬질한 인디애나 존스 같은 모습이었다. 산맥이나 사막쯤은 아무렇지 않게 오르고 건너면서 지구의 물리적 실체를 밝혀내 지도에 담았다. 하지만 호리호리한 체격에 기발한 사고력을 지녔던 투안의 작업 방식은 달랐다. 그는 인간의 경험 속에 자리한 지형을 탐구했다. 그리고 우리의 내부 세계와 외부 세계 사이의 연관 관계를 연구해 자신의 분야에 일대 혁명을 일으켰다. 그는 엄마가 아기에게 어떻게 가장 중요한 '공간'이 되는지, 대성당이 어떻게 우리의 모든 감각을 끌어안는지 설명해 주는 학자다. 무엇보다 지리학자들이 좁은 시야로 특정 공간의 특성만 살피던 것에서 벗어나 그 공간에 담긴 의미까지 생각하게 된 것도 투안 덕분이다. 투안이 지리학자가 된 진짜 이유를 터놓는 경우는 거의 없다. 투안은 "우리가 지금 여기서 무엇을 하고 있는지, 우리가 삶에서 진정 원하는 것이 무엇인지" 알고 싶어서 지리학자가 되었다. 70줄에 접어들어 인생을 되돌아보니 늘 앎을 갈구해 온 자신이 보였다. 대답이 나오지 않는 질문들에 새로운 통찰을 제시하려 했었고, 그것은 곧 자기 자신을 찾고자 하는 작업이었다. 그는 자신을 따라다니는 '일탈'이라는 수식어를 좋아한다. 그런 경향이 포스트모던 시대 지리학에 막강한 영향을 미쳤기 때문이다. 하지만 투안은 이 세상에 살면서 이때까지 집의 편안함도, '영구성'이란 것도 느껴 본 적이 없다. 그의 삶에서는 지적 탐구에 나선 용기 있는 모습도 인상적이지만 늘 외로운 모습도 인상적이다. 그는 자서전 서두에서 "자기에 대한 의식이 점점 약해지는 데는 여러 중요한 요인이 있지만, 그 중에서도 사회적·지리적 이동성과 급격한 기술 변화가 중요하다"고 이야기한다. "전문 용어로 우리는 정체성 위기의 시대에 살고 있다."[55] 사실 이는 탐험가라면 떠안을 수밖에 없는 손실이다. 투안도, 스타크도, 채트윈도, 아이어도, 그리고 이전의 다른 사람들도 잘 아는 사실이었고, 우리 모두 서서히 깨달아 가고 있는 사실이다.

현실을 다시 들여다보기 위해서

이제 현대인에게 경계는 점점 없어지고 있다. 데니스 우드 Denis Wood가 말한 "지도의 시대"에 우리가 살게 된 것도 그래서가 아닐까?[56] 자기 갈 길을 (혹은 자기 자신조차도) 지도에서 찾는 게 지금 우리 모습이다. 물론 지도는 삶을 계획할 때 늘 유용하게 사용돼 왔다. 그래서 예로부터 권력자들은 지도를 활용해 올바른 인식을 정립하곤 했다. 지금도 우리는 지도가 있어야 우리가 아는 세계가 어떤 모양을 하고 있는지 알 수 있고, 미지의 세계도 지도를 통해 그 모습을 드러낸다. 근대에 유럽이 지도를 통해 신세계에 대한 두려움과 환희를 표현했듯, 오늘날 형체 없는 사이버 스페이스를 머릿속에 그리고자 할 때도 지도만큼 완벽한 매체가 없다(가상 세계와 물리적 세계의 상호 작용을 나타낼 때 특히 좋다). GPS(Global

Positioning System)라는 위성 기반 인프라에서 얻어진 데이터를 이용해 질병 감염 요주의 지역이나 전력망 등의 정보를 지도 위에 표시할 수도 있다. 또 '지리 좌표' 기법을 이용해 위도나 경도 같은 좌표를 온라인 텍스트나 음성 파일에까지 적용할 수도 있다. 100년 전만 생각해 봐도 이는 장족의 발전이다. 1910년 『브리태니커백과사전』을 한번 보라. 지도의 정의가 "지구의 전체 표면 일부를 축약해서 평면 위에 그린 것"이라고 나와 있다.[57] 지도는 이제 종이에서 벗어나 살아 있기라도 한 것처럼 그 모습을 획획 바꾸면서 우리에게 신유목민의 여정에 오르라 유혹하고 있다. (머릿속이든 배낭 속이든 탐험가는 늘 지도를 가지고 다니지 않는가.) 그러니 우리가 지도에 빠져드는 것도 당연하다. 우드의 추산에 따르면, 지난 20세기에 만들어진 지도가 이제까지 만들어진 지도의 99.9퍼센트를 차지한다. 수십억 달러짜리 첨단 기술 지도 제작 사업은 주로 구글이나 에스리Esri 등의 거대 기업들 차지지만, 우리 같은 일반인도 간단한 인터넷 지도 제작 기술을 이용해 나름대로 지도 제작자 흉내는 낼 수 있다. 사실 얼마 전까지만 해도 마거릿 퍼스Margaret Pearce가 사람들에게 지도 제작 일을 한다고 하면 참 멋지다고 말해 주곤 했다. 그런데 최근에는 사람들이 "나도 지도 만들 줄 알아요"라고 말을 한다. 오하이오대학 교수인 퍼스의 말에 따르면, "사람들 스스로가 자신을 지도 제작자로 여기는 것"이다.[58]

허심탄회한 성격에 부드러운 눈동자와 고동색 긴 생머리가 매력인 퍼스는 어느 비 내리는 토요일 오후, 유행을 선도하는 브루클린 윌리암스버그 거리의 럭키캣 라운지에 약간 얼이 빠진 듯한 모습으로 앉아 있었다. 어두침침하고 비좁은 이런 클럽을 주무대로 컨플럭스 행사가 열리는 중이었다. '심리지리학'을 위해 매년 뉴욕에서 나흘간 열리는 이 행사에서는 도시의 풍경을 물리적·심리적으로 탐험할 수 있다. 퍼스와 함께 커피를 홀짝이는 사이 럭키캣에 잠시 들렀다 가는 각양각색의 아티스트들, 괴짜들, 떠돌이들, 학생들을 볼 수 있었다. 강연을 들으러 가거나, 공연을 보러 가거나, 거리를 걷거나, 길거리 게임을 하러 가는 이들이었다. 축제 현장에는 공원에 다녀온 감상을 표현하는 예술가가 있는가 하면, 후각으로 해변을 천천히 거니는 코너도 있었다. 길거리에서 다 부서져 내릴 듯한 책상을 만드는 퍼포먼스를 하기도 하고, 바그다드와 뉴욕을 뒤섞어 놓은 지도를 가지고 거리를 걷는 행사도 있었다. 최신 동향을 반영하는 이 축제는 매년 미국 네바다 주에서 열리는 전위 예술가들의 괴짜 예술 축제 버닝 맨Burning Man 축제를 연상시킬 정도로 엄청난 인기를 모으고 있다. 여기서는 드라이브 스루 피자도, 끝없이 뻗은 고속도로도, 장소성 없는 장소도 찾아볼 수 없다. 그럼에도 끊임없이 에너지가 뿜어져 나오는 컨플럭스의 공연을 보고 있으면 산만함의 시대에 우리가 이 땅과 어떤 관계를 맺고 있는지 다시금 생각하게 된다. 지도를 만든다는 건 우리가 손에 만져지는 물리적 세계와 관계를 맺고 있다는 증거 아닌가? 그 핵심을 파고 들어가 보면 지도 제작은 집중력의 한 형태다. 그렇다면 디지털 지도를 통해 우리는 끝없이 이동하려는 우리의 성향을 달래고 이 땅, 그리고 손으로 만져지는 우리 자신과 다시 유대를 맺을 수 있지 않을까? 우리도 우리 시대에 맞는 노랫길 (songline: 오스트레일리아 토착 원주민이 중요한 지표나 신성한 지역을 찾을 수 있는 길을 노래에 담아 대대로 전승한 것 – 옮긴이)을 만들어 낼 수 있지 않을까?

유목민들에게 땅을 여기저기 누비는 것은 예삿일이다. 아틸라가 이끌던 훈족이 (현재 헝가리의) 산등성이에 지은 수도에서는 통나무로 성을 만들고 집들은 전부 나무로 만들었다. 돌로 지은 건물은 단 한 곳, 목욕탕뿐이었다. 몽고 제국의 왕실 수도였던 카라코룸도 천막 도시로, 오래 사용할 수 있는 튼튼한 건물은 거의 없었다.[59] 하지만 그런 유목민들도 신비한 땅의 지도는 공들여 만들어 땅과의 유대를 단단히 다지곤 했는데, 그 중에서도 제일 유명한 것이 오스트레일리아의 토착 원주민들이다. 이들의 노랫길은 지극히 개인적이고, 머리가 핑 돌 정도로 복잡하다. 주로 조상들이 다니던 길이나 개인과 집단의 정체성을 확립하는 데 아주 중요한 성스런 공간을 찾을 수 있게 되어 있다. 그러한 노랫길은 유목민들이 지어 낸 보이지 않는 건축물인 셈이다. 그 노래를 통해 사람들은 자신의 땅이나 역사와 계속 유대를 맺을 수 있었다. "정착 민족들은 땅 위에다 집과 촌락, 정원 등을 지어 그 모양을 바꿔 놓지만 유목 문화에서는 건설을 한다고 풍경이 바뀌지 않는다"고 피터 윌슨은 말한다.[60] 퍼스가 바라는 것도 바로 이런 전통에 따라 이야기를 들려주는, 그래서 보는 사람이 그 장소와 친근한 관계를 맺을 수 있는 그런 지도를 만드는 것이다. 퍼스는 "이제까지의 지도는 다 의미 있는 장소보다는 단순한 공간만 나타내는 데 익숙해요"라고 말하면서 축제 참가자들에게 다양한 색깔이 들어간 6피트짜리 지도를 보여주었다. 지도 제작의 전통적 규칙을 모조리 어긴 그 지도는 18세기 모피 무역상이 처음으로 몬트리올에서 캐나다 내륙으로 카누를 타고 이동한 내용을 나타내고 있었다. 퍼스의 지도에는 무역상이 이동한 땅만 나타나 있는 게 아니었다. 지도 안에 칸을 따로 마련해 하루하루의 진척 상황을 정리하고, 무역상의 일기에서 직접 발췌한 내용을 토대로 글자의 색과 크기를 달리해 그날그날의 날씨와 감정을 넣었다. 여행의 주된 줄거리가 되는 장소의 특성들을 그려 내기 위해 세심한 노력을 기울인 것이다. 한마디로 그녀는 우리 시대에 맞는 노랫길을 만든 것이었다. 우리가 나이트클럽에 낙서를 남겨 두거나 길모퉁이에 컴퓨터로 만든 시나 사진을 붙여 두는 것도 다 이런 맥락에서가 아닐까?

퍼스의 강연을 들으러 가기 전 나는 오후에 잠깐 시간을 냈다. 바그다드와 뉴욕을 뒤섞어 놓은 지도를 가지고 여행을 하는 '당신은 여기 없습니다You Are Not Here' 행사에 참여하기 위해서였다. 10명 남짓 되는 사람들이 아트 갤러리를 출발했다. 이 행사를 마련하는 데 일조한 뉴욕대학의 인터랙티브 텔레커뮤니케이션 프로그램의 대학생 한 명이 우리와 동행했다. 우리가 가진 지도는 양면으로 되어 있어, 한 쪽에는 바그다드가, 다른 한 쪽에는 뉴욕시가 똑같은 비율로 인쇄되어 있었다. 불빛에 비춰 보면 도보 여행 중간 중간 머무는 지점이 바그다드 내 목적지와 겹쳐져 있는 걸 볼 수 있다. 무숀 제르-아비브Mushon Zer-Aviv가 내게 그러한 지도를 만든 목적을 설명해 주었다. 미디어에 의존할 수밖에 없는 이라크에 대한 사람들 인식을 "한층 다양화하고", 자기가 가 본 장소를 물건을 사듯 "소유하려고 하는" 서구인들에게 일침을 가하기 위해서라고 한다.[61] 이스라엘인인 제르-아비브가 보기에 "서구 관광객들은 진실한 이야기에는 관심이 없다." 도보 여행이 시작되고 나서 첫 번째 정거장을 찾기까지는 조금 시간이 걸렸다. 제르-아비브가 짜인 각본대로 여행객의 역할을 충실히 해냈기 때문이다. "저도 바그다드에 처음 오는 겁니다." 그가 고급 주택가를 터벅터벅 걸으며 말했다. "우리가 뒤따라가는 저 사람들 누구죠? 나랑 다른 말을 쓰네요." 마침내 우리는 황량한 해변가의 부서진 가로등에 전화번호가 적힌 'You Are Not Here' 스티커를 찾을 수 있었다. 그 번호로 전화를 걸자 바로 이 '자리'가 사담 후세인의 동상이 넘어진 곳이라는 녹음 내용이 흘러나왔다. "이제 어디로 갈까요?"라고 제르-아비브가 물었다. "이제 우리가 무얼 찾아야 하는지 아시는 분 계십니까?" 나는 그 여행에서 발을 돌려 다시 전철역으로 향했다. 여기저기 흩어진 공터와 음침한 창고를 지나 길거리에 이르자, 뚱뚱한 체구에 얼굴은 쪼글쪼글한 폴란드인 노파가 소시지 냄새가 풍겨 오는 정육점 안으로 고개를 밀어 넣은 채 장을 보고 있었다. 적어도 내가 보기에 그 도보 여행은 '당신은 여기 없다'는 이름에 맞는 것 같았다. 바그다드에 대해 알게 된 건 하나도 없지만, 그 생기 넘치는 브루클린의 풍경에도 도통 눈과 귀를 집중하지 못했으니 말이다. 말 그대로 정신없이 어딘가를 떠돈 느낌이었다. 정말로 여기 있지 않았던 것처럼.

토요일 밤 데니스 우드가 무대에 올랐을 때 럭키캣은 사람들로 발 디딜 틈이 없었다. 광신도를 자처하는, 우드보다 몇 십 년이나 어린 젊은이들이 마룻바닥도 모자라 노래와 춤으로 들썩들썩하는 바까지 점령한 상태였다. 우드는 성미가 불같은 지도 제작자이자 교수로, 수감된 경력까지 있다. 지적 논쟁을 벌일 때 그는 칼을 들고 싸우는 사람처럼 치열하다. 그는 1970년 대 초반, 세계적 명성을 자랑하는 클라크대학 지도 제작 프로그램을 통해 석사학위와 박사학위를 받았으며, 예나 지금이나 급진적이고 반항적인 관점은 변하지 않았다. 이제 '원로 반항아'가 된 그가 심리지리학의 선구자 중 한 사람인 기 드보르Guy Debord에 대한 다소 딱딱한 내용을 글을 읽자 컨플럭스 페스티벌 참가자들은 무엇에라도 홀린 듯 자리에 앉아 그 목소리에 귀를 기울였다. 프랑스의 영화 제작자이자 시인이었던 기 드보르는 자본주의와 근대의 인간 소외에 맞서 싸우려면 사람들이 사회적 역할에서 벗어나 매일의 일상을 창의적으로 살아야 한다고 했다. 세상을 새로운 시각으로 보기 위해 드보르와 그의 추종자들인 상황주의자들은 도시를 "떠돌며 계속 관찰을 했다." 이 기법은 우드의 그 유명한 지도 제작 방식과 아주 유사하다. 우드 역시 그가 사는 노스캐롤라이나 롤리 인근을 돌며 집 현관마다 놓여 있는 호박이나 가로등 아래의 물웅덩이, 하수구 파이프, 송전선 등을 소재로 관점을 뒤엎는 지도를 만든다.

"지도를 만들면 의식 수준이 높아지고, 지각을 가다듬게 되고, 과감하게 행동하게 된다"고 우드는 말한다. 우드도 지도가 장소의 경험을 이야기해야 한다고 외치며 지도 제작계를 뒤흔든 선각자에 해당한다. 이야기가 끝날 즈음 우드는 심리지리학자가 되고자 하는 학생들이 길을 잃고 헤매고 있다며 다그쳤다. 단순히 클릭이나 구글 검색으로 지도를 교묘하게 조작하는 것과 지도 제작을 통해 이 세상을 새롭게 인식하는 것은 전혀 다르다고 그는 목소리를 높였다. "웹에서 자료를 찾을 수 있는 지금은 누구나 다 지도 만드는 작업을 좋아합니다. 하지만 지도를 만들려면 자료를 수집하는 실질적 작업이 선행되어야 합니다. 실제로 거리로 나가 직접 눈으로 보고, 냄새를 맡고, 귀를 기울여야 합니다. 그리고 거기서 의미를 찾아내야 합니다. 먼저 여러분의 두 눈을 떠야 합니다."

구글 어스로 세상 곳곳을 들여다보는 것이, 누군가 알아보길 바라며 가상 세계에 쪽지를 남겨 놓는 것이 과연 우리의 노랫길을 만들어 내는 방법일까? 그건 단순히 이 지구를 무대 삼아 마음 내키는 대로 '복사-붙여넣기'식의 건물 짓기를 하고 있는 것이 아닐까? 우리가 지도를 좋아한다는 건 우리가 그만큼 탐험을 동경하고, 장소 이동을 손쉽게 할 수 있으며, 새로운 의문이나 이야기에 끌린다는 이야기다. 하지만 지금 우리가 지도를 활용하는 건 이 사회에 발붙이기 위해서가 아니라 어딘가로 계속 이동하기 위해서다. 나와 함께 윌리엄스버그 거리를 잠시 산책하는 동안 우드는 현대인이 장소에 대한 감각을 잃어버리는 것 같아 걱정스럽다고 말했다. "분양지를 봐도 그렇고, 길가에 죽 늘어선 쇼핑몰을 봐도 그렇습니다. 고속도로도 마찬가지고, 주간州間 고속도로나 복합 상업 지구에서는 말할 것도 없어요."[62] 중간에 잠시 멈춰 섰을 때 나는 우드에게 새로운 것과 오래된 것이 마구 뒤섞여 있는 이 근방을 지도로 만들기 쉽겠느냐고 물었다. "어렵지요. 세부적인 건축 기법이 저마다 다 다르고, 온통 특이한 것들뿐인 데다, 특성도 각양각색입니다. 이런 곳은 지도로 만들기가 정말 어렵습니다." 우드는 어느 것 하나라도 놓치는 법이 없다. 그는 쓰레기통이며 화려한 코니스(cornice: 건축물 벽면에 수평으로 된 띠 모양의 돌출 부분 ─ 옮긴이), 술집과 상점들을 보라고 했다. "지도로 만들기 힘듭니다"라고 그가 결론 내렸다. 그는 주변을 마지막으로 한 번 더 둘러보고 난 후 다시 럭키캣으로 발걸음을 돌렸다. 그가 이렇게 조용한 것은 참 보기 힘든 모습이다.

멈출 때 비로소 보이는 것들

사회에 이렇게 발붙이지 못하는 것은 삶의 속박에서 벗어나 어디든 자유롭게 다니게 되면서 치러야 하는 대가이다. 우리는 장소와 유대를 맺는 대신 단순히 공간에 거주하게 되었다. 로절린드 윌리엄스Rosalind Williams의 표현대로 "인간이 스스로 땅과의 관계를 끊는" 지경까지 왔다.[63] 이동 속도가 빨라지면서 풍경은 희미해지고, 순식간에 우리를 다른 곳으로 데려다주는 교통수단이 점점 늘어나고 있다. "도시나 시골의 풍경, 소리, 맛, 온도, 냄새는 모두 차창 밖에 보이는 2차원 영상으로 대치되었다. 먼 옛날 19세기에 기차 여행이 생겨났을 때와 비슷하다." 존 어리John Urry의 이 말은 니체를 연상시킨다.[64] 워크맨이 아이팟으로 발전해 어디든 들고 다닐 수 있게 되면서 사람들은 삶의 상당 부분과 거리를 둘 수 있게 되었다. 마이클 불Michael Bull은 『도시에서 소리 내기Sounding Out the City』라는 책에서 사람들이 이를 통해 "우연이 지배하는 임의적인 세계에서 미약하게나마 확실한 세계"를 만들어 내고 있다고 이야기한다.[65] 빌 맥키븐이 지적한 것처럼 지금 우리는 몸을 통한 지식에서, 우리가 발을 디디고 있는 땅에서 점점 더 거리를 두려 한다. 우리는 "자기 자신이 누구이고 어디에 살고 있는지의 기본적 사실조차 제대로 모르는 무명無明의 시대에 살고 있다"고 그는 말한다.[66] 잠시 멈추는 것 역시 현실에서 점점 의미를 갖지 못하고 있다. 끊임없이 만족을 얻고자 끊임없이 이동을 하면서 잠시 멈출 때의 미묘함과 불확실성을 사람들은 견디지 못하게 되었다. 속도를 추구하며 한 순간도 낭비하지 않으려는 우리는 기다림을 통해 얻은 풍성한 의미를 놓치게 되었다. 우리는 한 번도 다다르지 못한 채 계속 '어딘가로 가기만 하는' 문화 속에 살고 있다.

　지금 우리는 스스로의 육체적 자아도 제대로 느끼지 못한 채 공중을 붕붕 떠다니고 있다. 시각, 후각, 청각, 촉각이 서로 아우성을 치던 전근대를 지나, 이제 우리는 (가장 지적이면서도 가장 멀리까지 지각하는 감각인) 시각이 개별적인 감각 경험들을 지배하는 시기에 접어들었다고 투안은 주장한다. 그 결과 "우리가 인식하는 세상은 점점 넓어지는 반면, 그 속에 존재하는 풍요로움은 점점 사라지고 있다."[67] 몇 세기 전만 해도 사람들은 시끌벅적한 소음 속에서 손에서 뚝뚝 흘러내리는 향과 맛이 가득한 음식을 먹었으나, 이제 우리의 조리법은 감각적 경험들을 점점 무시한다. 말 그대로 우리는 우리가 먹는 음식이 어떤 것인지조차 모르는 경우가 많다. 음식이 우리를 현실과 연결 지어 주는 마지막 고리인데도 말이다. 정부는 최근에 일상 활동 중 사람들이 멀티태스킹을 하느라 제대로 신경 쓰지 못하는 것이 무언지 설문조사했다. 그 결과 먹는 데 시간을 할애하지 않는 미국인이 약 4퍼센트에 이르는 것으로 드러났다. 그들에게 먹는 것은 부차적인 활동일 뿐이었다. 미국인은 이러한 방식을 선호하고 있다. 알약 형태로 식사를 해치우는 게 좋다는 여성이 전체의 32퍼센트, 남성은 22퍼센트에 달했다.[68] 오늘날 젊은 층 대다수에게는 머릿속에 담아 둘 맛에 대한 기억이 없다. 음식 연구가 캐롤 디바인Carol Devine은 밭에서 방금 딴 토마토나, 단물이 줄줄 흐르는 여름철 복숭아에 대한 기억이 전혀 없다고 안타까워한다.[69] 마이클 폴란은 『잡식동물의 딜레마Omnivore's Dilemma』에서 물론 그들에게도 음식을 먹었던 기억이 있겠지만, 진짜 음식에 대한 기억은 갖지 못할 거라고 이야기한다. 예를 들어 기름기와 소금기가 가득 배인 치킨 너겟이 그렇다. "프로스트가 마들렌 굽는 냄새를 맡으며 유년 시절을 떠올렸듯, 오늘날의 아이들은 장차 치킨 너겟을 떠올리며 유년을 그리워할 것이다." 하지만 패스트푸드가 다 그렇듯 "치킨 너겟은 그 맛에 집중하면 할수록, 도대체 그게 무슨 맛인지 알 수 없다"고 폴란은 책에서 이야기한다.[70]

브라이언 완싱크Brian Wansink에게는 이 모든 것이 전혀 놀랍지 않다. 옅은 갈색 머리에 장난기 가득한 그는 코넬대학의 교수로 방종의 심리학을 연구하고 있다. 그가 행한 수많은 실험에 따르면, 먹는 음식과 방법에 주의를 덜 기울이게 된 결과 사람들은 점점 곳곳에 자리 잡은 마케터들의 먹잇감이 되고 있다. 한 실험에서 완싱크와 그의 학생들은 먹어도 먹어도 채워지는 수프 그릇을 만들었다. 그 사실을 알지 못하는 피실험자들은 실험을 중지시킬 때까지 계속 그릇 안의 수프를 먹었다. 실험 동영상을 보면 사람들은 식당이나 파티에서 완싱크가 주는 것은 다 받아먹을 기세였다. 내용물이 아무리 많든, 맛이 퀴퀴하든, 밍밍하든 그것은 상관이 없었다. 현실적이면서도 소년 같은 매력을 지닌 완싱크는 "저는 현실에 대한 인식 없이 대충 이루어지는 의사 결정에 정말 관심이 많습니다"라고 말한다. "정말 중요한 문제는 현실 외면을 조장하는 요소가 우리 사회에 아주 많다는 것이지요."[71] 완싱크 자신이 둘째가라면 서러울 잡식가다. 커피를 일 분 만에 들이킨 뒤 이어서 입 안에 M&M 초콜릿을 한 움큼 털어 넣거나 사과 맛 껌 하나를 집어넣기 일쑤다. 하지만 쉴 새 없이 움직이는 일중독자인 완싱크도 매일 밤 저녁 식사 시간만큼은 대만인 아내, 그리고 이제 막 걸음마를 뗀 아기와 함께한다. 내가 그의 집을 따라간 날에는 아이오와에서 오신 완싱크의 노부모님도 함께였다. 가족간의 유대가 돈독한 농가에서 자라난 완싱크는 응집력 있는 사회를 만들 때 음식이 어떤 역할을 할 수 있는지에 대해 항상 관심이 있었다. 하지만 음식을 제대로 차려 놓고 먹어야 하는 까다로운 사람들과, 간편 식사를 즐기는 사람 중 누가 옳은지 가리는 이념 논쟁에는 끼고 싶지 않단다. 그는 더 나은 섭식의 답이 다른 데 있다고 믿는다. 사람들이 두 눈을 똑바로 뜨고 오감을 일깨워 정신이 산만한 상태에서 맛도 없는 음식을 엄청나게 집어 삼키고 있다는 사실을 깨달아야 한다고 말한다. 과학도 그의 말이 옳다고 손을 들어줬다. 정신이 산만한 상태에서 음식을 먹는 사람들은 특히 짜거나 단 음식을 정량보다 더 많이 먹는 경향이 있다고 하니 말이다.[72] 완싱크는 처음 일을 시작할 때 비만에 걸린 한 남성이 드라이브 스루 음식 중독을 끊을 수 있도록 해 준 일이 있다. 길가의 음식점에 들러 음식을 먹어 보라고 설득한 것이다. 그 남자는 드라이브 스루에서 파는 음식의 맛이 형편없다는 사실을 깨달을 수 있었다.

우리도 여기서 멈출 수 있을까? 우리도 길가 음식점에서 음식을 먹으며 공간성 없는 공간의 침략을 제대로 바라볼 수 있을까? 아니면 벌써 우리는 아무런 구속 없이 홀로 떠나는 여행에, 모퉁이만 돌면 또 다른 선택이 기다리고 있을 가능성에 너무 푹 빠져 버린 것일까? 아직 늦지 않았다. 걸음을 멈추기만 하면, 우리는 집중력 결핍의 세상을 제대로 볼 수 있다. 산만하고, 조각나 있고,

현실을 외면하는 그 모습을 말이다. 우리는 매혹적인 가상 세계에 넋이 나가지만, 유령처럼 서로를 몰래 살피는 일에도 점점 신물을 내고 있다. 집중력 결핍의 삶을 통해 시간의 한계를 뛰어넘으려 애를 쓰지만, 그럴수록 우리는 어디에도 닻을 내리지 못한다. 삶이 장소에서 떨어져 나와 희미해지면서 자아에 대한 인식도 제대로 가지지 못한다. 지금 우리는 생물학적 한계를 벗어던지고 새로운 우주 시대의 존재를 향해 진화해 가고 있는 것일까? 아니면 너무 둔해서 쇠퇴기가 다가오는 걸 알아차리지도 못하는 것일까? 지금 우리에게는 이 세상을 외면하려는 태도에 맞설 방법이, 돈독한 유대 관계가 가진 힘을 회복할 방법이, 온전한 인식과 사고를 구제할 방법이 필요하다. 산만함의 시대에서 우리는 조각나고 파편화된 정보와 즉각적인 답에 점점 더 의지하기 시작했다. 하지만 이는 진정한 의미의 진보가 아니다. 문화적 쇠퇴의 시작이다.

저녁식사 시간, 완싱크는 식탁에 앉아 천천히 음식을 들었다. 아내가 잘게 잘라 기름에 살짝 튀겨 준 치킨 몇 조각과 토마토, 신선한 바질, 어머니가 만들어 준 베이컨 브로콜리 샐러드가 메뉴였다. 아내 몰래 한 살짜리 딸아이에게 병아리콩을 한 알 주었다가, 목이 막히면 큰일 난다고 한 소리를 들었다. 느긋한 저녁식사 시간은 하루 일과에 대한 이야기와 완싱크의 어린 시절 이야기로 마무리되었다. 식탁을 치우고 나자 완싱크의 아내가 중추절에 중국인들이 신선이 되어 달나라로 올라간 상아라는 여인을 기리며 먹는다는 월병을 내 왔다. 잘게 조각내어 말린 망고 몇 조각, 커피향

건포도, 아몬드 가루가 뿌려진 보름달처럼 동그란 조그만 케이크
도 함께 자리했다. 완싱크는 케이크를 조금 떼어 딸아이가 앉아
있는 유아용 의자의 음식 받침대 위에 올려 주었다. 아기는 케이
크를 정신없이 집어삼키더니 까르르 웃어 댔다. 그 소리가 어찌나
유쾌한지 테이블에 앉은 모든 사람이 덩달아 웃을 수밖에 없었다.
느긋한 시간이 주위를 감싸고 있었다. 보름달 케이크처럼 둥글고
달콤한 시간이.

DIS TRAC TED

사라지는 집중력, 무너지는 삶

5

모든 것을 기록하고,
모든 것을 망각하다

실시간 모니터링과 감시 사회

제러미 벤담Jeremy Bentham은 지금도 감시를 멈추지 않고 있다. 그는 1832년 84세의 나이로 생을 마쳤지만, 그의 유골은 런던칼리지 본관에 영구 안치돼 있다. 그의 유골은 생전에 그가 입던 성직자복에 주름 장식이 달린 셔츠를 걸치고 밀랍으로 만든 모형 두상에는 챙이 넓은 모자를 쓰고 있다. (벤담의 진짜 머리는 유골로 만드는 과정에서 손상되어 근처의 오크나무 유골함에 보관되어 있다. 원래 100년 동안은 접시에 담아 발치에 놓아두었으나 학생들이 장난을 치는 경우가 너무 많아지자 유골함으로 옮겼다.) 벤담은 등을 곧게 세우고 의자에 앉아 무릎 위에는 자신이 아끼던 지팡이를 올려놓은 채 유리를 통해 자신을 들여다보는 사람들을 마주본다. 모든 곳을 감시할 수 있는 힘이 존재한다던 자신의 믿음을 섬뜩하게 증명이라도 하듯이 말이다.

오토아이콘auto-icon은 벤담이 "어떤 사람이 후세를 위해 남겨놓은 자기 자신의 모습"이란 뜻으로 고안해 낸 말인데, 지금 그 자신이 오토아이콘이 되어 있는 셈이다.[1] 그리고 사회 비평가이자 법률 개혁가였던 벤담은 박제된 나비처럼 자신의 오토아이콘이 가만히 상자 안에 앉아 있기만 바라지 않았다. 생을 마감하면서 자기 몸에 대한 공개 부검 절차를 개인 주치의에게 일일이 일렀을 뿐 아니라, 자신의 오토아이콘을 자기 친구들이나 추종자들의 모임에 데려가 '사람들이 함께 모여서 볼 수 있는 위치'에 놓아 달라고 했다. 2004년에는 이 오토아이콘이 대학의 은퇴식에 참석하는 일까지 있게 되었다. 벤담 탄생 250주년을 여섯 해 앞두고 열린 텍사스 심포지엄에 벤담의 오토아이콘 영상을 쏘아, 학자들이 그에게 직접 말을 건네며 강연을 한 것이다.[2] 그리고 행사가 끝나자 심포지엄 참가자들은 벤담이 우리 인류에게 길이길이 물려준 유산인 파놉티콘 케이크를 조각조각 냈다. 감옥, 학교, 병원과 여타 사회 기관의 모형이 된 그 파놉티콘 말이다.

'어디든 볼 수 있는 장소'를 만들어 낸 벤담이야말로 현재 우리가 살고 있는 감시 사회를 만들어 낸 장본인이다. 현대 사회에서 정설로 통하는 원리, 즉 '사람들을 계속 감시하는 것이 사람들을 통제하는 기막힌 방법'임을 처음으로 알린 것이 벤담이었다. 채찍보다 감시가 막강한 힘을 발휘한다. 벤담은 자신이 (심지어는 죽은 후에도) 사람들을 계속 감시할 수 있으리라 생각했다.

중앙에는 높다란 감시용 탑이 서 있고 그 주위의 원형 건물 안에 방이 배치된 원형 교도소 파놉티콘은 지극히 단순하면서도 막강한 힘을 발휘하는 개념이다. 벤담의 동생 새뮤얼Samuel은 1700년대 말 러시아 제후의 저택 관리인으로 일한 적이 있었다. 뛰어난 발명가이자 엔지니어이기도 했던 그는 한 사람이 여러 명의 기술자와 공장 인부를 동시에 감시할 수 있는 체계를 만들어 냈다. 그 체계 안에서 살아가는 사람은 자신이 언제 상부의 감시를 받는지 알 수 없다. 단순히 감시를 받고 있다는 사실 자체가 엄청난 통제력을 발휘했다.

제러미 벤담은 동생이 만들어 낸 이 체계를 접하고는 다양한 사회 제도에(특히 감옥에) 실제로 적용해 보려고 무던히 애를 썼다. 잉글랜드로 돌아온 그는 원형 교도소가 안전성뿐 아니라 갱생 효과도 뛰어나다고 믿고 20년 동안 그것을 개발하는 데 몰두했다. 그는 현재 테이트미술관이 들어서 있는 템스 강변의 고급 부지를 매입하고, 새뮤얼과 함께 자신들이 살던 집을 감옥의 모형을 만드는 작업실로 꾸몄다. 한마디로 죄수들을 훈련시킬 거대한 시설 같은 곳이었다. 벤담은 사소한 것 하나도 그냥 지나치지 않았다. 건축 자재는 무엇을 쓸 것이며(방수용 벽돌을 쓸 것인지, 철재를 쓸 것인지), 수감자들에게 어떤 노역을 시킬 것인지를 두고 고심했다.[3] 하지만 안타깝게도 그의 생전에 파놉티콘은 완성되지 못했고, 그의 오토아이콘만 남아 감시의 시선이 점점 사회를(특히 가정을) 관리하는 기본 원리가 되어 가는 모습을 지켜보고 있다. 감시 카메라, 소프트웨어 모니터링, GPS 추적 장비, 차량 탑재 블랙박스, 음주 측정기, 약물 복용 테스트, 공항, 공원, 사무실, 병원, 공장, 심지어 집에까지 심어져 있는 데이터 칩이 보이지 않는 감시의 시선이 아니고 무엇인가. 감시는 더 이상 대중만을 상대로 하지 않는다. 이제는 '사생활'에도 감시가 따라다닌다. 배우자들끼리 서로를 모니터하며, 자신을 버린 옛 애인의 행방을 추적하고, 아이들은 친구들을 감시한다. 무엇보다 부모들은 아이들에게 끝없이 감시의 시선을 보낸다. 정부가 우리를 감시하는 건 당연하고, 이제는 서로가 서로를 감시하는 세상이 된 것이다. 혼자 틀어박혀 사람들을 감시하는 일에 매달렸던 벤담은 그런 의미에서 우리 시대의 진정한 선구자인 셈이다.

산만함의 시대에 우리는 사랑하는 사람을 감시의 시선으로 묶어 두어야 안심이 된다. 감시surveillance의 어원은 '지켜보다'란 뜻을 가진 프랑스어로, '관심을 갖다'와 '감시하다'의 뜻이 모두 들어 있다. 덧없이 순식간에 변해 버리는 세상에 살다 보니 우리는 감시를 해야 안심하고 살아가는 듯하다. 사회학자 데이비드 라이언David Lyon 교수는 "감시 사회가 등장한 것도 다 무언가 사라져 버리고 마는 현상 때문이다"라고 설명한다.[4] 감시, 추적, 모니터링을 통해 끊임없이 움직이고 분할된 가상 세계 속에 무언가가 '존재'한다는 증거(사진, 인쇄물, 지도 위의 위치 표시 등)를 얻으면 마음이 편안해진다. 보이지 않는 감시의 눈이 상대방을 어떻게든 '보이게 만들어' 안도감을 주는 것이다. 감시를 이용하면 답이 안 나오는 세상에서 답을 얻을 수 있다. 그는 어디 있었지? 그녀가 무슨 말을 했었지? 오가는 데 얼마나 걸렸지? 내 아이가 지금 잘 하고 있을까? 그런데 이렇게 감시를 통해 가족간 유대를 다지려 할 경우 벤담이 미처 생각지 못한 대가를 치러야 한다. 감시와 신뢰는 공존할 수 없기 때문이다.

신뢰는 오랜 시간이 흘러야 비로소 싹트고 신뢰가 쌓여야 돈독한 관계도 이루어지는데, 감시의 시선 속에서는 신뢰가 자라날 수 없다. 타인에 대한 관심을 감시로 표현하면서 우리는 불신의 시대로 발을 들이고 있다. 집중력 결핍의 문화를 양산하면서 우리가 겪게 되는 첫 번째 집단 손실이 바로 불신이다. 벤담이 만든 파놉티콘 문장紋章을 보면 눈동자가 하나 그려져 있고 그 주위를 "자비, 정의, 신중"이란 말이 원형으로 둘러싸고 있다.[5] 하지만 벤담이 만든 감시 시설은 가차 없는 통제, 그리고 불신을 기반으로 하고 있었다. "나는 위반자가 나올 때까지 사람들을 감시할 것이다. 규칙을 조금만 어겨도 기록해 둘 것이다. 그리고 위반자가 또 나올 때까지 기다렸다가 그것 역시 기록해 둘 것이다. 나는 하루 종일 지키고 있을 것이다. 이를 통해 여러분 모두는 깨달아야 한다. 이곳에서는 규칙을 어겼다간 절대 안전할 수 없다는 것을."[6]

그 카메라를 통해 우리는 아이가 침대에 누워 있는지, 아니면 침대 밖으로 기어 나오고 있는지 볼 수 있습니다. 아이가 침대에서 일어나도 서둘러 달려갈 필요가 없습니다. 문이 삐걱 열리는 소리만 나도 아이가 지레 겁을 먹으니까요.

중서부 지방의 첨단 기술 기업 중역으로 있는 짐Jim은 두 살짜리 딸아이 조Zoe의 침대를 테두리 난간이 있는 유아용에서 난간이 없는 것으로 바꾸던 날, 아이의 침실에 카메라를 한 대 설치했다. 아이가 두 번씩이나 난간을 기어 나오자 더 이상 그냥 둘 수가 없었다. 아이가 컸을 때를 대비해 미리 사 두었던 침대를 조립했다. 적외선 카메라를 설치할 때도 바로 이때다 싶었다. "부모 역할이 처음이다 보니 우리는 문을 닫으면 과연 무슨 일이 벌어질까 아주 궁금했습니다. 그 방에서 아이는 뭐든지 할 수 있었어요. 전기 콘센트 쪽으로 갈 수도 있고, 침대에서 벌떡 일어나 자기 책을 가지고 놀 수도 있었어요." 그는 궁금증을 이기지 못하던 당시를 회상했다. "우리는 정말 걱정이 많았습니다. 아이의 방은 곧 근심덩어리였죠." 아이를 새 침대에 처음으로 눕힌 날 밤, 부부는 아이의 방 문을 닫고서 서재의 TV 앞에 앉았다. 흐릿한 흑백 화면을 통해 조의 모습이 실시간으로 전해졌다(부부는 이 채널을 ZTV라 부르고 있다). 엄마 아빠가 지켜보고 있는 가운데 조는 침대에서 기어 나오기 시작하고 있었다.[7]

지금 우리가 사는 세상은 더 이상 옛날처럼 위험하지 않다. 물론 사람들이 무서워하는 게 시대마다 다 다르긴 하지만 말이다. 옛날에는 흑사병이나 노상강도에 맥을 못 추었지만, 지금은 암이나 테러리스트들에게 벌벌 떤다. 하지만 위험 측정과 관리를 지금만큼 중시했던 적은 이제까지 없었다. 자기가 사는 세상을 얼마든지 자기 마음대로 설계할 수 있다고 생각하는 세상에서 이는 피할 수 없는 일이라고 사회학자 앤서니 기든스는 말한다. 더 이상 자신이 운명에 속박되어 있다고 생각하는 사람은 거의 없다. 레지나 루이스처럼 우리는 탐험가인 것이다. 기든스는 "위험을 얼마든지 통제하고 거기서 벗어날 수 있다는 생각, 즉 인간의 힘으로 더 안전하게 지낼 수 있다는 생각이 바로 계몽주의 사상이 요체이다"라고 말한다.[8] 한마디로, 위험 관리는 미래에 대비하는 길인 셈이다.

자신에게 곧 닥칠 일을 그렇게 강박적으로 통제하는 과정에서 자연스레 감시가 이루어진다. 아이들이 세발자전거를 탈 때도 헬멧을 씌우고, 구명 장비를 챙겨 입히고, 안전벨트를 꼭 채워 준다. 쿠키에는 손도 못 대게 하고, 바싹 익힌 햄버거만 먹이고, 납치되지 않게 조심하라 단단히 이른다. 이렇게 쉴 새 없이 아이들을 감시하면서 우리는 절대 닿을 수 없는 '마음의 평정'에 이르고자 한다. 감시는 리스크에 맞서 싸우는 최상의 무기로서 일종의 보이지 않는 보호막 구실을 해 주고, 감시를 통해 우리는 안전과 통제라는 소기의 목적을 달성한다. 리스크의 한가운데서는 통제가 불가능하다. 아이들을 안전하게 보호하는 것과 아이들을 통제하는 것을 오늘날 우리가 같은 의미로 생각하는 것도 그래서다. 그런데 이런 파놉티콘식의 사회에서는 권리 침해와 규칙 위반 사이의 경계가 모호해진다. 우리는 무고한 사람을 보호한다는 명목으로 그들을 감시하는데, 그런 식의 감시가 백이면 백 사람들을 죄인으로 만든다. 피보호인들은 '안전지대'에서 한 발짝만 벗어나도 죄인이 돼 버리고 만다. 아동 역사가 스티븐 민츠Steven Mintz가 "지금 우리는 아이들을 가택 연금시키고 있다"고 이야기하는 것도 같은 맥락이다.[9] 우리는 아이를 보호하는 것인가, 아니면 가둬 두는 것인가?

댄 포프Dan Pope는 솔트레이크시티에서 아들 셋을 키우고 있는 텔레비전기상학자다. 그는 집에서 사용하는 컴퓨터에 감시 프로그램 소프트웨어를 설치해 두었다. 열두 살 난 그의 막내아들이 소녀 행세를 한 어떤 남자와 온라인에서 남 몰래 부적절한 관계를 맺었다는 사실을 알고 가만있을 수 없었기 때문이다. 댄은 막내가 이상한 시간에 인터넷을 하는 것을 보고 무슨 일이 있음을 직감했다. "저는 그 녀석 어깨 너머로 컴퓨터를 감시하기 시작했습니다." 그러고는 스무 살짜리 맏형에게 동생의 이메일과 문자 메시지 내용을 검색해 보도록 했다. "전 순진하기 짝이 없었습니다."[10] 결국 그 작자가 누구인지는 밝혀내지 못했지만 포프는 노발대발하여 막내가 컴퓨터를 못 쓰게 막을 수 있었다. 그리고 그렇게 1년 가까이 지났을 때 멀리 떨어져서도 아들의 컴퓨터를 감시할 수 있는 소프트웨어 프로그램이 있다는 것을 알게 되었다. 이 프로그램은 아이가 유해 사이트에 접속할 경우 그 자리에서 접근을 완전히 차단하거나, 포프에게 이메일로 아이가 어떤 사이트에 접속했다는 사실을 알려준다. 포프가 그 사이트가 어떤 곳인지 확인해 보고 헤비메탈 등의 금기 영역에 들어갔을 경우 아내에게 일러 그날은 하루 종일 아이가 컴퓨터를 하지 못하도록 한다. "아이를 통제하려는 것도, 아이의 자유를 빼앗으려는 것도 아닙니다. 애정 어린 방법을 이용하는 것뿐입니다"라고 포프는 말한다. 막내아들이 그 소프트웨어 작동을 멈추려다 컴퓨터 하드웨어를 몽땅 날린 적이 있는데도 말이다. "다 아들을 생각하고 배려하고 사랑해서 그러는 겁니다."

스티븐 플러스티Steven Flusty는 에세이 〈망상 건설하기Building Paranoia〉에서 "다른 사람의 사이버 스페이스를 얼마든지 넘나들 수 있게 된 것과 동시에, 물리적 세계의 경계도 지극히 미세해져 스스로가 안전지대의 침입자가 되고 있다"고 말한다.[11] 1980년대, 플러스티가 어렸을 때만 해도 로스앤젤레스 외곽의 집에 들어가는 방법은 간단했다. 마당을 가로질러 열쇠를 따기만 하면 되었다. 하지만 이제는 한 발은 보도 위에 놓은 채 먼저 센서 작동식 보안장치의 불빛 세례를 받아야만 한다. 그리고 나서 자물쇠를 하나 따고 30초 안에 외부 경보 장치를 해제해야 집 안으로 들어갈 수 있다. 집에 들어가고 나서도 마루와 복도에 설치된 경보 장치의 스위치를 내려야만 한다. 그의 부모 집은 여기다 한술 더 떠 끝이 뾰족뾰족한 보안용 담장으로 안심하지 못하고 사설 경비원에게 순찰을 돌게 한다. 플러스티는 로스앤젤레스 전역에 분포하는 '금지 구역'의 종류가 다섯 가지에 이른다는 걸 알아냈다. '비밀 구역', '관계자 외 출입 불가 구역', '봉쇄 구역', '출입 통제 구역', '경비 삼엄 지역' 등이다. 사실 이런 곳들은 흔하다. 담장 뒤에 자리하고 있는 대저택의 소규모 공원, 끝이 뾰족뾰족한 정원의 울타리, 카메라로 중무장하고 있는 가게들이 다 그런 곳 아니던가. 이러한 공간들은 그곳에 발을 들이는 사람을 방해하고 쫓아내고 걸러 내는 역할을 한다. 그곳 사람이든 아니든 가리지 않고 말이다.

조는 첫날 밤부터 침대에서 기어 나오기 시작했다. 나는 우리 부부가 당장 방으로 달려가야 한다고 생각했다. 하지만 아내는 조가 나름의 탐험을 할 수 있도록 내버려 두어야 한다고 생각했다. 깜깜한 방 안에 혼자 있는 것이 어떤 느낌인지 알아야 한다는 것이다. 결국 우리는 조의 방으로 들어갔다. 현재 우리 부부는 조가 깨어나도 그대로 침대로 누워 있도록 하는 훈련을 시키고 있다. 낮잠 잘 시간에 침대에 눕힌 후 잠이 들 때까지의 모습을 카메라로 지켜본다. 카메라를 설치한 건 지난 주말이었다. 나는 내 TV 왼쪽 한구석에 조그만 칸을 하나 마련하는 것이 좋겠다는 생각이 들었다. 아내가 한밤중에 일어나서도 조의 방을 살펴볼 수 있도록 말이다. 일주일이 지나고 난 후 조가 그것이 무엇이냐고 물어왔다. 아내는 아주 쉬운 말로 솔직히 답해 주었다. 저것은 카메라라고, 저 장치를 통해 조의 방을 들여다볼 수 있다고.

철학자 미셸 푸코의 말에 따르면 파놉티콘의 발명이 '도화선'

이 되어, 갖가지의 사회적 관리망을 갖춘 사회가 표준으로 자리 잡게 되었다.[12] 왕들이 전쟁과 고문을 이용해 통치를 하던 옛날은 지나가고, 중세 시대 말엽에 이르자 미묘하고도 간접적인 통치 방식이 (모세혈관을 통해 피가 온 몸 구석구석으로 스미듯) 사회 전반에 자리를 잡기 시작했다. 얽히고설킨 복잡한 규제들이 행동을 결정지었고, 거의 모든 행동이 빠짐없이 감독과 기록의 대상이 되었다. 그러면서 감옥, 경찰, 병원, 보호 시설, 공립학교 등이 '기강을 중시하는' 현대 사회의 중추로 자리 잡게 되었다고 푸코는 이야기한다. 그러한 문화 속에서 감시는 빠질 수 없는 요소이자 바람직한 이상이었다. 파놉티콘식의 통제가 이룩해 낸 주요 성과를 꼽자면, "감시가 실제로는 쭉 이어지지 않아도 결과적으로는 영구히 이루어지는 것처럼 만든 것이다. 권력은 완벽해지면 실질적인 권력 행사가 필요 없어진다. 이 파놉티콘식의 설계대로 만들어진 체계에서는 권력을 누가 쥐었는가는 상관없이 권력 구도가 만들어지고 유지된다. 한마디로, 권력을 쥔 사람들이 동시에 권력의 감시를 받는 상황에 처한다." 푸코가 지적한 대로, 이 체계에서 진정 위험한 것은 억압이 아니라 사람들을 특정한 틀 안에 가둘 수 있다는 것이다.

하지만 돌처럼 단단하던 것도 시간이 지나면 얼마든지 흐를 수 있고, 어딘가에 뿌리박고 있던 것도 시간이 지나면 얼마든지 움직일 수 있는 법이다. 옛날의 제도나 전통도 지금은 낡은 것이 되어 가고 있다. 지금 우리는 기강을 중시하는 사회보다는 '통제'

가 중시되는 사회에 살고 있으며, 철학자 질 들뢰즈는 "시시각각 자기 맘대로 틀을 바꾸는 거푸집처럼" 끊임없이 경계가 변하는 것이 통제 사회의 주된 특징이라고 이야기한다. "통제를 하는 사람은 늘 바뀌게 되어 있다. 통제는 단기간에 이루어지고 빠른 속도로 전이되지만, 동시에 지속적이고 한계가 없다."[13] 다시 말해, 감시는 가정, 사무실, 학교 같이 폐쇄된 공간뿐만이 아니라 모든 공간 속에서 자유롭게 이루어질 수 있다는 이야기다.

모험을 한답시고 새로운 인터넷 사이트엔 접속했다간 엄마아빠의 이메일로 쏜살같이 소식이 날아들고, 그날 하루는 사이버 공간과 이별해야 한다. 차량에 탑재된 블랙박스를 통해서는 십대 자녀들이 얼마나 빠른 속도로 차를 몰고 다니며, 또 브레이크는 어떤 식으로 밟는지 추적할 수 있다. "자녀가 어떻게 차를 몰고 다니는지 궁금하지 않으십니까?"라는 홍보용 범퍼 스티커는 그 시스템을 전혀 모르던 사람에게까지 감시를 부추기고 있다. 또 휴대전화의 GPS는 아이가 위치를 바꿀 때마다 그 정보를 전송해 주고, 브라우저 히스토리 도구와 데이터 출력 장치, 카메라 동영상을 이용해 그 모든 정보를 담을 수 있다. 이제 우리는 무언가를 더 자세히 볼 수 있다는 가능성을 넘어서, 무언가를 1분 1초도 빠짐없이 지켜볼 수 있는 경지에 도달한 셈이다. "이런 시스템을 가지고 스파이 짓을 하지는 않습니다." 뉴저지의 자기 집에 갖춰 둔 감시 시스템을 두고 피터 클라이너Peter Kleiner는 말한다. "다 제대로 알고자 이용하는 겁니다."[14] 클라이너는 창고부터 자신의 욕실에 이르기까지 집안 구석구석에 총 7대의 카메라를 설치해 두었다. 기계 수리 기사나 청소부들이 일을 제대로 하고 가는지 몰래 감시하기 위해서다. 또 열세 살, 열다섯 살인 두 아들이 학교에서 돌아오거나 지하실의 게임방에서 친구들과 놀 때 어떻게 지내는지 확인하려는 목적도 있다(아이들은 카메라가 설치돼 있다는 것을 알고 있다). 아이들끼리 시시콜콜 다툴 때 카메라에 담긴 내용을 갖고 중재를 할 수도 있다. 또 부엌에 가만히 앉아서 아이들 친구들이 아래층에서 난장판으로 파티 벌이는 모습을 통신으로 지도할 수도 있다.

　하지만 이런 전면적 감시가 규칙 위반 사례만 적발해 내는 건 아니다. 감시의 시선은 실수를 비롯해 규칙의 한계를 조심스레 짚쳐 보는 행동까지 잡아내고 기록한다. 감시의 목적은 바로 확실한 행동 저지선을 만드는 것이기 때문에, 실제적인 위반 사례만이 아니라 그 가능성까지 잡아낸다. "당신이 자녀 곁을, 당신이 고용한 일꾼 곁을 단 한시도 떠나지 않는다고 상상해 보십시오. 그때 당신이 갖게 될 통제력을 상상해 보십시오." 차량용 감시 시스템 제조 회사의 사장인 래리 셀디츠Larry Selditz의 말이다.[15] 이제 학교에서 제공하는 정보 시스템을 이용하면 학부모는 온라인으로 출결 상황, 숙제별 성적, 학업 성적표, 점심 급식에서 아이들이 먹은 쿠키와 더블 치즈버거 개수를 일일이 확인할 수 있다. 이것이 바로 데이비드 라이언이 말한 보험 통계상의 정의actuarial justice란 것으로, 일탈의 가능성을 일탈 행동 그 자체보다 중요하게 여긴다.[16] 지금 우리가 사는 세상은 올더스 헉슬리가 그린 『멋진 신세계Brave

New World』도, 조지 오웰이 이야기한 무시무시한 『1984년』식의 세계도 아니다. 하지만 가족들을 상대로 감시망을 구축했다는 것은 벌써 우리가 특정 선을 넘었음을 뜻한다. 쿠키를 누가 집어 갔는지, 승용차의 제한 속도를 넘었던 사람이 있는지, 인터넷에 접속해 웹 페이지를 돌아다닌 사람이 누군지, 아기가 침대에서 기어 나왔는지 우리는 일일이 감시할 수 있다. 안전지대 바깥으로 살금살금 빠져나오는 사람들은 감시를 피할 수 없다.

> 처음에는 조도 침대에서 나오면 안 된다는 걸 잘 알고 있었습니다. 하지만 지금은 자신이 얼마든지 침대 밖으로 나갈 수 있으며, 그렇게 해도 끔찍한 일이 일어나지 않는다고 생각하죠. 발판 위에 올라서서 전등 스위치에 손을 뻗으면 우리가 방으로 들어올 거란 사실도 알고 있습니다. (…) 저는 특별한 상황에서는 아이 행동을 제지할 생각입니다. 하지만 아이가 혼자 놀다 좀 다치거나 몸에 잉크나 얼룩이 묻을 때까지는 그냥 내버려둘 겁니다. 저는 조가 훌륭한 선택을 하기를 바라요. 우리는 조가 올바른 의사 결정 능력을 갖출 수 있도록 노력하는 중입니다. 조의 방에는 이런 문구가 걸려 있지요. "얌전한 여자는 역사를 만들지 못한다."

ZTV에 찍힌 정지 영상에서 조는 웅크린 채 옆으로 누워 있다. 발싸개 달린 잠옷이 어두침침한 방 안에서 기괴한 색깔로 보인다. 아무 무늬도 없는 벽 쪽으로 등을 돌리고 조그만 몸통에 담요를 덮은 채 엄청나게 커 보이는 침대의 한구석에서 꼼짝도 않고 있다. 아마도 잠들어 있는 것일 테지만, 카메라는 계속 조를 주시하고 있다.

'조 다이어리'에 넣으려고 약간의 동영상과 스크린 샷을 캡처해 두었습니다. 조가 열여덟 살이 되면 집안 구석구석에 카메라를 설치해 놓았었다며 조를 놀릴 생각입니다.

눈앞의 고릴라를 보지 못하는 사람들

전시장으로 물밀듯 들어오는 사람들은 실험실 부스에 가지런히 정리된 수십 개의 조그만 유리병에는 별 관심이 없는 모습이었다. 플라스틱제 폭발물인 셈텍스, 질산암모늄, 무연 화약, 다이너마이트 같은 '전통적인 폭발물' 들은 이제 골동품이 되어 버린 듯했다. 아랍에미리트연합국 내무부에서 나온 경관 둘은 실험실 부스에서 나눠 주는 조그만 포켓용 드라이버를 보고 난감해 하면서도 꼭 가지고 싶어 했다. 그들은 잠시 망설이더니 "비행기에는 갖고 타실 수 없어요!"라는 판매원의 말에는 아랑곳하지 않고 드라이버를 몇 개 더 집어 들었다. 미국 정부 주최로 5년에 한 번씩 열리는 제4회 국제항공보안기술심포지움에 참석한 사람 대부분은 워싱턴DC호텔의 파티장 곳곳에 자리한 덩치 큰 새하얀 기계에 관심을 보이고 있었다. 이 기계들이야말로 철벽 보안의 일인자들로서, 여행객들의 짐이나 화물, 지문을 검사한다. 하지만 예술의 경지에 오른 이 영상 기계는 우리의 시각을 보강해 줄 뿐이지, 시각 자체를 대신하지는 못한다. 인간의 눈은 기적과도 같은 것이기 때문이다.

인간은 시각적인 동물이다. 우리는 두 눈을 통해 이 세계를 받아들이도록 진화해 왔다. 아마도 주변 환경을 이해하는 것이 생존을 위한 최선의 길이었기 때문일 것이다. 시인 다이앤 애커먼Diane Ackerman에 따르면, 우리의 눈은 감각의 '위대한 독점자'로서 정보를 수집하는 능력이 월등하다. "적이나 음식이 나타났을 때 맛을 보거나 만져 보려면 아주 가까이 다가가야 한다. 냄새를 맡거나 소리를 들으려 할 때도 너무 멀리 있으면 안 된다. 하지만 시각은 들판과 산을 쏜살같이 누빈다. 또 시간과 국가를 넘어서 몇 광년 떨어진 우주 공간까지 건너뛰며 정보를 한가득 모아다 준다…. 우리 인간에게 이 세상은 시각을 통해 바라볼 때 그 어느 때보다 정보가 넘치고, 가장 달콤한 모습이 된다."[17] 위-푸 투안이 시각을 가장 지적인 감각으로 꼽은 것도 당연하다. 나아가 이성과 과학이라는 명분 아래 우리는 시각에 그 어느 때보다 매력을 느끼고 의존하게 되어, 여타 감각은 거의 무용지물이 되었다 해도 과언이 아니다. "16세기 이래로 작가들은 관점의 통일성, 그리고 한 장면에서 물건들의 상대적 크기와 비중이 가지는 일관성에 많은 신경을 써 왔다"라고 위-푸 투안은 이야기한다.[18] 18세기만 해도 의사는 냄새를 가지고 당뇨병, 신부전증을 비롯한 여타 질병을 진단할 수 있었으나, 시간이 지날수록 시각이 진실을 판가름하게 되면서 다른 감각들은 서서히 그 힘을 잃어 갔다. 사회학자 존 어리는 "선험적 지식을 중시하던 중세 시대의 우주관 대신 객관적인 관찰이 과학적 정당성의 기반으로 간주되었고, 나아가 이는 서양의 과학적 방법론의 토대로까지 발전했다"라고 이야기한다.[19] 오늘날에도 주변의 환경을 이해할 때 우리는 무엇보다 시각적 능력에 의지한다. 어떤 것이 눈에 들어와야만 비로소 믿는 것이다.

그런데 과연 우리는 모든 것을 보고 있는 걸까? 우리의 시각은 얼마나 완벽할까? 미국에서 내로라하는 시각 분야 전문 과학자들이 모인 항공 보안 컨퍼런스의 내용을 들여다보면, 아무리 열심히 노력한다 해도 이 세상을 보는 것이 얼마나 힘든 일인지 실감할 수 있다. 공항의 보안 검색대를 통과하는 여행 가방 속에서 총이나 칼을 찾아내는 게 쉬울 거라 생각되는가? 그렇지도 않다. 일리노이대학의 과학자로 있는 제이슨 맥칼리Jason McCarley가 나흘간 열린 컨퍼런스에서 '인적 요소'를 주제로 이야기한 강연에 따르면, 2,400번의 기회가 주어진 후에도 사람들이 가방에서 총이나 칼을 찾아내는 능력은 별반 나아지지 않았다.[20] 연습을 하고 나자 피실험자들이 총이나 칼이 눈앞에 있는데 알아보지 못하는 확률이 절반으로(20퍼센트에서 10퍼센트로) 줄기는 했다. 하지만 여전히 거의 세 번 중 한 번은 가방 속에 든 칼이나 총을 찾아내는 데 실패했다. 속도를 높이라고 하면 실수가 늘어났고, 신중을 기하도록 지도를 하면 속도만 굼벵이처럼 느려지고 잦은 실수를 하기는 마찬가지였다. 왜 이런 결과가 나오는 것일까? 물론 이는 순전히 시각적인 문제만은 아니다. 앞서도 말했지만 집중력은 일종의 스포트라이트다. 뇌에 감각 정보를 보내려고 서로 경쟁을 벌이는 뉴런 집단 중에서 '지각 응집 에너지장'을 골라 부각시키는 것이 집중력이다. 집중력이 이 세상의 모습 중에서 무엇을 지각할지 최종 결정하고, 나아가 엄청난 양의 인지 정보 중에서 어떤 것을 실어 나를지도 결정한다.

과학자들이 밝혀낸 바에 따르면, 수하물 검색이 어려운 가장 큰 이유 중 하나는 웬만해서는 '목표물'이 발견되지 않기 때문이다. 더구나 어떤 가방 속에서 회색 권총을 찾았다고 해서 다음 가방에서 (모양, 크기, 색깔이 전혀 다른) 갈색 손잡이 칼을 더 쉽게 찾을 수 있는 건 아니다. 총을 찾아내는 것과 칼을 찾아내는 것은 전혀 다른 일처럼 보이기 때문이다. "총기 검색과 관련해 하향식의 통제와 학습이 이루어질 기회는 거의 없다. 더구나 그런 통제나 학습은 기술을 전수하는 훌륭한 방법이 못 된다"라고 맥칼리는 말한다. 또 우리의 뇌 회로는 접할 기회가 거의 없는 물건은 육안으로 식별하지 않도록 설계되어 있다. 이는 먹이 습득 능력과 여타 생존 기술을 향상시키기 위해 발달한 본능이다. 예를 들어 컴퓨터 시뮬레이션을 이용한 실험에서 여행용 가방 절반에 '무기'를 넣어두었더니, 무기를 찾아내지 못한 경우가 7퍼센트에 그쳤다고 하버드 의대 교수 제러미 울프Jeremy Wolfe가 보고했다. 반면 '위장한'

가방 1퍼센트에 무기를 숨기자, 사람들이 찾아내지 못한 무기는 거의 3분의 1에 달했다. 이러한 연구 조사 대부분이 그렇듯 울프도 전문 검색 요원이 아닌 자원봉사자들을 피실험자로 삼긴 했다. 하지만 울프 교수는 보안 전문가들이 가득 들어찬 강당에서 연구 결과에 대해 "암담하다"고 말했다.[21] 그리고 보완책으로 검색 요원들을 업무에만 배치하는 대신 그 시간에 자주 훈련을 시켜야 한다고 제안했다. 잉글랜드에서 온 근심 어린 연구자가 강연 결론부에 흥미로운 제안을 내놓기도 했다. 인간이 한 번에 한 가지 이상의 목표물을 찾기는 힘들어 보이니 총을 찾는 검색 요원과 칼을 찾는 검색 요원을 따로 분리하자는 것이었다. 그날 하루 일과를 끝내고 돌아가는 길에 나는 기차를 타고 집에 갈 수 있는 것에 내심 감사했다.

우리 실생활에서 이루어지는 일상적인 지각도 이와 별반 다르지 않다. 최근 심리학 실험들이 세간에서 많은 주목을 끌고 있는데, 그 단초가 된 유명한 1분짜리 영상을 보면 그 사실이 증명된다.[22] 집중력 분야의 과학자들이 입문자들에게 자주 이야기해 주는 이 영상에는 여섯 사람이 등장한다. 세 사람은 밝은 색깔의 옷을, 나머지 세 사람은 어두운 색깔의 옷을 입은 채 방 안을 돌며 농구공 두 개를 서로 패스해 준다. 이 영상을 보고 한 팀이 주고받는 패스 횟수를 세어 보라고 했을 때 이 영상 속에 고릴라 분장을 한 여성이 있다는 것을 전혀 알아차리지 못한 시청자가 절반에 달했다. 이 여성은 화면에 9초 동안이나 등장했고 사람들 사이를 조용히 걸어 다니다 잠깐 멈춰 서서 자기 가슴을 두드리기까지 했다. 9초는 집중력 연구에서는 영원에 해당하는 시간이다. 과학 분야 저자 제임스 고먼James Gorman은 "이 투명 고릴라의 영상만큼 자기 두 눈으로 본 것을 완전히 믿을 수 없다는 사실을 일깨워 주는 것도 없다"며 놀라워한다. 이 연구를 응용한 실험에서 고먼은 약간 술에 취해 있는 사람 중 고릴라를 알아본 사람은 18퍼센트에 그쳤던 반면, 정신이 멀쩡한 사람 중 고릴라를 알아본 사람은 46퍼센트에 달했다고 이야기한다.[23] "사실 그건 장난삼아 해본 일이었습니다." 1999년 자신이 가르치던 대학생들을 대상으로 처음 실험을 실시했던 댄 시몬스Dan Simons가 털어놓는 이야기다. "그런 결과가 나오리라고는 생각 못했지요."[24]

　눈앞에 뻔히 있는데도 집중력을 기울이지 않으면 보이지 않는 이 '부주의성 시각 상실'의 개념은 사람들이 오래 전부터 알던 현상이었다. 하지만 이를 온전히 이해한 것은 에이리언 맥Arien Mack과 어빈 락Irvin Rock이 『부주의성 시각 상실Inattentional Blindness』이라는 기념비적 저서를 내놓은 것에서 비롯되었다. 그리고 나중에 시몬스가 우리의 인지 능력이 벌거숭이 임금님 동화에서처럼 본 것도 못 본 척 할 수 있다는 사실을 알려준 것이다. 지금은 이러한 부주의성 시각 상실과 여타 인지 기능 상실을 주제로 온갖 연구들이 쏟아져 나오고 있다. 맥칼리가 성인을 대상으로 한 실험에 따르면, 마이크로 다른 방에 있는 누군가와 이야기를 하면서 운전 시뮬레이션을 할 경우 운행상의 중대한 변화를 알아채지 못하는 경우가 많다. 이를 테면 화면의 해당 부분을 똑바로 보고 있는데도 차 사이로 아이가 뛰어드는 장면을 놓친다.[25] 다른 연구에서도 드러나는 사실이 있다. 우리가 시선을 움직이는 데는 0.03초 내지 0.05초의 시간이 걸리는데, 이 순간에는 앞이 보이지 않는다. 따라서 우리의 일반적인 생각과는 반대로 더 많은 것을 바라볼수록, 실제 우리 눈에 보이는 것은 적어진다.[26] '한가운데의 고릴라' 영상을 한번 보라. 그러면 정보의 홍수가 점점 더 거세지는 세상에서 우리가 정말 많은 것을 놓칠 수 있다는 사실을 확실히 실감할 수 있다.

하지만 시몬스가 보기에 무엇보다 흥미진진했던 사실은, 사람들이 이 세상을 다 파악하고 있다는 확신을 가지고 있다는 것이었다. 실험에 참가한 사람들에게 고릴라를 보지 못했다는 사실을 일러 주었을 때, 꽤 많은 이들이 고릴라는 있지도 않았다며 부인했다. 실제로 영상을 잠시 보고 난 후에야 그 말을 믿었던 것이다. 왜 그런 것일까? "우리들은 우리 눈을 비디오카메라로, 우리의 뇌를 공테이프로 생각하는 경향이 있다. 그 테이프에 감각적 정보를 채운다고 여기는 것이다." 〈사이언티픽아메리칸Scientific American〉지의 칼럼니스트 마이클 셔머Michael Shermer가 고릴라 영상을 다룬 기사를 통해 내놓은 설명이다.[27] 시몬스가 덧붙이는 설명에 따르면, 우리는 "시각적 경험이 하도 풍부해" 우리가 모든 시각 정보를 담아두고 언제든 재생할 수 있다고 생각하는 우를 범한다. 부분 부분의 정보는 이해하지만 전체적 상황을 이해하지 못하는 극단적 집중력 장애 증상인 동시실인증simultagnosia 환자보다 우리가 인지력이 훨씬 뛰어난 것은 사실이다. 하지만 우리가 생각하는 것처럼 모든 시각적 정보를 볼 수 있는 것은 아니다. 지각이란 어떤 종류든 알고 보면 일종의 조합으로서, 지각이 찍어 낸 이 세상의 모습은 조야하고 불완전하다. 애커먼의 이야기에 따르면 "우리 몸은 자신이 한 경험을 편집하고 가지치기를 한 후에야 뇌로 보내 사고와 행동이 이루어지게 한다. 이 과정에서 아주 복잡했던 애초 세계 모습을 토대로 비교적 단순한 상이 만들어진다. 우리 몸은 생존을 추구하지 진실을 추구하지는 않기 때문이다."[28]

그럼에도 모든 것을 보고자 하고, 끝까지 캐고 들어가고, 어떤 형태로든 '진실'을 잡아내고 싶어 하는 우리의 욕구는 파놉티콘식의 시선이 판치는 이 시대에도 계속 이어지고 있다. 우리는 전례 없이 막강한 힘을 가지게 된 각종 기계들을 가지고 여러 가지 것들을 이리저리 조합하면서, 종국에는 깊이 있고 완전한 지식으로 이어지기를 바라고 있다. 감시의 시선은 사람을 옭아매기도 하지만, 너와 나의 단편적인 모습들을 하나씩 모아 우리의 초상을 그려 주기도 한다. 찰칵. 벤담이 구상한 파놉티콘에서는 감시자가 피곤한 눈으로 혼자서 쓸쓸이 자신의 탑을 돌고 또 돌아야 했지만, 이제 우리는 그럴 필요가 없다. 우리에겐 카메라가 있고 그 활용 범위는 무궁무진하다. 찰칵. 카메라는 이제 곧 우리 자신이다.

어떻게 보면 꽃을 진정으로 볼 수 있는 사람은 없으리.

꽃은 아주 미세한데 우리에겐 시간이 없으니.

보는 데는 시간이 걸린다.

친구를 사귀는 데 시간이 걸리는 것처럼.

-조지아 오키프Georgia O'Keeffe[29]

모든 것을 보고 있다는 착각

욕실에서의 행동. 오토바이 폭주족들의 고성방가. 여성들의 금기 식단. 산파들의 은밀한 사생활. 사람들은 시가에 불을 붙이기 전 어느 쪽을 잡고 터는가. 제2차 세계대전 직전에 일어난 영국의 대중 관찰 운동은 이렇게 생활의 모든 것을 관찰하자는 구호를 내걸었다. 1937년 화가, 시인, 인류학자 한 사람씩이 모여 영국 노동 계층의 삶을 세세히 연구하자는 기조 아래 시작된 이 운동은 1950년 중반부터 8년 동안 절정을 맞다가 파국에 달했다. 이 운동을 들여다보면 관찰의 힘을 맹신하는 인간의 우스꽝스런 모습을 들여다볼 수 있다. 시인 찰스 매지Charles Madge는 이 운동이 태동할 당시 사람들을 끌어모을 때 이렇게 말했다. "오직 대중 관찰만이 대중 과학을 만들어 낼 수 있다."[30] 조지 6세가 즉위하던 1937년 5월 12일, 대중 관찰 운동 본부는 자원봉사자들이 내놓은 43권의 일기와 77개의 설문지, 그리고 12명이 수행한 관찰 결과를 끌어 모았다. 이런 식으로 하면 "다각도의 초점을 확보할 수 있다"는 것이 매지와 운동 본부를 공동 창립한 초현실주의 화가이자 다큐멘터리 영화 제작자 험프리 제닝스Humphrey Jennings의 설명이었다.[31] 이 운동에 동참하여 자신의 삶뿐 아니라 낯선 타인의 삶까지 기록한 관찰자 군단은 역사의 목격자에 그치지 않았다. "삶을 멀리서 또 가까이, 세밀하게 또 종합적으로 바라보면서 대중들의 느낌에 대한 일종의 기상도를 만들어 낸 것이었다." 이들은 카메라가 되어 "끊임없이 관찰을 해야 했다." 1961년 매지는 "유령처럼 허공을 아련하게 떠돌던 이 시대의 본질을 담아 낼 일종의 그물망이 사회 각계로 퍼진 것"에 감사함을 느낀다고 말했다.[32]

그건 사실이었다. 운동 본부의 문서 보관서에 조심스럽게 저장된 생활의 잡다한 단편에 대한 기록은 인간 경험의 콜라주로서 사람을 홀리는 힘과 시간이 지나도 변치 않는 매력이 있었다. 그것이 시대의 '본질'인 것만은 분명하다. (일례로, 1937년 9월 12일 가정주부였던 필리스 월든Phyllis Walden이 쓴 일기를 보자. 8시 30분. 남편이 물었다. "아침 메뉴는 뭐지?" "베이컨, 감자튀김, 튀긴 빵." 그러자 남편은 아침은 침대에서 먹겠다고 했다. 참 다행이었다. 우리 가족이 다같이 밥을 먹기엔 식탁이 너무 작은 데다, 남편은 아이들 식사 예절을 가지고 잔소리를 할 것이었기 때문이다.)[33] 하지만 이보다 더 흥미진진한 사실은 과학적 방법론이 없었던 운동의 창시자들, 운동에 동참한 관찰자들, 심지어 이 운동의 피실험자들조차 감시의 시선에 스스로를 거리낌 없이 내맡겼다는 것이다. 그로써 당대의 초상을 하나도 빠짐없이 완벽히 담아 낼 수 있다고 믿었다. 1938년 6월 잡지 기자 매리언 드워스트Marion Dewhirst는 "대중 관찰 운동은 새로운 과학이 되고자 시작되었다. 아니, 보다 엄밀히 말하면 과학적 진리를 찾아내는 새로운 방법이 되기 위해 시작되었다"라고 이야기했다.[34]

그들이 그토록 갖고자 했던 건 도대체 무엇이었을까? 그들이 갖고자 했던 건 현실에선 불가능한 것이었다. 인류의 완벽한 초상을 얻고자 했으니 말이다. 우리가 맨 눈으로 눈앞의 세상을 전부 다 볼 수 있다고 자신하는 것과 마찬가지로, 우리가 강하게 확신하는 사실이 또 한 가지 있다. "사진은 거짓말을 하지 않는다." 사진은 눈을 보완하기 위해 태어나지 않았는가. 사진 말고 우리 삶을 더 정확히 그려 주는 것이 또 어디 있는가? "인공 렌즈나 여타 부속 기기를 이용해 우리 시야를 넓히면(즉, 안경, 현미경, 카메라, 망원경, CAT 스캔, 엑스레이, MRI, 초음파, 방사성동위원소 추적기, 레이저, 자동염기서열분석기 등) 우리는 그 결과를 더 신뢰하게 된다"라고 애커먼은 의미심장하게 이야기한다.[35] 한편 수잔 손탁Susan Sontag은 목격자의 진술과도 같은 사진이 우리에게 시각적 자료가 되어 확실한 증거로 받아들여진다고 설명한다. 기계에서 나온 것인 만큼 사진은 객관성과 '순결함'의 아우라를 지니게 된다. 하지만 이때 우리가 미처 의식하지 못하는 사실이 하나 있다. 그림과 마찬가지로 사진 역시 현실에 대한 해석이라는 것이다. "인류는 구원을 받지 못한 채 플라톤이 말한 동굴에 갇혀 있는 셈이다. 오래 된 습관에 따라 여전히 진실의 그림자만을 보면서." 『사진에 대하여On Photography』라는 손탁의 에세이집에 나오는 글이다.[36] 그녀의 글을 읽으면 감시 기술 중에서도 최고로 손꼽히는 카메라가 인간이 세상을 보는 방식을 어떤 식으로 변화시켰는지 실감할 수 있다.

　카메라의 시대에는 현실이 "아무 관련 없는 독자적인 입자들의 조합이 돼 버리고 만다." 단순히 삶의 단편들만 모아 놓게 된다는 이야기다. "우리가 사진을 믿는다는 건, 카메라가 기록한 대로 이 세상을 받아들인다는 의미다. 하지만 이는 진정한 이해와는 정반대된다. 진정한 이해는 세상을 보이는 그대로 받아들이지 않는 데서 시작되기 때문이다"라고 손탁은 말한다. 조지아 오키프가 지적한 것처럼 진정한 이해는 시간이 지나면서 서서히 이루어지는 반면, 카메라는 "헐값에 지식을 제공해 준다. 하지만 그 지식은 진짜 지식이 아닌 지식 비슷한 것, 지혜 비슷한 것일 뿐이다. 사진을 찍는다는 행위 자체가 무언가를 무단 도용하는 것과 비슷하기 때문이다."[37] 사진작가들은 대중 관찰 운동의 창시자들에게도 영감을 주었던 초현실주의의 감성에 따라 "이 세상을 이해하려는 노력 자체가 허영이라면서, 대신 세상의 단편들을 모으자고 이야기한다." 그 결과 삶은 의미를 찾을 수 있는 경험의 물줄기가 아닌, 정보의 나열이 돼 버리고 만다(이는 대중 관찰 운동에 대해 일부 동시대인들이 퍼부었던 비난이기도 하다). 조지 6세의 대관식과 관련해 대중 관찰 운동이 내 놓은 얇은 책자 『대중 관찰 운동의 5월 12일: 200명이 넘는 관찰자가 1937년 5월 12일의 하루를 기록하다』를 두고 한 비평가는 "치즈 속의 구더기처럼 사실들의 수만 늘려 놓았다"고 불평을 했다.[38] 그리고 그 결과로, 연속성은 산산이 부서지고

"정보를 수집해 놓은 문서가 끝없이 축적되었다. 이로써 옛날에는 꿈조차 꿀 수 없던 통제의 길이 열리게 되었다"라고 손탁은 이야기한다.

조가 열여덟 살이 되면 집안 구석구석에 카메라를 설치해 놓았었다며 조를 놀릴 생각입니다.

앨리스 번Alice Byrne은 그런 식의 정보 수집 문서라면 수도 없이 봐 왔다. 자녀 문제가 도저히 해결이 안 날 때 부모들은 최후의 수단으로 뉴욕의 베테랑 사립 탐정인 그녀를 고용한다. 정신병원의 간호사와 보안 요원으로 몇 년 일하다 우연히 사립 탐정을 일을 시작한 것이 30년 전의 일이다. 그때만 해도 부모들이 사립 탐정을 찾는다는 건 생각도 못할 일이었다. 하지만 지금은 부모들이 증거를 잔뜩 모아 가지고 그녀를 찾아와 단편적 자료를 통해 자기 자녀들을 이해할 수 있게 해 달라며 그녀 얼굴만 바라본다. "바로 이 테이블 위에다 자료를 죽 늘어놓지요. 자녀들을 감시한 기록들을요." 번이 뉴커크에 있는 집 거실에 앉아 하는 이야기다.[39] 내가 번을 만나기 며칠 전에도, 한 엄마가 열일곱 살짜리 딸 문제를 의논하려고 한 뼘은 되는 서류 뭉치를 들고 그녀를 찾았다고 한다. 딸의 휴대전화 기록, 문자 메시지, 이메일, 신용카드 명세서에다, 딸이 어디를 오갔는지가 자필로 기록까지 되어 있었다. "신출내기 형사 뺨칠 정도였지요. 하지만 그 엄마는 필요로 하는 답을 얻을 수가 없었어요." 금발머리를 어깨까지 기른 예순 살 넘은 할머니 번은 고상한 모습으로 사람을 편안하게 하는 매력을 지녔지만, 한 번 의뢰인 이야기에 열중하기 시작하면 강에서 발견한 시체나 모진 형사의 심문 전략을 술술 풀어놓는다. "그 엄마는 정말 아무것도 몰랐지요."

현재 번 자신은 더 이상 탐정 일에 직접 나서지 않는다. 경화증이 여러 번 겹치는 바람에 휠체어에 의지할 수밖에 없게 되어, 사무실에 탐정 10명을 거느리고 휴대전화와 육감에 따라 그들에게 지령을 내린다. 프린트로 출력된 문서만 가지고는 이야기가 나오지 않는다. GPS 정보도 지도 위에 찍혀 있는 점에 불과할 뿐이다. "그래요, 아이들이 거기 있는 건 맞다고 칩시다. 그런데 아이들이 거기에 누구와 함께 있고, 어떤 옷을 입고 있는 걸까요? 아이들이 원하는 것은 무얼까요? 무슨 이야기들을 하고 있을까요? 첨단기술로는 이런 것을 알 수가 없어요." 어떤 사람의 실생활을 제대로 파악하기 위해서는 적어도 일주일 내지 한 달 동안은 그 사람 뒤를 밟아 봐야 한다. 번은 사건이 종결되면 늘 '이야기 형식'으로 보고서를 작성한다 말하고는 머그잔에 담긴 차를 한 모금 마셨다. "절대로 '네 시. 미행 대상이 이곳에 들어옴.' 이런 식으로 쓰지 않아요. 그들이 어떤 옷을 입고 있었는지, 어떤 모습이었는지, 어떤 식으로 걸었는지 등 해당 인물을 아는 사람에게 모종의 의미가 있는 것들을 기록하지요. '그 사람은 걸음걸이가 절대 그렇게 빠르지 않아요'라거나 '머리를 그런 식으로 내린 것은 한 번도 보지 못했다고요!'라고 말하는 사람이 있을 수 있거든요. 그래서 그런 식의 의문에 대응할 수 있도록 명확한 그림이 그려져 있는 보고서를 작성해야만 하지요."

하지만 감시는 단편만을 다루고, 자취만을 이야기한다. 세상은 사람들로 북적이고 원거리를 오가다 보니, 우리는 자신이 법의 테두리 안에 있으며 거기서 벗어날 확률이 조금도 없다는 것을 증명하기 위해 면허증부터 지문에 이르기까지 헤아릴 수 없이 다양한 상징과 흔적에 의존해야만 한다. 로버트 오해로 주니어Robert O'Harrow Jr.의 이야기에 따르면 수천 년 전에 이미 바빌로니아의 상인과 중국 관리는 지문을 이용해 문서에 서명했다.[40] 근대 들어 지문을 이용해 처음으로 사건을 해결한 것은 1892년 아르헨티나의 한 경감이었다. 지문을 가지고 엄마가 두 아들을 살해했음을 입증한 것이다. 현재 FBI는 수백만 개에 이르는 지문을 확보해 두고 있으며, 세계 각국의 기업과 수사 기구에서도 안면이나 홍채를 기반으로 다량의 생물학적 정보를 모아 두고 있다. 인터넷에는 페이스북 페이지부터 여성 속옷 브랜드 빅토리아 시크릿Victoria's Secret 사이트에 접속한 횟수에 이르기까지 정보 조각이 도처에 널려 있다. 우리의 디지털 프로파일이 보이지 않는 제2의 세계/시장에서 판매되기도 한다. 카메라의 존재도 짚고 넘어가지 않을 수 없다. 한 추정치에 따르면 영국에는 총 700만 대의 카메라가 설치돼 있으며, 미국에도 수십 만 대의 카메라가 전역에 설치되고 있다. 시카고의 시장 리처드 마이클 데일리Richard Michael Daley는 자신이 시카

고의 공공장소 곳곳에 설치하게 한 카메라를 시카고의 "수백 쌍의 눈"이라 부르고 있다.[41]

이 막강한 정보망을 우리는 이제 당연하고 심지어는 편하게 여기기까지 한다. 이러한 정보망 덕분에 출입이 엄금된 지역에 들어갈 수 있고, 복잡한 루트를 솜씨 좋게 이동하며, 생존에 필요한 물품들을 구할 수 있기 때문이다. 거대한 정보망은 우리 눈에 보이지 않는다. 무언가가 잘못되기 전까지는. 조니 라켓 토머스 Johnnie Lockett Thomas는 올해 일흔한 살의 몬태나 출신 아프리카계 미국인이다. 오해로의 이야기에 따르면, 그녀는 비행기를 탈 때마다 늘 제지를 당한다. 그녀의 이름이 살인죄로 수감 중인 존 토머스 크리스토퍼John Thomas Christopher의 가명과 비슷하기 때문이다.[42] 거대한 정보망 속의 단편적인 신상은 서로 뒤얽혀 있다. 그래서 늘그막의 이 과부는 아무 죄도 없이 공항의 보안 요원 앞에서 벌벌 떨며 기다려야 한다. 파놉티콘식의 감시를 받는 사람은 감시를 받는 시선도 느끼지 못하지만, 감시에 대해 아무런 말도 하지 못한다. "감시와 보안으로 무장한 새로운 세상은 피감시자들이 말 그대로 어떤 대응도 하지 못하게 만들고 있다"라고 사회학자 데이비드 라이언David Lyon은 지적한다.[43] 우리 자신은 이해도 못하는 암호를 통해 우리의 신상 정보와 모습이 타인에 의해 몇 번이고 검색될 수 있는 것이 요즘 세상이다. 그리고 신상에 오점이라도 한번 남겼다간 우리는 쥐도 새도 모르게 사라져 버릴 수 있다.

더구나 단편적 정보의 콜라주를 가지고 한 개인의 됨됨이를 드러내려 할 경우, 우리는 더 큰 대가를 치르게 된다. 컴퓨터상의 정보나, GPS가 제공하는 위치, 숨겨진 카메라에 찍힌 영상을 가지고 우리와 가장 가까운 사람을 '진정' 이해한다 할 수 있는가. 우리는 모든 걸 볼 수 있다고 생각하지만, 각종 장치로 시각을 보완했어도 우리가 볼 수 있는 것은 터무니없이 적다. 이렇듯 앎 자체가 불완전하기 때문에 누군가를 감시하려는 노력은 늘 어딘가 부족한 것처럼 보이고, 아이들을 감시하려는 부모의 노력도 헛된 노력으로 비치는 경우가 많다. 우리는 한밤중에 아기 방에 설치된 카메라를 들여다보거나, 사춘기 아이의 블로그를 들여다본다. 아이들에게 아무 문제 없는지 확인하기 위해서, 혹은 아이들이 뭔가 잘못하고 있지 않은지 확인하기 위해서. "카메라를 한 대 설치하고 나면 그 순간 바로 저쪽 구석도 보고 싶다는 마음이 들게 마련이다"라고 라이언은 한 동료의 말을 빌어 이야기한다. "그런 다음에는 어둠 속에서도 잘 보고 싶다는 생각에 적외선 카메라를 설치하게 되고, 그 다음에는 더 자세히 보고 싶다는 생각에 성능이 막강한 줌 렌즈를 달게 된다. 그런 다음에는 아이들이 어떤 이야기를 하는지 들을 수 있으면 참 좋겠다는 생각에 성능 좋은 방향 탐지 마이크까지 카메라에 단다."[44] 대중 관찰 운동의 결말을 보자. 결국 모든 것을 보고자 했던 끝없는 욕심 때문에 관찰은 조작으로 변질되었다. 인류학자 탐 해리슨Tom Harrisson이 정부에 전시 기간의 국민 정서를 비밀리에 보고하기 시작한 것이 시인 찰스 매지의 화를 돋우었다. 그는 대중 관찰 운동이 '대내 스파이전'으로 전락

하는 것에 반대했다. 하지만 또 한 명의 창시자였던 화가 험프리 제닝스는 그와는 달리 전쟁 선전 영화의 감독을 맡았다. 1949년 대중 관찰 운동 본부는 결국 시장 조사 회사가 되고 말았다.[45]

앨리스 번은 차를 다 마시고 현장에서 뛰고 있는 탐정으로부터 전화를 한 통 받았다. 조각 조각난 정보를 기워 그림을 만드는 건 그녀의 몫이었고, 아무리 신중을 기한다 해도 전체 이야기가 얼마나 불완전할 수 있으며, 또 조그만 정보 하나가 얼마나 치명적일 수 있는지 그녀는 잘 알고 있었다. 몇 년 전에는 심리학자 한 사람을 직원으로 쓰기도 했다. 부모들이 (심지어 근거 없이 아이를 의심했다는 사실을 알게 된 부모조차도) 의뢰가 끝난 다음에 어떤 식으로 행동해야 할지 잘 모르는 것처럼 보였기 때문이다. "우리가 준 정보는 사람들의 삶을 바꿔 놓지요. 사람들은 늘 '이거면 됐어요. 수고하셨어요'라고 말하는 것 같지만, 사실 그게 전부가 아니에요." 의뢰인들이 눈에 불을 켜고 모으는 단편적 정보 아래에는 각종 경험들이 자리하고 있다. 대화가 서서히 막바지에 이르렀을 때, 그녀는 감시 사회에서의 자녀 양육 문제에 대해 골똘히 생각했다. "만일 제가 온종일 감시를 받고, 사생활이란 게 전혀 없다는 생각을 하게 된다면, 무엇보다도 그런 식의 감시를 하는 사람을 정말로 원망하게 될 것 같군요. 그리고 자신을 더 숨기게 될 것 같아요." 그녀는 나와 악수를 나누고 또 한 번 전화를 받았다. 그녀의 집을 나오다가 나는 현관을 장식하고 있는 호박과 반짝거리는 크리스마스트리 전구를 흘끗 바라보았다. 그녀 집 창문에서는 회색 어스

름이 깔린 겨울 저녁의 거리로 따스하고 노란 불빛이 흘러내리고
있었다.

감시의 그물망과 신뢰라는 해답

1983년 6월, 프랑스의 개념 미술 작가 소피 칼Sophie Calle은
파리 시내를 걷다가 어떤 남자가 흘린 주소록을 줍게 된다. 칼은
그걸 복사해 가지고는, 주소록 안에 들어 있는 사람들을 찾아가
주소록 주인에 대해 많은 이야기를 듣는다. 그 후 8월과 9월에 걸
쳐 파리의 유력 일간지 〈리베라시옹Liberation〉에 그에 관한 기사를
28일 동안 연속으로 실었다. 각 기사에는 그의 삶과 관련된 사진
들이 함께 실렸다. 나중에 칼은 이렇게 썼다. "그의 친구들을 통해
나는 이 남자를 알아 가고 있었다. 나는 그 사람을 실제로 만나지
않고도 그가 누군지 알아내려고 노력했으며, 그 사람의 초상을 그
려 보고자 했다. 그것은 그의 친구들이 얼마나 성의를 보여주느냐,
그리고 운이 얼마나 따라 주느냐에 달려 있었다."[46] 친구들은 성심
성의껏 나서 주는 듯했다. 칼이 그려낸 피에르 D의 매혹적인 초상
은 혀를 내두를 정도로 정확했다. 그는 "자신과 적대 관계에 있는
사람들에 대한 정보를 '미운 놈들'이란 파일에 정리해 보관했으
며… 헐렁한 옷차림을 하고… 이루어질 가능성이 없는 사랑에도
얼마든지 빠질 수 있는 사람이었다… 그는 혼자 있을 때도 흐트러

짐이 없었으며… 신비한 매력을 발했다. 그는 아무 흔적도 남기지 않고 사라져 버릴 수 있는 그런 사람이었다."

이 '주소록 프로젝트'는 당시 칼이 제작하고 있던 예술 작품과 같은 맥락에 있는 것이었다. 그녀는 전부터 베니스의 한 호텔에서 메이드로 일해 오고 있었다. 그러면 호텔 투숙객의 물건을 뒤져 볼 수도 있고, 잠들어 있는 사람의 사진을 찍을 수도 있으며, 낯선 사람을 따라가 볼 수도 있기 때문이다. 그 사람들이 "특별히 내 흥미를 자극해서가 아니라 낯선 이를 따라가 보는 즐거움"이 있기 때문이라고 그녀는 이야기한다. "나는 그들 모르게 사진을 찍고, 그들의 움직임을 기록했다. 그러다 마침내 그들을 시야에서 놓치면 깡그리 잊었다."[47] 〈뉴욕타임스〉지의 기자 앨런 라이딩Alan Riding의 이야기에 따르면, 칼이 누구의 감시도 받지 않는 자신만의 시간을 가지려 하는 데는 다 이유가 있다. 사진이나 일상의 의례화(이를테면, 몇 년 동안 받은 생일선물을 가지고 전시회를 여는 것)를 통해 그러한 시간을 갖는 것은 "질서 잡힌 삶"을 살고 싶다는 강한 열망에서 비롯된다는 것이다.[48] 확실히 칼과 같은 식으로 타인을 감시하면 타인에 대한 엄청난 통제력을 손에 넣을 수 있다. 칼은 20년 동안 두 번, 얼굴을 모르는 탐정에게 자기 뒤를 밟게 한 후, '일거수일투족을 놓치지 않는' 그 사립 탐정을 파리 한복판에서 허탕만 치게 만들었다. 하지만 철학자 장 보드리야르Jean Baudrillard가 책에 쓴 것처럼 칼은 자신의 작품을 통해 단순히 통제력만 행사하고 있지는 않다. 칼의 예술 작품을 평한 에세이집에서 보드리야르는 칼에게 "제발 내 뒤도 밟아 달라"고 이야기한다. 감시를 피해 그림자처럼 숨어 버리다 보면, 추적을 하는 사람이나 추적을 당하는 사람이나 결국엔 그림자가 되어 사라져 버릴 수 있다고 그는 주장한다.[49]

이 모든 이야기가 갖는 의미는 무엇일까? 그 답은 칼의 작품이 결국 감시와 신뢰에 대해 이야기한다는 데서 찾을 수 있다. 칼은 낯선 사람을 파놉티콘식으로 감시하는 것부터 친구나 연인과 나눈 우정을 전시하는 것까지 모든 만남의 변수와 결과를 자신이 통제한다. 한마디로 리스크 관리의 여왕인 셈이다. 그녀와 만나게 되는 상대방은 늘 그녀의 시선에 숨이 막히게 된다. 감시 관계는 이런 식이다. 반대로 신뢰 관계는 상대방이 자유와 주체성을 갖기 위해 리스크를 감수할 수 있도록 해 준다. "신뢰의 뿌리는 신뢰를 받는 사람에게 선택을 할 능력 혹은 필요가 있느냐에 달려 있다"라고 정치학자이자 신뢰 분야 전문가인 러셀 하딘Russell Hardin은 썼다.[50] 선택의 가능성마저 없으면 (그것이 배신이라 해도) 신뢰란 존재할 수 없다. 신뢰를 한다는 것은 상처를 감수한다는 것과 같다고 철학자 트루디 고비어Trudy Govier는 이야기한다.[51] 그러한 관계에서는 늘 무언가가 위험에 처해 있다. 장차 관계가 깨질 수도 있고, 특권이나 배려가 사라질 수도 있다. 누군가를 신뢰한다는 것은 상대방에게 신뢰받을 면이 있다는 것을 인정하는 것이기도 하다. 보드리야르의 말이 옳았다. 감시를 하면 그 존재는 지워져 버리고 만다. 그들을 늘 시야에 두면서 감옥에 가두는 꼴이기 때문이다.

그리고 마침내는 파놉티콘의 외로운 탑에 숨어서 감시하는 감시인처럼 우리 역시 감시의 암흑 속으로 사라져 버리고 만다.

감시는 또 다른 방법으로도 신뢰를 질식시킨다. 신뢰는 즉각 형성되기보다는 사소한 소통과 지속적인 판단, 그리고 상대방에 대한 '풍부한 이해'를 통해 서서히 형성된다고, 호리호리하고 창백해 환자처럼 보이는 뉴욕대학의 교수 하딘은 말한다. "친숙해지면 상대방을 알 수 있습니다. 특히 그 사람이 신뢰할 만한지 알 수 있죠"라고 그는 말한다. 우리가 방대한 정보 조각들 틈에서 '허울뿐인 지혜'를 찾아내는 것과는 정반대되는 모습이다. "불신하기는 쉽습니다. 불신은 제한된 몇 가지 행동만 보고서도 생길 수 있으니까요."[52] 내가 이메일로 인터뷰 요청을 했을 때 하딘은 곧바로 점심을 같이 하자고 했다. 사람을 이렇게도 잘 신뢰하다니! 우리는 그의 사무실에서 만나서 근처의 이탈리아 레스토랑까지 걸어갔다. 거기서 그는 최근 플로렌스에서 맛보았다던 기막힌 모짜렐라 치즈 맛에 대해 이야기해 주고, 신뢰 문제와 관련해 몇 가지 소견을 말해 주었다. 그리고 내 일에 대해 이것저것 물어보고 자기 책을 한 권 주며 헤어질 때는 뺨에 작별의 키스를 해 주었다. 심지어 우리는 최근에 말 한마디 않고 지내게 된 친척들 이야기까지 주고받았다. 그런데도 난 뭔가가 석연치 않았다. 최소한 책에 들어갈 근사한 인용구라도 하나 건졌어야 했다는 생각이 들었다. 나는 시간이 흐르고 나서야 깨달을 수 있었다. 내게는 그 느긋한 점심이 일회성 만남이었던 반면, 하딘에게는 그것이 시작이었다. 앞으로도 교류를 할 기회는 얼마든지 있었던 것이다. 신뢰가 무언가에 마음을 더 여는 것이라면, 불신은 마음을 닫아 버리는 것이다. 하딘은 진정 신뢰할 줄 아는 사람이었다.[53]

최근 나는 집 근처의 빵집에서 다정다감한 프랑스 남자를 하나 알게 되었다. 그는 조만간 자신의 아내, 그리고 두 아이들과 함께 뉴욕으로 갈 예정이라고 했다. 우리는 이메일을 몇 통 주고 받은 끝에 어느 날 오후 가족들과 다같이(열네 살 난 우리 딸아이는 빠졌다) 공원에서 만날 수 있었다. 그런데 놀랍게도 이들 부부가 우리 딸이 다음 주 저녁에 아기를 한번 봐 줄 수 없겠는지 묻는 것이었다. 우리를 잠깐 한번 본 것뿐인데도 부부는 우리 딸에게 마음 놓고 아기를 맡길 수 있는 모양이었다. 걱정이 많이 되었지만 딸아이도 다 크고 해서 우리 부부는 결국 그들이 하자는 대로 했다. 별 문제는 없었지만, 난 언제부터 미국 사회가 남을 이토록 믿지 못해 삶의 소중한 것들을 영영 잃어버리게 되었는지 생각하지 않을 수 없었다. 우연히 만난 소중한 인연도, 사회적 자본도, 심지어는 호의를 베풀 수 있는 능력까지 우리는 잃고 있다. 크리스마스 날 프로비던스 공항에서 있었던 일이다. 우리 집에 왔던 시댁 아가씨의 노스캐롤라이나행 비행기가 이륙이 한참 지연되었다. 이륙이 재개되기 시작했을 때 아가씨는 자신이 지갑을 도둑맞았다는 사실을 알게 되었다. 그때가 새벽 2시 30분이어서 방금 전까지 자신과 수다를 떨던 사람에게 공항 주차장에서 차를 좀 빼내게 15달러만 빌려줄 수 있겠는지 물었다. 하지만 남자는 아가씨의 부탁을 거절했다. 반면 바로 그 주에 우리 남편이 사귄 프랑스인 친구는 남편에게 중요한 사업 기회에 대한 기밀을 몰래 일러 주었다.

일반적으로 사람들을 잘 믿지 못하고 의심을 갖는다는 건 다른 사람과 협력하거나 그들을 더 알아 갈 노력을 하지 않는다는 뜻이다. 한번 신뢰를 잃으면 회복하기가 어려운 반면, 불신이 또 다른 불신을 낳기는 빠르고도 쉽다. 하딘의 연구에서 '신뢰감이 낮은' 커플들은 말다툼이 날 것 같은 일들은 애써 피하려 했다. 그럼으로써 그들은 서로에게 관심과 배려를 보일 기회를 잃어버렸다. 그리고 서로에게 보여주는 배려가 적어지면서 그들은 금방이라도 깨어질 듯한 관계를 지키기 위해 더 많은 노력을 기울여야 했다.[54] 이는 삶에 대한 근시안적 태도밖에 되지 않는다. 세계적으로도 불신이 팽배하여, 협조를 거의 혹은 전혀 찾아볼 수 없는 문화를 쉽게 찾아볼 수 있다. 중동의 오만에 사는 가정주부들은 수도승처럼 집안에 틀어박혀 지내고 집 밖을 돌아다니며 검을 휘두르는 남자들과는 지극히 의례적인 소통만 한다. 에드워드 밴필드 Edward Banfield는 1950년대 불신이 팽배한 이탈리아 남부 농촌 마을을 다룬 적이 있는데, 이 고전적 연구에서도 사회적 협동이 이루어질 줄 모르는 사회를 접할 수 있다. 심지어 가족 내에서도 긴장감이 너무 높아 삶이 침울할 정도였다. 트루디 고비어의 설명에 따르면, 당시 밴필드가 기록했던 마을 사람들의 일상에 대한 이야기와 민간 설화는 총 320개에 달했는데, 행복한 이야기는 몇 개뿐이었다.[55]

멀리에 있으면서도 갖가지 장치를 통해 한시도 아이에게서 눈을 떼지 않을 경우 우리는 큰 대가를 치르게 된다. 누군가를 쉽게 믿을 경우에도 득과 실은 다 있지만 장기적으로 보면 사람을 쉽게 믿지 않을 때보다는 득이 훨씬 많다. 사람을 불신할 때는 기회를 잃어버리는 결과가 초래되기 때문이라고 하딘은 이야기한다. 파놉티콘 문화는 우리 아이들에게 타인을 위해서는 위험을 무릅쓰지 않으려 하는 태도를 가르친다. 또 아이들 자신이 부모에게서 불신을 받고 있으며, 부모도 아이들을 위해 위험을 무릅쓰지 않을 것이란 사실을 부지불식간에 가르친다. 카메라, 음주 측정기, 감시 소프트웨어, GPS 추적 및 여타 장치를 이용하면 우리의 시선은 먼 곳까지 닿을 수 있지만, 그 과정에서 아이들은 스스로 시행착오를 겪어 가며 자기 행동에 책임을 지는 법을 배울 소중한 기회를 잃어버린다. 감시는 아이들의 자유를 조금씩 갉아먹어 결국엔 무너지게 만든다. 『상처 난 무릎의 축복들The Blessings of a Skinned Knee』를 지은 심리학자 웬디 모겔Wendy Mogel은 "내가 부모들에게 항상 하는 말이 있다. 우리 문화에서는 아이에게 충분히 자유를 주는 것이 꼭 아이를 방치하는 것처럼 비친다는 것이다"라고 이야기한다.[56] 안전지대라고 만든 것이 아이들을 가두는 우리가 된다. 집에서 부딪히며 서로를 알아 가야 서서히 신뢰라는 영혼의 게임을 즐길 수 있는데, 우리는 그런 상호 교류 대신 카메라에 찍힌 동영상만 들여다보고 있다. 혼자만의 일방적인 감시를 우리는 아이와 나누는 따뜻한 대화라고 착각하고 있는 것이다.

이러한 손실을 극복하기 위해서 우리는 상대방과 시선을 맞추고 또 피해야 할 때가 언제인가를 배워야만 한다. 상대방을 언제 주시하고 또 주시하지 말아야 하는지 알아가는 것은 상황에 맞게 집중력을 요리조리 움직여야 하는 어려운 작업이다. 하딘이 내린 결론에 따르면, 신뢰는 결국 "상대방이 얼마나 헌신하고 있는지를 읽어 내는 능력이다. 그리고 이 능력은 대부분 학습을 통해 배울 수밖에 없다."[57] 사람들과 얼굴을 직접 맞대는 만남에 대해 생각해 보자. 상대방의 오감 앞에 우리는 벌거벗기라도 한 것처럼 완전히 노출된다. 그리고 거기서 "서로 간에 특별한 상호 교류"를 공유하게 된다고 사회학자 어빙 고프먼은 설명한다. "직접적 만남에서 사람들은 서로 반응을 보이는 사람인 동시에 반응을 받아들이는 사람이 된다."[58] 믿을 게 못 되기는 하지만, 눈은 이러한 상호 교류에서 핵심 중추로서 기막힌 역할을 담당한다. 아기들도 이 세상을 처음 배워 나갈 때 다른 사람의 시선을 따라가고 맞추는 일부터 시작하지 않는가. 그것이 관계 맺기의 복잡한 물결을 헤쳐 나가는 첫 걸음이다. 시선을 맞춘다는 건 상대방을 존중한다는 표시지만, 그 시간이 너무 길어지면 '적의의 시선'이 될 수도 있다고 고프먼은 설명한다. 1950년대 남부 백인이 흑인을 바라보던 그 멸시의 눈초리 말이다.[59] 몸짓을 통해, 그리고 말을 통해 우리는 우리가 만남에 얼마나 '열의'를 가지고 있는지 표현한다. 결국 우리의 몸이 머무르며 보이는 행동이 우리가 "그 순간에 얼마나 애착을 가지고 참여하는가를 나타내는 표현"이 된다. 한마디로 상대방에게 주의를 기울이는 우리의 능력을 보여주는 것이다.[60] 뒤집어 보면 감시는 이로 인해 한계를 가진다. 상대방을 추적하는 과정에서는 서로 시선을 교환하는 일이 없기 때문이다. 감시를 통해 우리는 서로의 모습을 더 이상 보지 못하는 것, 그리고 현실이나 인간성에 더 이상 많은 가치를 두지는 못하는 것이 과연 의미 있는 일인지 다시금 질문을 던지게 된다. 감시는 우리 인간을 한데 묶어 주기보다는 서로의 사이를 떨어뜨려 놓는 수단이다.

결국 그 답은 함께함으로써 쌓이는 신뢰이다. "사람 사이에서든 (금융 시스템과 같은) 어떤 체계에서든 신뢰야말로 리스크를 극복하는 수단이 될 수 있다. 그리고 또 한편으로는 리스크를 받아들이는 것이 신뢰를 쌓는 수단이 될 수 있다"라고 앤서니 기든스는 말한다.[61] 구성원이 서로에게 기꺼이 협조하는 즐거운 사회를 만들고자 한다면, 무엇보다도 아이들을 그 지독한 감시의 시선에서 해방시켜 주어야만 한다. 아이들에게는 다양하게 변화할 수 있는 자기 자신이나 인간관계, 그리고 각종 제도를 스스로 실험해 볼 여지가 필요하다. 또 결점까지도 내보일 수 있는 허심탄회한 상호교류를 통해 기든스가 말한 '적극적 신뢰'를 쌓을 기회도 접할 필요가 있다. 신뢰나 안전한 전통이라는 안전망이 없으면 인간관계는 망상과 강박증으로 치닫게 된다는 것이 기든스의 이야기다. 혹은 복수로 이어지기도 한다. 피에르 D는 칼의 시선에 노출된 사람이 자신이란 걸 알게 되자 신문사에 칼의 나체 사진을 보냈고, 그 사진은 칼의 머리가 잘린 채로 기사에 실렸다. 나중에 칼은 자신의 조사가 도를 지나쳤음을 시인했다.[62] 신뢰를 기반으로 구축된 사회라도 우리는 절대 서로를 완전히 알게 되지는 못할 것이다. 다만 그런 사회에서라면 우리는 시간이 지날수록 기꺼이 마음을 열어 자기 자신을 내보일 수 있는 기회를 얻을 수 있을 것이다. 자기 자신을 활짝 열고 강제력이 아닌 사랑과 존경을 기반으로 함께 무언가를 만들어 낼 수 있는 기회가 우리에게는 생길 것이다.

기쁨의 세계로 나아가기 위하여

제러미 벤담이 비전 있는 사상가였던 것만은 분명하다. 하지만 서재에만 틀어박혀 만들어진 천재성 때문에 그는 커다란 대가를 치러야 했다. 고집불통에다 자기밖에 모르던 그는 평생 외톨이로 지내며 "법칙을 하나의 체계로, 인간의 마음을 기계로 환원시켜 버렸다." 생전에 벤담을 알고 지냈던 저명한 학자 윌리엄 해즐릿William Hazlitt의 이야기다.[63] 개인적인 삶에서든 작품 속에서든 벤담은 인간의 본성에 자리한 깊은 감성을 이해하지 못하고, 자기만의 관심사와 일상에만 강박적으로 몰두했다. 이 철학자는 친구들에게 거의 숭배에 가까운 우정을 요구했으며, 자기 기분 내키는 대로 사람들과의 관계를 끊어 버리곤 했다. 또 손님을 한 번에 한 사람씩만 받고는 혼자서 기나긴 독백을 늘어놓기 일쑤였다. 해즐릿은 1825년 자신이 벤담에 관해 쓴 전기 성격의 에세이에서 "그

는 인간의 정신을 그림보다는 한 장의 지도로 보았다"라고 이야기
한다. "대략적인 윤곽이나 구도는 맞을지 몰라도, 그 구상에는 다
채로운 색깔과 음영이 결여되어 있었다."

벤담은 삶의 전체적인 모습보다는 부분에만 집착했고, 무엇
보다도 다른 사람의 생각이 다를 수 있다는 사실을 이해하지 못
했다. '마음에 관한 이론'이 없던 그는 인간과 사회가 모두 정밀
한 기계처럼 돌아갈 필요가 있다고 믿었고, 파놉티콘은 그러한
그의 이상을 실현시키고자 한 것이었다. 찰스 F. 바뮬러Charles F.
Bahmueller의 이야기에 따르면 벤담이 꿈꾸던 이상 세계에서는 어
떤 형태의 기쁨이나 자발성도 발붙일 수가 없었다. "우연성을 절
대 용납하지 못하는 세상에서 이 두 가지는 허용될 수 없는 너무
위험한 것이었다."[64]

그런 성격을 가진 사람에게는 파놉티콘식 감시의 시선만큼
가혹한 형벌도 없을 것이다. 인생과 작품을 통틀어 벤담의 시선은
아무 응답도 얻지 못했다.

6

위기에 빠진
문해력

종이책에서 스크린으로 이동하는 정보

뉴욕의 피어폰트모건도서관에서 활자본 담당 사서로 일하고 있는 존 비드웰John Bidwell이 서류 보관 캐비닛을 열더니 짙은 자줏빛 린넨이 덮인 자그마한 상자 하나를 꺼냈다. 그는 자기 책상에 벨벳 천을 깐 뒤 그 상자를 열고는 회녹색 꽃문양이 정교하게 수놓인 손바닥 크기의 신기한 책을 한 권 꺼냈다. 책은 가장자리에 금박을 입힌 두 권의 책이 등을 맞대고 붙어 있는 형태로 돈이 많은 상인의 아내나 귀부인이 가지고 다녔을 법했다. 한쪽은 1633년 에든버러에서 출간된 신약 성서인데 깨알 같지만 또렷하게 활자가 찍혀 있었다. 신약 성서를 뒤집으면 나오는 두 번째 책은 1635년 런던에서 펴낸 시편이다. 따지고 보면 이 이 자그만 신앙서적은 수작업과 공장 생산 기술이 하나로 접목돼 탄생했다고 할 수 있다. 이 작은 글씨들을 식자공이 하나하나 조판했던 만큼, 식자공의 박식함과 기막힌 솜씨가 중요했다. 오른손으로 금속 활자를 하나씩 일일이 떼다가 왼손의 조판 막대에 배열하고, 그렇게 조판 막대에 여덟 줄이나 아홉 줄이 완성되면 활자판 상자에다 가져다 놓는 게 식자공의 일이었다. 작업에 그렇게 공이 들이는 것과 함께 식자공은 "눈썰미를 가지고 책을 손볼 줄도 알아야 했다." 자신이 적당하다 생각하는 방식에 따라 편집할 줄도 알아야 했던 것이다. 1683년 인쇄업자 조셉 목슨Joseph Moxon은 책에 쓰길, 식자공이라면 모름지기 학자의 기질도 있어야 한다고 했다.[1] 그 결과 당시 런던에 있던 150개의 서점은 늘 사람들로 북적였는데 그 많은 책들 중에 한 치도 안 틀리고 똑같은 책은 단 한 권도 없어, 많은 작가들을 상심케 했다.[2] 언어, 나아가 우리의 집중력을 담아내는 가장 중요한 수단인 책이 당시에는 하나의 예술 작품이었던 셈이다. 그러던 책이 지금은 박물관의 유물처럼 되어 버렸다. 어두컴컴한 지하 납골당에서 올라와 세계 최고 희귀 장서들을 모아 놓은 이 도서관에서 고요히 안식을 취하고 있는 책 곁에는 매끈한 데스크 탑 컴퓨터가 나란히 자리하고 있다. 키 동작 한번이면 웅웅 대는 소리와 함께 꿈틀거리는 다채로운 색상의 내장을 훤히 드러내 보이는 기계.

비드웰은 나를 부르더니 그 몇 백 년이나 된 성경을 한번 손에 들어 보라고 했다. 나는 무척이나 조심스러웠다. 성경이 내 손에서 먼지로 바스라지지는 않을까 걱정이 되었기 때문이다.[3] 하지만 비드웰은 15세기에 나온 책이 아마 1860년과 1960년 사이에 나온 책보다도 수명이 오래갈 거란 우스갯소리로 날 안심시켰다. 1500년대는 종이의 질이 그만큼 좋았단다. 훤칠한 키에 깡마른 체구의 비드웰은 책이 들어오면 컴퓨터에만 기록을 하지는 않는다. 지금은 박물관까지 겸하고 있는 이 도서관이 재정가 피어폰트 모건Pierpont Morgan의 개인 도서관일 때 일하던 선임자들부터 대대로 기록해 온 100년 된 도서 장부에도 함께 기록해 둔다.

신중하게 말을 선택해 입에 담는 모습이 찰스 디킨스를 연상시키는 비드웰은 종종 재치 있는 말을 툭툭 던지는 솜씨가 기가 막히다. 그러더니 빅토리아 시대의 책에는 "생명력이 없다"며 조용히 아쉬운 한숨을 짓는다. 그렇다고 비드웰이 지식을 가지고 거들먹거리는 건 절대 아니다. 옛날에 책을 만들던 방식대로 나무나 얇은 금속판을 끈이나 금속으로 묶어서 제본하는 '코덱스' 작품이 나오면 그 속에 있는 언어나 베일에 싸인 탄생 배경을 파고들어, 얽히고설킨 인쇄의 역사 속에서 그 책과 관련된 시기나 일화에 대해 이야기하는 걸 좋아한다. 한번은 그에게 먼 옛날 쓰고 남은 옥스퍼드 인쇄용지가 어디에 사용되었는지 밝혀내라는 임무가 주어지기도 했다. 그는 그 오래된 종이의 색깔, 무게, 소리, 투명무늬를 분석하는 것만으로 어떤 것이 윌리엄 모리스William Morris의 켈름

스코트출판사에서 사용했던 여백 용지인지, 또 어떤 것이 수십 년간 예술 작품이나 교과서에 사용되었는지 구별해 낼 수 있었다. 비드웰은 나를 데리고 빅토리아 시대의 베스트셀러가 있는 아래층 전시실로 내려가며 "정말 오랫동안 책 공부를 해 왔지만 그때의 작업이 제일 힘들었습니다"라고 내심 자랑스러운 듯 말했다.

그날 박물관은 휴관일이어서 전시실로 가는 복도는 쥐 죽은 듯 고요해 마치 교회 같았다. 세상과 동떨어져 한적해 보이는 그곳에 있으니 책의 미래가 이런 게 아닐까 하는 생각이 들었다. 책도 지나가 버린 과거를 기리는 박물관의 유물이 되어 꼬마들에게 우리가 거쳐 온 역사를 보여주게 되는 건 아닐까? 문어체나 책의 신비를 파고드는 건 학자나 애서가의 전유물이 되어 버리고, 일반 사람들은 앞 다투어 데이터를 주워 삼키느라 바쁘지 않을까? 하지만 비드웰은 책은 죽지 않을 거라고 목소리를 높였다. 책에서 즐거움을 얻는 대학 신입생들이 아직도 많지 않느냐는 것이었다. 최근 미국의 발행 도서 수가 40만 권에 이른 것은 분명 책 읽는 사회를 보여주는 확실한 징표다.[4] 하지만 고등학교 3학년생 중 대학 학업 대비 독서를 할 수 있는 학생은 전체의 3분의 1에 불과하며, 미국인 중 최근 1년 새 활자본이나 전자책을 단 한 권도 읽지 않은 사람도 전체의 4분의 1이 넘는다.[5] 책이 제왕의 지위를 누렸던 인쇄술의 시대에 우리는 정보 공개, 분석, 집중력의 기술을 마음껏 활용할 수 있었다. 그런데 정보가 자유롭게 흘러다니는 디지털 시대에 우리는 그런 고차원의 집중력과 사고력을 발휘할 수 있는 기반을 어디서 찾을 수 있을까? 아니, 그만큼의 집중력과 사고력을 발휘할 의지를 가질 수 있기나 할까? 비드웰이 애지중지 보관하고 있는 '훌륭한 책'이 우리가 암흑기로 미끄러져 들어가는 걸 막아 줄지는 의문이다(정보가 그 어느 때보다 넘쳐나는 지금이 암흑기라는 것이 참 아이러니하지만 말이다). 그렇다면 과연 우리는 클릭과 탭만으로 지혜에 이를 수 있을까?

어떻게 읽어 낼 것인가?

"종이책은 가라!" 인터넷 정보의 확산을 응원하는 목소리가 한창 높아지고 있다. 책은 역사의 쓰레기통까지는 아니더라도 박물관의 지하 창고에 들어가게 될 것이 분명하다. 책을 무슨 성상이라도 되는 것처럼 떠받든 지가 너무 오래되었기 때문이다. 옛날만 해도 책은 말을 담는 최고의 그릇이었지만 지금은 실패자로 전락해 세상만 어지럽히고 있다. 이제 머지않아 책은 "나무로 만든 종이 특유의 외관과 감촉에 중독된 사람들만 고이 간직하는 물건이 될 것이다"라고 MIT 건축학과 교수 윌리엄 J. 미첼William J. Mitchell은 말한다.[6] 일부 전문가들은 이제 글은 화면에 담는 것이고 인류는 그 대세에 발맞춰야 한다며, 인쇄술 시대를 주름잡던 독서가들에게 일침을 가한다. 이제는 책에 갇힌 내용을 붙들고 고독하게 생각에 빠져 있어서는 안 된다는 것이다. 책은 무엇보다도 '사회적이지 못한' 매체라고 그들은 지적한다. 수사학자 리처드 래넘 Richard Lanham의 주장에 따르면, 인쇄는 "인식적 차원의 자기 부정 행위"이자, "추상화와 누락을 심화시키는 사기"다. 따라서 무질서 와 질서 사이의 전이 공간인 "혼돈의 가장자리edge of chaos를 기반 으로 하는 새로운 지식 구축 체계가 필요하다." 덧붙여 그는 "지극 히 개인적인 목적을 추구하며 좁고 꽉 막힌 세계에 살아가는 것이 과연 더 가치 있는 일이라고 할 수 있는가?"라고 반문한다.[7] 네트 워크를 통해 서로 연결된 세상에서 우리는 더 이상 혼자서 틀어박 혀 있을 필요가 없다. 나아가 이제는 텍스트를 종이에서 해방시켜 야 한다. 그것이 우리가 삐걱대는 도서관 의자에서 벗어나며 해내 야 하는 두 번째 과제다. 존 페리 발로John Perry Barlow는 와인 병이 포도주를 가두듯 책이 딱딱한 틀 안에 정보를 가둬 버린다고 이야 기한다. 이제는 그 향기로운 술을 병에서 빼낼 때다! 정보는 자유 를 원하고 있다고 스튜어트 브랜드Stewart Brand는 한껏 목소리를 높 인다. 또 제임스 J. 오도넬James J. O'Donnell은 이렇게 묻는다. "인간 의 창작품 중에서도 가장 형체가 없는 입말을 텍스트 속에 영원히 가둬 버리려고 하다니 정말 이상하지 않은가? 또 지금은 죽어 저 세상에 가 버린 사람들, 아니면 우리와 완전히 동떨어져 있는 사 람들의 죽은 말이 지금 우리의 삶을 좌지우지한다는 것이 정말 이 상한 일 아닌가?"[8] 이제까지 우리와 함께 했던 책 속에 든 말은 차 디찬 얼음장 같아서, 따뜻한 피가 흐르며 심장이 고동치는 우리 삶과는 거리가 멀었다.

이러한 훈계를 들으면 100년 전 새로운 지적·예술적 질서를 추구하면서 책의 딱딱한 틀을 깨뜨리고자 했던 이탈리아 미래주의자들의 목소리가 메아리치는 듯하다. 이 운동의 창시자인 필리포 토마소 마리네티Filippo Tommaso Marinetti는 책은 박물관, 수도원, 도서관, 과거의 낡은 유물과 함께 "사라질 운명에 있다"고 예언했다. 그러면서 그 미래를 앞당기기 위해 도서관을 모두 태워 버리려는 시도까지 했다.[9] 사람들이 동시성 예술에 한창 매료되어 있던 20세기 초엽 저술 활동을 했던 마리네티는 인쇄·문법·문학의 인습을 산산이 깨부수는 '폭발적인' 텍스트를 열렬히 옹호해서 격식을 깬 '자유롭고 임의적인 단어'들을 마구 토해 내고 지면 전체에 역동적인 이미지를 집어넣어 디지털 시대의 모습을 예견해주었다. (마리네티는 자유로운 형식을 지향한 자신의 시를 "동시성을 구비한 작품"이라 부르기도 했다.)[10] 1913년의 글에서 마리네티는 "빠른 속도를 통해 시공간이 확 줄어든 지구"와 "세계의 새로운 의미"를 미리 그려 보였다. 그의 말에 따르면 인간은 "자기 조상들이 한 일에 대해서는 거의 알 필요가 없다. 하지만 자기와 한 시대를 살아가고 있는 동시대인들이 현재 무엇을 하고 있는지에 대해서는 늘 알고 싶어 한다." 래넘의 설명에 따르면 미래주의의 선봉에 섰던 마리네티는 나중에 파시즘에 가담하면서 명망을 잃지만, 미래주의의 비전은 인터넷 시대를 사는 현재 우리의 포부와 닮은 구석이 있다. 마리네티는 "지구촌이라는 작동 시스템"을 미리 내다볼 줄 알았다고 래넘은 주장한다.[11]

하지만 과거와의 관계를 싹둑 끊어 버린다는 것은 정당하지도 않을 뿐 아니라 가능하지도 않다. 책에 들어 있는 텍스트가 하이퍼텍스트(hypertext: 특정한 단어가 다른 단어나 데이터베이스와 연결되어 있어 사용자가 관련 문서를 넘나들며 검색할 수 있는 텍스트 - 옮긴이)만큼 유동적이지는 못해도, 일부 사람들 생각처럼 그렇게 고정불변하는 건 아니다. (입으로 말하면 바람처럼 온데 간데 없이 사라져 버리는) 말들을 붙잡아 한 곳에 묶어 두고, 인간이 한층 복잡한 차원에서 사고할 수 있게 해 준 것이 바로 글이다. 글 덕분에 언어에는 '잠시 멈춤' 기능이 생겨 공중을 떠다니던 말을 멈출 수 있게 되었다. 플라톤은 글이 "지독히 엄숙하게 침묵만 지킨다"며 진저리를 쳤다.[12] 아무리 질문을 해도 글은 똑같은 대답을 내놓기만 한다는 것이다. 이런 식의 다소 순진한 비평이 나오는 것은 우리가 글에만 너무 얽매이기 때문이다. 기억과 대화, 상징적인 자연물을 해석만 하던 구전 문화에 글이 던져 주었을 충격을 생각해 보면 그 가치를 경시할 수가 없다. 또 글이 상대적으로 안정적이라고는 하나 변화 자체를 거부하는 건 아니다. 책은 이제까지 인간의 표현 욕구를 십분 드러내도록 발전을 거듭해 왔으며, 그 노력은 앞으로도 끊이지 않고 이어질 것이다. 고대 알렉산드리아도서관에 보관되어 있던 수천 권에 이르는 파피루스 두루마리부터 처음으로 쪽 번호가 들어갔던 300~400년대의 필사본까지, 빅토리아 시대 책장수들이 집들을 일일이 돌며 팔고 다녔던 소책자 시리즈부터 근대의 활자판 책, 그리고 마리네티가 만든 파격적인 창작물까지 책은 늘 획기적 변화를 시도해 왔으며 다양성을 무엇보다 존중했다.

뿐만 아니라 책 속에 들어 있는 텍스트 역시 맘대로 변해서 독자나 작자 모두를 고통스럽게 했다. 식자공에게 편집의 권리가 낙이었던 것처럼, 중세 시대의 필경사나 번역가, 인쇄업자들 상당수는 자신이 베끼고 번역하고 찍어 내는 작품을 가지고 장난을 치곤 했다. 언어학자 라파엘 시몬Raffaele Simone은 "오랜 세월 동안 사람들은 글로 된 텍스트도 작가 이외의 다른 개인이 얼마든지 손에 넣어 고칠 수 있다고 생각했다"라고 설명한다.[13] 도서 역사가 애드리언 존스Adrian Jones에 의하면, 원작자의 뜻이 그대로 반영된 오류 없는 책도 1760년에나 들어서 비로소 출간될 수 있었다고 한다.[14] 마르틴 루터부터 자연철학자 로버트 보일Robert Boyle처럼 불법 복사본 때문에 정작 자신의 작품들을 출간하지 못한 작가들도 수두룩하다. 그러다 편집 및 법적 체계가 서서히 마련되어 불법 복제에 맞서 싸우면서 출간 과정에 일정한 틀이 마련되었다. 하지만 이제까지 책이나 책에 담긴 텍스트를 일정한 틀에 가두는 데 성공한 시대는 없었다. 한구석에 조용히 자리 잡고 있는 스코틀랜드판 성경을 보고 있으니 저 책이 얼마나 많은 과정을 거쳐 여기까지 왔는지, 또 우리들이 저 책과 맺는 관계도 얼마나 변하기 쉬운지 잘 실감하지 못한다는 생각이 들었다. 문학비평가 알베르토 망구엘Alberto Manguel은 "사실 알고 보면 모든 텍스트는 사람과 '상호작용'을 하는데 우리는 그 사실을 잘 잊어버린다. 텍스트는 독자에 따라, 그리고 시간과 장소에 따라 얼마든지 바뀔 수 있다"고 이야기한다.[15] 다시 말해, 각 텍스트에 우리가 어떤 식으로 집중력을 기울이느냐에 따라 독자마다 다른 책이 탄생한다는 것이다.

마지막으로 우리가 종종 잊는 사실이 한 가지 더 있는데, 책은 참 시끄러운 녀석이라는 것이다. 우리 인간 문화의 주류로 자리 잡을 당시 글에서 지식을 찾는 작업은 절대 조용히 혼자 이루어지지 않았다. 책에서 건져 올린 구절과 서재, 클럽, 응접실, 교실, 법정, 강당에서 오간 말소리가 그 거대한 문화적 변화를 수놓았던 것이다(이것은 우리 구전 문화의 역사가 얼마나 풍성하고 오래됐는지 알 수 있는 증거이기도 하다). 찰스 디킨스의 경우 자신의 도서 낭독회에 들어오는 요구를 만족시키려다 말년에 자살을 할 뻔했다. 19세기 유럽의 담배 제조업자와 재단사를 비롯한 각종 장인들은 작업을 하는 동안 옆에서 책을 읽어 줄 사람을 고용하거나, 차례로 돌아가며 서로에게 책을 읽어 주었다고 역사가 로버트 단튼Robert Darnton 은 이야기한다.[16] 또 18세기 프랑스나 독일에서는 저녁이 되면 사람들이 농사 일손을 놓고 한자리에 모였다. 아이들은 신나게 뛰어 놀고 여자들은 바느질을 하고 남자들은 농기구를 고치고 있으면, 한 사람이 나서서 큰 소리로 책을 읽어 주었다고 한다. 미국의 아이들은 나무나 생강 빵에 글씨와 이야기가 들어간 종이를 한 장 붙여 공부를 했으며, 세월이 흐른 후에는 인격 교육서『맥거피 독본』을 소리 내어 읽었다. 묵언을 하는 독서가 등장한 것은 중세 시대 초기 종교적 목적을 위해 수도원에서 필경을 시작하면서였고, 그 방식이 귀족 사회의 일상으로 자리 잡은 것은 15세기에나 들어서였다. 사실 몇 십 년 전까지만 해도 엄청난 독서량을 자랑하는 사람보다는 훌륭한 웅변가가 학자로서 성공을 거뒀다고 인정을 받았다. "이제까지의 인류 역사를 보면 사람들은 대부분 읽기보다는 듣기를 통해 책을 접했다. 듣는 것이 보는 것보다 나은 방법이었다"라고 단튼은 이야기한다.[17]

이 모든 사실을 종합하면 오늘날 우리가 디지털 시대의 문턱에 다다를 수 있었던 것도 변화무쌍하고 각양각색의 모습을 자랑했던 책 덕분이라는 게 드러난다. 우리가 스크린으로 눈을 돌림으로써 뭔가 새로운 일이 시작되고 공간을 자유자재로 넘나드는 새로운 무언가가 발명된 게 아니라는 이야기다. 책과 스크린은 이것 아니면 저것 식의 이분법적 관계가 아닌, 서로가 서로에게 영향을 미치는 역동적 관계로 봐야 좋을 것이다. 따지고 보면 두 가지 모두 의사소통 기술이 아닌가. 역사를 살펴보면 이 둘은 어느 하나가 다른 하나에 밀리기보다는 뒤죽박죽인 채로 공존하는 모습이었다. 그림과 영화, 전보와 전화, 텔레비전과 인터넷, 기차와 비행기, 이 모든 것들이 상대방에 대해 혹독한 예견과 질책을 내놓으며 서로 공존하고 있는 것처럼 말이다. 『다시 생각해 보는 미디어 변화Rethinking Media Change』를 지은 데이비드 소번David Thorburn과 헨리 젠킨스Henry Jenkins는 "새로 부상하는 기술과 그 선대의 시스템의 관계는 알고 보면 생각보다 복잡한 관계를 맺고 있다. 두 기술은 의외로 동일한 부분이 많으며, 신기술은 종말론이 걱정하는 것만큼 그렇게 파괴적이지 않다"고 이야기한다.[18] 인쇄술과 필경처럼 승패가 완전히 갈려 한쪽은 사라져 버린 기술도 있지만, 텔레비전과 라디오처럼 '상석'과 '말석'의 위치에 놓인 기술들이 보다 일반적이다. 물론 책도 결국 박물관의 지하 창고에 들어가거나 조용히 스크린 속으로 사라져 버릴지 모른다. 하지만 디지털 시대가 아직 걸음마 단계인 만큼, 앞으로 오랫동안 책과 스크린은 뒤죽박죽인 채로 공존할 게 분명하다.

따라서 진정으로 제기되어야 할 문제는 바로 '어떤 식으로 읽을 것인가'이다. 오늘날같이 정보가 폭발적으로 늘어나는 시대에는 (스크린을 바라보든, 책을 들여다보든) 무언가를 읽는 것이 이 세상을 인식하고 거기서 의미를 끌어내는 능력의 핵심이 되기 때문이다. 텍스트를 담아내는 형식이나 그릇도 물론 중요하다. 하지만 매체 자체는 읽기 문화가 전하는 여러 가지 메시지 중 하나에 불과하다. 사실 인간은 뇌의 배선을 재배치하는 고된 과정을 거쳐야만 비로소 읽기를 배울 수 있다. 그러나 우리는 읽기라는 이 놀라운 문화적 발명품을 통해 삶에 대한 이해를 형성한다. 제대로 이루어지기만 하면 우리는 읽기를 통해 깊은 의미가 담긴 삶의 틀을 얻을 수가 있다. 사랑을 제외하고 인간이 "속세를 초월"할 수 있는 수단은 읽기뿐이라고 비평가 해럴드 블룸Harold Bloom은 주장한다.[19] 하지만 어떤 내용을 읽든 간에 과정이 형편없으면 우리는 피상적 이해밖에 하지 못하고 늘 의미의 언저리를 맴돌게 된다. 알베르토 망구엘은 "첨단 기술이 등장한 이 새로운 공간 속에서, 책과 함께 텍스트를 전하는 갖가지 인공물이 존재하는 상황에서, 과연 우리는 어떻게 해야 계속해서 발명하고, 기억하고, 학습하고, 기록하고, 거부하고, 경이로워하고, 환희에 차고, 전복하고, 즐기는 능력을 잃지 않게 될까?"라고 묻는다. "어떤 방법을 써야 우리는 텍스트를 그저 수동적으로 바라보지 않고 창조적으로 읽을 수 있을까?"[20] 그 해답은 텍스트 자체를 넘어선 읽기의 문맥을 통해 찾을 수 있다. 언제, 어디서 읽으며, 어떤 동기와 방법을 가지고 읽느냐가 중요하다는 것이다.

다시 존 비드웰의 사무실로 돌아가보자. 그는 얇은 책자를 하나 열어 라틴어 전례가 나와 있는 페이지를 펼쳤다. 모건도서관의 소장 도서 중 인쇄술의 요람기인 1501년 이전에 나온 초기 간행본 하나를 복사해 놓은 것이었다. 촘촘히 붙어 있는 고딕체 글자가 지면을 빼곡히 메우고 있었다. 구두점이나 여백은 거의 찾아볼 수 없었다. "활자와 구두점 표기 방식, 글자가 생략된 방식을 보면 이러한 텍스트들은 단어 하나하나를 심혈을 기울여 보도록 만들어졌다는 걸 알 수 있습니다. 읽고 또 읽어 보게 말입니다. 한 번에 스윽 훑어볼 수 있는 그런 글이 아니에요. 이런 글을 읽으려면 엄청난 집중력이 필요하지요." 솔즈베리수도원에서 예배할 때 사용되던 『사룸 미사 경본Sarum Missal』은 그리스 문자가 처음 사용된 기원전 8세기에도 있었으며, 그 뒤에도 면면이 이어져 1000년경에는 일명 '붙여 쓰기' 기법에 따라 텍스트를 만들었다. 길다란 기둥 모양이 되게 텍스트의 단을 여러 개로 나누고, 글자는 띄어쓰기 하나 없이 붙여 썼으며, 맨 처음 줄은 모두 대문자로 적었다. 이

를 테면, THESEWRITINGSWEREONEROUSTOREAD(제대로 표
기하면 'These writings were onerous to read'로 '이런 글들은 읽기가 성가시다'는 뜻이다
– 옮긴이)와 같은 짧은 문장만 봐도 알 수 있듯, 이런 글은 '읽는 것'
이 중요하지가 않았다. 옥스퍼드에서 문학과 고전을 연구하는 학
자 로절린드 토머스Rosalind Thomas는 "옛날 글들은 입말을 보조하
는 차원에서 사용되는 경우가 더 많았다"고 이야기한다.[21] 과거에
는 정치나 학습 모두 말로 하는 기술이었으며, 심지어 문학조차도
하나같이 말이나 노래로 낭송되었다. 대부분의 텍스트는 기억을
보조하는 장치였다. 우리가 연설을 할 때 메모를 참고하듯, 이미
말을 통해 충분히 익힌 지식이 잘 기억나게 해 주는 신호였던 것
이다. 중세의 수도승들은 '되새김'을 위한 텍스트를 들고 다녔는
데, 묵상과 기도를 통해 텍스트에 들어 있는 지혜를 자신의 신앙
과 합치시키려는 노력이었다. 세상에 나온 이후 몇 백 년 동안 책
은 아주 귀했기에 사람들은 책을 깊이 있게 알고자 했다. 책은 사
람들에게 손처럼 자기 몸의 일부와 같았으며, 우리 심장 속에 사
랑이 녹아들어 있듯이 우리의 존재와 기억 속에 녹아들어 있었다.

　　이러한 '고강도'의 읽기는 '읽기 혁명'이 시작된 1700년대 중
반에 이르자 그 열기가 수그러들기 시작했다. 학교, 책, 신문, 독서
모임, 대출 도서관이 널리 보급되었던 것이다.[22] 18세기 초반에 뉴
잉글랜드 가정에서 가족들이 읽던 것을 꼽으려면 아마 성경, 연감
한두 권,『뉴잉글랜드 초급 독법New England Primer』, 가보처럼 대대
로 전해진 필립 다드리지Philip Doddridge의『마음 속 종교의 시작과

발전Rise and Progress of Religion in the Soul』 정도였을 것이다. 하지만 그로부터 1세기가 지나자, 사람들은 소설책, 신문, 동화책과 각종 소책자에도 손을 대게 되었다고 단튼은 설명한다. 고강도 읽기를 하는 사람이 여전히 있기는 했지만, "읽을거리가 생기면 잡고 있던 책은 당장에 놓아 버리며 닥치는 대로 책을 읽어 젖히는 다독가"들이 점점 더 주류로 자리 잡았다.[23] 열차 운행표나 여행 가이드북부터 백과사전에 이르기까지 각종 참고 서적들이 처음 유행하기 시작한 것도 이때였다. 빠른 속도로 이것저것 읽어 나가는 것이 대세가 되자 1898년 〈시카고이브닝포스트Chicago Evening Post〉에서는 책의 내용을 제대로 "체화시키지 않고" 지식을 쌓기만 하는 "도서관식 읽기"에 대해 우려를 표명하고 나섰다. 하지만 "머리로 따라갈 수 있기만 하다면" 빠른 속도로 읽는 것도 (나아가 책의 내용을 군데군데 건너뛰고 읽는 것도) 별 문제가 없다고 결론을 내렸다.[24] 공공 도서관이 생겨나고 "속도를 통해 지구의 시공간이 확 줄어들기" 시작한 그때부터 우리는 벌써 깊이 있는 지식 대신 광범위한 지식을 추구하면서 골머리를 앓기 시작한 것이다. 기록에 따르면, '글을 읽고 쓸 줄 아는 능력'을 뜻하는 영어 literacy가 처음 사용된 것도 이때부터였다.[25]

지금 우리는 수도 없이 많은 텍스트의 표면 위를 미끄러져 다닌다. 오늘날 우리가 온라인과 오프라인의 책, 잡지, 광고 속에서 훑어보게 되는 말들은 수십 억 개에 이른다. 예전만 해도 텍스트는 의미를 가득 담고 우리의 영혼 깊은 곳에 뿌리박고 있는 지식의 불꽃을 담는 신성한 단지였으나 더 이상은 아니다. 그보다는 갓 생겨난 정보 조각을 가리지 않고 담고 있는 마차 같은 모습이다. 이제는 책을 다시 읽는 것을 괴상하게 여기기까지 할 정도다. 읽기 혁명을 통해서 태동한 것이 바로 정보화시대고, 정보화시대에서는 "미세하게 원자화된 콘텐츠 조각, 즉 명제, 문장, 음절, 비트 등이 인지의 최소 단위로 통한다. 이들 각각은 모두 따로따로 분리하고, 조작할 수가 있다"고 언어학자 지오프리 넌버그Geoffrey Nunberg는 이야기한다. "정보는 모래알이나 곡식 낱알 같은 미립자 형태다."[26] 거기다 정보는 추상적이고, 자유자재로 이동이 가능하며, 무엇보다 수량화가 가능하다고 넌버그는 덧붙인다. 이제는 의미 부여보다는 자료가 더 각광받고 있다. 대니얼 부어스틴Daniel Boorstin은 그 이유는 여러 가지지만 우리의 첨단 기술이 마를 줄 모르는 정보의 물줄기를 만들어 내면서 유전학부터 우주의 작동 원리에 이르기까지 인간이 알지 못하던 새 지평을 열어 주고 있기 때문이라고 지적한다. 예를 들어 우주선 보이저 2호는 12년 동안 44억 마일을 날아가 마침내 1989년 8월 25일 예정보다 5분 일찍 해왕성이 도착했는데, 이때 우주선이 보내온 자료는 5조 비트에 달했다. 지금은 '부정을 통한 발견'의 시대라 해도 과언이 아니다. 지금 우리는 무언가에 대해 확실히 알기보다는, 불필요한 부분을 깎아 내듯 이 세상의 모습이 아닌 것을 조금씩 깎아 낼 수만 있을 뿐이다. 부어스틴은 그러면서 우리에게는 의문만 점점 더 늘어간다고 말한다.[27] 과학계를 염두에 두고 한 말이었지만, 이는 지적 탐구가 이루어지는 다른 분야에도 두루 적용되는 이야기다. 이에 대해 월터 옹Walter Ong은 우리가 "정보의 포로가 되어 버렸다"고 결론 내린다. "쉴 새 없이 쏟아져 들어오는 정보가 정보의 혼돈을 일으킬 수 있기 때문이며, 사실 이제까지 그래 왔고 앞으로도 쭉 그럴 것이 분명하다."[28] 지금 우리는 텍스트를 소화시키기보다는, 엄청난 양의 텍스트에 압사당하지 않기 위해 안간힘을 쓰고 있다.

구글의 알고리즘대로 생각하는 사람들

노버트 엘리엇Norbert Elliot은 단순히 가르치기만 하지 않는다. 자기가 맡은 학생들을 자극하고, 압박하고, 제대로 된 공부법을 학생들에게 일일이 떠먹여 주는 것이 그의 스타일이다. 뉴어크에 소재한 뉴저지공업대학에서 있었던 그의 다큐멘터리 연구 수업을 찾아갔을 때, 오후의 컴퓨터 랩실에는 학생 대여섯 명이 모여 자기들이 맡은 최종 프로젝트의 윤곽을 파워포인트를 통해 발표하고 있었다.[29] 이 수업의 목적은 멀티미디어 프레젠테이션을 만들어 보는 데 있었기 때문에, 학생들이 택한 주제는 새로 나온 비디오게임에 대한 보고부터 4년제 대학에서 고학년의 대학 생활은 어떤지에 대한 연구까지 다양했다. 학생들이 차례대로 자기 계획을 발표하는 사이, 엘리엇은 몇 번이고 중간에 불쑥불쑥 끼어들어 학생들의 작업 내용, 특히 자료 출처의 정당성에 의문을 제기했다.

트위드 재킷을 걸치고 있는 50줄의 영문과 교수 엘리엇의 목소리에는 위엄과 따스함이 동시에 어려 있었다. 아무것도 모르는 신출내기 병사들을 다루는 막막한 심정의 백전노장처럼 그는 학생들에게 덕담을 건네 용기를 주는 데 전혀 인색하지 않았지만, 그러면서도 학생들을 절대 느긋하게 풀어 두지 않았다. "자네가 전거로 삼겠다는 전기가 그 책인가?"라고 그는 앤서니Anthony에게 물었다. 학부 3학년생인 앤서니는 뉴욕 시장이었던 피오렐라 라과디아Fiorella LaGuardia의 대학 생활을 상세히 연구할 계획이었다. (앤서니를 직접 만나기 전에 엘리엇이 해 준 이야기에 따르면 앤서니는 애초에 자기 연구에 라과디아의 전기를 이용할 계획이 없었다고 한다. 앤서니는 대학에 입학하고 나서 학교 도서관에 한 번도 가 본 적이 없으며, 3학년이 되어서야 전자 도서관에 데이터베이스가 있는 줄 알게 되었다고 털어놓았다.) "아마존에 있는 사람들 리뷰를 봤는데 모두 이 책이 제일 좋다는 것 같았습니다"라고 앤서니가 얼굴이 땀에 범벅이 된 채로 쭈뼛거리며 말했다. "아마존 리뷰는 아무나 올릴 수 있는 것 아닌가?"라고 엘리엇이 말했다. 대다수 학생들은 앤서니의 발표에 관심이 없었다. 모두들 자기 노트북이나 강의실 컴퓨터에 머리를 처박고서 이메일을 확인하거나 자기 발표 내용을 손보고 있었다. 엘리엇 교수는 그런 학생들 모습에 전혀 굴하지 않고 또 한 학생을 불러내서 오늘처럼 도서관 상호 대출 서비스를 이용해 보라고 다그쳤다. 또 동영상 게임을 다루는 학생에게는 닌텐도의 재정이 얼마나 건실한지 평가할 때 온라인에 올라오는 연례 보고서 외에 다른 것도 찾아보라고 압박을 했다. 그리고 구글에서 우연히 발견한 저널을 프로젝트에 인용한 학생에게는 칭찬을 해 주었다. 그 학생이 자기 노트북이 놓여 있는 자리로 돌아가 앉는 동안 엘리엇이 말했다. "훌륭한 프로젝트가 나오겠군."

하지만 교실 밖에서 엘리엇은 낙담한 모습인 경우가 많다. 학생들이 주위의 정보를 적절히 거르고 활용해 거기에 의미를 부여하는 능력이(다시 말해 자신의 세상을 '읽어 내는' 능력이) 부족하기 때문이다. 엘리엇은 학계에서 학생들의 정보 독해력 향상을 위해 목숨 걸고 싸워 왔다. 정보 독해력이란 말은 1980년대 말 교육자들이 정보가 과포화되면 오히려 의미 부여 능력이 떨어지는 현상이 나타난다는 사실을 깨닫게 되면서 유행하게 된 말이다. 이러한 현상은 첨단 기술에 그 누구보다 익숙한 젊은이들에게서 유난히 두드러졌다. 그리고 이러한 현상이 번지면서 여기저기서 구체적인 모습을 드러내기 시작했다. 학생들은 인터넷을 들여다보는 대신 인쇄물은 거들떠보지도 않는다. 1992년에 이미 노스캐롤라이나대학의 도서관 이용자 중 어떤 상황에서도 인쇄물을 이용할 생각이 없다고 말한 사람이 전체의 4분의 1에 이르렀다.[30] 온라인의 광대한 정보 쪽으로 학생들의 눈이 쏠리는 것은 어쩌면 당연한 일이다. 하지만 제대로 걸러지지도 않고 편집되지 않은 엄청난 양의 정보가 쓰나미처럼 밀려오면 학생들은 거기서 옥석을 고를 줄도, 자신이 골라 낸 것들을 심사숙고하여 활용할 줄도 모른다. 학생들도 대부분의 사람들과 마찬가지로 겉으로만 드러난 정보 세계에 이끌리는 경우가 많다. 한정된 범위의 검색 엔진을 이용해 찾아낸 첫 페이지의 해답에만 매달리는 것이다. 하지만 이 검색 엔진들은 전체 정보 중에서 지극히 상업적이고 질은 떨어지는 겉핥기식 인터넷 정보 15퍼센트를 찾아 줄 뿐이다. 거기다 이렇게 빙산의 일각에 불과한 정보 속에서도 제대로 된 최상의 정보들은 (상대적으로) 후면에 숨어 잘 보이지 않는다. 구글 같은 검색 엔진의 작동 알고리즘은 검색 주제와 상관이 없거나 별 볼일 없는 사이트를 전문적인 사이트와 똑같이 취급하기 때문이다. 내용이 훌륭한가와는 상관없이 구글에서는 접속자 수가 많거나 광고료를 많이 낸 사이트들이 제일 상단에 오른다. 하지만 문제는 온라인에서 검색을 할 때 제일 먼저 뜨는 것이 우리 눈에는 가장 좋아 보인다는 것이다. 80퍼센트의 사람은 검색 결과의 첫 페이지만 보고 그 다음은 살피지 않으며, 급할 때는 검색 수준이 그보다 훨씬 더 떨어진다는 사실이 연구 결과로 밝혀졌다. 더 난감한 문제는 이런 현실에도 아랑곳하지 않고 대다수의 사람들은 자신이 온라인에서 검색한 내용이 정확하고 공정하며 편향되지 않았다고 믿는다는 것이다.[31]

각지의 대학에서 비슷하게 학생들이 뭔가를 곧이곧대로 믿고, 지극히 한정된 의미부여밖에 하지 못하는 경향이 나타난다는 연구 결과가 속속 나오고 있다. 고학년생도 예외가 아니다. 학생들은 "유난히 한정된 시야"를 보이며, 되도록 "빠르면서도 정당치 못한" 방법들로 과제를 처리하려고 했으며, "편의를 위해 질은 포기하는 경우가 많았다." 예전 유고슬라비아의 국경선이 어떤 식이었는지 찾아오라는 과제를 받았을 때 UCLA의 450명 대학생 중 미국의 역사를 간략하게 서술한 약 80쪽짜리 『미국 역사 아틀라스Atlas of American History』나 전 세계 비영리단체 15만 9,000개의 자세한 정보가 나와 있는 『협회 백과사전Encyclopedia of Associations』을 참고했다고 말한 학생이 35퍼센트에 이르렀다.[32]

지오프리 넌버그는 캘리포니아대학 정보 관리 및 정보 체계 대학원에서 학생들을 가르치다 깜짝 놀랐다. 누구보다 교양 있다는 대학원생들이 인터넷에서 간단하지만 익숙하지 않은 정보를 접했을 때 그것을 제대로 평가하지 못했기 때문이었다.[33] 영문과 교수였던 로리 로스Lorie Roth도 도서관의 사서를 통해 학생들이 자료 조사를 하고 버린 인쇄물들을 보고는 그 문제에 골몰하게 되었다. 현재 엄청난 규모의 캘리포니아주립대학 시스템에서 부총장 직을 맡고 있는 로스는 "학생들이 쓰레기통에 버린 자료들이 널려 있는 그곳에 앉아 나는 인쇄물의 페이지를 한 장 한 장 넘겨 가며 학생들이 어떤 식으로 사고를 전개시킨 것인지 파악하려 해 봤어요"라고 이야기한다. "결국에는 사고 과정 자체가 존재하지 않는다는 결론에 도달했지요. 논리적이고, 명확하고, 체계적인 탐구는 전혀 이루어지지 않고 있었어요." 로스는 대학에서 교편을 잡은 이후 이토록 낙담한 적은 없었다고 이야기했다.[34]

2006년 대학 진학 시험 및 여타 시험을 개발하고 관리하는 비영리 단체 미국교육평가원이 만든 75분짜리 아이스킬iSkills 테스트 결과를 보면 놀라지 않을 수 없다. 최초로 이 시험을 치른

6,300명의 학생들은 최저 400점에서 최고 700점까지 나올 수 있는 이 시험에서 500점밖에 내지 못했다. 사이트의 객관성 여부를 판단할 수 있던 응시자는 절반에 불과했고, 연구 과제를 한마디로 가장 잘 요약한 문장을 찾아낼 수 있었던 학생도 44퍼센트밖에 되지 않았다.[35] 뉴저지공업대학 인문대에서 3년 동안 교과 과정을 통해 정보 독해력을 향상시키려고 노력한 결과, 미국교육평가원의 시험에 응시한 적이 있던 고학년은 백분위 64등급에 들어간 반면 신입생들은 백분위 28등급을 기록했다. 숫자가 클수록 상위에 있다는 뜻이다. 이 시험을 개발할 당시 검수 위원을 맡았던 엘리엇은 "이 정도 성적으로는 안 된다"고 말한다. 이와 별개로 대학 자체로 실시한 정보 독해력 평가 시험에서 뉴저지공업대학 고학년들의 포트폴리오 작성 능력 성적은 12점 만점에 6.14점이었다. '양호' 등급에도 못 미치는 수준이었다. "학생들은 자료를 찾아 인용할 줄만 알았지 자료의 중요성과 타당성을 판단하는 능력이 떨어졌고, 자신들이 모은 정보를 가지고 자기주장을 뒷받침하는 능력은 더 떨어졌다"고 엘리엇과 동료들은 지적한다.[36] 교육 평가 분야의 첨단 기술 전문가인 엘리엇은 요새 학교 교육과 관련해 "기본이 무너지고 있다"는 소리를 못이 박히도록 듣지만, 자신도 이번만큼은 걱정이 크다. 대학생들에게 공부에 깊이 파고드는 진정한 열의가 없다는 생각에 겁이 나기까지 한다. "미국이 교양 있는 시민을 양성해 내고자 한다면, 복잡한 생각들과 맞붙어 한바탕 씨름을 해 봐야 합니다. 그렇지 않으면 지극히 피상적인 수준의 일

들밖에 하지 못하게 됩니다." 깊이를 추구하고, 문맥을 이해하고, 문제를 해결하기 위해 학생들이 한바탕 씨름을 해 볼 수 있는 곳은 대학이 마지막이다. "그런 싸움을 해 볼 생각이라면 바로 여기 대학에서 해야 하는 겁니다!"라고 엘리엇은 말한다.

'글을 안다는 것'의 정의는 시대마다 현격히 달랐다. 자기 이름만 쓸 줄 알아도 글을 안다고 생각하는 문화도 상당수에 달한다. 실제로 그리스·로마 시대 살았던 이집트의 한 서기관은 정말 자기 이름 말고는 쓸 줄 아는 게 거의 없었다. 현재까지 남아 있는 파피루스 중 이름 쓰는 연습을 한 두루마리를 볼 수가 있는데, 그마저도 군데군데 틀리게 적혀 있다.[37] 18세기에 접어들었을 때 스웨덴 국민 중 글을 읽을 줄 아는 사람은 90퍼센트에 달했다. 루터파 교회에서 신도들이라면 모두가 성경을 읽을 줄 알아야 한다고 못 박았기 때문이다. 하지만 이때에도 글을 쓸 줄 아는 사람은 거의 없었다. 21세기에 글을 안다는 기준은 어느 모로 보나 훨씬 높아졌지만, 이 기준을 만족시키는 사람은 거의 없다. 우리를 무엇보다 심란하게 만드는 것은, 그럼에도 상당수가 자신이 나름대로 정보 조각을 잘 찾아 훌륭히 소화시키고 있다고 생각한다는 사실이다. 버클리에 소재한 캘리포니아대학의 경우, 정치학이나 사회학 전공자 중 전반적인 정보 독해 능력이 떨어진다고 평가받은 학생은 7퍼센트에 불과했다. 하지만 종합 능력을 평가하는 한 테스트에서 낮은 점수나 낙제점을 받은 학생은 전체의 80퍼센트에 달했다. 두 곳의 전문대학에서 온라인 문해력이 유창했던 학생들은 전체의 5~20퍼센트에 불과했지만, 대부분의 학생이 온라인 문해력 면에서 자신이 보통 이상의 기술을 갖추고 있다고 믿었다.[38] 19세에서 29세 연령대 중 첨단 기술을 잘 다루는 사람들은 자기 능력에 대한 자신감이 다른 연령대에 비해서 높았지만, 인터넷상의 정보를 제대로 평가하는 능력은 다른 연령대에 비해 부족했다.[39] 인류가 이 지구상에 살아오면서 자신의 능력과 지혜를 과대평가해온 건 사실이다. 하지만 오만은 금물이다. "발전을 가로막는 가장 큰 무서운 적은 무지가 아니다. 가장 무서운 적은 자신이 안다고 착각하는 것이다"라고 부어스틴은 말한다.[40]

수업이 끝난 후, 나는 컴퓨터실에 남아서 엘리엇의 학생들에게 어떤 식으로 과제 조사를 했는지 물어보았다. (조사 자체를 안 한 학생도 있었지만) 직접 도서관에 갔다는 학생은 거의 없었다. 인터넷으로 얼마든지 넘쳐 나는 데이터베이스를 찾을 수 있으니 이는 어찌 보면 당연하다. 하지만 전문 데이터베이스의 자료를 모으는 데 쓴 시간은 전체 조사 시간의 절반에 불과했다. 그저 폭넓게 인터넷 서핑을 하며, 휘몰아치는 거대한 소용돌이 같은 온라인의 바다에서 정보를 건져 올리며 보낸 시간도 꽤 많았다. "이제는 손가락 하나로 정보를 찾을 수 있는 세상이에요"라며 튼튼한 체격에 머리를 땋아 내린 4학년생 재스민이 방긋 웃으며 말했다. "시간만 있으면 원하는 정보를 얼마든지 찾을 수 있어요. 학계에서 인용되는 실제 논문 상당수가 인터넷에 올라와 있어요. 듀크대학 저널 같은 것들이요. 키보드를 두드리며 구글로 검색하기만 하면 돼요. 그러면 자료가 나오죠." 그녀가 도서관을 가 본 것은 2학년 때가 마지막이라고 한다. "도서관엔 더 이상 안 가요. 저 혼자서도 다 찾을 수 있으니까요."

탐구할 때 우리 뇌에 벌어지는 일

읽기라는 행위는 글이라는 광대한 지식 창고를 여는 핵심 열쇠지만, 이 기술을 우리 인간이 날 때부터 터득하는 것은 아니다. 글보다는 입말이 우리 인간에겐 더 자연스럽다. 언어학자 데이비드 크리스털David Crystal은 『언어는 어떻게 작동하는가How Language Works』란 책에서 그 증거로 인간에게는 혀, 입술, 입, 목을 비롯해 갖가지 발성 기관이 많이 발달해 있다고 지적한다. "아이에게 무슨 문제가 있거나, 주변 환경에 뭔가 부족한 부분이 없는 한, 생후 1년이 지나면 입이 터지기 시작하면서 이후 꾸준히 말이 는다"고 그는 이야기한다.[41] 반면 인간이 글을 쓰게 하기 위해 따로 발달한 기관은 찾아 볼 수 없으며, 글은 역사가 약 5,000년밖에 되지 않는 신기술이다. "읽기와 쓰기는 다른 사람이 가르쳐 주어야만 하며, 배우는 데 고생이 따른다." 그리고 우리는 이 과정에 대해 최근까지도 거의 아는 게 없었다.

지면에 적혀 있는 글자들을 접하면 눈은 처음엔 짧은 순간 도약하는, 약간은 기묘한 '사카드 운동'을 보인다. 그러고 난 후 매

글자당 0.25초씩 시선을 멈추고는 글자의 모양, 소리, 그리고 의미를 빨아들인다. "사실 읽는 행위에는 안구 운동 외에 다른 일은 거의 일어나지 않는 것처럼 보인다. 이런 것들로는 독자가 어떻게 글자라는 상징 속에서 의미를 추론해 내는지 설명하지 못한다"고 크리스털은 이야기한다. 읽기를 밖에서만 관찰하면 별 다른 일이 일어나는 것 같지 않다. 읽는 법을 배우려면 두뇌 회로의 엄청난 작업이 필요하며, 이때 그 동력으로서 중대한 요소가 바로 집중력이다. "아이들에게 읽는 법을 가르칠 때 우리는 이렇게 말하곤 합니다. '얘야, 머리를 좀 굴려 보렴.'" 신경과학자 부르스 맥캔들리스Bruce McCandliss의 말이다. "아이들은 훌륭한 시각 체계와 언어 체계를 가지고 있고 세상에서 의미를 끌어낼 줄도 압니다. 그래서 우리는 두뇌를 이용해 글자라는 특정한 시각적 반응이 있을 때 거기 연관된 말소리와 의미를 끌어내라고 가르치는 것이지요."[42]

맥캔들리스는 읽기의 신경과학을 이해하려 노력하는 대열의 선봉에 서 있다. 과학자인 그는 있는 것들을 한바탕 어질러 놓고 그 안에서 집중할 수 있는 무언가를 찾아내는 것을 좋아한다고 말한다. 자신의 연구 범위가 정말 방대하다는 것을 특유의 겸손함으로 표현한 것이다. 맥캔들리스는 사람들이 어떤 방식으로 인공 언어를 배우는지 공부하고, MRI를 이용해 아이들의 뇌를 들여다보고, 물이 뇌 속을 퍼져 나가는 모습을 3차원 영상으로 추적해 뇌의 경로가 얼마나 효율적인지 측정한다. 이 모든 내용을 한데 조합해 아이들이 어떻게 읽는 법을 배우는지 알아내는 것이 그가 하는 연구의 목적이다. 이 연구가 선구적인 이유는 과거에 신경과학자들은 성인만 집중적으로 연구해 책을 읽을 때 인지 활동이 어떤 식으로 이루어지는지 알아내려 했기 때문이다. 뉴욕의 새클러발달심리학연구소의 조교수로 있는 맥캔들리스는 이런 방법은 "이야기 중에서 재밌는 대목에만 귀를 기울이는 것과 비슷하다"고 말한다. 그는 단순히 '재미난 대목'에만 집중하는 대신 우리가 어떻게 책을 읽는 틀을 잡아 가는지 그 전체 이야기를 풀어내려고 노력하고 있다. 어떻게 말을 알아듣고 글자를 보는가는 그 이야기의 서두에 해당하고, 사람들이 글을 깨치기까지의 직접적 과정을 다루는 대목은 풍성한 본론에 해당한다. 읽기를 일종의 발명품이라고, 즉 읽기가 우리가 지면 위에 적힌 표시에서 의미를 끌어내기 위해 고안한 기술이라고 해 보자. 그 말은 곧 사람들이 읽기를 익히는 방법을 이해한다면, 경험이 어떻게 두뇌를 만들어 가는지에 관한 실마리를 얻을 수 있다는 이야기다. 그리고 만일 뇌가 글을 깨쳐 갈 때 인지 능력의 얼개가 서서히 형성되는 것이라면, 우리는 이 과정을 이해함으로써 정보가 넘쳐나는 이 시대에 어떤 식으로 이해의 틀을 짜면 좋을지 가르침을 얻을 수 있다. 결국 무언가를 읽는다는 것은 표면적인 것을 넘어선 무언가를 알아낸다는 것이니 말이다.

그렇다면 우리는 어떻게 글을 읽게 되는 것일까? 인간과 글을 처음으로 연결시켜 주는 관문 역할을 하는 것은 눈이다. 그런데 아이러니하게도 읽기를 뒷받침하는 것은 다름 아닌 소리다. 아마도 글이 이 세상에 나기 오래 전부터 인간이 입으로 복잡한 의사소통 체계를 발달시켜 왔기 때문일 것이다. 아이는 글을 읽을 수 있으려면 먼저 음절부터 시작해 말의 최소 단위인 음소까지 머리로 이해하고 자유자재로 다룰 수 있어야 한다. 이 기술은 지극히 중요하다. 유아 시절 음소를 구별하는 능력이 떨어지는 아이들은 나중에 글을 배울 때도 더 어려워하는 반면, 유치원에 다니면서 뛰어난 음운 능력을 발휘하는 아이들은 학교에 들어가자마자 당장에 글을 읽지는 못해도 중등학교에 진학해서 더 나은 읽기 능력을 보여준다.[43] 이를 테면 '바'와 '파'를 구별 못하는 아이들이 위험하다. 난독증은 결국 글자 안에 담겨 있는 소리에 충분히 민감하게 반응을 못하는 것인 만큼, 인지 능력의 '귀가 멀어서' 하는 고생이라 할 수 있다. 난독증이 있는 사람들은 음운 처리와 관련 있는 좌뇌의 실비우스 주름 부분을 제대로 활용하지 못해 언어에 대한 감이 흐릿한 상태에서 글을 읽는다. 난독증 증상 없이 글을 잘 읽는 일반 어른에게 조용히 운을 맞춰 글을 읽으라고 해 보면, 뇌에서 청각적 이해를 담당하는 실비우스 주름 부분이 활발하게 활동하는 걸 볼 수 있다. 우리 머릿속에 목소리가 있어 글에 생명력을 불어넣고 아무 소리 없는 텍스트를 가지고 음악을 만들어 내는 것이다.

이 놀라운 능력과 함께 우리는 소리를 '보는' 능력도 함께 사용한다. 인간 고유의 시각 기술로 단어를 인지하고 이해하는 것이다. 아이들은 읽는 법을 배워 가면서, 왼쪽의 방추형 뇌회腦回 속에 자리 잡은 '시각적 글자 형성 지역'이라는 특정 부위를 연마하여, 글에 재빨리 반응하는 방법을 익힌다. 복잡한 형태 인지와 관련이 있는 이 조그만 부위를 통해, 입말이나 'Rbldf'같이 아무 의미 없는 글자들의 집합보다는 써 있는 글자, 혹은 'blard'처럼 단어와 가까워 보이는 말에 훨씬 많은 반응을 보이게 된다.[44] 이것이 이루어지는 과정은 길고도 험난하며, 사춘기는 물론 그 이후까지 지속되는 경우도 있다.[45]

하지만 글을 읽고자 한다면 글자를 시각적으로 형상화하는 이 부위가 반드시 발달해야만 한다. 그래서 글자 형상화의 작업을 하는 좌뇌 후두부와 측두엽에 외상을 입을 경우, 한 글자 한 글자를 소리 내어 읽을 수는 있어도 단어 전체를 읽지는 못하게 된다. 한마디로 글을 처음 배우는 사람 신세가 되어 버리고 마는 것이다. 영어를 쓰는 사람들은 뇌 중에서도 복잡한 형상 인지와 관련된 좌뇌 복측 후두엽에서 글자를 형상화하는 능력이 강력하게 발달한 것으로 보인다. 영어란 언어가 불규칙한 특성이 많아 워낙 신중함을 요하기 때문이다. (이를 테면 영어는 'pint'와 'lint'처럼 모양은 비슷해도 발음은 확연히 다른 말들이 많아서, 읽을 때 모양과 음운의 특성을 통합시키려면 뇌가 무척 고생을 해야만 한다.) 반면에 이탈리아인이 단어를 소화하는 뇌 부위는 청각적 이해가 이루어지는 부분과 보다 가까이 붙어 있다. 이탈리아어는 모양과 발음이 영어보다는 덜 차이가 나기 때문이다.[46] 대부분 언어를 보면, 어떤 언어를 쉽게 읽을 수 있으면 말하기 능력을 담당하는 좌뇌의 시각적 능력이 발달하는 경향이 있다.

하지만 글자의 모양과 소리가 어떤지 인식하는 이 중대한 기술들이 인지 영역에서 서로 인접해 있다는 사실만으로는 충분치 않다. 시각과 음운을 담당하는 그 부분들이 서로 강력하게 연결되어야 하는 것이다. 맥캔들리스는 이를 뇌가 재구성되는 거나 다름없다고 표현한다.[47] 신경 회로는 놀라울 정도로 변경이 쉽게 일어나고, 어떤 생각이 하나만 떠올라도 뇌 부위 사이에(심지어 한 부위 안에 있는 여러 뉴런 사이에) 독특한 연결이 일어날 수 있다. 반면 운동화 끈을 묶는다든지, 포크를 사용하는 것 같은 인지 활동은 반복적이며 잘 자리 잡은 두뇌 회로를 통해 이루어진다. 아이가 글을 잘 읽게 되려면 읽기의 기본 작업이 이런 식으로 자동으로 이루어져야 한다. 그렇지 않으면 텍스트에 담겨 있는 의미를 절대 탐구할 수가 없다. 아이는 표면에만 머물러 글자 하나하나를 알아보느라 애를 쓸 뿐 그 안에 일관되게 흐르는 생각의 줄거리는 잡아내지 못하게 된다. 이런 식으로 뇌가 재구성되는 데 필요한 핵심 열쇠가 바로 '집중력'이다.

집중력을 발휘해서 단어 속에서 가장 기본적 차원의 글자와 발음 사이의 연결이 이루어져야 (이를 테면 'a-t'를 '앳'으로 발음해야) 읽기에 필요한 시각적 부분과 음운적 부분 사이에 신경 회로가 형성된다. 맥캔들리스는 글을 잘 읽지 못하는 8~12세짜리 초등학생들을 대상으로 예비 실험을 실시한 적이 있었다. 그는 이 실험에서 글자와 발음을 반복해서 조합해 보는 지극히 간단한 훈련을

40분간 20회 실시만 하고 학생들의 읽기 능력을 1, 2등급으로 끌어올릴 수 있었다. 읽기 전쟁에 불이 붙어 있던 학교 선생님들은 '반복 훈련'으로만 보이는 맥캔들리스의 이 방법에 처음에는 반대 의사를 표시했지만, 지금은 더 이상 회의를 품지 않는다. 그것은 읽기를 배울 때 해독이 반드시 필요하다는 사실을 알려줄 뿐 아니라, 이 활동을 뇌 속에서 훈련시키기 위해선 집중력이 발휘되어야 한다는 것 역시 가르쳐 준다.

이 사실을 생생히 증명하기 위해 맥캔들리스는 최근 자신이 성인을 대상으로 가르쳐 주었던 인공 언어를 보여주었다. 그는 이 실험을 통해 집중력을 활용하는 것이 학습의 속도를 높이는 데 어떤 식으로 기여하는지 알아보고자 했다. 그가 노트북 화면을 켜자 호화 기도서에나 들어 있을 것처럼 아름다운 모양의 곡선형 글자가 나타났다. 3등분 된 그 글자의 맨 위쪽은 c를, 중간은 a를, 하단은 t를 나타내고 있는 것으로, 다 합하면 'cat'이 되었다. 그것들은 보통의 글자처럼 일렬로 나란히 배열된 게 아니라 'c-a-t'를 나타내는 세 글자가 한 덩어리로 섞여 있는 듯한 모습이었다. 이 인공 언어는 글자의 모양도 특성도 영어의 알파벳과 전혀 달랐기 때문에, 고양이나 개 등을 나타내는 말을 배우기가 절대 쉽지 않았다. 맥캔들리스는 두 가지 실험을 실시했다. 한 실험에서는 열여섯 명의 사람들에게 고양이, 개, 테이블을 나타내는 말을 통째로 익히라고 가르쳐 주었고, 다른 열여섯 명의 사람들에게는 문자와 발음 사이의 연관 관계를 비롯해 각 단어에 들어 있는 문자 하나하나에 신경을 쓰라고 일러 주었다. 그러자 문자와 발음 사이에 집중을 했던 사람들이 단어를 더 오래 기억하고, 새로운 단어들도 더 잘 익히는 것으로 드러났다. 더불어 좌뇌의 활동도 활발했던 반면, 애초부터 단어 전체에 집중했던 사람들은 쌍방향 인지 활동의 패턴이 흐트러지는 것으로 나타났다. 그 모습은 좌뇌의 시각화-발음 기술을 완전히 습득하지 못한 읽기 초보자와 비슷했다. 반면 문자와 발음 관계에 집중한 사람들은 뇌 속에 보다 효율적인 읽기의 경로가 생기게 할 수 있었다. 뉴욕의 그 초등학생들처럼 말이다. "핵심을 간추리면 이렇습니다. 학습이 이루어지는 동안 집중력을 어떻게 사용하느냐에 따라 뇌의 반응이 확연히 달라진다는 것이지요." 자리에 앉아 설명을 하는 동안 맥캔들리스는 점점 흥이 나서 속사포로 자신의 생각을 쏟아 놓기 시작했다. "집중력은 뇌 속에서 한 땀 한 땀 새로운 패턴을 떠 넣는 바늘과도 같아요!"

18세기 읽기 혁명이 한참 일어났을 때 사람들이 읽기가 사람 몸을 지치게 한다는 점을 자주 토로했던 것도 바로 이 때문이다. 이 당시만 해도 사람들은 글을 읽는 데 열과 성을 바치곤 했다. 이들은 아마도 오늘날 우리가 첨단 기술을 통해 새로이 발견하고 있는 사실을 이미 직관적으로 이해하고 있었는지도 모른다. 책 읽기가 마음과 몸 모두를 바꿔 놓는 아주 힘든 활동이라는 사실을 말이다. "18세기에 사람들은 책을 읽으며 '소화시키려' 애썼다. 책을 자신의 마음과 영혼 속에 온전히 빨아들이려 했던 것이다"라고 로버트 단튼은 말한다. "책 읽기가 얼마나 고된 육체노동이었는지는 책 속의 페이지에서도 드러난다. 새뮤얼존슨도서관에 있는 책들을 보면 여기 저기 구겨져 있고 닳아 있다. 마치 새뮤얼 존슨Samuel Johnson이 그 책들을 읽느라 엄청 애라도 쓴 것처럼 말이다."[48] 그보다 100년 전 유명했던 외과의 토머스 윌리스Thomas Willis의 주장에 따르면, 책을 읽기 위해서는 시각적 이미지를 뇌로 보내는 일이 필요하다. 이는 정기精氣란 것을 통해 이루어지는데, 감정과 마찬가지로 이 정기도 절제가 필요했다.[49] 훌륭한 독서 습관은 인간의 야성적인 면을 제어해 줄 수 있지만, 독서를 지나치게 많이 하거나 엉뚱한 책을 읽는 것은 자칫 위험할 수도 있다. '독서 혁명'의 열기가 거의 수그러든 1795년 J. G. 하인즈만J. G. Heinzemann은 책을 너무 많이 읽으면 "감기나 두통에 시달리기 쉽고, 시력이 약해지고, 땀띠가 나며, 응혈이 생기고, 관절염에 걸릴 수 있다"라고 말했다.[50] 지금 사람들은 더 이상은 책을 읽느라 몸이 아프게 된다고까지는 생각하지 않는다. 정말 극소수의 사람을 제외하고는 읽기는 누구에게도 신성한 일이나, 열과 성을 다해야 일이나, 해럴드 블룸의 표현처럼 "고생 속에서 즐거움을 얻는 과정"도 아니다.[51] 오늘날 글을 읽는다 하면 우리는 화면이나 인쇄물을 통해 단문들을 스윽 훑어보는 수준이다. 우리가 글을 읽는 건 변화를 위해서가 아니라 이미 깔끔하게 정리된 답안을 손에 넣기 위해서다.

중학교의 사서였다가 '정보 탐색 과정'을 캐는 세계적 명사가 된 캐럴 콜리어 쿨사우Carol Collier Kuhlthau의 이야기에 따르면, 지금 우리는 정보를 모으기 위해 책을 읽는다. 물론 이것이 잘못된 건 아닐 것이다. 의미를 부여하고자 한다면 우리 주위에 펼쳐진 정보의 바다 속에서 가장 정당한 정보들만 엄선하여 뽑아내는 것이 필수일 테니 말이다. 하지만 그렇지 않다는 게 러트거스대학 교수인 쿨사우의 말이다. 그건 일부에만 해당되는 이야기라고 그녀는 목소리를 높인다. 현재 맥캔들리스가 읽기와 관련해 진행하고 있는 연구 방식을 쿨사우가 정보 탐색에 적용한 것은 20년도 더 전의 일이었다. 수백 년 동안 미지의 영역으로 남아 있던 마음의 작동 과정을 밝혀낸 것이었다.[52] 그녀는 처음엔 자신이 가르치던 학생들을 대상으로 실험을 하다 수백 명의 성인으로 대상으로 실험을 이어 가면서 사람들이 어떤 식으로 정보를 찾는지 규명했다. 이때 쿨사우는 무언가를 알아야겠다는 사람들의 막연한 소망이나 필요부터, 그 결과 나온 논문, 프레젠테이션, 혹은 사람들이 조사를 그만두는 시점까지 두루 살펴보았다. 철학자 존 듀이John Dewey와 심리학자 제롬 브루너Jerome Bruner를 비롯한 여타 학자들은 지식과 학습 사이의 관계를 밝히려 씨름한 적이 있었고, 도서관 사서들은 사용자들이 도서관에서 '올바른 해답'이나 혹은 '올바른 자료'를 얻는지 연구하곤 했었다. 쿨사우는 여기서 한발 나아가 사람들이 무언가에 의미를 부여할 때 마음과 몸, 그리고 영혼 사이에서 일어나는 역동적 작용을 처음으로 탐구했다. 그 결과 도서관 사서들이 미처 생각지 못했던 암울한 사실이 밝혀졌다. 도서관에서의 정보 탐색 과정은 혼란스럽고, 고통스럽고, 감정적인 작업인 데다, 그 작업을 훌륭히 해내기 위해서는 책을 읽을 때만큼이나 엄청난 노력이 들어가야 했다. 또 쿨사우는 노동자든, 아이든, 학자든, 대부분의 사람들이 충분히 깊이 있는 탐색을 하지 않고, 그저 여기저기 흩어져 있는 정보 조각을 한데로 끌어 모으는 수준의 작업만 한다는 사실도 알 수 있었다. 듀이의 표현을 빌자면 이들은 활자본에서도 특히 디지털 영역에서도 결국 탐구 작업을 '완성'하는 게 아니라, 작업을 하다 그냥 '멈춰 버리는' 것이었다.[53]

　그렇다면 우리의 탐색은 어떤 식으로 이루어질까? 우리는 정보 속에서 어떻게 의미를 만들어 내는가? 암을 진단할 정보를 구하든, 업무 보고서에 쓸 정보를 구하든, 불확실성은 학습을 가로막는 성가신 장애물이 아닌 정보 탐색에 꼭 필요한 요소다. 쿨사우가 밝혀 놓은 정보 탐색의 5단계에 따르면, 연구 과제를 처음 접할 때 사람들은 우려를 느끼는 것으로 드러났다. 또 한 가지 주제나 관심사에 초점을 맞추는 과정에서 혼란스러워하고 자신감도 갖지 못한다. 정보 탐색의 가장 험난한 과정인 3단계 '탐구'에 들어서서 정보를 캐내면 캐낼수록 안타깝게도 주제에 부합하지 않는 것들을 만나면서 불안과 의구심, 혼란은 한층 짙어진다. "정보를 알아 가는 역동적 과정에 있을 때, 정보와 주제의 관련성이 늘 일정 수준에 머물러 있는 건 아닙니다"라고 쿨사우는 딱 잘라 말한다.[54] 이 단계에서 우리는 의미를 구성할 준비를 어느 정도 하게 된다. 우리의 탐색 여정을 가로막고 있는 모호함과 불안을 참아 내고 떨칠 능력만 있다면 말이다. 그리고 그 다음 단계인 4단계가 가장 중요하다. 바로 이 탐구 여정의 커다란 틀, 즉 '초점'을 찾아내는 것이다. 듀이는 이렇게 썼다. "시작이 반이란 말이 있다. 문제가 무언지 정확히 안다는 것은 거기서 빠져나올 방법을 알고 문제를 해결했다는 것이기도 하다."[55] 초점을 통해 그 탐구 작업에 대한 흥미가 더욱 일고, 자신감이 생겨나, 필요한 자료를 모으면서 길고 험난한 여정이 마침내 끝에 다다르는 것이다. 데이비드 크리스털이 글쓰기를 "창조적 과정이자 발견의 행위"라 부른 것도 이런 연유에서일 것이다. 블룸은 "책을 잘 읽기 위해서는 발명가가 되어야 한다"고 말하기도 했다.[56] 문자 그대로의 의미에서 벗어나 보다 넓은 틀에서 책을 읽으려면 의지와 집중력과 자신감이 필요하다. 새뮤얼 존슨처럼 우리 역시 텍스트를 붙들고 한바탕 씨름을 벌여야만 하는 것이다.

하지만 우리 중에 그런 사람은 거의 없다. 쿨사우의 연구 결과에 따르면, 탐구 과정이 막바지에 이르렀을 때 주된 주제를 뒷받침할 증거를 모으고 있는 사람은 4분의 1에 불과하다. 심지어 조사 대상 절반은 탐구 작업 중 한 번도 특정 초점을 잡지 못한 것으로 드러났다.[57] 그런 기회를 놓치는 것이 우리가 디지털 시대에 살기 때문만은 아니다. 듀이가 1934년 이런 글을 남긴 걸 보면 말이다. "우리 삶은 산만하고 분산돼 있다. 우리가 눈으로 관찰하는 것과 머리로 생각하는 것, 우리가 마음속으로 바라는 것과 실제로 손에 넣는 것은 많이 다르다. 우리는 손에 쟁기를 잡은 채로 딴 곳을 바라본다. 우리가 어떤 일을 시작했다가 멈추는 것은 애초에 세워 두었던 목표에 다다랐기 때문이 아니라, 외부에 방해물이 나타났거나 마음이 나태해졌기 때문이다."[58] 사람들이 삶의 겉표면에만 매달리는 모습은 언제 어디서나 볼 수 있다는 이야기다. 그런데 그렇게 끝없기만 한 텍스트를 한번 슥 훑어보고 마는 기술을 계속 갈고 닦다 보면, 치열하게 이면의 의미를 파내는 기술은 잃어버리게 되지 않을까? 온라인에서 정보를 손쉽게 얻게 되면서 지식을 찾는 작업에 대한 사람들의 인식이 뒤바뀌었다는 사실이 쿨사우를 비롯한 여러 연구자들을 통해 밝혀졌다. 쿨사우의 최근 연구 결과에 따르면 정보를 쉽게 찾을 수 있기를 기대하게 된 결과 우리는 과거에 해오던 주제 탐색이나 초점 맞추기 작업 같은 중요한 단계는 건너뛰고, 즉 관련 지식을 쌓고 가다듬는 과정을 무시하게 되었다. 기술에만 빠삭한 연구 초보자는, 특히 학생들은 낙담하고 혼돈에 빠진 채 연구를 끝내고 마는 경우가 많다.[59]

노버트 엘리엇에게서 수업을 듣고 있는 학생인 프래션트 Prashant는 "인터넷에서 제대로 된 무언가를 찾아내려면, 인터넷을 정말 끝까지 파고들어야 해요"라고 말한다. "하지만 찾아야 할 것들이 너무 많기 때문에 끝까지 파고든다는 것이 절대 불가능하죠. 결국엔 쓸데없는 내용들만 끝까지 파고들다가 진이 다 빠져서 다른 데를 기웃거리게 되죠. 그래서 애초에 찾으려던 것은 영영 찾지 못하게 돼요." 뉴욕 시장이었던 피오렐라 라과디아를 연구한다던 앤서니가 자신의 탐색 과정을 설명하는 말은 더 기가 막히다. "그냥 할 수 있는 만큼 하고 다음 단계로 넘어가면 돼요." 그런데 세상에 새로이 의미 부여를 해야 할 때도 우리가 이런 수동적인 방식을 택하던가? 사람들은 온라인에서 잠깐 검색하고 난 후에는 복잡한 문제들과 더욱 더 씨름을 하지 않으려 한다. 그에 따라 사람들의 '인지 욕구'도 현저하게 떨어진다고 연구에서 밝혀졌다.[60] 의미의 반짝이는 원석을 찾으려면 정보의 진창 속으로 몇 번이고 뛰어들어야 한다. 그런데도 우리는 손이 더러워질까 두려워 몸을 사리고 있지는 않은가?

글을 깊이 이해한다는 것의 의미

결국 세상에 의미 부여를 한다는 건 글을 제대로 읽을 줄 안다는 뜻이다. 나아가 슥 훑어보고 마는 것을 제대로 된 읽기라 하고 싶지 않다면, 우리는 텍스트의 표면 너머 깊숙한 곳에 감춰진 의미를 캐낼 수 있는 새로운 방법을 반드시 찾아야만 한다. 이때 우리는 먼저 효과적인 읽기에는 늘 고된 노동이 뒤따른다는 사실을 인식해야만 한다. 책이 됐든, 화면이 됐든, 양피지 두루마리가 됐든, 무언가를 창의적으로 읽는다는 것은 (보다 포괄적으로 말해 우리 주변의 세상을 창의적으로 읽어 낸다는 것은) 지식을 향해 벽돌을 하나하나 쌓는 것과 같다. 심지어 사이버 공간에 담겨 있는 텍스트가 아무리 술술 읽히고 매혹적이더라도, 우리에게 그 의미를 일일이 떠먹여 주지는 않는다. 의미로 들어찬 세상을 헤쳐 나가기 위해서는 우리 뇌가 의미를 읽어 낼 수 있도록 구성되어야 한다. 그래야 불확실성을 극복하고 우리 자신만의 해석의 틀을 세울 수 있다. 하지만 이는 혼자 힘으로는 역부족이다. 이때 텍스트의 형식, 그리고 우리의 의지만큼이나 중요한 것이 바로 의미가 부여되는 '맥락'이다. 인류 역사를 죽 훑어보면, (고전 시대의 수사법이나 책의 구성 순서처럼) 각 시대마다 어떤 논의나 이해의 배경이 되는 구조가 있었다. 저자는 거기에 저자의 논조와 텍스트를 담고, 독자가 자신이 전하고자 하는 메시지에 다가갈 수 있도록 주춧돌을 놓는다. 아무 틀도 없는 무작위적인 구조에서는 아무리 노력해도 의미 같은 것을 부여할 수 없기 때문이다.

고대인들은 공기 중을 떠다니는 구전 이야기들을 어느 정도 붙잡아 두기 위해 공간, 수사법, 기억의 틀을 이용했다. "그리스인들이 철학 논문, 희곡, 시, 서한, 연설문, 거래 계약서 등을 부지런히 써 놓은 것은 사실이다. 하지만 그리스인에게 글은 기억의 보조 장치에 불과했다. 따라서 책은 문명 생활의 주변부를 차지했지 단 한 번도 중심으로 자리한 적이 없었다"라고 망구엘은 설명한다. "그리스 문명의 중대한 자취가 공간 속에, 즉 도시의 돌덩어리에 속에 남아 있는 것도 바로 이 때문이다."[61] 고대인들의 사고 구조를 들여다보면 이러한 질서가 여실히 드러난다. 그 대표적인 것이 수사법, 특히 암기법이다. 고전 시대에 수사법은 사람들을 훌륭히 교육시키는 데 없어서는 안 될 핵심 요소가 되었고, 수사법에 통달했다는 것은 그 사람이 인생에 성공했다는 증표였다. 고전학자 조지 케네디George Kennedy는 수사법의 다섯 가지 기본기, 즉 창의력, 구성력, 화법, 기억력, 전달력이 초기 문학이 형성되는 데 강한 영향을 미쳤다고 설명한다.[62] 그런데 수사법 같은 것마저도 없었을 때 사람들은 어떤 방식으로 복잡한 사상들을 생각해 내고 그것을 전수할 수 있었을까? "그 해결책은 단 하나, 암기가 가능한 방식으로 생각하는 것뿐이었다"라고 월터 옹은 말한다. "따라서 생각에는 반드시 엄격한 운율과 균형 잡힌 패턴이 갖추어져야 했고, 반복법이나 대조법, 두운법과 여운법, 각종 미사여구가 동원되어야 했다."[63] Red in the morning, the sailor's warning; red in the night, the sailor's delight(아침노을은 선원을 근심케 하고, 저녁노을은 선원을 기쁘게 한다) 같은 속담은 단순히 말을 아름답게 꾸민 게 아니라, "형식 자체에 내용이 들어 있는 경우"라고 옹은 이야기한다. 형식이 내용을 담는다는 개념을 오늘날 사람들은 거의 이해하지 못한다. 기억의 대부분을 각종 기계 장치에 외주를 주고 있는 실정이기 때문이다. 1920년대 말 밀먼 패리Milman Parry는 호머의 『일리아드』와 『오디세이』가 구전문학임을 증명해 문학계에 대규모 지각 변동을 일으킨 적이 있었다. 작품 속에 들어 있는 거의 모든 구절이 형식미를 갖추고 있다는 것이 그 근거였다. "이때 지혜로운 오디세우스가 커다란 목소리로 말했다"라는 구절은 오디세이 속에 일흔 두 번이나 등장한다. 구전 문화 속에 살았던 시인들은 오늘날의 우리처럼 시를 똑같이 암송하지 않았다. 시를 읽을 때마다 작품을 재구성했기 때문에 시를 똑같이 읽는 적은 단 한 번도 없었다. 시인은 어떤 이야기를 들었을 때 하루는 지나고 나야 그 이야기를 사람들 앞에서 이야기했다. 그래야 "자기 나름의 주제와 형식을 갖고 이야기를 버무릴 수 있기 때문이었다"고 옹은 설명한다.[64] 그러다 읽고 쓰는 법을 배우게 되자 입으로 이야기를 전하던 음유시인은 설 자리를 잃게 되었다. 이제 시를 하나의 텍스트로 볼 수밖에 없게 되자, 자기 나름의 줄거리를 가지고 작품을 새롭게 재구성하는 일이 불가능해졌다. 옛날에 이야기는 우리 영혼의 베틀 속에서 나왔다. 이야기는 우리와 하나였던 것이다. 그러다 현실성 있고 명확한 표면적 의미를 중시하는 정보란 것이 등장하면서 둘은 갈라서게 되었다. 발터 벤야민은 바로 이런 점에서 정보가 스토리텔링을 위협한다고 보았고, 그 결과 스토리텔링은 서서히 자취를 감추게 되었다.[65]

입말이 각종 구조와 수사법, 암기법에 따랐던 것처럼, 책도 특정한 여러 형식을 따르게 되었는데 그러기까지는 1,000년이라는 세월이 걸렸다. 앞으로도 책은 그 내용이나 형식이 계속 바뀌겠지만, 생각을 글로 효과적으로 표현하게 해 주는 복잡한 인쇄 문화는 어느 정도 자리를 잡았다. 이를테면 오늘날 우리가 사는 책 대부분은 유명 작가의 작품을 출판사에서 작가의 동의를 얻어 출판한다. 또 사람들은 미국에서 사든 영국에서 사든 (심지어 독일 뮌헨에서 번역본을 사든) 책의 내용이 당연히 똑같을 거라 기대한다고 애드리언 존스는 이야기한다.[66] 하지만 존스는 인쇄술의 초기 문화사를 서술한 『책이란 무엇인가The Nature of the Book』에서 "모건도서관의 두 권이 등을 맞대고 붙어 있는 그 성경이 나올 때만 해도 이야기는 전혀 달랐다"고 상세히 논한다. 고정불변성이나 진실성 같은 특징은 수백 년 동안 담금질을 해야 겨우 만들어 낼 수 있는 문화적 산물이었다. 인쇄 시대 초기의 주된 특징은 다름 아닌 불확실성이었다고 존스는 책에서 이야기한다. 그런 불확실성이 사라진 것은 저작권, 편집, 출판, 도서 목록 작성, 분류, 판권 등록, 유통 등의 제도가 자리 잡으면서였고, 이는 특히 런던의 인쇄업 분야 길드가 다각도로 노력한 끝에 이루어진 것이었다. 글이 나오면서 입말이 힘을 잃고 언어가 시각적이고 외부적인 무언가가 되었다면, 인쇄물이 엄청나게 쏟아지면서 사람들은 텍스트의 망망대해 위를 하염없이 떠다니며 그 표면적 의미에만 머무르게 되었다. 그런 의미에서 책이 일정한 형식을 갖추면서 의미 파악이 다시금 수월해진 것도 아무 소용이 없었다.

마리네티가 말하는 "자유롭고 임의적인" 말들을 찾느라 여념이 없는 우리도 진실성을 구하기 위해 애써 고된 노력을 하지 않기는 마찬가지인 것 같다. 예를 들어 프랑스 계몽 시대에 나왔던 『백과전서Encyclopédie』와 파격적인 틀, 그리고 엄청난 규모를 자랑하는 오늘날의 온라인 백과사전 위키피디아를 한번 비교해 보자. 이 두 가지는 모두 대중에게 지식을 널리 전파시킨다는 혁명적 노력의 일환으로 시작되었고, 임무 달성 면에서 모두 엄청난 성공을 거뒀다. 프랑스어로 편집된 『백과전서』의 초판은 출간되기가 무섭게 다 팔려 나갔으며, 가격이 만만찮게 비싼 데다 교회가 왕실에다 압력을 넣어 잠시 판매 금지령까지 내렸음에도 계속 베스트셀러 목록에 올랐다.[67] 시장조사 회사 알렉사에 따르면 비영리 사이트인 위키피디아는 사람들이 인터넷에서 가장 많이 찾는 사이트 5위로, 평균적으로 1인당 하루 활용 횟수가 수차례에 이르는 것으로 나타났다.[68] 위키피디아를 만든 지미 웨일스Jimmy Wales 자신은 "계몽주의자의 후예"를 자처하고 있지만, 사실 그가 위키피디아를 만든 근본 이유는 디드로나 달랑베르 등이 『백과전서』를 편찬한 이유와는 사뭇 다르다. 먼저 디드로의 말을 들어 보자. "이 『백과전서』의 목표는 지구상에 뿔뿔이 흩어져 있는 지식을 한데 모아 그 일반적인 체계가 어떤 식인지 우리 후손들에게 알려주려는 것이다. 인류가 지난 수세기 동안 기울여 온 노력이 앞으로 다가올 수세기에도 쓸모 있는 것이 되도록 하기 위해서다."[69] 한마디로 디드로는 '지식의 나무'가 어떤 식의 연관 관계를 맺고 있는지 시각적으로 그려 낼 수 있는 일종의 도서관을 짓고 싶어 했다. (디드로는 이때 아주 효과적인 정보 탐색 기법인 '상호 참조'를 이용했는데, 그것이 그에겐 화근이었다. 이를 테면 성체의 상호 참조에다 식인 풍습 항목을 넣어 두어 교회의 심기를 건드렸던 것이다.)[70] 반면 웨일스가 애초에 위키피디아를 만든 목적은 대중에게 각양각색의 정보를 다량으로 자유롭게 제공해 무지와 싸워나간다는 것이었다. 그리고 정보는 키보드를 칠 줄 아는 사람이면 누구나 어떤 것이든 올릴 수 있다. 그래서 위키피디아에 들어가면 피가 녹색인 뉴기니의 도마뱀부터, 고과당 시럽을 만든 사람, 1981년 켄터키에서 일어난 연쇄 하수관 폭발 사건까지 온갖 정보를 바로 접할 수 있다. 위키피디아에 오른

100만 번째 항목은 조던힐에 있는 스코틀랜드식 기차역에 대한 것이었는데, 역사가 스테이시 쉬프Stacy Schiff의 이야기에 따르면 이 항목은 게시된 첫날 편집만 400번이 넘게 이루어졌다고 한다. 피에르 테야르 드 샤르댕이 '인지권'이라 불렀던 집단 지식이 드디어 위키피디아를 통해 실현되는 것일까? 아니면 인터넷 세계의 부정확함을 보여주는 단적인 실례일까?

위키피디아가 타의 추종을 불허하는 엄청난 인기를 누리는 것은 사실이지만, 정확성 면에서는 성적이 그다지 좋지 않다. 나아가 (이것이 더 중요한 부분인데) 지식이 창조되도록 정보를 탐구하고 배열하는 능력이 변변치 않다. 위키피디아에 올라오는 항목들은 내용이 중립성을 유지해야 하고 출판을 거친 내용으로서 검증이 가능해야 한다는 규칙이 있다. 하지만 치열한 편집 전쟁 때문에 진실을 추구한다는 이 대의는 거의 유명무실해진다. 그래서 웨일스는 이에 대한 대응책의 일환으로 위키피디아 순찰을 맡을 관리자를 몇 명 임명하고, 중재 위원회도 구성했다. 또 한 사람의 편집 권리를 24시간 내에 3회 이내로 제한하기도 했다. 위키피디아에서 중재 및 관리와 관련된 페이지 수는 빠른 속도로 늘어나고 있다. 쉬프가 책에서 밝힌 바에 따르면, 2006년 중반 이들 내용이 사이트에서 차지하는 비중은 85퍼센트에 이르러, 9개월 전 70퍼센트였던 것에 비해 큰 증가세를 보였다. 그렇다 해도 "위키피디아에서는 여전히 사이트에서 가장 많은 시간을 보내는 사람, 혹은 목소리가 가장 큰 사람이 승자가 되는 것처럼 보인다"고 그녀는 말한다. 뿐만 아니라 위키피디아에 등록된 사용자는 20만 명에 이르지만 2퍼센트라는 극소수의 사람이 위키피디아 내용의 대부분을 작성한다는 것도 눈여겨봐야 할 대목이다. (민주주의로 대변되는) '만인의 목소리'가 이론상으로는 이상적인 치국책일지는 몰라도, 지식을 창조하고 퍼뜨리는 데는 최선책이 아닐 수도 있다. 16세기에는 '책이 형식을 갖추는 진통'을 겪으며 많은 소란이 일었지만, 적어도 이 시대 지식의 산파들은 인쇄를 통해 보다 명확히 의미를 전달할 수 있는 체계를 만들려고 노력했다(물론 특유의 엘리트 의식이 있었다는 것은 부정할 수 없다). 목소리 큰 것이 자랑은 될지언정 진실이 되지는 않았던 것이다.

사실 웨일스가 진정 이루고 싶은 것은 세계 도서관의 축약판을 만들고 싶은 것이리라. 문인들이 오랫동안 꿈꾸어 왔던 모든 지식의 저장고를 말이다. 케빈 켈리Kevin Kelly는 최근 주요 연구 도서관의 자료를 디지털로 변환한 것이 "모든 사람이 모든 책을 접할 수 있는 진정으로 민주적인" 세계 도서관을 건설하는 장대한 노력의 일환이라고 열변을 토한다. "디지털 변환 작업을 거친 책들은 페이지 하나하나에 접근이 가능하고, 더 나아가 한 페이지 안에 담긴 부분 부분의 내용에까지 접근이 가능하다. 이런 부분 부분의 정보 조각을 이리 저리 뒤섞어, 형식이 다른 책들과 그 자료를 토대로 하는 가상의 서가까지 만들 수 있다." 켈리의 말에 따르면, 각각의 디지털 텍스트에 담긴 모든 부분을 연결하면 "세계 도서관은 결국 아주아주 커다란 하나의 텍스트가 되고, 나아가 이

것이 세계에 존재하는 유일한 책이 된다."[71] 그 모습을 상상하면 그저 놀라울 뿐이다. 한 권으로 붙어 있지도 않고, 페이지는 여기저기 흩어져 있고, 내용은 군데군데 다 끊어져 있을 테니 말이다. 하지만 우리는 그 내용을 그냥 지나칠 수가 없을 것이다. 이 하이퍼텍스트 웹 속에는 따로 떼어내 다른 데 갖다 붙일 수 있는 납작한 '콘텐츠 원자'들이 들어 있을 테고, 이러한 정보를 얻는 데 경계가 따로 있지 않을 것이기 때문이다. "이러한 텍스트에서 중요한 것은 구조가 아니라 그 광대함이다"라고 지오프리 넌버그는 말한다. "정보 공간은 도시와는 다르게 복잡한 구조를 특징으로 하지 않는다는 점이 중요하다."[72] 모든 정보를 언제나 접하게 하겠다는 목표는 꽤 근사해 보이긴 하지만, 막상 그 현실은 존 업다이크John Updike의 표현처럼 "소름끼친다."[73] 그보단 아찔하단 표현이 더 나을지 모르겠다. 하이퍼텍스트를 슬쩍 엿보기만 해도 낚이는 사람이 많을 거란 생각을 한다면 말이다. 영국에서 이루어진 한 연구에 따르면 1차원적인 선형 구조의 하이퍼텍스트에 노출되었던 사람들은, 여러 군데 사이트를 복잡하게 오갈 때보다 사이트 하나를 다룰 때 보다 수월하게 일을 처리하고 기억력도 좋았으며 방향도 더 잘 잡았다. 한마디로 학습 스타일이 어떠한가가 중요하다는 이야기다. 학습을 할 때 다른 사람에게서 영향을 덜 받으며 개인적으로 배워 나가는 '주변 환경에서 독립적인' 학습자들은 여러 군데 사이트를 자유자재로 넘나들고, 사이트가 복잡하게 얽혀 있을 때의 정보 검색 능력도 보다 뛰어나다. 반면, 전체론적이고 사회적인 경향이 있는 사상가들은 1차적인 선형 구조의 웹 세상을 더 선호하는 경향이 있다. 하지만 연구 결과에 따르면 하이퍼텍스트를 다룰 때 사람들이 갈피를 못 잡고 헤매는 것은 흔히 나타나는 현상이다.[74] 결국 세계 도서관은 우리에게 지식을 전해 주는 것이 아니라, 어렴풋한 실제의 가짜 잔상일 뿐이다. 끝없이 이어지는 이 잔상의 기록을 우리는 과연 해독이나 제대로 할 수 있을까. 호르헤 루이스 보르헤스Jorge Luis Borges의 이야기 〈대회The Congress〉에서는 모든 지식이 담긴 완벽한 백과사전을 펴내려다가 헛수고만 하는 우루과이의 한 농장주가 등장한다. 백과사전을 펴내려던 계획을 포기한 날 밤, 그 농장주는 도시를 배회하다가 사람들, 집들, 강, 그리고 시장을 살펴보게 된다. 마침내 "그는 자신의 계획이 불가능한 게 아니라, 단순히 필요 없는 일이라는 사실을 깨닫게 된다"라고 비평가 알베르토 망구엘은 이야기한다. "세계의 백과사전, 세계의 도서관은 존재하고 있었다. 그것은 바로 세계 그 자체였다."[75]

결국 우리는 우리 손에 쥐어진 최신 툴에게 너무 많은 요구를 하고 있는 건지도 모른다. 학생들에게 정보 독해 능력을 가르치기 위한 노력이 미국 전역의 대학에서 다각도로 경주되고 있지만, 대부분이 지루한 책 찾기 요령에 관한 내용을 웹에 업데이트해 놓는 식이라 이 수업을 듣고 도서관을 찾는 신입생들은 한 시간도 못 돼서 도서관을 나서기 일쑤고, 질문을 하는 경우도 거의 없다. 그래서 엘리엇처럼 용기 있게 나서서 교수진과의 협력을 통해 도서관 세계의 기본기(정의, 검색, 평가, 관리, 통합, 창조, 의사소통 능력)를 교과 과정의 바탕으로 삼으려 노력하는 사람들이 점점 더 늘고 있다. 하지만 벌써 몇 년째 이루어지고 있는 이런 노력들은 대학가의 밥그릇 싸움과 용어 정리 문제 때문에 별 진전이 없는 것으로 나타났다. 오하이오주립대학 총장 E. 고든 지E. Gordon Gee와 대학 도서관에서 근무하다 은퇴해 이 운동을 선봉에서 이끌었던 퍼트리샤 센 브레이빅Patricia Senn Breivik은 "도서관에 대한 이해를 심화시켜 학생들에게 정보 기술을 키워 주려던 프로젝트는 지난 20년 동안 별 다른 성과를 거두지 못했다"고 이야기한다.[76] 그런 결과가 나오는 것도 당연하다. 현재 이 운동이 다루는 범위는 너무 광범위하기 때문이다. 학생들에게 첨단 기술을 다루는 고도의 능력과 비판적 사고, 검색 기술까지 다 가르치려 하니 말이다. 페어리디킨슨대학 도서관에서 수석 사서로 일하고 있는 제임스 마컴James Marcum은 이 운동 주도자들이 "단순히 정보를 찾으려는 사람들을 다 도서관 사서로 만들려 한다"며 토를 달았다.[77] 누구나 도서관 사서급이 될 수 있다면 좋겠지만, 그건 불가능한 이야기다. 보다 중요한 문제는 이 운동이 아무 경계도 없는 사이버 공간을 토대로 정보 독해력을 키우는 싸움을 벌이고 있다는 것이다. 사이버 공간에서는 그야말로 우리가 텍스트의 표면적 의미만 훑을 수밖에 없는데 말이다. 지금 우리는 정보를 찾는 사람들에게 도서관 사서도 모자라 책이 1,000년 동안 쌓아온 업적을 나름대로 재창조하라고 요구하고 있다.

뉴어크를 떠나오기 전에 노버트 엘리엇이 내게 들려준 이야기가 있다. 그는 최근 지방 언론의 떠들썩한 조명을 받았다. 교실 강의를 더 이상 하지 않는 대신, 학생들에게 강의 내용을 팟캐스트로 미리 들어 주제를 심도 있게 논의할 준비를 하고 수업에 들어오라고 한 것이었다. 문제는 실제로 강의를 미리 듣고 오는 학생도 극소수일 뿐 아니라, 그 학생들마저도 보통은 운동을 하면서 강의를 들을 거라는 점이었다. 그러면 십중팔구 학생들은 강의를 집중해서 듣지 않거나 필기는 절대 하지 않을 것이었다. "우리는 강의를 올릴 채널을 세 개 확보할 수 있었습니다. 모두들 모여 앉아 정말 참 대단한 일이라고들 말했죠. 그런데 그런 이야기를 하고 있는 동안 혼자 이런 생각이 드는 겁니다. '내 학생들은 내가 잘 알아. 이 기막힌 첨단 기술을 이용할 줄 알게 되면 아이들은 강의를 들으면서 수학 숙제 같은 것을 함께 해도 괜찮을 거라는 유혹을 받을 게 뻔해.' 이 기술에 의구심을 가지고 있던 학생들에게 이 기술이 이용하기 정말 편하다고 설득한 게 바로 저였는데 말입니다." 또 엘리엇은 학생들을 너무 몰아치지 않으려 조심하고 있다. 학생들을 너무 몰아쳤다간 자신 곁을 떠나버리기 때문이다. 깊이 있는 학습을 하도록 학생들을 어떻게든 달래고 다그치는 엘리엇 같은 교수들은 학기 중간에 학생들이 수강 취소를 하는 비율이 높고, 교수 평가 사이트에서 형편없는 점수를 받는다. 한 사이트에서는 엘리엇에게 '스토커'란 별명을 붙였다. 학생들을 일일이 쫓아다니며 숙제의 모든 단계를 검사하기 때문이었다. 그러다 보니 엘리엇은 어떻게 하면 학생들에게 겁을 주지 않고 학구열을 고취시킬 수 있을지 고민 중이다. "학생들에게 이런 것들을 요구하면 학생들이 떠나 버려요. 이런 것들을 요구하지 않는 수업으로 가면 되니까요." 한마디로 정답을 내기만 하면 족한 수업으로 가 버리는 것이다.

현재 우리가 이용하고 있는 여러 가지 툴들은 이동성을 지향하고 있다. 그런 툴들을 통해 우리는 끝없이 이어지는 현재의 시간 속에 둥둥 떠다니는 정보 조각의 세계를 마음껏 누빌 수 있다. 정보 과부하의 시대에 우리가 훑어 읽기를 점점 더 유용한 기술로 떠받드는 것도 어쩌면 당연한 일이다. 우리가 모니터 화면을 무제한의 텍스트와 시각 경험으로 통하는 관문으로 생각하는 것처럼 말이다. 노버트의 수업에서 대학 4학년 생활의 희로애락을 주제로 삼았던 재스민도 결국엔 감동적인 발표를 만들어 낼 때 멀티미디어를 활용했다. 세 페이지짜리 에세이와 캠퍼스의 정경을 찍은 색색깔의 슬라이드 쇼를 함께 활용한 것이다. "뉴저지 공대 4학년: 사회를 향해 발걸음을 내딛는 그들, 아쉬움을 떨치지 못하다"라는 재스민의 보고서 제목은 어쩌면 격동의 새로운 시대를 처음 맞아 비틀거리지 않으려 애쓰는 우리 자신의 초상일지도 모른다. 이 중대한 순간에 우리는 스스로에게 다음과 같은 질문을 던져야 한다. '과연 우리는 훑어보기가 대세를 이루는 문화를 만들어 내고 싶은 것인가?' 정보를 끝없이 쌓아 두는 것을 지식 습득으로 여기듯, 집중력이 분산된 채 여러 텍스트를 이리 저리 계속 누비고 다니는 것을 깊이 있는 독서와 똑같이 여기는 문화를 만들고 싶은 것일까? 소설에 들어 있는 다양한 층위의 상징부터 위대한 인문서의 의미심장한 주장에 이르기까지, 어떤 글이든 그 속에 들어 있는 풍부하고도 복잡한 생각을 온전히 이해하기 위해서는 텍스트를 '깊이 있게' 읽지 않으면 안 된다. 그러려면 고된 노력과 불편함을 감수할 수밖에 없지만 고생한 만큼 보람이 있다.

따라서 지금 당장 책과 읽기 기술을 서둘러 분리하는 것은 너무 위험한 일이다. 존 업다이크는 "전자 정보를 쌓아 두기만 하는 세상에서는 페이지 끝의 감촉을 어디서 느끼는가?"라고 질문한다.[78] 끝없이 외형을 바꿔 가며 사람들 사이에 친목을 도모하게 해 주었던 책을 통해 우리는 디지털 시대의 문턱에 다다를 수 있었다. 페이지 끝의 감촉이 느껴지는 책을, 고정불변성과 내용의 맥락이라는 틀을 힘겹게 벼려 낸 책을 우리는 소중하게 여겨야만 한다. 결국 우리는 '모니터 화면에도 일종의 틀'을 부여할지 모른다. 하지만 넌버그의 예리한 지적처럼 웹이 인쇄 시대의 틀에 쉽사리 적응하지는 않을 것이다.[79] 책과 화면이 만나는 중간 지점에 가 보면 책과 화면을 합하려는 초기 시도가 이루어지는 장면을 목격할 수 있다. 이른바 '네트워크 책'이다. 현재 이런 형태로 만들어지고 있는 책의 초고 하나가 온라인에 올라와 있다. 맥켄지 와크McKenzie Wark가 비디오 게임 이론에 관해 쓴 책인데 온라인에서 독자 코멘트를 받고 난 후에는 최종적으로 온라인과 대학 출판사 모두에서 출간될 예정이다.[80] 그렇다면 이 책은 위키북의 일종일까? 그렇지 않다. 책미래연구소 위원이자 뉴욕대의 미디어학과 교수인 와크가 공동 진행하는 이 실험은 쌍방향성을 미리 시험해 보는 것이 목적이지만, 비전문가가 책을 만드는 위키북과는 다르다. 와크 교수는 전통적인 출판 과정에서 정당성을 얻은 텍스트에 대해서도 권위자인 것이다. 그렇다면 이런 경우는 네트워크 책이라고 해야 할까, 아니면 독서용 스크린이라 해야 할까? 뭐라 하던 그것은 중요하지 않다. 책은 점점 더 느슨한 형식이 되고 화면은 점점 더 틀이 잡혀 간다 해도, 결국엔 두 가지 모두를 십분 활용하고 각각의 장점을 소중히 여기는 것이 앞으로를 살아가는 우리의 현명한 태도일 것이기 때문이다. 그러면서 동시에 책의 세계에서나 스크린의 세계에서나 노버트 엘리엇이나 캐럴 쿨사우, 존 비드웰같이 두 세계의 관문을 지키는 문지기들의 지혜를 소중히 여길 줄 알아야 한다. 바로 이들이 깊이 있는 읽기로 우리를 끊임없이 인도해 밝은 빛을 향해 나아가도록 해 주기 때문이다.

몸과 영혼을 연결시키는 책

비드웰은 등을 맞대고 붙어 있는 그 두 권짜리 성경을 조심스레 상자 안에 넣어 맨해튼의 땅속 깊이 자리한 지하 3층의 널따란 서고에 다시 가져다 두었다. 먼 옛날의 유물이 돼 버린 그 책은 묵묵하게 이별의 메시지를 전하고 있었다. 책은 정신을 끝없이 자극하는 모험의 장일뿐만 아니라, 오감까지도 끝없이 자극한다는 사실을. 책은 저마다 특유의 향기를 갖고 있는 경우가 많다. 비드웰은 먼 옛날 고서적상들이 가게 안에서 피웠던 시가 향기가 아직도 책에서 느껴진다고 한다. 뿐만 아니라 책을 읽으면 시각과 청각의 강력한 합성 과정을 통해 종이 위에 찍힌 글자는 단순한 표시에서 벗어나 의미로 탈바꿈한다. 마지막으로 책은 시각 및 촉각과도 연결되어, 무언가를 알아내고자 할 때는 원거리 접근과 근거리 접근이 완벽하게 조화를 이뤄야 함을 일깨운다. "무언가를 완전히 알고자 할 때 우리는 그것에 바싹 다가가야 할 필요가 있다. (…) 하지만 그러면서 동시에 거기서 거리를 두지 않으면 안 된다. '관점을 가지고' 그것을 바라보려면 관찰 대상과 우리 자신이 어느 정도 구별되어야 하기 때문이다"라고 월터 옹은 책에서 이야기한다.[81] 가상 세계와 이동성, 산만함이 특징인 이 시대에 책은 우리를 몸과 영혼 모두에 연결시켜 주는 고리 역할을 한다. 책 읽기를 통해서 이 세상에 육체적으로 발붙이는 것과 영혼을 저 위로 고양시키는 일이 동시에 가능하다. 이것은 컴퓨터로는 아직 어림도 없는 일이다.

7

기계에서
인간성을 찾는 사람들

인간을 닮아 가는 기계, 기계를 닮아 가는 인간

애런 에드싱어Aaron Edsinger는 자기 로봇이 없는 삶이 어떨지 상상해 보는 중이었다. 전 세계에서 가장 발달했다고 손꼽히는 로봇 중 하나인 도모Domo는 그가 MIT 부설 컴퓨터과학 및 인공지능연구소에서 박사학위를 받기 위해 만들어 낸 것이다. 애초에 모터와 스프링, 회로판 더미에 불과했던 도모는 3년 새에 눈도 다리도 없지만 어설프게나마 기계 인간의 형상을 갖출 수 있었다. 그러다 에드싱어가 밤을 수없이 지새워 가며 작업에 매달린 끝에 마침내 지금의 도모가 탄생했다. 손으로 만질 줄도 알고, 무엇을 배울 줄도 아는 푸른 눈동자의 이 로봇의 존재는 에드싱어 본인까지 깜짝 놀라게 할 정도다. 시애틀에서 태어난 에드싱어는 "정말 놀라운 것은 3년 동안 이 로봇과 작업을 하면서 드는 생각입니다. 처음에는 단순한 물건이었는데 지금은 점점 더 살아 있는 생물처럼 느껴져요. 적어도 저와의 관계에서는 그렇습니다"라고 말한다. 그의 아버지는 항공우주수학자면서 부업으로 소농장 일을 했었다.[1] 에드싱어는 몇 년 동안 돈에 쪼들리는 생활을 해야 했다. 차에서 몇 날 며칠을 자기도 하고, 고물상의 철조각으로 로봇을 만들어 샌프란시스코 퍼포먼스 아트에 출품하기도 했다. 그러다 정말 우연히 세계 최고의 인공지능 연구소에 정착하게 된 것이다. 로봇을 광신하는 사람들은 2020년이면 로봇의 지능이 인간의 지능을 앞지를 것이며, 우리 인간은 뇌에 들어 있는 것을 컴퓨터에 다운로드해 두게 될 것이라고 확신한다. 이들에 비하면 에드싱어는 회의론자나 다름없다. 그는 로봇광도 아니고, SF소설도 읽지 않는다. 뿐만 아니라, "기술이 발달할수록, 로봇의 마법 같은 힘이 커진다"는 것에 즐거워하지 않는다. 발목까지 올라오는 운동화에 청바지 차림을 한 에드싱어는 철학자이자 발명가에 가깝다. 그래서 에드싱어가 도모의 '존재감'을 두고 그것이 단순한 도구인지 아니면 친구인지 헷갈린다고 말하면, 그 이야기에 귀를 기울이지 않을 수가 없다. 에드싱어가 도모와 함께 놀거나 작업하는 모습을 한번 지켜보라. 그러면 앞으로 우리가 지적 능력을 지닌 기계들과 맺게 될 복잡 미묘한 관계를 잠시나마 엿볼 수 있다. 도모와 도모를 만들어 낸 에드싱어를 보고 있으면, 인공 생명체가 전례 없이 늘어 이 지구를 (나아가 우리의 집중력을) 많이 차지할수록 앞으로 우리가 어떤 가능성과 위험에 직면하게 될지가 눈앞에 드러난다.

"안녕, 도모." 에드싱어가 인사를 건네자 로봇이 눈을 맞췄다. 어쩌면 마지막일지도 모르는 인사였다. 에드싱어는 대학원에서의 연구를 마치고 이제 샌프란시스코로 다시 돌아갈 작정이었지만, 도요타의 스폰서를 받는 도모는 MIT에 남아 있어야 했다. 다른 학생들이 맡아 연구 작업을 더 하거나, 아니면 대학 박물관에 신참으로 들어가게 될 것이었다. 내가 에드싱어를 찾아간 날, 도모는 마치 문지기처럼 에드싱어의 칸막이 연구실의 입구를 지키고 서 있었다. 포장용 상자에 겹겹이 싸인 채로. 도모(일본어로 '고맙습니다'라는 뜻이다)는 다리도 피부도 없이, 몸통이 테이블 위에 붙어 있다. 하지만 여러 가지 금속재가 복잡하고 정교하게 얽혀 있는 모습에서 아름다움이 배어 나온다. 물론 그 아름다움은 건물이나 시계에서 찾아볼 수 있는 인공적인 미다. 하지만 도모는 인간과 비슷한 모습으로 움직이고 있다. 팔을 뻗을 줄 알고, 부드러운 플라스틱으로 싸인 기다란 손가락 세 개로 물건을 집을 줄도 알며, 노랫가락 같은 기묘한 목소리로 말을 할 줄도 안다. 대개 짜인 각본대로만 움직이고 방해를 받으면 위험하게 돌변하는 공장용 로봇과는 달리 도모는 주방 같은 일상적 공간에서 사람들 작업을 돕기 위해 만들어졌다. 모터로 작동하는 접합 부분이 29개에 이르는 도모는 이리저리 움직이는 커다란 두 눈으로 여러 가지 움직임을 (특히 얼굴 표정을) 알아챌 수 있고, 공이나 종이컵 같은 일상생활의 물건들을 조심스럽게 집었다가 다시 내려놓을 줄도 안다. 도모가 가진 가장 중요한 능력은 아마도 촉감을 느끼고, 그 방향으로 스프링이 잔뜩 달린 손과 팔을 뻗을 줄 안다는 것일 것이다. 하지만 무언가가 자기를 너무 세게 누른다 싶으면 특유의 나른하고 노래하는 듯한 목소리로 "아얏"이라고 말한다. 그런 식의 신체적 접촉을 계속 하다 보니 에드싱어는 도모가 분명 하나의 물체인데도 자신의 파트너로 생각하게 된다고 이야기했다. "도모가 제 손을 잡으면 마음속에서 뭔가 찌릿해요"라고 에드싱거가 말한다. 그는 탄탄한 체구, 웃을 때 보이는 앞니의 갈라진 틈, 따뜻한 갈색 눈동자, 그리고 차분하고 사근사근한 분위기가 매력적이다. "쉽게 떨칠 수 없는 무언가가 느껴진다니까요." 게다가 도모는 주변 환경에 반응하도록 설계되었기 때문에, 우리 인간처럼 예기치 못하게 행동할 때가 있다. 그리고 그게 무엇보다 매력적일 수 있다. "분명 도모는 금속 덩어리에 모터로 작동해요. 도모를 뒤에서 움직이는 명령어도 다 따로 있죠. 그런데도 이따금은 예상에서 전혀 벗어난 행동을 해요. 그럴 때면 삶이 바로 이런 게 아닐까 하는 생각을 하게 돼죠."[2] 에드싱어는 분명 도모가 그리울 것이다. "이 녀석을 남겨두고 떠난다는 게 어떤 것일지 늘 생각했어요. 나중에 어떤 사람이 언론에 이 녀석을 데리고 나와 '제 로봇입니다'라고 하면 어떤 기분이 들까도 생각하고요. 제가 그 녀석에게 일종의 정을 느끼는 것도 어떻게 보면 당연해요." 한 사진을 보니 에드싱어는 미소를

지은 채 감싸 안듯이 도모 어깨에 팔을 두르고 있었고, 로봇 도모
는 말없이 카메라를 응시하고 있었다. 두 대의 기계가 서로 시선
을 맞춘 셈이었다.

친절한 도모는 프랑켄슈타인 같은 이미지가 절대 아니다. 그
리고 그 사근사근한 모습에 매혹된 우리는 우리 삶의 테이블에 로
봇의 자리까지 마련하고 있는 중이다. 옛날 18세기에도 자크 드
보캉송Jacques de Vaucanson이나 볼프강 폰 켐펠렌Wolfgang von Kempelen
은 각각 그 유명한 피리 부는 인형과 체스 두는 기계 터크Turk를
만들어 사람들을 놀라게 했다(터크는 나중에 난쟁이가 들어가 조종했
다는 사실이 밝혀졌기 때문에 제대로 된 자동 기계는 아니었다). 하지만 이
것들은 쇼가 목적이었지 사람들의 친구가 되어 주지는 못했다. 게
이비 우드Gaby Wood는 자동 기계의 신기한 역사를 다룬 『에디슨의
이브Edison's Eve』란 책에서 그것들은 "머리 쓰기 좋아하는 사람들
의 장난감"일 뿐이었다고 이야기한다.[3] 그로부터 몇 세기가 지난
후 전후戰後 과학자들은 인간의 두뇌와 똑같이 체스를 두고 방정식
을 풀 줄 아는 이성적 능력을 갖춘 로봇을 만드는 데 희망을 걸었
었다. 하지만 현재 최첨단의 인공지능 기술은 다정다감한 기계를
만들어 내는 데 초점을 맞추고 있다. 더불어 가정주부, 치료사, 코
치 역할을 해 줄 수 있는 로봇, 나아가 훗날에는 판사, 교사, 의사,
친구의 역할까지 해 줄 수 있는 로봇을 만드는 것이 목표다. 개인
로봇의 역사에 대한 이야기가 쓰인다면, 현재 가장 잘 팔리고 있
는 로봇 진공청소기 룸바(Roomba: 에드싱거에게 자문을 해 주었던 로

드니 브룩스Rodney Brooks가 만든 것이다)나 똑똑한 로봇 장난감 로보사피엔Robosapien도 주석에 그 이름을 올릴 것이다. 또 도모가 사람들 식탁을 차리고, 아기에게 밥을 먹이고, 사람들과 앉아 삶의 고충을 이야기할 날도 그리 멀지 않다. 그야말로 도모와 통성명을 할 날이 오는 것이다. "안녕, 도모."

그런데 이렇게 인간이 도구와 섞이게 되면서 인간과 기계 사이의 경계는 그 어느 때보다 불분명해지고 있다. 신경 임플란트, 전자 태그 임플란트 칩, 스마트 보철 장치, 버튼만 누르면 분위기와 기억 집중력 등을 바꿔 주는 조제약 등이 나오는 시대다. 기계는 점점 인간을 닮아 가고, 인간은 점점 기계를 닮아 가고 있다. 그 과정에서 우리의 능력은 향상되고 있는지 몰라도 인간성은 점점 줄어들고 있다(우리가 인간성을 무엇이라 정의하든 간에 말이다). "이제 인간과 기계를 각각 분리된 기능을 지닌 별개의 실체로 본다는 것은 더 이상 불가능하다"라고 지리학자 나이절 스리프트는 이야기한다. "이제 더 이상 인간만 '살아 있는' 존재로 보고 기계는 단순히 '생명 없는 일꾼'이라고 생각하는 것도 불가능하다. 움직일 줄 아는 능력으로만 사람과 기계를 연관시키던 시대도 지났다."[4] 그런데 이렇게 기계와 기계의 영혼, 기계식이 된 사람의 영혼과 관계를 맺기 시작하다 보니 결국 우리 자신, 그리고 다른 사람들과 관계를 맺을 여지는 점점 더 줄어들고 만다. 기계를 하나의 도구가 아닌 우리의 일부, 나아가 우리 같은 존재로 받아들이게 되면, 다른 사람과 관계를 맺고자 하는 내면의 의지와 외부적 수단을 모두 잃어버리게 된다. 벽에 비치는 그림자에 현혹된 채 쓸쓸히 유리 상자에 갇혀 사는 신세가 되고 마는 것이다.

다정다감한 로봇에 빠져들다

MIT 대학 내 도모의 집에서 불과 몇 발짝 거리에는 붙임성 있는 기계의 미래를 연구하는 본거지가 바쁘게 활동하고 있다. 미로처럼 얽히고설킨 그 광대한 MIT대학 미디어연구실 내부를 깊숙이 들어가 보면 신시아 브레질Cynthia Breazeal과 로절린드 피커드 Rosalind Picard 두 교수의 연구실이 나란히 자리 잡고 있다. 한 가족처럼 지내는 두 사람은 절친한 동료로 우리 인간과 따뜻한 관계를 맺을 수 있는 로봇과 컴퓨터를 만들기 위해 노력 중이다. 둘 모두 활달하고 맵시 있으며 일이라면 사족을 못 쓴다. 머리만 좋았지 정이라고는 없는 남자들이(사교성 없는 남자들이라 표현하는 사람들도 있다) 개척해 놓은 첨단 분야에 부드러움을 더하기 위해 열정적인 여전사들이 나선 것이다. 검은 피부에 털털한 성격을 지닌 브레질이나 금발에 건강미가 넘치는 피커드를 처음 만나면 '공부벌레'란 말이 무색하기 짝이 없다. 미디어연구실 안에 자리 잡고 있는 그녀들의 작업실도 잡동사니가 널려 있어 집처럼 편안하다. 브레질은 도모가 탄생한 AI연구소에서 공부한 로봇 전문가고, 피커드는 전기공학을 공부한 컴퓨터과학 전문가다. 피커드는 조지아에서 살던 어린 시절 가족용 승용차를 튜닝한 전력이 있다. 둘 모두는 인간과 기계의 상호 관계에 일대 혁명을 꿈꾸고 있다. 기계에서 나오는 소음을 일방적으로 듣는 대신, 함께 대화를 하고 싶어 하는 것이다. 업무 처리를 핵심 과제로 삼는 인공지능 분야에서 이들은 똑똑한 친구를 만들어 내겠다는 비전을 가지고 있다. 결국 로봇과 컴퓨터에게 부족한 사교성을 키워 주고, 기계 특유의 자폐성을 치료하고자 하는 것이 이들의 목적이다. "나한테 기대요. 나한테 다 털어놔요. 당신 인간들에게 하듯 우리와도 밀고 당기는 유대 관계를 만들어 봐요." 두 과학자는 기계가 인간에게 이런 식으로 나오게 할 생각이다. 그리고 모든 증거를 보건대 우리 인간들은 이런 제안을 열렬히 환영할 것이다.

브레질은 키스멧Kismet이란 로봇을 만들어 박사학위를 받기도 했다. 귀가 엘프처럼 생긴 이 로봇은 아기처럼 옹알거리기도 하고 상황에 맞추어 귀여운 소리와 움직임을 보여 사람들 마음을 사로잡는다. 이 혁신적인 로봇을 다 만들어 MIT의 박물관으로 보내게 되었을 때 브레질은 커다란 상실감을 느꼈다고 그녀의 동료이자 심리학자인 셰리 터클은 책에서 이야기한다. 하지만 2001년 브레질이 키스멧과 마지막 나날을 보낼 때 연구실을 찾아왔던 열 살짜리 어린아이가 안타까워하며 했던 말처럼 "키스멧에게 신시아는 엄마나 다름없다."[5]

나와 함께 자신의 연구실로 향하면서 브레질은 자신을 '생명체 설계자'라고 표현했다. 연구소 한구석에 틀어박혀 있는 자기 연구실에서 기계적인 '존재'를 만들어 햇빛 가득한 세상에 선보이는 사람이라는 것이다. 아이들이나 노인들이 친구를 삼을 수 있도록 만든 로봇 곰 인형 허거블Huggable에는 털로 덮인 실리콘 피부 아래에 1,500개의 센서가 들어 있어 온도, 힘, 전기장 등을 감지할 수 있다.[6] 이 곰 인형은 사람이 안아 주면, 자기도 사람을 안는다. 또 무릎 위에 앉히면 비디오카메라가 달린 눈으로 사람을 쳐다보면서 품을 파고든다. 테이블 위에 올려놓으면 주변을 두리번거려 사람과 시선을 맞추고는 안아 달라는 포즈를 취한다. 2017년에 허거블은 보스턴의 아동병원에서 인간 조작자의 도움을 받아 베타 테스트를 거치는 등 완전 자동화된 반려자로 변모해나가는 길을 착착 밟고 있다. 그렇게 되면 허거블은 환자, 학생, 가족을 달래주거나 가르치며 동시에 간호사, 교사, 부모에게는 관련 정보를 무선으로 전송해줄 수 있을 것이다. 하지만 아이들이나 노인이 허거블을 때리거나 돌봐 주지 않을 수도 있지 않겠는가? 아이들이 허거블에게 관심을 보이지 않을 때는 어떡할 것인가? 허거블은 그런 상황도 파악해 의사 전달을 할 수가 있다. 한마디로 이 로봇은 '집 안의 첩보원'이나 다름없다고 브레질은 설명한다. 허거블은 가족 간의 유대를 단단히 다지는 데도 도움을 줄 수 있다. "이제 로봇은 그 어느 때보다 우리 곁에서 뭔가를 할 수 있어요"라고 브레질은 말한다. 사실 그녀도 자신의 세 아들들이 허거블을 통해 외국어를 배울 수 있으면 참 좋겠다고 생각한다. "그것들은 확실히 우리 맘을 잡아끄는 무언가가 있어요."[7]

뿐만 아니라 브레질은 피커드와 함께 표현 능력을 지닌 최초의 컴퓨터 중 하나인 로코RoCo의 제작을 감독하고 있다. 교사와 학생 간의 몸짓이 일방향이 아닌 쌍방향으로 학습에 영향을 미친다는 연구 결과에 따라, 로코는 꽃이 주변 환경에 따라 움직이듯이 사용자의 자세를 추적해 모니터를 위 아래로 내리거나 앞뒤로 민다. 그런 식으로 사용자의 자세를 똑같이 따라해 사용자에게 영향을 미치는 것이다. 이를 테면 로코 앞에서 앞으로 몸을 수그리면 모니터가 위로 꺾였다가 책상 면에 거의 닿을 정도로 수그러진다. 다시 똑바로 서면 컴퓨터도 모니터를 앞으로 획 들었다 위로 올라간다. 이렇게 사용자가 언제라도 자세를 바꾸면 자신도 그에 따라 자세를 바꿈으로써 로코는 알게 모르게 사용자가 자세를 바로잡도록 한다. 또 영화 〈스타워즈〉에 나오는 R2-D2와 비슷한 신호음 소리가 나도록 해 의사 표현 능력을 한층 끌어올릴 계획이다. 로코 컴퓨터는 이런 식으로 인간과의 유대를 쌓겠다는 목표를 가지고 있다. 대부분의 기계는 사람들을 가구 취급한다. 사람들의 목표와 욕구, 행동, 감정들을 무시한다는 게 피커드와 브레즐의 설명이다. 그 결과 기계들은 사람들의 기쁨이나 욕구를 뒷받침해 주거나 우선시하지 못한다. 하지만 사람들에게 보다 친근하게 다가오는, 표현할 줄 아는 컴퓨터는 마이크로소프트식의 방해꾼 컴퓨터를 한 단계 넘어서 우리의 친구이자 업무 동료, 심지어 아이들의 공부 친구까지 될 수 있다.[8] 사회학자 클리퍼드 나스Clifford Nass는 운전 시뮬레이션을 통해 자동차에서 운전자의 심경에 맞춰 컴퓨터 목소리가 흘러나오는 것이 (즉 운전자의 기분이 엉망일 때는 조용한 목소리가 나오고, 운전자 기분이 좋을 때는 활달한 목소리가 나오는 것이) 안전 운전에 더욱 도움이 되고 도로의 상황에 보다 집중할 수 있게 해 준다는 것을 이미 입증해 보였다.[9] 피커드와 브레질은 아이들이 혼자일 때보다 친구들과 함께 학교 숙제를 할 때 학습이 더 잘 이루어진다는 점에 착안해 로코를 훌륭한 공부 친구로 만들 계획을 가지고 있다. "그 시스템은 아이의 존재를 알아채고 아이가 집중력을 보일 때 그걸 칭찬할 뿐 아니라, 미묘한 감정까지도 표현하게 될 것이다. 이는 인간 대 인간의 상호 작용 방식과 똑같을 것이고 이를 통해 아이와 컴퓨터는 유대와 호의를 쌓을 수 있을 것이다"라고 브레질과 피커드는 책에서 이야기한다.[10]

요즘은 똑똑하지만 분통 터질 정도로 둔감한 기계들과 함께 지내야 하는 경우가 점점 많아지고 있다. 이러한 시점에서 나온 앞의 방법들은 단순한 임시변통책에 불과할까, 아니면 문제 해결에 절실한 해법들일까? 오늘날 우리가 엄청나게 복잡한 자동화 시스템에 둘러싸여 살아가고 있는 건 분명 사실이다(스마트 빌딩, 스마트 자동차부터 방대한 통신 체계와 데이터 검색 시스템에 이르기까지). 더구나 우리는 이런 것들이 있다는 사실조차 제대로 인식하지 못하고 있다. 자동화 시스템이 우리에게 행사하는 힘은 어마어마하다. 우리가 어떤 종류의 의학 테스트를 받게 되는지, 구직 면접을 통과할 것인지, 대출 승인을 받을 수 있는지, 온라인 데이트 사이트에서 데이트 성사 여부를 결정하는 것이 바로 이런 자동화 시스템이다. 컴퓨터 디자인계의 대가인 돈 노먼Don Norman은 기계들과 머리를 써서 대화를 나눌 때 인간과 기계는 '각자' 이야기를 나눈다고 지적한다. "기계가 방해를 하고 들어오면 우리는 방해를 당하는 수밖에 없다. '이렇게 하세요. 저렇게 하시면 안 됩니다'라는 식으로 기계는 이야기한다. '저렇게 하라'는 것은 우리가 선택할 수 있는 사안이 아니다. 우리는 기계에 명령을 내리지만 우리도 기계로부터 명령을 받는다. 인간과 기계가 각자 하는 독백은 대화를 이루지 못한다."[11]

노먼 역시 피커드와 브레질처럼 다정다감한 컴퓨터를 만들면 기계의 모난 구석을 누그러뜨려 인간과 보다 잘 협동하며 사회에서 살아갈 수 있을 거라고 생각한다. 논리를 중심으로 돌아가는 오늘날의 기계들이 스피드나 힘, 일관성 면에서는 보다 뛰어나지만, 사회성 기술이나 창의성, 상상력은 결여하고 있다고 노먼은 이야기한다. 한마디로 말이 주인의 마음을 읽는 것처럼 사용자의 마음을 읽고 거기에 반응할 수 있는, 더욱 민감한 기계를 만들어야 한다는 생각이다. 그러면 기계와 우리 인간의 관계가 보다 돈독해질 뿐 아니라 컴퓨터의 지적 능력도 대폭 향상된다. 연구자들에 따르면 감성적인 면이 점차 지능의 중대한 요소인 것으로 밝혀지고 있기 때문이다. 현재 독일과 미국의 정부 산하 과학자들은 이 '말과 주인 이론'을 기반으로 자동차와 비행기 시스템을 설계하고 있다. 그러면 조종사와 운전자들은 상황에 따라서 자동화된 시스템에 가하는 통제 강도를 조절할 수 있다. 다시 말해 고삐를 죄었다 풀었다 할 수 있는 것이다.[12] 이러한 노력들은 오늘날 기계가 우리 삶에서 얼마나 큰 부분을 차지하고 있는지 보여준다. 공기가 없으면 숨을 쉴 수 없는 것처럼, 기계와 더불어 살아가는 환경은 더 이상 선택의 문제가 아니다. 이제 중요한 문제는 터클이 지적하는 것처럼 기계와 어떤 관계를 맺느냐다. 도모에게 우리는 어떤 부탁을 하게 될까? 토스트를 구워 달라고 할까, 아니면 우리 푸념을 들어 달라고 할까? 도모는 하나의 도구가 될까, 아니면 사람이 될까?

"안녕, 아가. 뽀뽀해도 되겠니?" 땅딸막한 체구에 빨간 머리칼이 불타는 듯한 한 여자가 아기 얼굴을 하고 있는 로봇 머츠MERTZ에게 말을 건네고 있다. 이 로봇을 만든 로봇 전문가인 리진 아랴난다Lijin Aryananda는 MIT연구소에 있다가 지금은 취리히대학에서 박사 후 과정 연구를 진행하고 있다. 아랴난다가 머츠의 동영상을 선보인 것은 뉴욕에 있는 미국자연사박물관에서 인간과 기계 사이의 상호 관계를 주제로 패널 토론회가 열렸을 때였다. 머츠는 다각도로 움직이는 봉에 꽃이 핀 것처럼 얼굴이 달려 있는 게 전부다. 커다란 두 눈이 박힌 그 얼굴로 각양각색의 표정을 짓는다. 머츠가 다양한 얼굴을 알아보게 하는 것이 박사학위의 중심 과제였기 때문에 아랴난다는 몇 년에 걸쳐 가급적 많은 '문외한'들에게 (즉 로봇 공학 분야를 전혀 모르는 사람들에게) 머츠를 보여주었다. 머츠는 8일 동안 MIT의 로비에 만화에 등장하는 ATM 기계처럼 자리 잡고 있으면서 로비를 지나가는 510명의 낯선 이들과 이야기를 나누었고, 그 과정에서 수시로 로비를 드나드는 사람은 비교적 잘 알아보게 되었다. (하지만 100점 만점의 성적은 아니었다. 머츠가 네 번째로 제일 잘 알아본 '사람'은 사실은 벽이었기 때문이다.) 하지만 아랴난다를 무엇보다 놀라게 하고 절망스럽게 하는 건 따로 있다. 자신이 보기에는 '바윗덩어리보다 우둔한' 것을 사람들이 너나할 것 없이 '사람'처럼 대한다는 것이다. 사실 아랴난다 자신도 항상 착각에 빠진다. "사람들은 제가 안면 인지 분야를 연구하는 똑똑한 사람이니까 머츠를 바라볼 때 저를 잘 인지할 수 있도록 늘 똑같은 표정과 똑같은 방식을 쓸 거라고 생각해요. 하지만 그렇지가 않아요. 머츠가 기록한 순간의 제 표정을 보면 얼굴에 온갖 감정과 태도가 담겨 있어요."[13] 그녀 역시 머츠에게 빠져 버린 것이다.

오늘날 우리는 자신의 존재를 드러낼 때 가상 세계의 베일 뒤에 숨는다. 그래서인지 생활의 지극히 사소한 것에도 친밀감을 느끼는 경향이 있다는 것이 클리퍼드 나스 교수의 연구 실험 결과 밝혀졌다. 한 실험을 예로 들어 보자. 클리퍼드는 사람들을 두 부류로 나누어 한 팀에게는 파란색 팔찌를 차게 하고, 다른 한 팀에게는 초록색 팔찌를 차게 한 후 파란색 컴퓨터와 초록색 컴퓨터 모두에서 게임을 하게 했다. 그 결과 팔찌 색깔과 모니터 색깔이 일치하는 사람들이 게임에서 더 많이 승리하는 것으로 나타났다. 그뿐만이 아니었다. 어느 정도 시간이 지나자 사람들은 다른 팀에서 온 사람들보다 오히려 자신과 색깔이 일치하는 '컴퓨터'에게 더 일체감을 느꼈다. 이런 맥락에서 진행된 초기 실험 중 가장 유

명한 것 중 하나가 바로 조셉 와이젠바움Joseph Weizenbaum이 1960
년에 만든 엘리자Eliza라는 초보용 컴퓨터 심리 치료 프로그램이
다. 조셉은 엘리자가 사람들이 매료시키는 것이 놀랍기도 하고 한
편으론 걱정스럽기도 했다. 그가 가르치던 학생 일부는 엘리자가
어떤 방식으로 작동하는지 뻔히 알면서도 그 기계와 단 둘만 있게
해 달라고 부탁을 하기도 했다.

　한 세대가 훌쩍 지나자 이번에는 '인간관계 훈련' 소프트웨
어로서 가상 세계에서 개인 트레이너 역할을 해 주는 로라Laura가
등장했다. 티모시 비크모어Timothy Bickmore는 로라란 캐릭터를 처
음 만들었을 땐 피커드의 연구실에서 일하고 있었지만, 지금은 노
스이스턴의과대학의 조교수로 일하고 있다.[14] 갈색 머리에 늘씬
한 미시족처럼 보이는 로라는 화면 속에서 움직이는 캐릭터로 애
플의 시리Siri나 아마존의 알렉사Alexa처럼 정교한 AI로 구동된다.
우리는 의식도 하지 못한 채 이 모든 존재들이 우리 삶 구석구석
을 점유하고 있다. 그런데도 로라가 나에게 공감해주고, 제안해주
고, 칭찬해주고, 성심성의껏 귀기울여주고, 한눈팔지 않고 집중해
주면 어느덧 나도 모르게 마음이 차오른다. 인간 '고객'이 여러 가
지 선택안 중 하나를 클릭하여 답하면 그녀는 따스하고 친절하지
만 다소 딱딱한 목소리로 이야기를 건넨다. 로라는 묘하게 적극적
이다. 그래서 그녀 말에 저항하기가 어렵다. 비크모어의 어깨를 슬
쩍 넘겨다보니 그는 정신분열증 환자에게 운동과 약을 권하는 데
사용되는 버전을 예비 테스트하고 있다. 로라가 어떻게 지냈냐며

말문을 열었다. 내가 "그냥 그랬다"고 답하자 그녀는 얼굴 표정이 굳어지며 걱정스런 목소리로 "어떡해요, 정말 안타깝네요"라고 말한다. 중간 중간에 로라는 우리들에게 산책을 권하기도 한다. "절 생각해서라도 한번 나갔다 오세요, 네?"라고 그녀는 애교를 떤다. 거기에 응하면 펄쩍 뛰면서 좋아한다. "정말 멋져요! 우리는 최고의 팀이에요." 이 말에 나도 모르게 기분이 좋아지는 걸 어쩔 수 없다.

한번은 보스턴에서 노인병 환자 21명을 대상으로 운동 요법을 시작하게 하는 실험을 60일 동안 진행한 적이 있다. 이 실험에서 로라와 이야기를 나눈 환자들은 단순히 운동을 독려하는 안내문과 만보기를 받은 사람들보다 걷기 운동량이 두 배가 많았다. 한 피실험자는 이렇게 말했다. "로라가 그녀만의 독특한 방식으로 내 건강을 진심으로 걱정해 준다는 생각이 들었습니다." 또 다른 사람은 자못 진지한 어조로 이렇게 말했다. "로라와 저는 서로를 믿습니다." 로라가 자신을 "좋아한다"고 이야기한 피실험자도 없지 않았다.[15] 피커드는 당시의 실험을 회상하며 "정말 신기한 일이었다"고 말한다.[16] 현재 웨어러블 콘사이언스wearable conscience란 이름의 모바일 버전 로라 프로그램을 개발 중인 비트모어는 사람들도 그것이 컴퓨터라는 사실을 잘 알고 있다고 지적한다. (여담으로, 그는 로라에게 어디에서 사느냐고 물으면 "이 조그만 상자가 바로 제 집이에요"라고 대답하게끔 프로그램을 해 두었다.) 그런데도 로라를 접한 많은 사람은 로라를 단순히 허깨비 꼭두각시로만 생각하지 않았다. "로라와 아주 오랜 시간 이야기를 나누어 보세요. 그러면 로라를 사람으로 생각하게 된다니까요"라고 나이 지긋한 한 사용자가 설명해 주었다. "참 이상한 일로 보이겠지만, 정말로 효과가 있다. 로라를 만나면 친구가 하나 생긴 것 같은 기분이 든다"라고 과학부 기자 베넷 데이비스Bennett Daviss는 썼다. "컴퓨터에 들어갔다 나오는 순간 꼭 컴퓨터 안에 사는 누군가를 만나 즐거운 시간을 보낸 듯한 묘한 기분이 든다." 데이비스는 이런 기분이 "조금은 당황스럽다"고 솔직히 인정한다.

사실 '묘한 기분'이란 말은 다정하고 붙임성 있는 컴퓨터가 존재하는 세상에선 흔히 등장하는 말이다. 1919년 프로이트가 한 소논문에서 자세히 탐구한 적이 있는 이 복잡한 개념에는, 익숙하면서도 낯설고 눈에 보이면서도 비밀스러운 모종의 존재가 따라다녀, 특유의 두려움과 불안함을 불러일으킨다. 그러한 감정은 특히 (영혼처럼) 죽음과 삶의 경계에 살아가는 것 같은 존재들, '사람들이 공들여 만든 밀랍 인형이나 자동 기계'를 보면 생겨난다고 프로이트는 말했다.[17] 나아가 프로이트는 아득한 어린 시절 뭐든지 자기 마음대로 되었던 물활론적인 세계가 내면에 부활하는 것이 이러한 감정을 일으킨다고 생각했다. 인형들이 이야기를 하고, 마법 주문으로 사람을 죽이고, 주변의 갖가지 물건들이 날아다니기도 하는 그런 세상 말이다. 에른스트 테오드르 빌헬름 호프먼Ernst Theodor Wilhelm Hoffmann이 1817년에 쓴 단편소설 『샌드맨Sandman』의 주인공 나타나엘Nathanael이 물리학과 교수의 딸 올림피아Olympia와 사랑에 빠지지만 사실 그녀는 그 교수가 일생 동안 공들여 만든 아름다운 자동인형이었던 것처럼, 오늘날 우리는 다정한 기계들의 공허한 몸짓을 넋을 잃고 바라본다. 그 속에서 우리가 보고 싶은 것을 보고, 우리가 듣고 싶은 것을 듣는 것이다. 올림피아의 두 눈은 "한 곳에 고정된 채 움직일 줄 모르지만," 나타나엘에게는 반짝반짝 빛나는 것처럼 보인다. 또 키스할 때 와 닿는 차가운 입술도 그에게는 따뜻하게 느껴진다. "올림피아가 몇 마디 중얼거리는 걸 들었어. 정말이야." 나타나엘은 못 미더워하는 친구에게 말한다. "하지만 그 몇 마디 말은 천상의 언어였어. 나는 올림피아의 사랑 속에서만 내 존재를 발견할 수 있어." 이런 나타나엘은 결국 올림피아에 관한 진실을 알게 되자 미쳐 버리고 만다.[18]

이용당하는 인간의 외로움

도대체 우리는 왜 이런 것들에 그렇게 쉽게 빠져 버리고 마는 것일까? 심층적인 면에서는 우리 인간의 생물학적 구성, 그리고 표면적인 면에서는 우리 인간의 사회성, 이 두 가지 모두가 원인이다. 자기 주변에 반짝거리거나 활발히 움직이는 게 있으면 거기에 관심을 돌리는 아기들의 원초적 욕구를 TV가 영악하게 이용하는 것처럼, 우리 역시 분노, 슬픔, 기쁨 등 이루 헤아릴 수 없이 많은 여러 가지 감정들에 주의를 기울이도록 진화해 왔다. 그 래야 살아남을 수 있기 때문이다. "인간의 뇌는 감정에 아주 예민 하게 반응하고, 감정에 아주 강박적이며, 감정 파악에 아주 능숙 하다. 따라서 감정의 표시가 아주 조금만 있어도 뇌의 작동 방식 은 엄청난 영향을 받을 수 있다"라고 나스는 이야기한다.[19] 브레질 의 표현대로 과학자들이 "우리 마음을 움직이는" 기계들을 만들 어 낼 수 있는 건, 인간이 사회생활에서 나타내는 감정 어휘를(특 히 얼굴의) 세세히 분석한 덕분이다. 심리학자 폴 에크먼Paul Ekman 이 1970년대 만든 44단위 얼굴 표정 해독 시스템을 샌디에고에 있는 캘리포니아대학 연구진이 이용한 것이 그 실례다. 이들은 사 람들 1,000명의 얼굴 표정을 가지고 10년도 넘게 작업을 해 감정 의 데이터뱅크를 만들었고 이를 통해 컴퓨터가 인간의 감정을 보 다 잘 읽어 내도록 했다.[20]

피커드의 연구실도 바로 그 해독 시스템을 기반으로 착용이 가능한 '사회적 감정 해독 장치'를 개발해냈다. 이 장치는 자폐증 환자나 사람들 감정을 읽는 컴퓨터에게 도움을 줄 수 있다.[21] 이 장치는 사람들의 얼굴이나 두상의 움직임을 찍은 동영상을 전송 받아 시시각각 변화하는 그래프를 쏟아낸다. 이를 통해 그 사람이 어떤 의견에 찬성하는지, 반대하는지, 그 상황에 집중하고 있는지, 무언가를 곰곰이 생각하는지, 불안해하는지, 혹은 관심을 나타내 는지 알려 준다. 이때 이용하는 것이 '마음 해독기'라는 소프트웨 어이다. 이 소프트웨어는 애초 피커드의 실험실에서 박사 후 과정을 밟던 라나 엘 칼리우비Rana el Kaliouby가 컴퓨터가 인간의 생각과 감정을 잘 읽을 수 있게 하려고 만들어낸 것이었다. 2017년에 이르자 칼리우비와 피카드는 잘 나가는 신생회사를 경영하고 있었다. 이 회사가 내놓은 이모션 AI(Emotion AI)라는 기술은 1,400개 회사에서 광고에 대한 사람들의 반응을 파악하는 데 이용된다.

피카드의 실험실을 처음 찾았을 때 나는 마음 해독기 소프트웨어에 영상을 전송하는 셀프카메라를 몸에 걸친 채 대학원생 앨리어 티터스Alea Teeters와 내가 이야기를 나누는 동안 노트북 화면에 내 감정 상태에 대한 해독 내용이 뜨는 걸 지켜보았다. 마치 심전도로 내 감정을 읽어 내는 듯한 묘한 기분이었다. 이 마음 해독기의 성적은 좋은 편이다. 연구 결과에 따르면 배우들의 행동에서 불확실, 동조 등의 여덟 가지 감정 카테고리를 정확히 해독해 내는 이 기계의 능력은 최소 64퍼센트에서 최대 90퍼센트에 이르렀다. 하지만 이 기계가 엉뚱하게 보고를 하는 경우도 있었다. 티터스가 그 장치에 대해 설명해 주는 것을 내가 제대로 듣지 않고 있는데도 내가 이야기가 집중하고 있다고 알려 주는 식이었다. 또 내가 "아니다"라고 답하며 고개를 절레절레 흔들고 있는데 나의 사고력 점수가 뚝 떨어지는 것 아닌가. 사실 그래픽이 하도 수시로 바뀌는 바람에 나는 이 기계가 내 마음을 제대로 진단하고 있는지 의심스러웠다. 내가 지루함을 느끼는 순간에 어떻게 집중할 수가 있으며, 아무 생각 없이 반대 의사를 표시하는 것이 어떻게 가능하단 말인가?

하지만 그게 중요한 게 아니다. 이 기계는 내가 셀프카메라를 발명한 티터스에게 '겉으로' 보여주는 반응을 알려 주는 것이었다. 사실 (정확하든 정확하지 않든) 그런 나의 사회적 반응을 '읽어 내는' 것으로 충분할지 모른다. 알고 보면 우리는 마음에도 없는 겉만 번지르르한 말과 행동을 서로에게 하는 경우가 많지 않던가. 가상 세계 인형들이 아무에게나 안부를 묻도록 프로그램이 짜인 것처럼 말이다. 머릿속으로는 직장 일에 대해 생각하면서도 아내나 남편의 푸념에 다정하게 맞장구를 쳐 주는 배우자, 겉으로 상냥한 태도를 보여주는 판매원, 기분을 맞춰 주기 위해 해 주는 성의 없는 칭찬은 모두 사람들 마음을 편안하게 하지만, 서로에 대한 진심 어린 이해는 찾아볼 수 없다. 우리가 바깥 세상에 내보이는 화려한 겉모습은 우리의 속마음과 일치할 수도, 일치하지 않을 수도 있다. 그러다 보니 가장 절친하다는 사람들과의 관계에서도 여러 가지 오해와 갈등이 생겨나곤 한다. 그러니 로봇이 그 정도 정보밖에 알려 주지 못한다 하더라도 그것이면 충분한지도 모른다. 인간과 로봇 사이의 유대 관계를 연구하는 영국의 사회인류학자 캐슬린 리처드슨Kathleen Richardson은 "우리가 사람들의 미소나 찡그린 얼굴 뒤에 감춰진 진짜 속내를 안다고 과연 서로간에 보다 진실한 관계를 맺을 수 있을까?"라고 묻는다. "아니면 얼굴의 미소나 찡그림을 알아보는 것만으로 충분한가?"[22]

브레질과 피커드는 그것이면 충분한 때도 분명 있다고 주장한다. 다정한 컴퓨터를 만들고자 하는 것도, 그러한 로봇이나 소프트웨어가 따뜻한 말이나 위로의 몸짓, 혹은 충고 한마디를 인간만큼 (아니, 심지어는 인간보다 더) 잘 건넬 수 있다고 믿기 때문이다. 물론 이런 기계들이 우리 인간보다 대인 관계 기술이 좋을 수는 없을 것이다. 하지만 피커드와 로봇 전문가 조너선 클레인Jonathan Klein은 이 기계들이 "당장 도움을 줄 수 있는 사람이 곁에 없거나, 고립된 처지거나, 대인 관계 기술이 손상된 사람들에게" 위로가 필요할 때 사람들의 빈자리를 대신 채워줄 수 있다고 해당 분야의 철학과 향후 의미를 밝힌 글에서 이야기한다.[23] 클레인에게는 이 작업을 시작하게 된 계기가 있었다. 비행기를 타고 신혼여행 중일 때의 일이었다. 저녁으로 나온 기내 식사에 죽은 벌레가 두 마리 들어 있었는데, 항공사 측에서는 아무런 사과도 없었다. 결국 다른 메뉴로 바꿨지만 그걸 먹자 알레르기 반응이 일어났다. 유제품이 들어가지 않은 음식이라고 잘못 표기가 되어 있었기 때문이었다. 한 번도 아니고 두 번씩이나 그런 일을 당했는데도 항공사 측에서 미안한 기색이 전혀 없자 클레인은 비행기가 착륙하고 난 뒤 반쯤은 농담으로 이렇게 생각했다. "내가 컴퓨터를 만들어도 사람들 기분을 이것보다는 잘 헤아리겠다." 사람 마음을 헤아리는 다정한 기술이 사회 속에서 인간이 하는 역할을 대신해서는 안 된다는 것을, 그리고 "진정 따뜻한 마음과 진정한 이해, 진정한 배려"를 이상적으로 흉내 낼 때 어떤 문제점이 생기는지, 피커드와 클레인은 잘 알고 있다. 그러면서도 그 둘은 이 기술을 계속 발전시켜야 한다고 주장한다. 다정한 기술이 사람들의 감정적인 욕구를 얼마나 충족시켜 줄 수 있는지는 이제 막 그 '베일을 벗기 시작한 단계'에 불과하기 때문이다.

그럼 이제 우리는 기계에 대한 섬뜩함을 극복하기 시작한 것일까? 우리가 획기적 발전을 거쳐 로봇과 인간을 구별 못하게 되는 시점에 가면, 로봇을 사람으로 착각하는 것이 더 이상 아무렇지 않아질 거라고 셰리 터클은 말한다. 커다란 두 눈, 아담한 체구, 불같은 성격을 지닌 MIT의 교수 터클은 피커드에겐 음기를, 브레질에겐 양기를 불어넣는다. '인간이 된다는 건 도대체 무슨 의미를 지니는가'를 두고 사회적 논의가 막 일기 시작한 지금 서로의 철학에 스파링 파트너 역할을 해 주는 것이다. 어느 봄 날 오후 나는 맨해튼 어퍼웨스트사이드에 자리한 식당에서 터클을 만났다. 칸막이 자리 맞은편에 자리를 잡고 앉아 얼그레이를 한 잔 주문하는 그녀는 호주에서 돌아온 지 얼마 되지 않아서인지 피곤한 기색이 역력했다.[24] 하지만 이야기를 시작하자 이내 활기를 되찾았고, 그 모습은 나중에 인간과 기계 사이의 관계가 점점 깊어진다는 주제로 강연을 할 때도 마찬가지였다. 그녀는 얼마 전 십대인 딸아이와 함께 미국자연사박물관에서 열린 다윈전에 갔다가 전시관 입구에서 갈라파고스 거북이 두 마리가 우리에 갇혀 있는 걸 봤다고 했다. 터클의 딸은 그런 거북이들이 있다는 것에는 전혀 신기해하지 않고 우리에 갇혀 있는 것을 불쌍하게 여기며 박물관에서 차라리 로봇 거북이들을 가져다 놓는 게 좋았을 거라고 이야기했다. (1950년 윌리엄 그레이 월터William Grey Walter가 만든 인공지능을 지닌 최초의 기계가 거북이였던 걸 알고 한 이야기는 아니었을 것이다. 이 거북이는 빛을 따라 걷고 춤을 출 줄 알았다.) 함께 줄 서 있던 다른 아이들도 딸의 이야기가 맞다고 해서 부모들을 놀라게 했다. 아이들의 이러한 생각에 흥미를 느낀 터클은 이후에도 몇 번이나 전시관을 다시 찾아 관람객들을 인터뷰했다. 그 결과 대부분의 아이들은 "살아 있는 것에 대해서는 별 의미나 가치를 찾지 못하는 것처럼 보였다." 뿐만 아니라 실제처럼 보이는 로봇 거북이를 가져다 놓은 경우에도 사람들에게 그 사실을 알려 줄 필요는 없다고 아이들은 생각했다.

터클에게 이는 놀랄 일이 아니었다. 애정을 주지 않으면 죽어 버리는 다마고치부터 올빼미처럼 생긴 '말하는 인형' 퍼비Furby, 요즘 요양원에서 점점 더 많이 사용되고 있는 새로운 차원의 로봇 친구까지, 터클이 로봇과 우리 인간과의 관계를 연구해 온 지는 벌써 20년이 넘었기 때문이다. 현재 터클은 일본에서 들여온 정교한 로봇 물개 인형을 애완동물처럼 기르고 있는 매사추세츠의 요양소 여러 곳을 연구 중이다. 그런 요양소에 있는 72세의 루스Ruth라는 한 할머니는 아들이 할머니를 보러 오지 못한다고 하자 로봇 패로Paro를 쓰다듬으며 속상한 마음을 달래고 있었다. "너도 속상하구나, 그렇지?" 루스가 로봇에게 중얼거렸다. "세상일이란 게 힘든 거니까. 암, 힘들지." 단어 500개를 말할 줄 알고, 시선을 맞출 줄도 알며, 자기 주인을 알아보고, 자신을 어루만지는 손길이 부드러운지 공격적인지도 구별할 줄 아는 패로에게서 루스는 마음의 위안을 얻는다. 하지만 "이런 식의 관계에서 얻어지는 게 무엇이죠?"라고 터클은 의문을 던진다. "그 로봇은 자신이 현재 처한 상황에 대해 아무 생각도 없는데 말이죠." 나는 순간 움찔했다. 나 역시 얼마 전 로봇 강아지 인형을 몇 개 사주며 강아지를 사 달라고 보채는 열한 살짜리 딸아이를 달랬기 때문이었다.

지금 당장은 도모나 로코도 우리 안에 갇힌 갈라파고스 거북이들과 같은 신세지만, 이 둘은 우리 인간의 일상에 벌써 나타나기 시작한 조용한 변화를 나타내고 있다고 터클은 지적한다. 감성적인 로봇들을 우리는 외로움을 달랠 수단으로 삼기 시작했다. 기계들은 애초에 만들어질 때부터 인간에게 손을 뻗고, 인간의 관심을 바라게 되어 있다고 터클은 지적한다. "아이들이나 노인들이 로봇 애완동물을 다정하게 대하는 것에서 우리는 공상과학 소설이 일상의 이야기가 된 것을 발견할 수 있다. 또 현실에서 첨단 기술에 대한 철학적 논의를 하지 않을 수 없게 되었다."[25] 가상 세계가 새로운 '실제'가 되고, 로봇이 '살아 있는 존재'로 취급받는다면 도모가 과연 도구인지 사람인지에 대한 답은 벌써 나와 있는지도 모른다. 로봇 문제를 겉핥기식으로 생각하기엔 이제 너무 늦어 버렸다. 하루하루 로봇은 우리 생활에 더욱 더 깊숙이 발을 들이고 있다. 이때 우리는 기계들의 능력이 하루가 다르게 향상된다는 점에서 궁극적인 답을 찾을 게 아니다. 그보다는 미래에 우리 자신의 모습을 어떻게 그릴 것인가에서 그 답을 찾아야 한다고 터클은 이야기한다. "기계와 점점 더 친밀한 관계를 맺어 가면서 우리는 과연 어떤 종류의 사람이 되어갈 것인가?"를 물어야 한다.

이는 까렐 차펙Karel Capek이 1922년 공상과학 희곡 속에서 제기했던 의문이기도 했다. 차펙은 이 작품 속에서 로봇이라는 말을 처음 사용해 일약 세계적인 유명인사가 되었다.[26] 『로봇R.U.R.: Rossum's Universal Robots』에서 과학자들은 완벽한 노동자를 만들기 위해 갖은 애를 쓰다가 행동, 지능, 외모가 인간과 아주 흡사한 로봇을 만드는 방법을 발견하기에 이른다. 인간과 얼마나 비슷한지 그 로봇 공장을 찾아오는 사람들은 로봇과 인간을 구별하지 못할 정도다. 하지만 이 로봇들에게는 영혼이 없기 때문에 노예처럼 일해도 만족하며 살아간다. 그러다 한 과학자가 이 로봇들을 인간으로 만들려 시도하게 되고 그 과정에서 로봇들은 불만족을 느낄 수 있는 존재가 된다. 그리하여 로봇들은 반란을 일으키고 인간을 학살하게 되는데, 휘몰아치듯 전개되는 이 절정부 덕분에 이 작품은 1818년 메리 셸리Mary Shelley가 쓴 『프랑켄슈타인, 혹은 현대판 프로메테우스Frankenstein, or The Modern Prometheus』이래 공상과학 분야의 걸작으로 손꼽힌다. 이 작품이 공연될 당대의 관객들은 머리칼이 쭈뼛할 정도의 극적 전개와 기계 인간이라는 개념에 전율과 공포를 느꼈다. 하지만 차펙은 관객들의 반응이 실망스러웠다. 관객들은 로봇에 완전히 매료된 나머지 로봇을 통해 인간의 본성을 드러내려 했던 자신의 진짜 의도를 알아채지 못했기 때문이었다. 차펙의 작품 속에 등장한 로봇은 인간의 잘못된 목적을 나타내는 거울과도 같은 존재였지만, 관객들은 로봇 속에서 인간이 대단한 위업을 달성했다고 여겼다. 몇 년 후 차펙은 이런 글을 남겼다. "눈부신 광채가 나는 완벽한 로봇이 눈앞에 나타나면 우리들은 그것을 인간의 승리로 여긴다. 하지만 거리에서 수도 없이 만나는 거지를 하나 데려와 그 휘황찬란한 기계 옆에 세워 보라. 그것만으로 우리는 인간의 패배를 깨달을 수 있다."[27] 차펙은 로봇을 두려워할 필요가 없다는 사실을, 오히려 두려워해야 할 것은 인간 자신이라는 사실을 일깨우려 했지만 그 노력은 수포로 돌아갔다.

인간성을 대신하지 못하는 장치들

지금 우리는 기계에게 신과 같은 역할을 하고 있다. 그리고 이제 곧 우리가 만들어 내고, 사랑하고, 기르는 기계 창조물들과 이 지구를 나눠 써야 할 처지에 있다. 이 과정에서 우리는 과연 어떤 모습이 되어 가고 있는 것일까? 이 문제에 얽혀 있는 기계의 운명은 복잡하다. 단순하게 표현하자면, 기계가 점차 인간과 비슷한 모습이 될수록, 인간도 여러 가지 면에서 점점 더 기계를 닮아 가고 있다. 몸 안에서 심장박동기가 째깍거리고, 뇌 안에서는 임플란트 칩이 웅웅거리고, 집중력 향상 알약을 집어삼키고, 보안 검색대를 지날 때 팔에 심은 칩에서 삑 소리가 난다. 이제 진화학에서 우리를 분류하는 딱지는 '호모사피엔스'에서 포스트휴먼posthuman이 되고 있다. 몸에 각종 기계 장치를 집어넣은 결과 우리는 더 강해질지 모르겠으나, 어떤 면에선 우리의 능력은 감히 상상할 수 없을 정도로 줄어들고 있는 것일 수 있다.

물론 우리 인간은 망치와 괭이를 손에서 놓을 줄 모르는 존재였다. 역사가 데이비드 나이David Nye가 지적하는 것처럼, 인간이 도구를 사용해 온 지는 벌써 4만 년에 이른다. 도구는 인간의 본성과 떼려야 뗄 수 없는 것이긴 하지만, 그것은 인간의 근본적 충동보다는 문화적 욕구의 산물인 경우가 많다.[28] 프로이트에서부터 매클루언에 이르기까지 많은 사상가들은 인간이 힘과 능력을 키워 주는 물건들을 사용해 진화 영역을 계속 넓혀 왔다고 지적했다. 미디어 이론가 프리드리히 키틀러Friedrich Kittler는 전화기가 반쯤은 귀머거리였던 알렉산더 그레이엄 벨이 만들어 낸 '인공 귀'나 다름없다고 이야기한다. 키틀러가 보기엔 전보도 '인공 입'이나 마찬가지다.[29] 전신 기술과 심령술은 등장한 연대나 그 탄생 의도가 아주 비슷하지 않았던가. 둘 모두 빅토리아 시대 때 등장했고, 두 방법 모두 시간과 거리를 정복하고 인간의 감각을 먼 세계까지 확장해 줄 과학적 방법으로서 환영을 받았다. 망원경, 안경, 휠체어, 카메라, 스마트폰도 빼 놓을 수 없는 도구들이다. 영원한 '도구의 인간'인 우리는 자신의 몸을 포함해 온갖 종류의 도구를 활용해 선천적으로 타고난 능력을 배가시켜 왔다. 역사가 캐롤린 마빈Carolyn Marvin은 전기는 한때 치유력과 마법의 힘을 지닌 것으로 여겨졌고, 몸을 '표준'으로 발전 정도를 가늠할 수 있는 기술로 생각되었다고 설명한다. 18세기 런던과 파리 사람들은 파티에 가서 함께 손을 잡고 전기파를 보내는 것을 좋아했다. 그러면 사람들 사이의 유대가 쌓이고 말이 더 잘 통한다고 믿었다. 세간에 많은 논란을 불러 일으켰던 치료사 프란츠 안톤 메스머Franz Anton Mesmer(메스머의 이름은 '최면을 걸다'라는 뜻의 영어 단어 mesmerize의 어원이다)도 사람들에게 이 놀이를 하도록 권했다. 그로부터 100년 후 〈일렉트리컬리뷰Electrical Review〉지에는 '전기 칵테일'을 선전하는 광고가 실리기도 했다. 전류를 이용해 음료 안에 들어 있는 설탕을 탄화시켜 1885년 겨울의 추위를 달래 줄 것을 약속하고 있었다.[30] 얼마 전에는 마이크로소프트가 '개인 영역 네트워크', 즉 '컴퓨터 버스'로 활용할 목적으로 인간의 몸에 소리 소문 없이 특허를 내기도 했다. 언젠가는 인간 피부의 전도성을 자료 전송 수단으로 활용하겠다는 이야기다.[31] 역사가 나이의 지적처럼, 사회의 기술이 점점 더 발전할수록 우리 인간은 "이 세상을 함께 살아가는 터전보다는 원자재 창고로 바라보게 된다."[32] 그리고 이제는 그 원자재에 인간의 살덩어리까지 포함되는 지경에 이르렀다.

존 할람카John Halamka 박사는 곧 주사라도 맞는 사람처럼 신이 나서 셔츠 소매를 걸어 올렸다. 겉으로는 보통 사람들과 다를 것 없는 팔뚝이 드러났다.[33] 혹이나 멍, 상처 자국 등 피부 밑에 사이보그 기계가 들어가 있다는 흔적은 전혀 찾을 수 없었다. 하지만 박사가 한 손에 스캐너를 들고 팔뚝 위를 훑자 삑 소리가 나면서 스크린에 숫자가 깜박였다. 하버드의과대학원과 보스톤에 있는 베스이스라엘디코니스메디컬시스템에서 정보 통신 최고 책임자로 있는 박사의 몸에는 현재 칩이 박혀 있다. 2004년 말 할람카는 미국 박사 중 최초로 자신의 몸 안에다 전자 태그를 심었다. 깨지지 않는 유리 캡슐 안에 들어 있는 이 조그만 베리칩은 뜨개질용 바늘 크기의 기구를 이용해 몸 안에 0.25~0.5인치 깊이로 박게 되어 있다. 간단한 외과시술로 손쉽게 제거할 수 있는 것이었지만, 할람카의 칩은 2018년 초에도 여전히 그의 몸에 박혀 있었다. 스캐너로 스캔을 하면, 등록번호가 뜨고 그것을 이용해 할람카의 디지털 진료 기록을 조회할 수 있다. 사실 이러한 진료 기록은 환자가 위중하거나, 인지 능력에 손상을 입었거나, 또 단순히 의식 불명 상태만 돼도 제대로 이용할 수 없는 경우가 있다. 근본주의 기독교도들은 이 칩을 안티크리스트가 이용하는 도구라며 거세게 반대하고 있다. 그에게는 〈요한계시록〉 13절에 등장하는 안티크리스트의 도구 '짐승의 낙인'을 사용한다며 비난하는 이메일이 정기적으로 날아든다(〈요한 계시록〉 13장에는 "그가 모든 사람, 곧 작은 사람이나 큰 사람이나 부자나 가난한 자나 자유인이나 종들에게 그 오른손이나 이마에 표를 받게 하고"라는 내용이 들어 있다).[34] 프라이버시를 옹호하는 사람들도 우려스러워 하고 있다. 그 생체 기구는 암호화가 되어 있지 않기 때문에 익명 추적이나 신분 도용에 이용되기가 너무 쉽다는 것이다. 일례로 스캐너만 들고 있으면 누구든 타인의 자료를 훔쳐서 복제 칩을 만들 수 있다. 정보를 위조하는 이 신종 수법에는 이상하게도 스푸핑(spoof는 사전적으로는 '악의 없이 속이다'의 뜻을 가지고 있다 - 옮긴이)이라는 명칭이 붙었다.[35] 베리칩 제조업체와는 아무 연줄도 없는 할람카 박사는 이러한 위험성이 있다는 사실을 책에서나 강연에서나 허심탄회하게 인정한다. 그의 몸 안에 들어 있는 쌀 한 톨 크기의 실리콘 덩어리가 그의 프라이버시를 완전히 침해하는 것은 분명 사실이라는 것이다. (하지만 이 칩은 X레이로 위치를 파악한 후 간단한 수술로 제거할 수 있다.) 호리호리한 체구, 짙은 머리칼에 속사포처럼 말을 쏟아 내는 그는 온통 검정색으로 옷을 빼 입은 채 보스턴에 있는 자기 사무실을 바쁘게 돌아다니며 샘플 칩을 보여주고, 노트북에 저장되어 있는 음성 파일을 들려주고, 일본에서 가져온 기념품을 자랑했다. 이곳저곳의 상점에 들어갈 때마다 칩을 인식하는 경고음 소리가 나서 그 소리를 꺼야 했던 이야기를 그는 신이 나서 들려주었다.

할람카는 현재 응급실 의사이자 의료 데이터 표준 분야 제일의 전문가인 만큼 전자 태그 칩 기술을 온전히 이해하기 위해서는 칩을 자기 몸 안에 직접 넣는 수밖에 없다고 생각했다고 한다. 칩을 넣으면 아플까? 팔에 계속 뭔가 계속 이상한 느낌이 들지는 않을까? 프라이버시는 과연 얼마나 침해될까? 이런 질문에 답하려면 칩을 몸속에 넣어 봐야 했다. 이로써 그 자신도 자신이 수집하고 있는 하나의 정보 조각이 된 셈이었다. 300만 명의 환자와 1만 8,000명의 직원들, 그리고 3,000명의 의사들이 관련되어 있는 진료 자료와 그 기준을 책임지는 사람의 정보를 이제 스캔해서 읽을 수 있게 된 것이다. 할람카는 절대 칩을 선전할 생각은 없었다고 말하는데 그 말은 진심인 듯하다. 하지만 아무래도 자기 몸을 사이보그로 만든 덕분에 집중된 세간의 이목을 내심 반기고 있다는 인상은 지울 수가 없다(할람카 박사는 가장 먼저 나서서 온라인에 자신의 게놈 유전자 정보 전체를 올린 사람이기도 하다). 할람카 박사는 자기 운명은 스스로 개척할 수 있다는 확신을 가지고 최선의 노력을 다해 살아가는 걸 좋아하는 사람이다. 그는 주치의에게서 좀 있으면 비만이 되겠다는 말을 듣고 32킬로그램을 감량했고 지금은 카페인을 끊는 중에다 고기는 일절 먹지 않고 등산을 한다. 또 하루에 600통씩 날아드는 이메일을 처리하고 스마트폰을 벨트에 찬 채 높은 산봉우리를 오르는 자신의 능력을 자랑스럽게 여긴다. 그가 선봉에 서 있는 분야가 아직 온전히 이해되지는 않지만 우리를 혹하게 만드는 건 사실이다. 기계와의 결합을 통해 인간이 능력을 키우는 것을 넘어서 인간의 설계 자체를 바꿀 수 있다고 약속하니 말이다. 과연 일부 연구자들이 주장하는 것처럼 베리칩은 '인간성을 말살시키는' 도구일까?[36] 바로 이 점이 포스트휴먼 세계의 핵심 화두일 수 있다. AI 분야의 선구자 로드니 브룩스Rodney Brooks는 "오늘날 우리가 기계의 설계를 마음대로 조작하는 것처럼, 앞으로 우리는 우리 인간의 몸을 마음대로 조작할 수 있는 힘을 가지게 될 것이다"라고 말한다.[37] MIT 미디어연구소의 소장으로 있는 프랭크 모스Frank Moss의 이야기는 보다 노골적이다. "이제 우리는 인간을 조작할 수 있게 된 겁니다!" 미디어연구소의 새로운 임무인 휴먼 2.0 제작을 알리기 위해 사람들이 북새통을 이룬 행사장에서 그는 득의양양하게 말했다. 뱀이 풀밭에서 허물을 벗듯 우리 인간도 오랫동안 우리를 감싸고 있던 껍질을 하나 벗고 있는 중이다.

의수나 의족 등으로 인간의 몸을 덧대는 일을 뜻하는 '보철'이라는 말을 중심으로 이 모든 상황을 한번 살펴보기로 하자. 보철을 뜻하는 영어 prosthetic은 '부가'라는 뜻을 가진 그리스어가 어원이며, 1553년에 처음 영어에서 사용될 당시에는 어두에 붙는 부가 음절을 가리켰다. 이 말이 신체장애가 있는 사람들이 이용하는 의학 보조 기구, 즉 인공 치아나 의수, 의족 등을 의미하게 된 것은 1700년대 초반 들어서의 일이다.[38] 당시의 보철 장치는 세련된 것도 있었으나 몸을 움직이기 위해 어쩔 수 없이 몸에 집어넣어야 하는 목재 부속물에 불과했다. 하지만 이제 보철 장치는 전혀 다른 차원의 의미를 지니게 되었다. 말 그대로 그 의미가 변했을 뿐 아니라, 영화 비평가 비비언 숍책Vivian Sobchak의 말대로 "인간의 몸, 첨단 기술, 그리고 주체의 관계가 시시각각 뒤바뀌고 있음을 보여주는 전혀 새로운 차원의 은유"가 되었다.[39] 독일에서 만든 씨레그C-Leg 같은 최신 의족은 정교한 로봇 공학 장치로서 옷처럼 착용한 상태에서 인간이 자유자재로 움직일 수 있게 해 준다. 이 의족에는 50개의 수치를 계산하는 다양한 센서들이 달려 있고, 여기서 마이크로프로세서로 정보가 전달되면, 뇌가 근육을 움직이듯이 씨레그의 동체가 작동한다. 이 기술만 봐도 보철 장치가 더 이상 수치가 아닌 자랑거리가 될 수 있음을 알 수 있다. 이 장치를 착용하는 사람은 일종의 사이보그가 되는 것이다. 이제 우리의 머릿속에는 자기 몸을 마음대로 바꾸고 늘릴 수 있는 인간의 모습이 그려진다. 문학 박사인 N. 캐서린 헤일즈N. Katherine Hayles는 『우리는 어떻게 포스트휴먼이 되었는가How We Became Posthuman』에서 "포스트휴먼 세계에서는 인간의 몸을 얼마든지 조작할 수 있는 보철 장치로 본다. 따라서 몸을 늘리거나 다른 보철 장치로 바꿔 끼우는 것은 우리가 태어나기도 전부터 진행된 보철 작업의 연장선에 지나지 않는다"라고 이야기한다.[40] 카리스마 넘치는 금발의 슈퍼모델이자 장애 올림픽 운동선수인 에이미 멀린Aimee Mullins을 보라. 아기 때 양 다리의 무릎 아래를 절단한 그녀가 보철 장치를 단 모습으로 잡지 표지에 등장하는 것도 다 같은 맥락이다. 멀린은 장애인 올림픽에서 미국 신기록과 세계 신기록을 경신한 바 있으며, 조지타운외교대학을 졸업했다. 그녀는 사람들이 보석을 이것저것 바꿔 끼우듯 보철 장치를 바꿔 끼운다. (멀린에게는 플랫슈즈용 의족, 1인치 굽용 의족, 2인치 굽용 의족, 4인치 굽용 의족이 다 따로 있다.) 자신도 암 때문에 의족을 하고 있는 영화 비평가 비버언 솝책은 책에서 한마디로 멀린은 "막을 수 없는 '차별성'의 대세를 몸으로 보여주고 있다. 이 차별성에서 중요한 것은 무언가 결여되어 있다는 것이 아니라, 계속 '다른 존재'가 될 수 있다는 것이다"라고 이야기한다. 우리처럼 몸에 살덩이만 갖고 사는 사람들은 기껏해야 유리 구두를 신을 수 있을 뿐이다. 하지만 멀린은 유리 발을 신을 수 있다. 몸은 더 이상 고깃덩이가 아니다. 손으로 맘대로 주물러 만들어 낼 수 있는 조각품이다.

그리고 보철 장치의 힘은 그 어느 곳보다도 정신의 영역에서 그 빛을 발한다. 브라운대학의 신경과학과 교수이자 이제 막 부상하기 시작한 '신경 보철' 분야의 선구자인 존 도노휴John Donoghue는 이렇게 이야기한다. "뇌가 생각하는 힘을 이용하는 겁니다."[41] 도노휴는 자신이 개발 중인 두뇌 임플란트에 대해 이야기해 주었다. 이 장치를 이용하면 중증 장애를 겪는 사람들이 단순히 두뇌로 생각하기만 해도 컴퓨터나 텔레비전, 로봇을 조종하는 것이 가능하다. 2018년에 13명이 이 브레인게이트 시스템BrainGate system을 심었다. 도노휴는 원숭이를 대상으로 15년간 연구를 한 끝에 그 결과를 인간에게까지 적용해 보기 위해 매사추세츠에 회사를 하나 공동 설립하고, 거기서 브레인게이트 시스템을 만들었다. 인공 신경계와 다름없는 이 시스템을 이용하려면 두뇌의 운동 피질 부위에다 센서를 집어넣어야 하는데, 영아용 아스피린 한 알 크기의 이 센서에는 100개의 미소 전극이 붙어 있다. 케이블을 이용해 센서를 컴퓨터와 연결하면 행동으로 이어지는 0.001초 단위의 뉴런 전기 신호를 센서가 엿듣게 된다(도노휴는 뉴런의 이 전기 신호를 '뇌의 정보 언어'라 부른다). 그 결과 임플란트를 심은 장애인이 머릿속으로 한쪽 팔이나 다리를 움직인다고 생각하면 이것이 컴퓨터에 신호로 전해지고 컴퓨터가 이를 해독해 커서나 리모콘, 보철 장치를 움직인다. "두뇌에서 나누는 대화에 귀를 기울이는 것이지요"라고 도노휴는 말한다. 그의 예견에 따르면 머지않아 간질이나 우울증이 있는 사람들은 증세가 막 나타나려 할 때 발작을 제어할 수 있게 될 것이며, 이 시스템에 근육이나 보철 장치를 연결해 생각만으로 걷거나 몸짓을 취할 수 있게 될 것이다. 하지만 장차 보철 장치가 응용될 분야는 단순히 의학적 차원에만 그치지 않을 것이다. "집에 노인이 한 분 있다고 생각해 보세요. 침대에서만 누워 지낼 수밖에 없는, 살 날이 얼마 안 남은 노인 말입니다." 도노휴는 곰곰이 생각에 잠긴 채 말했다. 친절하고 점잖은 도노휴 박사는 흰 머리와 흰 수염이 덥수룩해 산타클로스를 연상시킨다. "그 노인들 머리에 임플란트를 심는다고 생각해 보세요. 주변 세상을 마음대로 조종할 수 있도록, 현실을 자기 마음대로 바꿀 수 있도록 해 주는 겁니다. 죽음의 문턱에 다다라 그런 경험을 한다면 어떤 기분일까요? 앞으로 이 세상에는 그런 일이 벌어질 겁니다." 그러면서 도노휴 박사는 서둘러 자신은 그런 첨단 기술에 찬성하지는 않는다고 말했다. 다만 그렇게 되리라 예견하는 것뿐이었다.

그런데 알약 하나로 그런 일이 일어날 수도 있다. 신경 보철과 관련해 새롭게 떠오르는 또 하나의 분야가 있으니 바로 약학이다. 그리고 집중력과 기억력을 키워 주고 형성시켜 주는 약품들이 이 분야의 주인공들이다(나아가 우리의 정체성까지 형성할 수도 있다). 인간의 정체성의 핵심이 되는 인지 능력을 두 가지 꼽으라면 집중력과 기억력을 들 수 있는데, 그 신비는 최근에 와서야 하나 둘 밝혀지기 시작했다. 기억을 연구하는 제임스 L. 맥고우James L. McGaugh에 따르면, 기억은 "인생을 비추는 백미러와 같다. 우리는 머릿속에 이 마법 같은 기계를 구비하고 일상의 경험을 잡아내 그것을 담아 둔다."[42] 그에 비해 집중력은 세상으로 통하는 창문과 같다. 집중력은 우리의 인생과 환경의 틀을 짜는 열쇠다. 인간은 도구를 사용하지 않고는 못 배기는 만큼, 이 인지 능력을 마음대로 이용할 수 있는 실험이 (과학계에서나 개인적으로) 폭발적으로 이루어지기 시작한 것도 어쩌면 당연한 일이다. 이런 약품 중 대표적인 것으로 애더럴과 '비타민 R'이라고도 불리는 리탈린을 들 수 있다. 병원에서 진단을 받거나 스스로 주의력결핍장애가 있다고 생각하는 대학생들이나 십대 청소년들은 집중력을 향상시키기 위해 이 약을 수시로 복용한다. 한편 1998년 기면발작증 치료제로 승인을 받은 모다피닐은 현재 군대에서 사용되고 있다. 이 약품을 이용하면 병사들을 깨어 있게 할 때 종래의 약품과는 달리 신경과민증이 나타나지 않는다. 오늘날처럼 잠을 많이 잘 수 없는 문화에서 이런 약품이 매혹적으로 보이는 건 당연하다. 식품의약안전청의 인가 없이 팔려나간 양까지 고려하면 최근 1년에만 이 약품의 전 세계 매출은 10억 달러를 돌파했다. "잠들기 바로 전에 이 약을 먹으면 4~5시간 후에 눈이 떠지는데 기분이 아주 상쾌합니다"라고 30대의 한 소프트웨어 개발자는 말한다. 그는 온라인에서 기면발작증 진단을 받고 난 뒤에 계속 모다피닐을 복용해 오고 있다. 그는 〈뉴사이언티스트New Scientist〉에 실린 인터뷰에서 "업무 생산성도 아주 높아졌어요. 일에 체계가 더 잡히고 의욕도 더 고취됩니다"라고 이야기했다.[43]

모다피닐은 신경학자 안잔 채터지Anjan Chatterjee가 미용 신경학cosmetic neurology이라 부르는 새로운 분야에서 떠오르는 스타가 되었지만, 두뇌의 화학 작용을 조정하는 이와 비슷한 약품 수십 개는 현재 빛을 보지 못하고 무대 뒤에서 대기 중이다. 도노휴 박사는 뇌와 몸이 나누는 대화를 듣고 그것을 번역하는 데 초점을 두고 있었다. 하지만 이 약품들은 인지 과정에서 이루어지는 그 대화의 내용 자체에 변화를 줄 가능성이 있다. 우리가 생각하고, 느끼고, 움직이고, 기억할 때마다 우리 몸에서는 다량의 이온 및 신경 전달 분자가 방출된다. 그리고 여기에는 뉴런 사이를 오가는 정보가 담겨 있다. 이 정보는 한마디로 학습과 사고를 이루는 우리 몸의 대화인 셈이다. 최근 새로 나온 암파카인 계열의 약물은 핵심적인 신경 전달 물질인 글루타민산염의 수치를 늘려 뉴런의 정보 전달 횟수와 강도를 높여 준다. 이뿐만이 아니다. 노벨상 수상자 에릭 캔들Eric Kandel과 과학자 팀 툴리Tim Tully가 이룬 연구 성과는 단백질 물질로서, 기억력 형성에 관여하는 유전자의 활동을 제어하는 CERB의 양을 대폭 증가시키려는 노력으로 이어지기도 했다. 또 하버드의 정신과의사 로저 피트먼Roger Pitman이 일종의 건망증이 생기게 하기 위한 임상 실험을 통해 진행하고 있는 연구도 있다. 그는 맥고우의 연구를 기반으로 베타 수용체 차단약인 프로프라놀롤이 범죄나 사고 피의자들이 입은 트라우마를 얼마나 감소시켜 줄 수 있는지 알아보고 있다. 평균적으로 이들 피의자 중 15퍼센트는 사건의 기억 때문에 심리적 외상후스트레스장애를 겪는다고 한다.[44] 감정이 우리의 기억 속에 경험의 상을 새겨 넣을 수 있는 것은, (기쁨, 두려움 등의 흥분을 느낄 때) 아드레날린 등의 스트레스 호르몬이 나오면서 기억이 통합되는 화학적 과정을 촉진시키기 때문이다. (맥고우의 설명에 따르면 중세 시대에는 중요한 행사가 있을 때 아이를 한 명 데려와 공식 관찰자로 삼았는데, 행사가 끝나고 나서는 아이를 강물에 집어 던졌다. 강물에 빠졌다 건져지는 끔찍한 경험이 그날의 사건을 오래도록 기억하게 만들기 때문이었다.)[45] 영화 〈이터널 선샤인Eternal Sunshine of the Spotless Mind〉이나 셰익스피어의 『맥베스』의 주인공들처럼 피트먼은 "기억 속에 박혀 있는 슬픔을 캐내고, 두뇌가 간직한 고통을 싹 지우려" 하는 것이 아니다.[46] 그보다는 이제 막 머릿속에 심어진 기억이 자라나지 못하게 하려는 것이다. 하지만 안 좋은 일이 있다고 매일같이 알약을 집어 삼키는 것도 무모한 짓이다. 대중문화 평론가 척 클로스터먼Chuck Klosterman은 "프로프라놀롤은 항우울 치료제인 '프로작' 이후 가장 격렬한 철학적 논쟁을 불러일으킬 소지가 있다. 현실의 중요성 문제가 제기되지 않을 수 없기 때문이다"라고 이야기한다. "이 약은 대단하게도 보이지만 끔찍하게도 보인다."[47]

사실 인간을 재설계할 수 있다고 하면, 올더스 헉슬리의 소설 『멋진 신세계』에서 사람들이 행복감을 느끼기 위해 소마를 집어삼키며 늘 행복감에 젖어 있는 인간의 모습과, 무모한 '인간 개조론자'들이 약속하는 것처럼 영원히 살 수 있고 슬픔과 질병 무지에서 자유로운 인간의 모습이 번갈아 그려진다. 철학자 데이비드 퍼스David Pearce는 개조를 통해 우리 인류가 "유전자 속의 과거가 물려준 메스꺼운 심리 화학적 소굴"에서 벗어날 수 있고 모든 고통을 말끔히 없앨 수 있다고 찬양한다.[48] 반면 보수적인 생물의학철학자인 레온 카스Leon Kass는 개조는 (특히 약을 이용한 개조는) 옳지 못하다고 주장한다. 그것은 자연스럽지 않을 뿐 아니라 공정하지도 않기 때문이다. 카스는 "중요시하는 게 있으면 상처는 생길 수밖에 없다"고 말하면서 약물에 의존해 만족을 느끼는 미래의 모습을 『멋진 신세계』에서 살아가는 제정신이 아닌 사람들의 모습과 비교한다.[49] 양극단에 서 있는 이 두 주장 사이에서 우리는 사회적 불평등, 윤리적 공정성, 의학적 안전성과 관련된 여러 가지 해묵은 질문들을 피할 수가 없다. 예를 들면 개조는 부자들만 받을 수 있을 것이다. 그리하여 캐서린 헤일즈의 예견대로 "몸을 개조받지 못한 사람들은 노동자 계층으로 취급을 받는다. 그것은 시스템에 이용당하는 찬밥 신세라는 의미가 될 것이다."[50] 또 일각에서는 개조는 장기적으로 의학을 빌어 영혼을 파는 행위가 될 거라고 주장한다. 신경과학자 마사 파라Martha Farah는 "우리는 인간의 두뇌가 만들어질 때 설계상의 어떤 한계가 있었는지 거의 알지 못한다"고 주장한다. 그녀는 현재 기면증이 없는 사람들에게 모다피닐이 어떤 효과를 보이는지 연구하고 있다.[51] 하지만 인간과 기계의 새로운 접목에 관한 논쟁 대다수는 한 가지 중요한 점을 놓치고 있다. 우리 몸에 심은 칩이나 임플란트, 우리가 먹는 알약이 우리의 인간성과 환경이라는 광범위한 '맥락' 안에 강력한 변화를 일으킬 수 있다는 사실을 잊는 것이다. 우리가 기계를 끊임없이 개발시켜서 무엇을 할 수 있고 또 없느냐보다는 우리가 어떤 사람이고 또 어떤 사람이 되고자 하느냐가 더 중요하다. 신경학자 올리버 색스Oliver Sacks는 버질Virgil이라는 사람의 이야기를 통해 이를 넌지시 일깨운다. 맹인이었던 버질은 약혼녀의 압력에 못 이겨 시력을 회복시키는 수술을 받는다. 그는 눈을 뜨게 되었지만, 그의 눈에는 산산 조각난 색깔과 모양밖에는 보이지 않는다. 그 이유는 여러 가지지만 원래 본다는 것이 복합적이고, 학습이 필요한 기술이기 때문이다. 뿐만 아니라 시력이 회복되면서 버질이 확신과 이해심을 갖고 헤쳐 왔던 세상도 산산이 부서져 버렸다. 맹인은 일종의 음파 탐지 능력을 이용하는 특별한 '시각' 능력을 보유하고 있는 경우가 많다. 이 말은 곧 눈을 뜬 사람들은 삶의 많은 부분을 못 보는 경우가 많다는 뜻이기도 하다. 올리버 색스는 버질의 일화를 간추리면서 철학자 마르틴 부버Martin Buber의 말을 인용한다. "우리는 기술이 인간성을 말살하기 전에 먼저 기술을 인간다운 것으로 만들어야 한다."⁵²

마이클 코로스트Michael Chorost의 『재설계: 사이보그를 거쳐 인간이 되다Rebuilt: How Becoming a Cyborg Made Me Human』를 보면 달팽이관 임플란트를 심은 경험이 생생히 적혀 있는데, 이때 그는 첨단 기술이 인간의 모습을 확 바꾸어 놓기에는 한계가 있다는 사실을 서서히 깨달았다. 날 때부터 거의 귀가 하나도 들리지 않았던 코로스트는 외로운 유년 시절을 보내야 했고, 청년기에는 사회의 변방에 있다는 느낌을 지우지 못했다. 그는 컴퓨터의 냉혹한 추상적 논리에 환멸을 느낀 괴짜였다. 온라인 데이트 시스템만 봐도 그랬다. 코로스트처럼 키가 162센티미터 남짓 되는 평범한 사람들은 가상 세계에서 없는 거나 마찬가지였다. 그는 책에서 컴퓨터 세계는 "내가 한 사람의 인간 존재로 판단될 수 있는 사회적 맥락을 전혀 제공하지 못했다"라고 이야기한다.[53] 또 그는 어느 날 집단 치료에 참가했다가 첨단 기술 장치가 자신을 '인간'으로 만들어 주지는 못한다는 사실도 서서히 깨닫기 시작했다. 보청기에 그가 손수 달았던 증폭 장치가 망가지고 난 뒤였는데도 치료에 참가한 사람들의 이야기를 여전히 들을 수 있는 걸 알고 그는 깜짝 놀랐다. "바로 그때부터 기술에 대한 집착이 서서히 사라지기 시작했다. 첨단 기술을 업그레이드시키는 것에서 얻었던 만족감도 줄어들었다. '나 자신'을 업그레이드시키는 것은 힘들고, 더디고, 섬세한 작업이었다. 하지만 거기서는 진정한 솜씨를 갈고닦을 때의 만족감이 끝없이 샘솟았다."[54] 코로스트는 사이보그가 자기 몸을 맘대로 바꿀 수 있는 능력은 누구보다 반기지만, 인간과 기계를 조합하는 첨단 기술을 통해 인간의 능력이 자동적으로 커질 거라는 생각에는 반대한다. 나아가 그는 우리가 기계만 바라보게 되면 성장하고 스스로 완숙한 경지에 이를 능력을 잃게 되는 건 아닌지 의문을 던진다. "내 두개골 속에 들어 있는 14만 개의 트랜지스터가 내게 소리를 전해주는 건 사실이다. 하지만 그것들은 내가 소리에 '귀를 기울이게' 만들지는 못한다"라고 그는 결론 내린다. "내가 소리에 귀를 기울이는 때라야만 사이보그 기술은 나를 보다 나은 인간 존재로 만들어 줄 수 있다."⁵⁵ 사실 엄청난 기억력을 가지고 있다 해서 그것이 사소한 사실과 훌륭한 지혜를 구분하는 데 도움이 되는 건 아니다. 마찬가지로 우리 팔에 데이터 임플란트를 심는다고 해서 세상이 우리의 진정한 모습을 알게 되는 것도 아니다. 첨단 기술 비평가 스티브 탤벗Steve Talbott의 현명한 지적처럼 "자아 건망증은 첨단 기술 시대를 사는 사람이면 누구나 받는 유혹이다."⁵⁶ 인간의 몸은 단순히 고깃덩어리가 아니다. 그것은 우리의 인간성을 담는 그릇이다. 나아가 인간의 영혼을 대신할 수 있는 보철 장치는 절대 있을 수 없다.

이해의 가능성을 넓히기 위하여

"스톤헨지의 원형 거석을 보면 알 수 있듯, 도구와 기계는 의미 체계의 일부이다. 행동과 생각이 돌아가는 보다 광범위한 상황을 표현한다"라고 데이비드 나이는 말한다. "궁극적으로 도구의 의미도 도구를 둘러싸고 있는 여러 이야기들과 분리될 수 없다."⁵⁷ 뿐만 아니라 스토리텔링과 도구 사용은 유사한 과정을 통해 이루어진다고 나이는 설명한다. 둘 모두 상황을 바꿔 생각해 보는 상상력, 최종 결과에 대한 통제력, 시간 경과라는 세 가지 요건을 필요로 한다. "스토리텔링과 도구 제작은 공생 관계를 맺고 발전해 온 것처럼 보인다. 구전 작품들이 몸짓, 흉내와 떼려야 뗄 수 없는 관계에 있는 것과 비슷하다." 그렇다면 지금 우리가 편의와 변화를 위해 기계를 바라보면서 머릿속에서 짜 내고 있는 이야기는 과연 어떤 내용일까? 정말 기계를 우리의 일부로 만들고자 하는 것일까? 이렇게 기계와 인간이 하나로 합쳐지는 혼란스런 와중에 우리는 머지않아 인간성의 정의를 새로 쓰겠지만, 결국 많은 것을 잃을 것이다. 가상 세계를 진짜로 여기고, 화면을 분할시킨 채 여러 가지 일을 동시에 하고, 유목민처럼 이리 저리 떠도는 이 집중력 결핍의 세계에서 우리는 더욱 산만하고, 파편화되고, 서로에게서 멀어진 삶을 살아가게 된다. 우리는 서로에게 깊은 관심을 가지는 법을 잊어버리기 시작했고, 그릇된 생각과 번지르르한 기교에 점점 더 주의를 돌리고 있다. 신뢰, 깊이 있는 사고, 그리고 마침내는 인간만의 영혼을 우리는 잃어버리기 시작했다. 이러한 변화는 거침없이 무언가를 만들어 내고 기술이 기적을 이뤄내는 것처럼 보이는 암흑기의 도래를 예고하고 있다.

폼 나는 멋진 보철 장치와 벌써부터 사이보그 시대의 첨단을 걷게 해 주고 있는 첨단 기술을 한번 살펴보자. 현재 실험 중에 있는 기술 상당수가 장애자나 환자를 도와주는 등 긍정적인 영역에서 활용되고 있는 건 사실이다. 신체장애가 있는 사람들이 실제적으로 타인과 유대를 맺게 도와주는 임플란트는 인류에게 분명 의미 있는 전진이다. 기억력을 다시 일깨워 주는 알약 덕분에 많은 사람이 알츠하이머의 잔혹한 증세에서 벗어날 수도 있을 것이다. 하지만 이런 것들을 치료가 아닌 능력 증대에 활용하려 마음먹으면 문제가 심각해진다. 역사가 나이의 지적처럼, 태곳적부터 기술을 발달시키고자 했던 인류의 끊임없는 욕망에서 중요한 것은 '필요'가 아니라, '사회적 진화'였다. 즉 우리 모두가 무엇을 중요시하고 필요를 어떻게 정의하느냐가 중요했다. 가까운 미래에 우리 앞에는 임플란트와 만능 보철 장치, 집중력 향상 알약까지 눈 깜짝할 새에 인간의 능력을 키워 주는 매력적인 보조 장치들이 줄줄이 등장할 것이다. 그리고 그 매혹적인 것들을 눈앞에 두고 선택할 그때는, 아마도 가상 세계가 지배하고, 늘 시간에 쫓기며, 분할 화면 속에서 산만하게 살아가는 시대일 것이다. 우리가 스스로를 끊임없이 업그레이드시키는 방향으로 나아간다면, 우리는 과연 우리 몸이 지닌 성가신 한계에 계속 가치를 둘 수 있을까? 애를 써서 스스로 완숙한 경지에 오르는 고생을 감내하기보다는 스스로를 기계의 패턴에 완전히 짜 맞추는 편을 택하게 되지 않을까? 첨단 기술을 통해 우리의 청력이 좋아지면, 우리는 세상에 더 귀를 기울일까? 암에게 한쪽 다리를 잃은 솝책은 장애인이 아닌 변화무쌍한 패셔니스타로서 자기 몸의 이미지를 세간에 널리 퍼뜨리는 에이미 멀린의 능력에 동경을 표한다. 하지만 솝책은 자신의 의족은 그저 이동하기 위한 수단으로 삼고 싶지 정체성의 원천으로 삼고 싶지는 않다고 말한다. "나에겐 디디고 설 수 있는 다리, 밖에 나갈 때 의지할 수 있는 다리만 있으면 충분하다. 그래야 의족을 최대한 덜 의식한 채 이 세상에 나설 수 있기 때문이다"라고 그녀는 책에서 이야기한다.[58]

바야흐로 인간이 기계가 되고 기계가 인간이 되는 세상이 다가오고 있다. 노인이나 어린아이, 그리고 환자들에게 다정한 로봇이나 가상 트레이너를 붙여 주는 것이 어떤 의미가 있는지에 대해서도 생각해 보자. 병원의 많은 노인 환자들이 로라를 칭찬하는 것을 보면 알 수 있듯, 그러한 것들이 사람들에게 방향 제시를 해 주고 위로를 주는 건 분명하다. 하지만 우리가 반드시 유념해야 할 게 있다. 다정한 기계들이 우리에게서 이끌어내는 반응은 결코 진정한 감정이 아니라는 것이다. "우리를 전혀 이해하지 못하는 상호 작용이 무슨 가치가 있나요? 함께 인간적인 의미를 쌓아가는 데는 아무 공헌도 못하는 그런 상호 작용이 무슨 가치가 있나요?" 라고 터클은 묻는다. 그러면서 로봇을 친구로 삼으면 종국에는 오직 사람들끼리만 주고받을 수 있는 관심에는 무감각해지게 될 거라고 덧붙인다. 사회생활을 하다 보면 인간은 서로를 속이는 경우가 많다. 화를 삭인 채 겉으로 미소를 짓거나, 관심이 전혀 없는데도 아닌 척 위로를 건넨다. 하지만 우리 인간들의 상호 작용에는 상호 이해가 이루어질 '가능성'을 내포되어 있다는 독특한 특징이 있다. 사람이 로봇을 사랑할 때는 그런 상호 이해가 이루어질 가능성을 꿈꿀 수가 없다. 뿐만 아니라, 인간들이 서로의 빈자리를 기계로 대신하려 하면 인간 사이에 '보다 온전하게 유대관계를 맺으려는' 의지를 잃어버릴 위험이 있다. "앞으로 우리가 만들어 낼 물건에 대해 우리는 조심하는 편이 좋다. 그 물건에 애착을 가지게 되면 우리는 그 물건의 안위에 도덕적 책임을 져야 하기 때문이다. 우리가 아이들에게 책임을 느끼는 것처럼 말이다"라고 AI 분야의 선구자인 로드니 브룩스는 경고한다.[59]

우리는 지금 그런 경고들에 귀를 기울이기 시작한 것인지도 모른다. 우리 삶 안에서 첨단기술이 맡은 역할에 대한 대중의 회의가 점차로 커져가는 가운데, 한때는 불가피하게만 보였던 인간과 기계의 결합이 정말 지혜롭고 가치 있는 일인지 의문을 던지는 이들이 많다. 2017년에는 장난감 회사 마텔Mattel이 아리스토텔레스라는 제품 출시를 철회했는데, 아이들에게 '편의, 오락, 교육, 지원'을 제공하는 이 장치가 아이들의 사생활과 부모와 상호작용할 기회를 침해할 수 있다는 대중의 우려가 컸기 때문이다. 우리는 단기간 허거블을 이용하라는 병원의 처방에 얼마든 허거블을 잘 이용하는 법을 배우는 동시에 서로를 아끼고 잘 돌봐야한다는 우리의 도덕적 책임까지도 함께 인지할 수 있을까? 한마디로 우리는 인간인 우리의 인지적 잠재력과 감정적 잠재력을 동시에 일깨울 수 있을까? 2016년에 이뤄진 조사에서 대다수의 미국인이 자신이라면 인지능력을 향상시키는 두뇌 임플란트를 심거나 체력을 증강해주는 합성 혈액 주사는 맞지 않을 것이라고 말했다. 그런 식의 불필요한 개선은 '첨단기술의 지나친 과용'이라고 이들은 주장했다. 다시 말해, 기계에 대한 맹신은 우리를 도리어 위험에 빠뜨릴 수 있는 산만한 발상이라는 것이다.[60]

자신을 지키기 위한 싸움

로봇을 만나러 MIT로 긴 여정을 떠나기에 앞서 나는 뉴욕의 허드슨강을 거슬러 올라가 캣스킬 산맥 발치에 자리한 조그만 마을을 찾아갔다. 벌써 수십 년 동안 조용히 이런 문제들을 붙들고 씨름하고 있는 한 남자를 만나기 위해서였다.[61] 스티브 탤벗은 전직 컴퓨터 프로그래머로 요즘은 첨단 기술을 비평하는 글을 쓴다. 〈뉴욕타임스〉는 그의 글들을 "제대로 빛을 보지 못한 미국의 국보급 보물"이라 평한다. 지금 그는 제2의 직업으로 명상가를 택해 새로운 대의에 힘을 쏟고 있다. 그는 보통 사람들이 보지 못하는 연결 고리를 찾아내고, 사람들이 듣지 못하는 경고에 귀를 기울일 줄 안다. 탤벗은 오랫동안 운영해 온 온라인 뉴스레터 〈넷퓨처 Netfuture〉나, 자신의 책, 그리고 대화를 통해 인간이 기계에 의존하고 그것에 동일화될수록 몽유병에 걸린 사람들처럼 자신도 모르게 비인간적인 미래 속으로 걸어 들어가게 되는 것이라고 주장한다. 그렇다고 그가 전생에 러다이트 운동가여서 노트북을 헛간에 가져가 때려 부수기라도 한다는 건 아니다. 다만 그는 우리가 기계와 함께 살되 기계의 매력에 빠져 자신을 잃어버리지는 말아야 한다고 강하게 믿고 있다.

탤벗은 동네 기차역에서 나를 만나 현재 그가 일하고 있는 비영리 기구 네이처인스티튜트Nature Institute로 향했다. 청바지에 진녹색 방수 우비를 걸친 그는 노곤한 모습이었다. 하지만 그의 확고하고 묵직한 목소리는 그의 확신, 그리고 오늘날 우리가 살아가고 있는 첨단 기술 시대 속에 '의미 체계'를 이야기하는 그의 기막힌 방식과 잘 어울렸다. 탤벗은 컴퓨터가 정말 놀라운 도구로서 우리 인간의 일부가 되었고 일부가 되어야 마땅하다고 이야기한다. 하지만 그 과정에서 우리는 기적 같은 능력을 발휘하는 그 기계들이 대개 분석, 기계화, 차가운 논리와 관련된 인간의 잠재력에서 나온다는 사실을 금세 잊어버리곤 한다. 한마디로 인간성의 한 부분만을 지나치게 이용한 산물이라는 것이다.

탤벗은 『영혼의 장치: 기계의 시대 우리 자신을 지키기 위한 싸움Devices of the Soul: Battling for Our Selves in an Age of Machines』에서 "실리콘, 플라스틱, 금속재의 자동인형을 만들기 위해 인간은 프로그램에 따르는 자동화된 생각과 행동 쪽으로 우리의 잠재력을 쓸 수밖에 없었다"고 말한다.[62] 이 좁은 사고의 틀에 갇혀 버릴 경우 우리는 내면에 자리한 훨씬 더 커다란 능력을 보지 못하게 되고, 우리가 만든 기계를 우리 자신과 동급으로 여기게 된다. 더 이상 기계와 우리를 분리해서 생각하지 못하고 오히려 기계를 열심히 따라가게 되고 마는 것이다. "우리는 컴퓨터가 2+2를 계산할 줄 안다고 당연하게 생각하는데 이는 말도 안 되는 이야기다. 사실 컴퓨터는 진정한 계산이란 걸 할 줄 모른다. 덧셈을 할 때 컴퓨터는 그 일에 대한 어떤 동기도 의식도 없다. 또 덧셈을 위해 의지를 끌어 모으지도, 신진대사를 하지도, 상상력을 동원하지도 않는다."고 탤벗은 우리를 일깨운다.[63] 이 단순한 진실이 놀랍게 다가온다는 사실만으로도 우리는 우리의 힘과 잠재력을 기계와 얼마나 심하게 결부해 생각하고 있는지 알 수 있다.

탤벗은 근처 농장의 창고에서 집어온 샐러드를 야금거리면서 이런 오류를 극복해야만 우리는 진정 자유로워질 수 있다고 말했다. 이야기를 쉽게 풀기 위해 탤벗은 우리가 사용하는 기술 techonology이라는 단어가 그리스어 'techne'에서 유래했다는 이야기를 자주 꺼낸다. techne는 정교한 기술, 솜씨 혹은 장치를 의미하는 말이었다.[64] techne가 기술과 장치의 이중적 의미를 가지는 것처럼, 기계machine의 어원인 그리스어 'mechane'라는 말에도 '물리적 건설'과 '계략'이라는 이중의 뜻이 있다. 하지만 기술과 사기가 어원적으로 이렇게 비슷한 면이 있다는 사실을 단순히 지적만 하고 넘어가기에는, 탤벗은 고전적 의미에서나 현대적 의미에서나 기술 방면을 너무 훤하게 꿰고 있다. 그래서 그는 불굴의 항해자이자 '뛰어난 책략가'였던 오디세우스 이야기를 잘 꺼내든다. 이를 통해 정교한 기계를 사용하는 것과 그것들을 현명하게 사용하는 것 사이에서 균형을 잡기가 얼마나 어려운지 살펴보는 것이다. 예를 들어, 오디세우스는 뱃사람들을 홀리는 세이렌의 노랫소리가 들리기 전에 선원들에게 밀랍으로 귀를 막고 자신을 돛대에 묶으라고 명령한다. 그러면 끝없는 지혜를 약속하는 세이렌의 거짓 노래를 들어도 몸이 그에 따라 움직이지 않을 것이었기 때문이다. 결국 오디세우스는 자신의 힘으로, 즉 지혜로운 평정심을 통해 세이렌의 계략을 물리쳤다. 하지만 오늘날 우리는 어떤가.

우리가 만든 교묘한 장치를 이용하기 위해선 반드시 내면의 기지가 뒷받침되어야 한다는 것을 잊어버리고 있다. 내면의 기지가 없으면 우리의 삶을 우리가 만든 기계에 내맡기게 되어 버리는 데도 말이다.

이런 내면의 기지가 있을 때만 우리는 기계와 다른 존재가 될 수 있고, 오로지 그때에만 아름답고, 차갑고, 분석적인 편협성을 통해 만들어진 기계가 얼마나 불완전한 존재인지를 깨달을 수 있다. 또 오로지 그때에만 우리 자신을 기계와 조합하는 것이 결국에는 "기대와 혼란, 고통"의 몸짓이라는 것을 깨달을 수 있다. 이는 헛된 꿈이자 패배이다.[65] 탤벗의 이야기를 들으니 팀 비크모어가 이따금 자신의 창조물이 미래에 어떤 영향을 끼칠지 걱정된다고 했던 이야기가 떠올랐다. "항상 사람들을 더 건강하게 만들고 있다는 말로 저를 정당화시키려고 노력하죠. 하지만 한 개인의 인생을 넘어서는 훨씬 장기적인 문제들이 생겨날 수 있어요." 우리가 이야기를 나누는 동안 로라가 계속 이야기에 끼어들며 신경을 거슬리게 했다. "이봐요. 거기 있어요?" 로라가 구슬픈 목소리로 물었다. "요새 좋은 영화 본 거 있어요?" 끝까지 무시를 당하자 로라는 쾌활한 목소리로 "안녕!"이라고 말하더니 화면에서 사라졌다. 차펙의 말이 옳았다. 우리가 두려워해야 할 것은 오로지 우리 자신뿐이다.

DIS ——— 3부

TRAC

TED

———————————

더 나은 삶을 위한 변화

8

자기 조절 능력
되찾기

집중력이 주도하는 기억의 마법

철학자 한나 아렌트Hannah Arendt는 『정신의 삶Life of the Mind』
3부작 중 제1권 『사유Thinking』에서 과거와 미래가 만나는 현재는
영원히 인간의 사투가 일어나는 지점이라고 말한다. "현재는 일상
에서 가장 깨져 버리기도 쉽고, 사라져 버리기도 쉬운 시제다. '지
금'이라고 현재를 언급하는 순간, 벌써 과거가 된다. 현재는 과거
와 미래의 충돌일 뿐이다. 현재는 점점 다가오고 있지만 아직 도
착하지 못한 순간이다"라고 아렌트는 말하면서 카프카와 니체가
시간에 대해 다룬 이야기를 빌려 온다.[1] 인간은 과거의 중압감에

서 벗어나려고 미래를 향해 전진하면서도, 당장의 불확실한 미래에 겁을 먹고 다시 예전의 편안한 현실을 추구한다. 그런데 이 거침없는 시간의 폭풍우 속에서 조용한 관조의 힘을 갖게 하는 것이 바로 사유라고 아렌트는 역설한다. 사유를 통해 인간은 의미를 찾고 세상만사에 대한 판단을 내릴 수 있다. "인간의 수수께끼를 결코 완전히 해결할 수는 없지만, 삶은 이런 것 아닐까 하는 의문에 전혀 새로운 답을 준비할 수 있다." 저명한 미래학자 폴 사포Paul Saffo도 〈하버드비즈니스리뷰Harvard Business Review〉에서 아렌트와 비슷한 이야기를 한다. 미래 예측이란, 앞을 한 번 내다볼 때 뒤도 두 번씩 끊임없이 돌아보며 불확실한 삶을 섬세하게 그려 내는 것과 다름없다는 것이다.[2]

지금 우리는 어떤가? 지금 우리는 암흑기를 향해 가고 있을까? 우리가 이러한 질문을 던진다는 것은, 불확실성의 의미를 풀기 위해 씨름해 볼 용의가 있는지 묻는 것과 같다. 나아가 시간의 거센 폭풍우 한가운데에 깊이 있는 사고의 피난처를 만들 각오가 되어 있는지 묻는 것이기도 하다. 이 질문을 깊이 파고들어 가 보면 한 가지 흥미로운 사실을 발견할 수 있다. 암흑기에 대한 정의는 수없이 많다. 시시각각 변하는 지구의 땅덩어리 속에 수많은 잃어버린 문명이 잠자고 있는 것과 마찬가지이다. 도시학의 구루제인 제이콥스에게 암흑기는 "문화의 붕괴기"로 이것은 "망각의 혼돈"으로 이어진다.[3] 한편 인류학자 조셉 테인터Joseph Tainter는 암흑기를 단순히 글의 쇠퇴기로 본다. 암흑기는 보다 대규모인 경제적·정치적 몰락의 드라마에서 조연밖에 하지 못한다.[4] 학자들이 과거의 거울에서 모두 똑같은 모습을 보는 것은 아니다.

하지만 모두가 동의하는 사실이 하나 있다. 암흑기가 한창인 가운데서도 몇 가닥 빛줄기는 여전히 찾아볼 수 있다는 것이다. 제이콥스는 "암흑기라고 모든 게 줄어들기만 하는 건 아니다"라고 주장한다.[5] 우리가 살고 있는 시대에도 놀라운 일들은 많다. 몇 시간 만에 어디든 갈 수 있고, 살아 있는 뇌의 구조를 들여다볼 수 있으며, 클릭 한 번으로 홍수처럼 쏟아지는 정보들을 접할 수 있다. 갖가지 사실들을 즉시 확인해 볼 방법들이 주변에 널려 있다는 것은 매력적이고 편한 일이다. 하지만 20세기 영국의 정치 사상가 존 스트레이치John Strachey의 말처럼 "저물어 가는 문명의 노을이 그 어느 때보다 아름다운 법이다."[6] 우리 시대를 대놓고 암흑기라 말할 사람은 없을 것이다. 그런 만큼 우리는 이 사실을 스스로 깨달을 수 있어야 한다. 아렌트는 에세이집 『어두운 시대의 사람들Men in Dark Times』에서 이렇게 주장한다. "가장 어두운 시대에는 이론이나 개념보다는 사람들이 집이나 일터에서 켜는 깜박깜박하는 희미한 불빛을 밝다고 생각하게 된다." 그녀는 이어서 이렇게 말한다. "우리처럼 눈이 어둠에 길들여져 있으면 불빛이 촛불의 불빛인지 아니면 불타는 태양의 불빛인지 분간할 수 없게 된다." 그것이 무엇이었는지 판단하는 일은 "안전하게 후세의 몫으로 남겨야 한다."[7]

우리 시대가 사람들을 묘하게 취하게 만들며 급속히 변화하다 보니, 스멀스멀 우리 주위를 감싸는 것이 조용한 그림자인지, 아니면 암울한 황혼의 빛인지 우리 자신은 구분하지 못한다. 개개인 상황에 대한 최종 판단은 후세에게 맡길 수도 있다. 하지만 우리 운명에 대한 판단까지 후세에게 맡겼다가는 너무 늦어 버릴 수 있다. 판단을 미룬다는 것은 집중력을 분산시키는 시대의 힘에 우리가 굴복한다는 뜻이기도 하다. 미래를 우리 힘으로 만들어 가고 싶다면, 우리가 어떤 삶의 방식을 원하고, 발전을 어떤 식으로 정의하고 싶은지 생각하지 않을 수 없다. 그러기 위해서는 생각에 빠진 사람을 늘 귀찮게 따라다니는 (하지만 꼭 필요한) 의심과 기꺼이 함께할 수 있어야 한다. 대니엘 부어스틴의 다음과 같은 말을 기억하자. "발전을 가로막는 가장 큰 무서운 적은 무지가 아니다. 가장 무서운 적은 안다는 착각이다."[8]

가상 세계에서 타인은 있어도 없어도 그만이고 대화는 잊혀진 기술이다. 이런 가상 세계를 우리는 진정 원하는 것일까? 효율성을 위해 집중력을 쪼개면서 결국 삶이나 일의 맥을 놓치는 것이 진정 바람직한 것일까? 현실의 속박에서 벗어나려다 우리 몸이 지닌 풍부한 감각까지 잃어버리는 건 아닐까? 가상 세계, 화면 분할, 이동성에 푹 빠져 있으면 집중력을 받치고 있는 세 기둥에 조금씩 금이 가고 만다. (방향 설정 체계인) 집중력, (집행 체계인) 판단력, (주의 체계인) 인지력이 그것이다. 그 결과 우리는 쓰디쓴 대가를 치르고 있다. 인간관계 면에서나 사고 면에서나 신뢰와 깊이 있는 유대를 잃어버리게 되었다. 집중력이 발휘되지 않으면 이 세상은 빈

약해지고 만다. 지금 우리는 과거에 의미를 부여하는 능력을 잃어가기 시작했다. 기억과 비판적 사고를 어떤 식으로 깊이 있게 파고드느냐야말로 새로운 암흑기를 가늠하는 척도이자 우리에게 던져진 과제인데도 말이다.

> 신이시여, 기억의 힘은 정말 대단합니다. 기억은 이루 헤아릴 수 없이 광대한 성소입니다. 누가 그 깊이를 잴 수 있겠습니까?
>
> — 성 아우구스티누스[9]

그토록 많은 글을 남긴 성 아우구스티누스도 마법 같은 기억의 힘을 표현하는 데 적절한 말을 찾느라 애썼다. 성소와 함께, 그가 기억력을 비유할 때 자주 사용했던 말은 "드넓은 들판이나 널찍한 성", "창고" 등이었다. 기억은 장소에 비유할 수 있으면서도 그 규모나 작용을 가늠할 수 없기 때문에 장소를 한 차원 넘어서는 것이었다. 아우구스티누스는 빛과 소리가 없는 어둠과 적막 속에서도 머릿속에서 여러 색깔이 보이고 음악이 들리는 것이 신기하기만 했다. "나는 혀를 움직이거나 목으로 소리를 내지 않고도 얼마든지 노래를 부를 수 있다"고 그는 썼다. "이 모든 일은 내 안에서, 나의 기억이라는 광대한 수도원 안에서 일어난다. 이 안에는 하늘도 있고, 땅도 있고, 바다도 있어서, 내가 부르면 언제든 나타난다. (…) 나는 이 안에서 나 자신도 만날 수 있다."[10] 9명의 뮤즈인 칼리오페Calliope, 에우테르페Euterpe, 에라토Erato, 멜포

메네Melpomene, 탈리아Thalia, 테르프시코레Terpsichore, 폴리힘니아 Polyhymnia, 클리오Clio, 우라니아Urania가 기억의 여신 므네모시네 Mnemosyne의 딸인 것도 그래서다. 이들이 인간에게 실을 주어 이야기, 시, 그림 등의 온갖 창작품을 만들 수 있게 했다고 전해진다. 클라라 클레이본 파크Clara Claiborne Park는 책에서 "호머는 기억의 여신이 낳은 아홉 딸들을 통해 제사를 지내고 배를 출항시키는 법을 기억한다. 이는 일리아드와 오딧세이 전반에 걸쳐 반복적으로 나타나는 패턴이다"라고 이야기한다. "뮤즈들이 그의 귀에 대고 노래를 불러 주었다."[11] 하지만 요즘 우리는 우리의 내부가 아닌, 우리 몸에 붙어 있는 기억의 저장고에 의존하고 있다. 뒤춤에다 스마트폰, 아이패드, 노트북, 심지어는 책까지 넣어 갖고 다니다 언제든 이용한다. 우리도 아우구스티누스처럼 방 안에 가만히 앉아 온 세상이 흘러가는 걸 지켜볼 수 있다. 하지만 이때 내면의 여행을 떠날 필요는 더 이상 없다. "우리 모두는 기억을 작동시키길 거부한다"라고 파크는 안타까워한다.

이것이야말로 우리가 기억의 '마법 쇼'가 실패로 돌아갈까 봐 심히 두려워하는 이유이기도 하다.[12] 언제 기억상실증이 생겨 기억이 군데군데 지워질지, 언제 알츠하이머 때문에 무시무시한 망각의 심연 속으로 빠져들지, 언제 나이가 들어 수놓인 경험들 속에서 공백을 느낄지 우리는 알 수 없다. 정보의 홍수 속에 빠져 살면서 즉석에서 모든 지식을 알고자 하는 우리에게는 무섭기만 한 일이다. 기억은 '충돌'을 일으킬 수도 있고, 컴퓨터처럼 통째로 지워질 수도 있다. 이는 현대의 SF소설 『멋진 신세계』부터 영화 〈다크 시티Dark City〉에 이르기까지 줄기차게 나타나는 주제다. 『멋진 신세계』에서 콘트롤러Controller는 손을 흔든다. "그는 마치 보이지 않는 깃털이라도 있는 것처럼 조그만 먼지를 떨어냈다. 그 먼지는 하라파였고, 칼데아의 우르였다. 거미줄도 있었다. 그것은 테베와 바빌론, 크노소스와 미케네였다. 탈탈 털고, 또 털었다. 오디세우스는 어디 있었고, 욥은 어디 있었고, 주피터와 싯다르타와 예수는 어디 있었지? (…) 그는 느릿느릿 되뇌었다. '역사는 헛소리야.'"[13] 아우구스티누스가 잘 알았던 다음과 같은 사실을 어느새 깨닫게 되면서 우리는 불안해졌는지 모른다. 인간의 기억은 단순히 노인의 추억거리도, 빛바랜 사진들을 모아 놓는 저장고도 아니다. 유도라 웰티Eudora Welty의 말처럼, 기억은 "살아 있는 것으로서, 이 세상 모든 것이 모이는 가장 커다란 장소이다."[14]

신경과학자 제임스 맥고우의 말에 따르면 층층이 쌓이는 기억은 인간에게 단순히 삶을 돌아보는 '백미러' 역할만 하는 게 아니다. 그것은 미래를 내다보는 일종의 예보 역할도 한다고 그는 말한다. 생각해 보라. 곰이 사는 동굴이나 물고기를 낚을 수 있는 얼음 구멍을 기억해 두면 살아남아 미래를 계획할 수 있다. 손에 잡히지 않지만 집중력과 떼려야 뗄 수 없는 신기한 관계를 맺고 있는 기억은 우리가 과거와 미래 사이에서 영원한 전투를 치를 때 핵심적인 역할을 한다. 우리가 왜 기억이 아닌 망각에 대한 욕구를 가지고 있는지 생각해 보면 이는 쉽게 이해할 수 있다. A. J.의 경우를 한번 살펴보자.

A. J.는 어릴 때부터 삶의 세세한 부분을 거의 다 기억할 수 있었다. "1974년부터 오늘까지 날짜별로 요일을 다 댈 수 있어요. 그날 내가 무엇을 했는지도요. 특별히 중요한 일이 있었다면 그것도 다 이야기해 줄 수 있고요." 2000년 서른네 살이던 A. J.가 맥고우에게 간절히 도움을 요청하며 편지에 적은 말이다.[15] A. J.에게 흥미를 느낀 맥고우와 그의 동료들은 6년 동안 연구한 끝에 A. J.를 세계 최초의 '초기억증후군' 사례라고 밝혔다. A. J.가 나타나기 전에도 기억력이 비상한 것으로 기록된 사람들은 있었다. 그들은 기억 보조 장치 활용 능력이 뛰어난 일반인과 일상생활 능력은 떨어지지만 사소한 정보를 잘 기억하는 학자들 두 부류로 나뉘었다(후자는 수천 년 전의 요일까지 계산해서 맞춘다).[16] 하지만 A J.는 놀라운 기억을 불러내거나 지극히 평범한 삶을 영위해 나갈 때 그 어떤 기억장치도 사용하지 않는다. 그녀는 대학을 졸업한 후 직장에 들어가 결혼도 했다. "그녀의 기억은 즉각적이고 지극히 개인적입니다." 맥고우는 무척 놀랍다는 듯 말한다.[17] 하지만 무미건조한 과학이 보기에도 A. J.의 막강한 기억력이 그녀의 삶을 얼마나 고달프게 만드는지 알 수 있다. 맥고우가 낸 기억력 테스트에서 그녀는 최고 성적을 기록했지만 정보 분류 같은 과제는 어려워했다. A. J.의 학교 성적이 그다지 좋지 않은 것도 아마 이 때문일 것이다. A. J.는 근심이 많은 성격으로 변화를 싫어하고 강박적으로 날짜가 적힌 메모장에다 깨알 같은 글씨로 일기를 적는다. 그녀는

자신의 기억력을 자랑스러워하면서도 한편으로는 그게 '짐'이라고 말한다. 그녀는 자신의 과거와 (그녀 표현대로라면) "멈출 줄 모르고 계속되는 영상"에서 헤어날 수가 없다.

A. J.의 이야기를 듣다 보면 자연스레 호르헤 루이스 보르헤스가 쓴 단편 『기억의 왕, 푸네스Funes, the Memorious』가 떠오른다. 과거의 세세한 일 하나하나에 너무 빠져 있느라 '생각을 제대로 할 수 없는' 한 젊은 남자의 이야기 말이다. 이레네오 푸네스는 그가 이제껏 봤던 나무 하나하나의 잎사귀 하나하나까지 다 기억할 뿐 아니라 광경 하나하나를 다 따로 기억한다. 그리하여 휘몰아치는 그의 기억의 바다는 매순간마다 조금씩 늘어난다. "생각한다는 것은 차이를 잊어버리고, 일반화하고, 추상화하는 것이다"라고 보르헤스는 책에서 이야기한다. "과도하게 넘치는 푸네스의 세상에는 서로가 엇비슷한 세부적인 기억밖에 없다."[18] A. J.를 연구한 한 연구자는 그녀를 "자기 기억을 지키는 문지기인 동시에, 자기 기억에 갇혀 있는 죄수"라 표현했다. 푸네스가 현실에 환생한 셈이다.

우리는 이따금 완전치 못한 기억을 안타까워하곤 하는데, 우리가 A. J. 같은 운명에 처하지 않는 것도 그런 불완전한 기억 덕분이다. 무언가를 잊어버리는 것은 우리 뇌가 주변 환경을 걸러 내고 이해하려는 줄기찬 노력의 일환이다. 그러한 선별 작업을 담당하는 것은 뇌의 가장 기본적인 세포 단위인 하위 뉴런이다. 하위 뉴런들이 요란스럽게 연결되는 과정에서 사고와 인식의 음악이 만들어진다. 모든 뉴런에는 신호를 보내는 기다란 축색돌기 하나와 신호를 받는 수상돌기 여러 개가 붙어 있다. 뉴런들은 뇌 전체에 퍼져 있는 이 회로를 통해 이야기를 나눈다고 볼 수 있다. 노벨상 수상자인 에릭 캔들의 설명에 따르면, 입술과 같은 축색돌기가 귀와 같은 수상돌기 가까이에다 무언가를 속삭여 주면 이온 및 화학 신경 전달 물질을 통해 정보가 전달된다. 이렇게 축색돌기가 속삭여 준 메시지는 뉴런 사이에 있는 미세한 틈인 시냅스를 통과하게 되는데, 이때 주변 뉴런의 작용 및 구조가 변화하게 된다.[19] 기억은 이렇게 복잡한 패턴을 가지고 있는 시냅스간의 연결을 통해 저장되는 것으로 알려져 있으며, 이 과정은 대뇌피질 전체에서 일어난다. 대뇌에는 저마다 다른 신경 전달 물질이 수십 개에 이르는데(수백 개일 수도 있다), 해마와 대뇌피질의 기억 형성 작용에서 핵심 역할을 하는 물질은 글루타민산염이다. 대부분의 신경 전달 물질은 소량씩 작용해 수상돌기를 점진적으로 활성화시킨다. 하지만 글루타민산염이 나오는 시냅스의 경우에는 이 물질이 다량 증가해야만 다른 뉴런이 자극을 받아 활성화되고, 이어서 로버트 새폴스키Robert Sapolsky가 '흥분성 파동'이라 부르는 과정이 일어난다. 이 흥분 상태를 겪은 시냅스는 시간이 지나면 민감해져서 글루타민산염의 양이 전만큼 많지 않아도 반응을 보이게 된다. 이것이 바로 학습이 되는 기본 원리다. "바로 그 시냅스가 방금 무언가를 배운 것이다. 다시 말해 이 시냅스는 한층 강력해졌다"고 새폴스키는 설명한다.[20]

이러한 설명에서 그려지는 그림은 놀랍기만 하다. 기억 형성과 관련된 뉴런이 작용을 하려면 어느 정도의 자극이 필요한 것처럼 보인다. 자극이 특정 수준을 넘어서야 작용을 한다는 이야기로, 이 말은 곧 "중요하고 삶에 도움이 되는 경험들만 학습이 이루어진다는 뜻으로 봐도 무방하다"고 캔들은 이야기한다.[21] 인간은 모든 걸 다 담고 살아가지 못한다. 하지만 충분히 자극만 해 주면 뉴런은 시끌벅적하게 돌아가면서 우리 대뇌에 빛을 주어 직관부터 향수에 이르기까지 각종 작용과 감정을 불러일으킨다. 시냅스 연결이 길고 강하게 이루어질수록, 기억은 더 오래 지속되고 강해진다. 그러다 시냅스가 영구히 강해지는 지점에 이르면 뉴런은 새로운 의사소통 단계에 진입하게 된다. 우리 뇌는 학습과 기억 활동을 통해 변화를 겪는다. 캔들은 회고록 『기억을 찾아서In Search of Memory』에서 이러한 현상에 대해 멋지게 표현한다. "만일 당신이 이 책에서 무언가 기억하게 된다면, 그것은 책을 다 읽은 후 당신의 뇌가 조금이라도 달라졌기 때문이다."[22]

그렇다면 이 아름다운 생물학적 변화를 조종하는 것은 무엇일까? 우리의 기억은 일정한 틀 없이 커져 가는 수도원과 같다. 그 속에서 최고참 노릇을 하는 것이 바로 집중력이다. 물론 살다 보면 차 사고같이 아주 충격적이고 지극히 감정적인 사건이 일어날 때가 있다. 그럴 때는 호르몬과 신경 전달 물질이 다량 분비되어 마치 플래시를 터뜨리기라도 한 것처럼 경험의 상당 부분이 우리 뇌에 각인된다. 하지만 앞서 살펴본 것처럼 어떤 종류든 우리의 기억은 대개 반복과 훈련을 통해 서서히 형성된다. 이 과정은 감정이 일으키는 화학 작용의 도움도 받지만 주로 집중력의 인도에 따라 진행된다. 전화를 걸어야 하는데 전화기가 어딘가로 사라져서 집 안을 뒤져야 하는 일이 있다면, 우리는 간단한 전화번호를 우리의 단기 기억 속에 저장하게 된다. 이때 전화번호를 한 번만 사용하고 말면 그 번호는 기억에서 금세 사라져 버릴 것이다. 하지만 전화번호를 마음속에 새기는 그 짧은 순간에도 집중력의 집행 체계는 열심히 돌아간다. 집중력의 조종에 따라 기억의 집행 요소는 순간순간 흘러가는 마음을 붙들어 매기 위해 두 가지 인지 작용을 조정하고 지휘한다. 그 중 하나가 두정엽의 음운 고리phonological loop로 전화번호를 저장해 놓고 계속 되뇐다. 그와 별도로 스크래치패드scratchpad에서는 시각적·공간적인 세계의 세부 모습들을 다룬다. 이를 테면 전화기를 찾을 때 밟고 올라섰던 빨래더미 같은 것들을 기억하는 것이다. 그 전화번호를 영원히 기억하려 할 때도 역시 집중력이 중요하다. 기억에는 두 가지 중요한 영역이 있는데, 이런 사소한 일을 하고자 할 때는 그 중 하나인 외현 기억explicit memory이라는 것이 동원된다. 베테랑 운전사나 노련한 테니스 선수는 기술을 활용할 때 대개는 암묵적이고, 자동적이며, 무의식적인 기억에 의존한다. 이러한 기억은 감각 인지 및 운동 기능과 관련된 뇌의 두 가지 부분, 즉 소뇌와 선조체 안에 조용히 숨어 있다. 인지신경과학자인 마이클 포스너에 따르면, 깊숙이 저장된 이 기억들도 직관에 불을 지피는 데 도움이 될 수 있다.[23] 반면 외현 기억이 이루어지려면 사람, 장소, 사실과 관련한 의식적인 기억이 필요하다. 이 기억들은 처음에는 전전두엽에 저장되었다가, 나중에는 대뇌피질 회로에 기억으로 새겨진다. 암묵적이든 외현적이든, 기억이 형성되는 작업에든 모두 노력이 필요하다. 하지만 암묵적인 기억에만 의존해서는 이 세상에 의미를 부여할 수 없다. 의식적인 집중력을 통해 만들어지고 소환되는 외현 기억의 작동이야말로 기억이 연출하는 진정한 마법인 것이다. 그리고 이러한 기억 형성에서 가장 중요한 것이 세심하게 가다듬어진 풍성한 연결 관계이다. 아리스토텔레스 이후 여러 사상가들은 이런 연결 관계가 지식의 기본 뿌리가 된다고 보았다. 집중력이야말로 기억의 여신과 그녀가 낳은 뮤즈들의 신주神酒인 것이다.

알베르토 망구엘이 지적한 바 있듯, 오늘날 우리가 동경해야할 것은 기억의 방대함이 아니라 기억의 선별성이다. 그는 문화적 기억의 상징이라 할 수 있는 도서관을 찬양한 『밤의 도서관The Library at Night』이란 책에서 이렇게 이야기한다. "이제까지 도서관을 모든 것을 포괄하는 중립적인 장소로 생각한 것은 인류의 실수이다. 도서관이란 본래 (책에 대한) 선택으로 이루어지기 때문에 그 범위에 한계가 있을 수밖에 없다. 무언가를 선택한다는 것은 선택받지 못한 것을 배제한다는 것이다."[24] 자연적으로 보면 인간은 현재가 과거로 녹아들어 가는 순간, 자신이 원하는 현재를 기억 속에 영원히 담아 두는 능력을 타고났다. 그런데 그것이 사회적인 차원에서도 가능할까?

정보의 '저장'보다 중요한 '재구성'

광대한 정보의 저수지가 점점 몸을 불리고 있는 가운데서도, 우리 기억의 저장고는 앞으로 데이터 기근이 올까 두렵기만 하다. 첫 번째 비극적인 시나리오는 데이터가 차례로 사라져 버리는 것이다. 우리의 집단 기억을 누군가에게 도둑맞는다는 이야기가 아니다. 데이터가 '펑!' 하고 공기 중으로 사라져 버리는 것이다. 자료를 만드는 것은 식은 죽 먹기지만, 안타깝게도 자료를 보존하는 것은 모래성이 파도에 쓸려가지 않게 막는 것과 같다. 신문기사들은 섬뜩한 헤드라인으로 이러한 운명을 예고한다. '파일을 찾을 수 없습니다', '디지털 빙하기', '다크 에이지 II: 디지털 데이터가 사라진 시대.'[25] 잃어버린 세탁물의 목록도 늘어만 간다. 1990년대 대통령 선거전에서 사용되던 웹사이트도 사라졌고, 초기의 화성 탐사 위성 로켓들이 보내 온 원본 자료도 없어졌으며, 1930년 이전에 만들어진 영화의 80퍼센트도 자취를 감추었다.[26] 세계의 정보 대부분이 디지털로 태어나는 이 시대에 대해 미국 의회도서관장인 제임스 H. 빌링턴James H. Billington은 두려움이 느껴진다고 솔직히 고백한다. 뮤즈의 신전으로 알려진 알렉산드리아도서관의 파괴 이후 전무후무한 대규모의 손실이 인류의 목전에 와 있다는 것이다. "우리 모두에게는 인류의 창의적인 문화유산을 지켜야 하는 의무가 있다. 그런데 우리를 망령처럼 따라다니는 것이 있다. 바로 3세기경 파괴된 알렉산드리아도서관의 유령이다"라고 빌링

턴은 말한다. "당시에 백업된 자료는 하나도 없었다! (…) 그래서 사람들은 자료가 온데간데없이 사라져 버린 뒤에야 그 사실을 안타까워했다."[27]

우리의 문화적 기억을 집어 삼키는 커다란 블랙홀의 유령은 정말로 존재한다. 도서관 사서와 기록 보관소 직원 사이에서 도는 블랙유머가 있다. 수세기 전부터 돌았지만 지금은 점점 뼈아픈 현실이 되고 있는 듯한 그 내용은 세계에서 보존이 가장 잘 되는 데이터는 바로 돌에 새겨진 것라는 것이다(DNA에 새겨진 정보가 최고라 주장하는 사람도 있을 수 있겠다). 바빌로니아의 쐐기문자 점토판은 고정불변성 면에서 타의추종을 불허한다. 기자의 스핑크스도 세월과 바람에 깎이기는 하지만 4,500년이 지나도록 여전히 자리를 지키고 있지 않은가. 그러나 디지털 데이터 미디어는 정확하지만 언제든 망가질 수 있다. 그래서 디지털 데이터는 기록 보관 세계에 이리저리 흘러 다니는 모래와 같다고 할 수 있다. 디지털 자료의 수명에 관한 미국표준기술원의 보고에 따르면, CD나 DVD의 수명은 20년에서 길어 봐야 200년이라고 한다. 그것도 제대로 된 보관을 가정할 때의 이야기다. 컬러 사진은 30~40년이면 상태가 불안정해진다. 안전하다고 정평이 난 클라우드 저장조차도 불안할 수밖에 없는데, 데이터가 광역별 데이터 센터 안의 서버에 저장되기 때문이다. 인간의 실수로 인한 정전 및 데이터 손실, 낙뢰, 해킹 사태가 일어날 것을 고려해 각종 연방 정부 기관이나 금융서비스회사 등의 기관에서는 수십 년은 데이터가 온전히 보전되는

디지털 테이프를 사용하는 관행으로 다시 돌아가고 있다.[28]

더 위험한 사실은, 이러한 정보 매체들은 망가질 때 대체로 수백 년에 걸쳐 서서히 망가지지 않는다는 것이다. 손상의 징후를 미리 알아볼 수도 없다. 이런 매체는 생각지도 못한 이유로 그냥 망가지곤 한다. 내부나 외부 구조에 조그만 결함만 생겨도(플로피 디스크의 마그네틱이 손상되거나 작은 스크래만 나도) 안의 내용을 읽을 수 없게 될 수 있다. "이제까지 인류는 문헌이나 수십 년간 햇빛에 노출돼 빛이 바랜 사진 속에서 조금씩 정보를 그러모았다. 또 수백 년 동안 모래 바람에 깎인 이집트 상형문자나 아득한 옛날 벌레들이 군데군데 파먹은 파피루스 문서를 이용했다"고 기록 보관소에서 일하는 대니얼 코헨Daniel Cohen은 말한다. "그에 반해 디지털 자료를 담는 데 사용되는 미디어는 충전 과정이 불안하거나 마그네틱에 이상이 생기면 완전히 망가질 수 있다."[29] 디지털 미디어를 살리려면 한순간도 방심하지 말고 돌봐 주어야 하는 것이다. 조금이라도 마음을 놨다간 큰일 난다.

하지만 우리라고 디스크가 빛바래 가는 걸 가만히 지켜보지만은 않을 것이다. 그리고 바로 이 대목에서 우리는 또 한 번 두려움을 느끼게 된다. 구명보트를 타고 바다에 떠 있는 사람이 아무리 목이 말라도 물을 마실 수 없듯이, 앞으로 우리는 주변의 넘치는 정보를 소화하지 못할 것이다. 디지털 정보는 원래부터 손상되기 쉬울 뿐 아니라 정보 전달 형식 자체가 금세 시대에 뒤떨어진 것으로 취급받는다. 우리가 무작정 기계의 성능을 개선시켜 놓기 때문이다. 플로피디스크와 카세트테이프만 봐도 벌써 한물가 버리지 않았는가? 기술 분야 작가인 제임스 팰로스James Fallows는 "6~8년 전에 만든 파일을 최신식 매체로 옮겨 놓지 않았다면, 그 자료는 무용지물이 될 수밖에 없다"고 이야기한다.[30] 따라서 우리는 디지털 정보를 복제해 두지 않으면 안 된다. 자료 내용을 당대의 언어에 맞게 변환해 놓고, 나중에 미래의 기술 언어로 그 내용을 번역할 수 있게 하는 것이다. 아니면 옛날의 기술 용어까지 해독할 수 있는 카멜레온 같은 기계를 만들어 내야만 한다. 현재 미국국립기록보관소에서는 방대한 시스템을 구축하는 중이다. 이 시스템 구축이 순조롭게 이루어지면 약 347페타바이트(petabyte: 메모리나 저장 용량을 나타내는 단위로 2의 50제곱바이트 - 옮긴이)에 달하는 전자 자료에 사용된 1만 6,000개 이상의 소프트웨어를 읽는 시대가 될 것이다.[31] 그렇게 되면 대통령이 보낸 이메일 전부는 아니더라도 수백만 통까지 저장할 수 있을 것이다. 우리는 그 메일을 일일이 저장하고, 변환하고, 번역하는 등 덧없이 사라져 버리기 마련인 자료를 보존하려고 고군분투할 것이다. 그러나 그렇게 고생 고생하여 얻어질 결과는 불 보듯 뻔하다. 형태를 바꾸는 정보들이 넘쳐나는 가운데서도 정보가 미미한 상처를 입어 실제 이용할 수 있는 것들은 별로 없을 것이다. 정보를 탐색하거나 해독하는 것조차도 쉽지 않을 것이다. 심지어 이 범람하는 정보의 목록을 만드는 것조차 불가능할 수 있다. 이는 미국 의회도서관이 주도하여 진행된 16개월간의 기록 보관 실험에서도 명확히 드러난다.

겉으로 보기에는 간단한 이 테스트는 아이들이 하는 '달걀 돌리기 게임'과 비슷하게 진행되었다. 2004년 미국 의회도서관에서는 12기가바이트짜리 자료를 4개 대학에 보냈다. 9/11 테러 관련 내용이 담겨 있던 이 자료는 비교적 크기가 작다고 할 수 있었다. 4개 대학은 자료를 받아 본 후 자기들끼리 다시 이 자료를 돌려보았다. 그러면서 서로가 사용하는 버전으로 자료를 읽을 수 있는지 알아보았다.[32] 조그만 오류들이 나타날 것은 예상된 일이었다. 대학들로서는 단순히 이메일을 받는 것보다 데이터를 '소화하는 것'이 훨씬 어려운 일이었다. 새로 받은 자료는 반드시 대학의 표준에 맞는 방식으로 포맷이 되어야 했기 때문이다. 하지만 이 실험에 참여했던 사서나 기록 보관인을 놀라게 했던 사실은 따로 있었다. 리눅스에 기초한 여러 가지 자료를 일차적으로 윈도우로 옮기는 과정에서 총 5만 7,000개인 파일명 중 상당수가 바뀌어 버렸던 것이다. 국가 전자 정보 기반 구축 및 보존 프로그램에서 소장 대행을 맡고 있는 마사 앤더슨Martha Anderson은 "말 그대로 일대 혼란이었지요"라고 말한다. "애초에 수를 잘못 뒀던 거지요. 우리가 상황 파악을 제대로 하고 있다고 과신했던 거예요." 그 다음에는 세 종류로 된 디지털 카탈로그마다 파일의 총계가 다르게 나왔다. 그러다 보니 대학에서 모든 자료를 받았는지 확인할 방도가 없었다. 미국 의회도서관에서 만든 포맷의 메타데이터는 모 아니면 도 식으로 작동했다. 파일이 하나라도 잘못되면 자료 전체를 다시 보내주어야 했던 것이다.

사람들은 이 실험으로 냉엄한 현실을 깨달을 수 있었다. 디지털 자료 보존은 정신을 빼 놓는 복잡한 게임인데, 사람들은 아직 플레이 방법조차 모르고 있었다. 클레이 셔키는 이 실험에 대한 최종 보고서에서 "인터넷이 등장하고 모든 기관에서 웹에 글을 올리면서 일종의 출판사 기능을 하더니, 그로부터 10년이 지나 장기적인 자료 저장이 어려워지자 기록 보관소의 기능까지 겸하게 되었다"고 말했다. 하지만 정보 저장은 정보화시대에 우리가 부딪친 난제 중 가장 간단한 것일지도 모른다. 우리가 어떤 자료를 저장했는지 알아내는 것이 더 어려운 작업이 될 수 있기 때문이다. 뉴욕대학의 상호 전자 통신 프로그램에서 학생들을 가르치고 있는 셔키에 따르면 그것은 도서관의 도서 카드 목록이 불에 타 전부 없어지는 것과 같다. 그러면 책도 없어지는 것이나 마찬가지다. 일 년도 더 지난 후에 셔키는 "어디에 뭐가 있는지 모르면 빈 디스크를 갖고 있는 거나 다름없습니다. 과학 수사의 방법을 동원해 자료를 샅샅이 뒤질 수도 있겠지만, 그러려면 필요한 자료를 찾는 데 평생을 바쳐도 모자랄 겁니다"라고 실험의 의미를 되짚었다.

그런데 알고 보면 이제까지 우리가 물려받은 것들도 "사라지고 남은 파편" 아니던가?[33] 그 위대하다는 그리스 비극도 우리에게 전해지는 건 몇 편뿐이고, 이집트의 피라미드도 단 몇 기만 남아 있다. 조각난 끈을 불완전하게 이어붙인 것이 과거다. 그것을 원료로 패턴을 만들고 해석을 부여하는 것이다. 나아가 데리다는 『기록 보관 열병Archive Fever』에서 이미 사라져 버린 것이 실제 어땠는지 알려 할수록 파편은 원본의 정수를 제대로 전하지 못한다고 말한다.[34] "지금은 일종의 향수병처럼 원본으로 돌아가고자 하는 열망이 그 어느 때보다 강하다." 데리다는 원래 기록 보관을 뜻하는 archive가 '시작'과 '계율'을 뜻하는 그리스어 Arkhe에서 유래했다고 말한다. 이 얇은 책자는 1994년 런던에 있는 프로이트의 집에서 기억을 주제로 강연한 내용을 모은 것이다. 그래서 데리다는 자연스럽게 집 주인의 망령을 부른다. 그는 1907년 프로이트가 쓴 에세이를 언급하는데, 거기서 프로이트는 과거의 기억을 완전히 복원해 가는 한 소설에 대해 이야기한다. 1903년 빌헬름 옌센Wilhelm Jensen이 쓴 〈그라디바Gradiva〉라는 이 소설은 한 젊은 고고학자가 먼 옛날 폼페이에 살았던 어린 소녀의 돌 형상인 그라디바를 보고 그녀의 발자취를 따라 잃어버린 도시를 찾아가는 내용이다. 결국 그는 어린 시절 자신이 한 소녀에게 사랑을 느꼈던 기억을 떠올린다. 동물학자인 아버지와 함께 폼페이에서 휴가를 즐기고 있던 소녀였다. 프로이트는 그라디바의 석고 모형을 상담실에 두고 정신분석을 마음의 고고학에 비유하기도 했다. 프로이트는 젊은 남자가 폼페이 소녀의 석상에 끌렸던 것은 오랫동안 잊고 지냈던 그 소녀에 대한 사랑 때문이었다고 결론 내린다. 이 이야기를 통해 우리는 너무 바쁘게 사느라 지나간 버린 과거의 흔적을 찾지 못한다는 사실을 깨닫게 된다. 아렌트가 말했던 것처럼 과거는 갖가지 위장을 하고 현재로 밀고 들어오는데 우리는 그것을 눈치 채지 못한다. "기록 보관에서 진정 중요한 문제는 과거가 아니다"라고 데리다는 주장한다. "진정 중요한 것은 오히려 미래다. 결국 기록 보관은 내일에 대한 반응이자 약속이자 책임이다."[35]

무언가를 보존한다는 것은 이미 지나간 것을 다시 잡는 것이라기보다는 저장되어 있는 것에 변화를 주는 것이라 할 수 있다. 최소한 현재의 새로운 세상에 맞게 문맥이 바뀌니 말이다. 보존을 연구하는 학자 미셸 클루넌Michée Cloonan은 "무언가를 보존할 때는 역설이 발생한다. 그것을 영원히 똑같은 상태로 보존하기는 불가능하다"고 책에서 이야기한다.[36] "한 번도 만져지지 않은 채 전해지는 물건이 있다 해도, 시간이 지나고 주변 환경이 변하면 그것 역시 변한 것이다." 문화적 기억도 마찬가지다. 현재 대부분 국가들은 아주 먼 옛날이나 최근 200년 이내의 사건들만 기념하고 있다. "역사의 대부분은 (…) 사회의 기억에서 사라져 버리고 만다"고 에비아타 체룹바벨Eviatar Zerubavel은 지적한다. '시간 지도'에 대한 그의 연구를 보면, 191개 국가 중 680년과 1492년 사이의 사건을 국경일로 기념하는 나라는 9개밖에 없다.[37] 우리가 살면서 사용하는 물건들, 즉 우리가 만든 자료, 기념물, 달력 등이 기억력의 생물학을 반영한다고 생각하면 참으로 놀라울 뿐이다. 결국 기억한다는 것은 말 그대로 다시 만들어 내는 것이기 때문이다. 우리는 기억을 마음이라는 앨범에서 얼마든지 꺼내 볼 수 있는 스냅 사진으로 생각하지만, 사실 무언가를 기억하려면 핵심 기억들을 재구성하는 작업이 필요하다. 기억을 "도려내고, 더하고, 꾸미고, 왜곡하는 작업"이 이루어진다는 것이 에릭 캔들의 설명이다.[38]

맥고우에 따르면, 우리의 기억의 저장고는 "광대하게 서로 연결되어 있기 때문에" 재정리가 일어나지 않을 수가 없다.[39] 과거를 기억한다는 것은 우리가 생각하는 것보다 훨씬 많은 마무리 작업을 필요로 하는 것이다.

지식의 원료가 기막히게 잘 깨지고 또 엄청나게 많은 이 시대에도, 우리는 과연 과거로부터 무언가를 배우는 인류의 오랜 과업에 나설 수 있을 것인가? 움베르트 에코는 에세이 『새로운 중세 시대에서 살아가기Living in the New Middle Ages』에서 우리가 고전 시대식의 보존을 하려고 그렇게 애쓸 필요는 없는 것 같다고 말한다.[40] 지금처럼 "끊임없이 변화하는 시대에 우리가 해결해야 할 문제는 과거를 과학적으로 보존하는 것이 아니라, 무질서를 이용할 수 있는 각종 가설들을 개발해 충돌의 논리 속으로 들어가는 것이다." 중세 시대의 "무질서한 보존은 향수와 희망, 절망이 적절이 뒤섞인 거대한 브리콜라주(미술에서 있는 도구를 닥치는 대로 이용하여 만드는 방식 - 옮긴이) 작업이었다"고 결론 내린다. 에코의 말은 결코 과거를 포기하라는 것이 아니다. 그보다는 과거에, 그리고 현재 우리 주변에 존재하는 지식의 구성 요소를 걸러 내고, 선택하고, 그것을 가지고 씨름을 하라는 것이다. 클루넌은 우리가 보존 기술에만 초점을 맞춰서는 이런 작업을 해낼 수 없다고 경고한다. 다시 말해 사이버 스페이스 속에 다량의 디지털 정보를 쌓아 두게 해 주는 첨단 기술이나 포맷, 시스템에만 관심을 기울여서는 안 된다는 것이다.[41] 뿐만 아니라 넘치는 정보 속에서 모든 것을 저장해 두려는 전략이 점점 더 인기를 얻고 있는데, 이런 충동에 아무 생각 없이 이끌려 가면 과거에서 무언가를 배울 수 없다. 1960년대만 해도 컴퓨터 메모리 1기가바이트를 구입하려면 100만 달러가 들어갔는데 2017년에는 고작 몇 페니밖에 안 되는 가격으로 내려갔다.[42] 그러니 우리 일상의 소소한 부분까지 다 저장해 두면 좋겠다는 생각이 드는 것도 당연하다. 선구적인 컴퓨터과학자로 알려진 고든 벨Gordon Bell은 몇 년 동안 "일상을 분 단위로 기록한" 노력의 결실을 "대리 뇌"라 부른다. 하지만 이메일 10만 1,000통, 문서 1만 5,000개, 웹페이지 9만 9,000개, 사진 4만 4,000장 등 그가 정성스레 모아 놓은 개인 자료가 너무도 많아서, 원하는 걸 찾을 때마다 애를 먹는다. "자료가 아예 없거나 아니면 너무 많다니까요!" 자신을 찾아온 리포터에게 어떤 기사를 보여주려고 자료를 찾으면서 그가 중얼거린다.

SF소설가인 버너 빈지Vernor Vinge를 비롯한 여러 사람들은 앞으로는 사이버고고학자들이나 "소프트웨어 더미를 뒤질 줄 아는 사람들"이 영웅으로 떠오를 거라고 예견한다.[43] 하지만 넘쳐나는 디지털 정보를 정신없이 가져다 어딘가에 잔뜩 쌓아 두는 것이 과연 그 정보에 의미를 부여하는 데 도움이 될까? 우리는 알렉산드리아도서관이 일종의 싱크탱크이기도 했다는 사실을 기억해야 한다. 『과거의 미래The Future of the Past』라는 멋진 책에서 알렉산더 스틸레Alexander Stille는 그 곳에서 학자들이 모여 "지도를 만들고, 땅을 측량하고 별의 움직임을 관찰하면서 근대 학문을 일구어 냈다"

고 이야기한다.[44] 현대 역사에서 진정 최고의 수집가가 무엇보다 익혀야 할 기술은 바로 골치 아픈 '선별'이다. 받아들이고, 거부하고, 채로 거르고, 추려 내는 이 재수집 작업이야말로 인간이 태어날 때부터 하도록 정해진 일이다. 저장된 경험만 잔뜩 쌓아서 또 하나의 우주를 만드는 것은, 우리 인간이 가진 놀랍고도 다층적인 기억의 힘(나아가 망각의 힘)을 포기한다는 의미다. 진정한 의미에서 우리의 과거를 위한 미래를 만들고, 현재의 무질서를 이용하기 위해서는 우리는 스스로 생각할 줄 알아야만 한다. 과연 우리는 그럴 수 있을 것인가?

더 나은 삶을 위한 열쇠, 자기 통제력

월터 미셸Walter Mischel이 현대 심리학에서 가장 유명한 실험을 시작한 것은 1970년경이었다. 그는 네 살짜리 아이들을 한 명씩 벨과 마시멜로 과자가 있는 방 안으로 데리고 들어갔다. 그러고 나서는 아이들에게 과자를 '조금' 받고 싶은지, '많이' 받고 싶은지 물었다. 아이들 대부분은 '많이' 받고 싶다고 답했다. 이제 미셸은 과자를 많이 받으려면 해야 하는 일을 일러 주었다. 실험자가 돌아올 때까지 기다리는 아이들만 마시멜로 과자를 두 개 받을 수 있다는 것이었다. 기다리다가 못 참고 벨을 누른 아이에게는 어른이 와서 방 안에 있는 마시멜로 과자를 먹게 해 주겠다고 했다. 기다리는 동안 아이들은 자기 손이나 팔로 두 눈을 가리기도 하고, 몸을 비비 꼬기도 하고, 혼잣말을 중얼거리기도 하고, 노래를 하기도 하고, 손과 발을 가지고 게임을 하기도 했다. 심지어 잠을 자려 하는 아이도 있었다.[45] 비엔나 태생의 심리학자 미셸은 책에서 "몇 분이 지나도 실험자가 언제 돌아올지 정확히 알 수 없게 되자 아이들은 참지 못하고 벨을 눌러 당장에 방 안의 과자를 먹고 싶다는 생각을 하게 되었다"고 썼다.[46] 1분 만에 벨을 눌러 버린 아이들이 있는가 하면 실험자가 돌아오기까지 20분 동안 벨에 손을 안 댄 아이들도 있었다.

미셸과 그의 동료들은 스탠포드대학에서 시작한 이 실험을 나중에는 컬럼비아대학으로 옮겨 수십 년 동안 계속 반복했다. 때때로 마시멜로 과자가 아닌 장난감을 이용하기도 하고, 아이들에게 더 잘 기다릴 수 있는 법을 미리 알려 주기도 하면서 말이다. 그런 후 연구 팀은 실험 대상이었던 유치원생들의 성장 과정을 추적했다. 그러자 과자를 먹지 않고 더 오래 기다린 아이들이 사회성 면에서 더 우수하고, 쾌활하며, 조리 있고, 집중을 잘하며, 추론 능력이 뛰어나다는 결과가 나왔다. 그래서 미국대학입학자격시험에서도 훨씬 더 높은 성적을 받았고 학교 성적도 더 뛰어났다. 반면 즉각적인 만족을 택했던 아이들은 골칫덩어리가 되었다. 잘 기다리는 아이들에 비해 십대 청소년 시절에는 부모나 선생님으로부터의 평가가 낮았고, 어른이 되어서는 약물을 남용했다. 단 몇십초 더 기다릴 줄 아는 것으로 삶의 행로가 완전히 달라진다는 것이었다. 어떻게 지극히 단순한 이 실험이 아이들에 대해 그토록 많은 것을 알려 줄 수 있단 말인가? 그리고 무엇보다 우리가 집중력 결핍의 문화 속에서 의미를 찾는 데 이 실험이 무슨 의미가 있다는 말인가? 이 의문을 해결하기 위해 먼저 미국 고등교육의 걱정스런 현실에 대해 생각해 보도록 하자. 여러 가지 측면에서 볼 때 현재 미국의 고등교육은 국가적 자원의 감소를 나타내고 있다. 아렌트가 이야기한 것처럼 인간의 사고 능력은 "우리가 태어나는 순간 속하게 되는 이 세상 및 문화와는 달리 전통을 통해 대대로 전승되는 게 아니다."[47] 우리 각자가 "생각의 길을 찾고 그 길을 새로 닦아 나가기 위해 꾸준히 노력하지 않으면 안 된다." 마시멜로 실험을 통해 우리는 훌륭한 사고를 하려면 어떤 종류의 정신 근육을 길러야만 하는지 실마리를 얻을 수 있다. 미셸이 발견했듯이 막강한 힘의 핵심 열쇠가 바로 집중력이다.

하지만 대체적인 그림을 그리려면 먼저 미국 고등교육의 걱정스러운 현실부터, 즉 여러 지표에서 미국의 지적 자산이 점차 줄어드는 것으로 나타나고 있다는 사실부터 생각해봐야 한다. 도시연구소에서 연구 중인 리사 추이Lisa Tsui는 책에서 "오늘날의 교육 수준은 그 어느 때보다 높지만, 그것을 반드시 더 훌륭한 교육이 이루어진다는 의미로 볼 수는 없다"고 말한다.[48] 현재 미국은 25~34세인 성인 가운데 고등교육 이상의 학위를 가지고 있는 사람이 약 45퍼센트에 달한다. 약 30개 선진국 중 10위를 차지했다. 아울러 이런 식의 공부를 시작하는 미국 학생들 가운데 55퍼센트가 입학하고 6년 안에 학위를 받는 것으로 나타났다.[49] 그뿐만이 아니라 상당수 학생이 대학 공부에서 허황된 기대를 갖고 있는 것으로 드러났다. 1학년의 60퍼센트가 대학에서 A 성적을 받을 것으로 기대하지만, 전국학생학업참여 설문조사에 따르면 대부분 학생의 공부 시간은 일주일에 15시간 혹은 그 미만에 그쳐 1961년의 주당 평균 24시간에 비해 줄어든 것으로 나타났다. 대학에서 학업에 많은 노력을 들일수록 졸업 후 삶의 생산성도 더 높은 경향이 있는데도 1학년이나 고학년이나 항상 아무런 준비 없이 수업에 온다고 답한 이들은 전체의 4분의 1에 달했다.[50]

점점 오르는 생활비 때문에 많은 학생이 학업과 일을 병행하는 것도 사실이지만, 디지털 기기로 인해 주위가 산만해지는 일도 다반사다(1학년 중 40퍼센트 고학년생 중 3분의 1이 소셜 미디어에 정신이 팔릴 때가 많아서 학교 과제를 다 마치지 못한다고 답했다). 단순히 머리가 따라가지 않아 공부 준비가 안 된 학생들도 많다. 고등학교 졸업생 중 네 가지 주요 과목인 영어, 읽기, 수학, 과학에서 대학에 진학할 준비가 된 학생은 약 4분의 1에 불과하다.[51] 공부 중 상당 부분이 특별히 새로운 내용이 아닌데도 학생들은 집단적으로 산만한 모습을 보인다. 현재 대학에 진학하는 학생 중 치료 차원의 도움이 필요한 학생이 절반에 가까우며[52], 별 소득 없이 대학 문을 나서는 학생도 상당수에 이른다. 그러면서도 전 하버드대학 총장인 데릭 복Derek Bok이 지적하는 것처럼 공부를 하는 중요한 기술인 비판적 사고 능력은 대학을 다니는 동안에도 그다지 나아지지 않는다. 비판적 사고 능력이야말로 대학 교육의 주요 목표라고 거의 모든 교육가들이 동의하는데 말이다. "대학 4년을 다녀도 (고등학교를 졸업하고 바로 대학에 입학하는) 학생들의 비판적 사고력과 판단력은 매우 낮은 수준입니다"라고 퍼트리샤 킹Patricia King은 말한다. 그녀는 교육심리학자로 30년이 넘도록 고차원적 사고에 대한 연구를 하고 있다. "이들이 하는 반성적 사고는 아류 수준에 불과합니다."[53]

비슷한 개념인 정보 독해력을 여러 가지 차원에서 풀이할 수 있는 것처럼, 비판적 사고도 여러 가지로 정의할 수 있다. 데릭 복은 비판적 사고는 "절도 있는 상식"이며, 여기에는 추론, 문제 해결, 판단, 훌륭한 조사 기술 등이 포함된다고 말한다.[54] 한편 논리적 방법과 시각적 관찰 기술 같은 것들을 비판적 사고의 핵심으로 보는 사람들도 있다. 비판적 사고는 존 듀이가 쓴 여러 편의 영향력 있는 글 덕분에 빛을 보게 된 영역이다. 그런데 비판적 사고를 어떻게 정의하든, 이 영역에서 학생들은 기껏해야 미미한 수준의 발전밖에 보이지 못하고 있으며 어떻게 보면 퇴보하고 있다. 1학년 때 비판적 사고 능력이 중간 정도였던 학생들은 4학년이 되어 학교를 졸업할 때도 백분위 70등급을 벗어나지 못한다. 반 세기전만 해도 학생들의 발전 수준은 거의 두 배에 달했는데, 아무래도 대학 입학 당시 공부할 준비와 마음가짐이 더 잘 돼 있었기 때문인 것 같다고 수십 년 간의 메타분석 연구결과를 토대로 크리스토퍼 후버Christopher Huber와 나탄 쿤셀Nathan Kuncel은 말한다.[55] 총기 규제처럼 까다로운 문제를 다룰 때 필요한 반성적 판단력도 학생 시절에 향상된다. 하지만 대부분의 대학생들은 지식은 의견 표명에 불과하며, 따라서 증거는 거의 아무런 역할도 하지 못한다는 믿음을 갖고 대학을 졸업한다고 퍼트리샤 킹은 이야기한다.[56] 아동을 비롯해 반성 단계 이전의 사고에 머무는 사람들은 보이는 것을 그대로 믿고, 모든 문제에는 정해진 답이 있다고 생각하는 경향이 강하다. 그러다가 성숙해지면서 서서히 불확실성이 훌륭한 사고의 동반자이며 지식은 증거를 토대로 쌓은 건축물이란 사실을 이해하기 시작한다. 킹의 연구에 따르면 대학교를 다니면서 학생들은 무지에서 비롯된 확신을 버리고 '지적 혼돈' 비슷한 것을 가지게 된다. 그래서 "순진한 가치상대주의자"의 모습으로 세상 속에 발을 들이게 된다.[57] 문제는 과연 이런 대학생들이 산만함의 시대에 진정으로 반성적 사고를 하는 시민이 될 수 있을까 하는 점이다. "구조가 까다로운 문제도 (단순한 의견이 아닌) 증거에 기초한 합리적인 논변으로 얼마든지 해결할 수 있다는 확신을 가질 수 있겠느냐"는 것이다.

월터 미셸은 유치원생들의 인내력을 시험할 때 단순히 어린 아이들의 코앞에다 마시멜로 과자를 흔들어 보는 식으로 하지 않았다. 40년 전부터 실험을 시작해, 사람들이 어떻게 목표를 성취해 가는지, 특히 보상이 쉽사리 주어지지 않을 때 어떻게 그 목표를 끝까지 추구하는지 내면의 원리를 하나하나 밝혀나갔다. "우리 주위에는 중독을 끊고, 자신의 소중한 가치와 목표를 위협하는 유혹을 물리치고, 끝까지 노력을 경주해 나가고, 인간관계를 계속 유지해 나가며, 자신의 이기적인 동기를 극복하고 다른 사람들을 생각하는 사람이 분명 있다. 이런 행동을 가능하게 하는 것은 과연 무엇일까?"라고 그는 질문을 던졌다.[58] 만족 지연에 관한 연구에서 그는 유치원생들에게 마시멜로 과자가 '참 맛있고 쫀득쫀득하다'는 생각이 들게 만들었다. 그러자 아이들은 5분 이내에 무너져 내리고 말았다. 하지만 마시멜로 과자를 '새하얗고 뭉클뭉클한 구름'으로 생각하게 하자 아이들은 평균 13분까지 기다릴 수 있었다. 아이들의 인지적 통제력은 실험 결과에 정말 큰 영향을 미쳤다. 눈앞에 놓인 마시멜로 과자를 사진으로 생각하게 했을 때는 기다릴 수 있는 시간이 거의 18분까지 늘어났다. 반면 유치원생에게 과자의 사진만 보여주고 그것을 진짜라고 생각하게 할 경우 아이들은 6분도 채 기다리지 못했다. 과자의 좋은 측면을 생각하면 감정과 관련된 우리의 '열정적인' 부분이 자극을 받는 반면, 과자에 거리를 두고 냉정하고 침착하게 생각하게 되면 기다리기가 더 쉬워진다는 것이 미셸이 발견한 사실이었다.[59] 마시멜로 과자 수백 개를 들여 실험을 한 뒤에, 미셸은 자제력의 비밀을 밝혀 나가기 시작했다. 윌리엄 제임스는 자제력을 인간성의 핵심 개념으로 생각했지만 20세기가 다 지나도록 주된 연구의 대상이 되지 못했다. 한편 고대 그리스인에게는 충동성을 가리키는 말이 있었다. 바로 'akarasia'인데, 의지력 박약을 뜻하기도 한다.

그런데 21세기의 학습과 성장에 과연 의지력이 발붙일 여지가 있을까? 의지력의 개념에서 시대에 뒤떨어진 느낌이 나는 건 사실이다. 심하게 점잔 빼는 말까지는 아니더라도, 규칙에 얽매이는 딱딱함이 느껴진다. 하지만 알고 보면 자제력은 반성적 사고 기술을 키워 주고 학습에 깊이 몰두하게 해 주는 데 중심적인 역할을 한다. 디지털 시대를 살아가는 데에는 반성적 사고와 깊이 있는 학습이 꼭 필요하다. 의지력은 자기 조절이라고도 할 수 있다. 즉 몸과 마음을 통제해 "내면의 동물적 본성을 교양 있는 인간"으로 만드는 능력인 것이다.[60] 우리는 자기 조절을 통해 단기적 이익과 장기적 목표 사이에서 의식적으로 미묘한 균형을 잡게 된다. 자기 조절이 없다면 우리는 그 어느 때보다 강한 동기를 가지고 그 무엇보다 높은 목표를 세울 수도 있을 것이다. 하지만 그랬다간 백이면 백 삶의 여러 가지 유혹과 방해물을 만나 목표에서 일탈하고 말 것이다. 우리가 최선을 다할 수 없게 만드는 그런 유혹과 방해물들은 채널 서핑부터 초콜릿 케이크, 지나치게 까다로운 문제 등 다양하다. 마틴 셀리그먼Martin Seligman과 안젤라 리 덕워스Angela Lee Duckworth는 8학년생 164명을 대상으로 한 학년 동안 연구를 시행했다. 그 결과 학생들의 자제력 점수가 IQ에 비해 '최종 성적, 좋은 고등학교 입학, 숙제에 투자하는 시간, 텔레비전을 보지 않는 시간, 숙제를 시작하는 시간'과 관련해 두 배나 많은 것을 알려 주었다. 이 두 심리학자는 학생들 나이에 맞게 변형된 버전의 마시멜로 테스트를 시행하기도 했다. 학생들에게 1달러가 든 종이봉투를 주면서 당장 이 돈을 받을 것인지, 아니면 일주일 후에 2달러를 받을 것인지 선택하라고 한 것이다. 마시멜로 테스트를 통해 유치원생들의 미래가 어떨지 미리 엿볼 수 있었던 것처럼 자기 조절력은 중학생들의 미래에 대해서도 알려 주었다. 그런데도 "연구 논문을 온라인으로 교환해 볼 수 있는 사이키인포PsychInfo 데이터베이스에는 자제력과 학교 성적을 다룬 논문의 양이 학교 성적과 지능을 다룬 논문의 양에 10분의 1에도 못 미치는 실정"이라고 셀리그먼과 덕워스는 말한다. "사람들은 미국 학생들의 성적이 부진한 이유로 자격 미달의 교사들과 지루한 교과서, 많은 학생 수를 꼽는다. 우리는 미국 학생들이 지적 잠재력을 다 발휘하지 못하는 이유를 하나 더 추가하는 바다. 아이들은 자제력을 제대로 발휘하지 못한다."[61]

그렇다면 무엇이 의지력을 발휘하게 하는가? '집중력을 이용한 통제'가 바로 의지력을 움직이는 동력이자 즉각적인 만족에 저항하는 수단이다. 유치원생들이 과자의 맛있는 면에 집중하자 더 큰 보상을 잘 기다리지 못했던 것을 생각해 보라. 아이들은 과자를 사진이나 구름 등으로 생각하며 과자의 좋은 측면들과 거리를 두지 않으면 안 되었다. 또 재미있었던 기억이나 조그만 장난감에 집중하는 등 스스로 과자에서 주의를 돌리려는 노력 역시 아이들이 10분 이상을 기다리는 데 도움을 주었다(다만 이때는 과자가 아이들 눈에 띄지 않아야 했다). 결국 아이들은 자기들이 가진 집중력을 활용해 유혹을 물리친 셈이다. 그리고 대체로 집중력이 좋은 어린 운동선수들이 인내심이 가장 많은 것으로 드러났다. 미셸과 그의 동료인 오즈렘 에이덕Ozlem Ayduk은 이 아이들은 "지속적인 동기 부여를 위해 상황 속에서 감정을 자극하는 특성들에 잠깐 집중한다. 그러다 금세 상황을 다시 냉정하게 바라보고 거리를 두어 지나친 자극과 절망감을 피하는 것처럼 보인다"고 설명한다.[62] 이 대목에서도 우리는 집중력이 어떤 식으로 우리 마음의 오케스트라를 지휘하는지 살펴볼 수 있다. 우리는 집중력을 통해 마음속의 목표와 견해를 유지해 나가면서 단기적 소망이나 생각지 못한 감정적 반응에서 비롯되는 들뜨는 마음을 가라앉힌다. 나아가 우리가 인식하는 세계와 외부 세계를 자세히 살펴 자신이 가진 목표를 성취하고, 거기서 생기는 방해물을 피할 수 있도록 해 준다. 자기 조절력은 단순히 '무엇을 하지 못하게 막는' 기술만은 아니다. 이를 통해 우리는 '상황을 미리 가정해 보는 힘'도 얻을 수 있다. 주의력결핍/과잉행동장애(ADHD)를 연구하는 러셀 바클리Russell Barkley는 내면의 정신 활동을 이용하면 "실수를 저질러 현실에서 고통받지 않고도" 미래를 미리 시험해 보는 기회를 얻을 수 있다고 이야기한다.[63] 다시 말해, 자기 조절력은 (인식적 차원에서든 물리적 차원에서든) 돌다리도 두들겨 보고 건너게 해 주는 본질적인 힘이다.

자기 조절을 하는 기막힌 우리의 능력은 처음 시선을 맞추는 갓난아기 시절부터 생기기 시작한다. 마이클 포스너와 아동심리학자 메리 K. 로스바트Mary K. Rothbart는 『인간의 뇌 교육시키기 Educating the Human Brain』에서 세 달 된 갓난아기의 겉모습에 속아서는 안 된다고 주장한다.[64] 갓난아기들은 걷거나 말은 못할지라도 자기 시선과 집중력을 조절하는 방법을 이미 배워 가고 있다. 다른 사람들과 상호 작용을 하고 주변 환경을 배워 감으로써 "자신만의 배움의 세계로 들어선다." 그러다 양육자의 도움을 얻어 감정을 조절하기 시작하는데, 가장 먼저 자신을 괴롭게 만드는 것을 외면한다. 한 연구에 따르면 8~10개월 된 아기 중 놀이에 잘 집중하는 아이들이 15분 동안 '혐오적인 자극'에 노출되어도 분노나 불쾌감을 덜 드러냈다. 이를 테면 광대 가면을 보여주거나, 얼음 조각을 만지게 하거나, 달지 않은 레모네이드를 먹이거나, 심지어 연구자가 장난감을 빼앗아가도 많이 동요하지 않았다.[65] 성장 과정에서 가장 늦게 발달하는 것이 바로 집행 집중력 체계다. 이 기능은 전대상회라고 불리는 바나나 모양의 조그만 전뇌 부위에서 담당한다. 그 모양도 마치 사고와 감정 사이에서 늘 균형을 맞추어야 하는 것이 자기 조절이라고 말하는 듯하다. 전대상회의 뒤쪽 절반은 감정 조절을 도와주는 반면, 앞쪽 절반은 인지 능력 조절을 도와준다. 그리고 일반적으로 한쪽 부위가 나머지 부위의 활동을 억제하는 경향이 있다.[66] 마시멜로 과자를 보고 집중력을 발휘해 구름으로 생각하는 아이는 전대상회의 인지 능력을 활성화시키고 감정은 억제하는 셈이다. 물론 의지력이 순전히 이성으로만 작동하는 것은 아니다. 긍정적이든 부정적이든 약간의 감정이 작용하면 인지 능력도 대폭 향상된다. 예를 들어 마시멜로 과자를 (오랜 시간 군침 흘리며 보는 대신) 잠깐만 보는 것이 잘 기다리는 아이에게는 오히려 든든한 무기가 될 수 있다. 하지만 사람들 대부분은 사고를 잘 하려면 감정에 너무 휘둘리지 말아야 한다. 자기 관리에 힘을 쏟는 것 역시 집중력을 통해 지독히 복잡한 이 세상을 살아나가는 한 방법이다. 그것이 늘 우리를 따라다니는 집중력 결핍의 마수에 걸려들지 않는 방법이다. 미셸은 성격 융통성에 대한 연구로도 명성이 높다. 그의 주장에 따르면, 우리가 마시멜로 과자를 구름이라 생각할 수 있는 것처럼 외향적이거나 낙관적인 사람도 얼마든지 우울증을 겪을 수 있다.

그런데 우리는 이 핵심 열쇠를 잃어버리고 있는 게 아닐까? 자기 조절력은 프로젝트를 마무리하고, 지루하면서 도대체 이해가 안 가는 삶의 단면을 묵묵히 헤쳐 나가는 데 필요하다. 평정심을 유지하고, 내일에 대한 계획을 세우고, TV를 끄고 아기와 시선을 맞출 때도 필요하다. 자기 조절력은 시간이 흐를수록 '열의'라는 집중력과 끈기의 형태로 꽃을 피운다. 열의는 학업 성취와 심도 있는 사고의 원동력이다. 수업이나 자신이 읽고 쓰는 글에 더 심혈을 기울이는 학생일수록, 대학 생활을 통해 비판적 사고 및 지적 발달을 훨씬 더 많이 이루게 된다는 것이 여러 연구 결과 드러났다.[67] 이는 당연한 이야기인 동시에 다소 놀라운 사실이기도 하다. 필기를 열심히 하고, 수업 시간에 나서서 발표하고, 도서관에서 살다시피 하고, 참고 도서 목록을 다 읽는 학생들이 더 많이 배우는 건 당연한 일이다. 그런데 이들이 결국 '사고하는 능력'도 더 나아진다는 것이다. 게다가 자기 조절력을 발휘하는 학생들은 배우려고 노력할 때 산만함을 억제할 뿐 아니라, 자신의 사고와 발전 정도를 끊임없이 평가해 나간다.[68] 아기들이 시각적 자기 조절력을 통해 처음 배움의 길에 들어서듯, 우수한 학생들은 (훌륭한 교사들의 도움을 얻어) 유치원 때부터 나름대로 배움의 길을 형성해 나간다. 미국철학협회가 내린 비판적 사고의 정의에 '목적 지향적이고 자기 조절적인 판단'의 내용이 들어 있는 것도 당연한 일이다. 데릭 복도 '절제된 상식'이 비판적 사고를 이끄는 힘이라고 주장한다.[69] 물론 경직될 정도까지 의지력을 발휘하고 싶어 하는 건 아니라고 미셸은 신중한 입장을 취한다. "과도하게 만족을 미루는 것은 현명하지 못한 일일 수 있고, 심지어 우리를 질식시켜 그 선택이 아무런 기쁨도 가져다주지 못할 수 있다. 하지만 자신이 원하고 또 필요한 때를 기다리면서 자신의 의지력을 발휘할 줄 아는 능력을 계발하지 않으면, 선택의 기회 자체가 사라져 버린다."[70]

집중력은 더 나은 배움을 위한 열쇠인데 우리는 그것을 정말 잃어버리고 있는지도 모른다. 자기 조절의 원동력인 집중력, 인지력, 판단력이 없으면 우리는 산만한 환경에서 자신을 지킬 수도, 목표를 세울 수도 없다. 복잡하고 시시각각 변하는 환경을 관리할 수도 없어 결국에는 제대로 된 인생행로도 만들지 못한다. 지금 우리의 고등교육 체계가 점점 병들어 가고 있는 것도, 집중력을 점점 침식당해서가 아닐까? 물론 집중력과 절제력을 발휘해 성취를 지향하면서 열심히 노력하는 대학생들도 많다. 하지만 많은 대학들이 높은 수강 취소율 때문에 고심하고, 학생들은 비판적 사고와 반성적 판단력을 키우지 못하는 동시에 정신적인 삶에 별 관심이 없다. 이러한 현실을 개인적으로나 사회 구성원으로서 걱정하지 않을 수가 없다. 알렉산더 어스틴Alexander Astin이 35년 동안 수행한 장기 연구에 따르면, 1960년대에는 '의미 있는 인생철학 정립'을 대학 생활의 가장 본질적인 목표로 꼽은 신입생이 전체의 80퍼센트였다. 반면에 '경제적으로 부유해지는 것'을 가장 중요한 목표로 꼽은 신입생은 45퍼센트에 그쳤다. 오늘날 대학생들의 가치관은 180도 바뀌었다. 경제적 부를 본질적 목표로 꼽은 신입생이 거의 74퍼센트인 반면, 인생철학을 가장 중요하게 꼽은 학생들은 43퍼센트에 그쳤다.[71] 물론 돈을 버는 것도 자기 절제를 필요로 하는 가치 있는 일이고 참으로 미국적인 목표이다. 그리고 1960년대가 지극히 이상주의적이었던 시대였을 수도 있다. 하지만 자기가 사는 시대의 의미를 갖고 씨름하는 데 많은 가치를 두지 않는 학생들 모습에서 뭔가를 상실했다는 느낌은 지우기 어렵다. 교육가 아서 레빈Arthur Levin과 지닛 큐어튼Jeanette Cureton은 하버드교육대학원에서 5년간 실시한 연구를 기초로 대학 생활을 예리하게 비판한 보고서를 내놓은 바 있다. 오늘날 학생들 상당수는 커리어를 지향하지만 학업이나 사회성 면에서 제대로 준비를 갖추지 못했다는 것이다.[72] 혹시 집중력이 결핍된 문화가 운명을 스스로 개척해 가려는 인류의 영원한 노력을 은밀히 방해하고 있는 건 아닐까?

저명한 ADHD 연구가인 러셀 바클리의 주장에 따르면, 인간은 두 가지의 중대한 사회적 필요 때문에 집중력 집행 기능과 자기 조절 능력을 갖게 된 듯하다. 사람들과의 재화 및 서비스 교환, 그리고 모방을 통한 학습이 그 두 가지다.[73] 이렇게 무언가를 교환하고 배우려면 기다리고 기억할 줄 알아야 한다. 다시 말해 집행 집중력 체계의 명령에 따라 움직이는 '머릿속의 스프레드시트'를 활용할 줄 알아야 하는데, (정도가 다 다르긴 하지만) 주의력결핍 과다행동장애를 가진 사람들에게는 이 기술이 부족하다. 풍요와 기근이 교차하던 시대에 사냥꾼이나 농부는 운이 좋아 식량을 넉넉히 구하면 남는 것을 타인에게 나누어 주어야 했을 것이다. 그래야 나중에 자신도 얻어먹을 수 있기 때문이다. 이런 교환과 마찬가지로 연장 제작처럼 오랜 시간 먼 거리에서 전수받은 행동을 자기 목적에 맞게 복제해 내는 것 역시 중요하고 독특한 인간의 능력이다. 하지만 ADHD가 있는 사람들은 건망증과 충동성에 시달리면서 이런 일들을 제대로 해내지 못할 뿐 아니라 인생행로도 튼튼하게 설계하지 못한다. "ADHD가 있는 아이는 시간과 미래에 대한 내면적 성찰보다는 외부 사건에 더 휘둘린다. 또 자기를 조절하며 행동하기보다는 다른 사람의 영향력에 따라 행동하고, 즉각적인 만족을 추구하며, 앞으로 다가올 미래보다는 지금 이 순간의 힘에 더 영향을 받는다"고 바클리는 주장한다. 그는 다음과 같이 결론 내린다. "(ADHD는) 미래와 그에 대비해 해야 할 일들에 집중하지 못하는 장애이다." 한마디로 "시간에 대한 장애"라는 것이다.

지성을 회복하기 위하여

암흑기를 피하는 것은 단순히 정보를 디스크들에 저장하고 일정한 규율들을 강요한다고 해서 해결할 수 있는 문제가 아니다. 우리는 디지털 유산을 현명하게 보존할 수 있어야 한다. 그래야 정보 건망증에도 걸리지 않고, 인생의 모든 순간을 무조건 쌓아 두지도 않을 것이다. 우리에게는 배움을 얻을 수 있는 과거가 필요하다. 또한 삶의 여러 가지 기능에 필수적이고, 심도 있고 비판적인 학습에 핵심 열쇠인 자기 조절력도 소중히 여겨야 한다.

그러나 이것이 전부는 아니다. 창의적이고, 비전이 있고, 따스한 문화를 만들겠다는 희망은 오로지 풍성한 성찰이 이루어지는 사회만이 품을 수 있다. 기억을 풍성히 일구고, 사고 능력을 충분히 갖출 때 우리는 (개인적으로든 집단적으로든) 앞으로 나아갈 수 있고, 다가오는 도전에 맞서는 수단을 얻게 되며, 계속해서 예술의 걸작들을 내놓을 수 있다. 우리는 현재와 경험의 가르침을 한데 이을 잠재력을 기억에서 얻는다. 버지니아 울프가 '자기만의 방'이라 표현했던, 숙고와 창의성의 공간을 우리는 성찰에서 찾는다.

아렌트의 표현대로, 영원히 사투가 벌어지는 과거와 미래의 변화무쌍한 접합 지점에서 우리는 과연 어떤 모습으로 지내고 있는가? 머리를 컴퓨터에 처박은 채 걸러지지 않은 인생의 소소한 부분들에 그 어느 때보다 정신이 팔려 있다. 또 집중력을 분할시킨 채 산만하고 서로를 외면하는 문화를 만들어 내고 있다. 집중력은 지혜와 기억 건설을 위한 가장 중요한 초석이자 사회 발전의 핵심 열쇠이다. 그런데 우리는 이 집중력을 갉아먹고 있다. 집중력을 통해 우리는 선택의 힘을 갖게 된다. 주위에서 끝없이 몰아치는 광대한 정보의 바다 속에서 지식을 건져 내기 위해서는 이 힘이 꼭 필요하다. 또 의미 있는 삶, 합리성과 비전을 갖춘 문화를 만들고자 하는 의지와 끈기도 집중력을 통해 다지게 된다. 집중력을 분산시키는 문화를 양산해서는 과거도 미래도 통찰할 수 없다. 우리 미래를 우리 손으로 만들려는 싸움에서 우리는 지고 만다.

하지만 지금은 '집중력의 르네상스'가 일어나기 직전일 수도 있다. 산만함이라는 우리의 전염병을 치유해 줄 해독제는 다음과 같은 놀라운 발견에 있다. 우리가 집중력을 이해하고, 강화하고, 가르칠 수 있다는 사실 말이다. 지금 또는 앞으로 우리가 발전을 어떻게 정의하던 바로 여기에 희망의 불꽃이 있다.

9

다시
집중하는 삶으로

우리는 다시 집중할 수 있을까?

12월의 차가운 가랑비가 빌려 입은 판초를 타고 뚝뚝 흘러내려 청바지 속까지 스며들었다. 빗방울은 콧등을 타고도 똑똑 흘러내렸다. 나는 오늘날 집중력 분야에서 최고로 손꼽히는 과학자 마이클 포스너와 오리건주의 숲속을 터벅거리며 걷는 중이었다. 포스너를 따라가려고 애를 쓰는데 자꾸만 장화가 질척거리는 진흙 속으로 푹푹 빠져들었다. 호리호리한 체격의 그 70대 노인은 작은 시내를 따라 난 구불거리는 오솔길을 잘도 걸어갔다. 이제 곧 주말마다 머무는 올더우드가 나올 것이었다. 시애틀에서 태어나 오리건에서 수십 년 동안 살다 보니 그는 이제 늘 희뿌연 하늘과 대기를 적시는 비가 아무렇지 않은 모양이었다. 포스너는 거의 한 번도 쉬지 않은 채 성큼성큼 앞서 걸으며 이따금 어깨 너머의 경치로 시선을 던졌다. 쉬이 잊히지 않을 것 같은 그의 묵직하면서도 편안한 목소리는 바람과 빗속을 잘도 뚫고 들려왔다. 포스너는 시냇물로 돌아오는 물고기와 자신이 오솔길을 따라 심은 전나무 이야기를 들려주었다. 근처의 동물들 때문인지, 마름병 때문인지 작달막한 상록수들은 잘 자라지 못하고 있었다. 포스너는 다시 입을 닫았다. 포스너는 눈앞의 장애물보다는 먼 미래의 가능성을 더 주시하는 사람이다. 두뇌의 작동 방식을 이해하는 것이 진정 하고 싶은 일이라고 아내 샤론Sharon에게 이야기한 게 벌써 50년 전의 일이다. 그리고 집중력이 그 탐색 과정의 핵심 열쇠가 되었다. 집중력의 수수께끼를 풀면 인간의 마음을 해명하는 가장 중대한 비밀 하나가 밝혀지는 것이기 때문이다. 집중력의 수수께끼를 풀 틀과 도구를 제시하는 포스너는 우리에게 자신을 이해하고 만들어 갈 수단까지 제공해 주고 있는 셈이었다. 암흑기를 싸워 나가는 데 필요한 실마리들이 그의 손에 쥐어져 있다.

이 여정의 막바지에 다다르니 드디어 빛이 보인다. 우리가 살고 있는 집중력 결핍의 시대를 탐험하며 나는 아들을 잃고 슬퍼하는 아버지와 함께 호숫가에서 뜬 눈으로 밤을 지새우기도 하고, 인간의 일을 거들어 주는 로봇과 손을 잡아 보기도 했다. 말 많은 지도 제작자와 함께 브루클린 시내를 어슬렁거리기도 했고, 차에서 먹기 안성맞춤인 피자를 맛보기도 하고, 내 멀티태스킹 능력을 시험해 보기도 했다. 또 오래 전 고인이 된 인물의 '오토아이콘'이 내뿜는 위력을 실감하기도 하고, 아득히 먼 옛날 만들어진 성경을 손에 쥐어 보기도 했다. 그러면서 가상 세계, 화면 분할, 이동성이 주도하는 이 새로운 세상에서 집중력이 희생당하고 있다는 사실을 알 수 있었다. 이렇게 입이 떡 벌어질 만큼 새로운 공간, 시간, 장소에 적응해 가면서 인간 특유의 집중력은 점점 설 자리를 잃고 있다. 집중력, 판단력, 인지력은 스르르 사라지고, 산만함, 겉핥기식 인식, 주위에 대한 외면이 자리를 대신 메우고 있다.

물론 이 병을 치료할 해독제는 다름 아닌 집중력이다. 우리는 반드시 집중력의 작동 방식을 이해해야 하며, 인내심과 지혜를 가지고 그 가능성을 점쳐 봐야 한다. 윌리엄 제임스는 1890년 쓴 걸작 『심리학의 원리Principles of Psychology』에서 이렇게 말했다. "사람들은 누구나 집중력이 무엇인지 알고 있다. 집중력이란 동시에 존재할 수 있는 여러 사물이나 꼬리에 꼬리를 무는 생각 중 어느 한 가지를 분명하고 생생하게 마음에 담는 것을 말한다."[1] 제임스는 집중하는 마지막 순간의 모습을 사진처럼 생생히 제시하고 있다. 우리가 생각, 맛, 기억 등을 떠올려 마음속에 담는 그 순간을 말이다. 포스너는 종종 윌리엄 제임스의 이 말을 인용하며 강의의 서두를 열곤 한다. 그러면서 마음의 작동 과정을 이만큼 잘 설명해 주는 말도 없다고 말한다. 100년 전에는 그 누구도 살아 있는 뇌를 들여다보거나, 시냅스간의 대화를 엿들을 생각을 하지 못했다.

이 세상의 단편을 사로잡아 인지하는 데 필요한 인지 과정을 추적할 생각도 물론 하지 못했다. 지금은 그 모든 게 가능하다. 그보다 더 놀라운 사실은 두뇌가 해내는 가장 놀라운 일들을 우리가 순조롭게 해명해 내고 있다는 것이다. 이제 우리는 곧 집중력의 다양한 작동 체계를 알 수 있게 될 것이고, 인지 능력의 백미인 이 작동 기제가 파악되면 의식의 본성 자체가 밝혀질지도 모른다. 집중력의 비밀을 푸는 이 노정에서 포스너는 그 누구보다 선두에 서 있다. 그렇다고 그를 마법사로 생각하면 곤란하다. 그는 산만해지기 쉽고 이 세상을 온전히 인식하지 못하는 인간에게 환상을 심어 주려고 하지 않는다. 그보다는 눈에 보이지 않는 것을 '보여주기 위해', 그리고 두뇌가 가진 비밀에 빛을 던지기 위해 평생을 보낸 사람이다. 이를 통해 우리 삶의 노정을 우리가 더 잘 만들어 갈 수 있도록 말이다. 집중력은 단순히 이해될 수 있을 뿐 아니라, 형성하고, 강화화고, 훈련할 수 있는 것이다.

타인을 향하고 있는 인간의 인지 능력

집중력을 구성하는 세 가지 체계(방향 설정 체계, 주의 체계, 집행 체계)를 소화계에 비유하면 '방향 설정' 체계는 인지 능력의 '입'에 해당한다. 우리가 인식에 이르는 관문이자 주변을 탐색해 주는 정찰병으로도 볼 수 있다. 방향 설정 체계는 집중력의 산물 가운데서도 가장 민첩하다. 이 체계가 재주를 부려 주는 덕에 우리는 주변의 새로운 환경으로부터 새로운 무언가를 인식하고, 거기에 관심을 돌리고, 그 중요성을 결정한다. 숲에서 길을 잃었을 때 이 방향 설정 기술이 있으면 아주 좋다. 사실 이보다는 인지신경과학자 애미쉬 자Amishi Jha의 비유가 더 근사한 것 같다. 애미쉬는 다섯 살짜리 자녀에게 집중력에 대해 설명하면서 방향 설정은 마음의 손전등과 같은 것이라고 이야기한다. 어떤 표현을 빌든 간에 우리는 방향 설정 체계를 이곳저곳 돌아다니는 나그네로 생각하면 된다. 갓난아기 시절부터 우리는 이 체계를 방편으로 삶을 이해하고, 제대로 삶을 살기 위해 꼭 필요한 깊이 있는 상호 연관성을 체득한다. 우리는 소리, 냄새, 촉감 등에도 주의를 기울이지만, 방향 설정 체계는 시각을 통하면 가장 잘 이해가 된다. 앞에서도 살펴본 것처럼 인간이라는 종족은 시각의 지배를 받기 때문이다. 인간은 태어날 당시에는 시각 피질 가장 깊숙이 있는 여섯 개 층에만 뉴런이 들어 있다. 그러다 생후 1년 동안 시각 피질이 안에서 바깥으로 발달한다. 보다 깊숙한 곳에 있는 기본적인 부분이 성숙하면 진화 단계상 나중에 생긴 주변부가 이어서 발달하게 된다.[2] 그런데 이 나이 든 뇌 경로에 숨어 있는 능력이 맹시盲視를 설명해 준다. 맹시란 안 보이는 시계視界에서도 무언가를 조금 '알아보는' 사람들의 능력을 말한다. 예를 들어 이런 사람들은 자신의 오른쪽에 아무것도 보이지 않는다고 말하면서도, 어둡고 보이지 않는 시계에서 다른 사람이 들고 있는 전등이나 물건의 위치를 정확히 가리킬 수가 있다. 이런 현상이 생기는 건, 뇌의 피질 하부가 공간에서의 위치를 설정하기 때문이다. 이것이 두정엽과 함께 작동해 이 세상의 공간을 헤쳐 나갈 수 있도록 도와준다.[3] 맹시는 편측무시 visual neglect와는 정반대된다. 편측무시는 두정엽 손상으로 인해 시력이 멀쩡한 사람이 어느 한쪽(보통 왼쪽)을 인식하지 못하는것을 말한다.

태어난 지 4~6개월이 되면 아기들은 그야말로 '쳐다보는 기계'가 된다며 포스너는 놀라워한다. 흥미가 가는 사물에 이리저리 집중력의 스포트라이트를 던진다. 그러다 갓난아기의 두정엽(정수리 쪽의 이 부분은 눈동자의 움직임 및 다른 감각적 처리 과정과 밀접한 관계를 맺고 있다)에 자리한 별개의 두 부분이 뇌의 다른 부분들과 협동하는 법을 배우면서 서서히 아기는 한 가지에 집중하게 된다. 처음에 아기는 싫든 좋든 밝고 화려하고 시끄러운 사물에 끌려 다니는 모습을 보이다가 서서히 자신이 선택한 사물에 집중할 수 있게 된다.[4] 신경과학계에서는 이것이 아기가 첫 걸음마를 떼는 것만큼이나 흥분되는 일이다. 수개월 된 갓난아기들은 초기의 이 기간 동안 집중이라는 개념을 마스터하기 시작하지만, 아직 시선을 돌리는 법까지는 배우지 못한다. 아기들이 이 몇 개월을 거치며 보내는 '애원의 눈길'은 자신을 돌보는 사람과 강력한 유대를 맺는 초석이 된다.[5] 이때 아기들은 장기판같이 도드라지는 무늬에서 눈을 떼지 못하는 것처럼 보이며, 특히 사랑에 빠진 꼬마처럼 상대방의 눈을 뚫어져라 바라보는 경향이 있다. 그러다 시간이 지나면 새로운 것에 거의 어김없이 시선을 빼앗기는데, 신기한 곳을 쫓는 이 성향은 줄곧 지속되어 인간이 시시각각 변하는 환경 속에서 무언가를 효율적으로 탐색하고 살아남게 도와준다.

그런데 그 어느 때보다 호기심이 많은 어린 나이에는 이제 막 싹 트기 시작한 그 탐구 능력을 다른 사람과 '공유'하게 되어 있다. 아기 원숭이가 엄마 등에 올라타 세상을 바라보는 것처럼, 여섯 달 된 건강한 아기도 자기를 돌봐 주는 사람의 눈을 통해 세상을 볼 수 있다. 그러다 생후 18개월이 되면 자신이 집중력을 공유하는 순간이 언제인지 이해하게 된다. 영아의 공동 주의joint attention란 것이 바로 이것이다. 겉보기엔 단순하지만 인간의 초기 유대관계가 풍성하게 생기는 순간으로, 방향 설정 네트워크가 발달하면서 생기는 선물이다. '공동 주의'는 아직 완전하게 해명되지는 않았지만, 과학자들은 그 중요성을 높게 평가하고 있다. 철학자 나오미 엘리언Naomi Elian은 책에서 마음과 마음의 만남이 이루어지는 공동 주의는 사회성·언어·인지 발달에 중대하며 초기의 구두 의사소통 발달에 일익을 담당해 "그 중요성을 아무리 강조해도 지나치지 않다"라고 말한다.[6] 공동 주의 결핍은 자폐증의 초기 증상이기도 하다. 자폐증이 있는 아이들은 주의를 공유하자는 제의를 먼저 하지 못하고, 주의를 공유하자는 타인의 제안에 응하지도 못한다. 그래서 사회적으로 외딴 섬에 갇힌 신세가 되어 외로움에 절망한다.[7] 따라서 방향 설정 체계가 하는 일은 정찰 차원을 훨씬 넘어서, 서로에게 다가가는 다리 역할을 해 준다고 할 수 있다. 지금 우리는 계속 새로운 것을 찾으며, 가상 세계에서 쏟아져 나와 우리를 유혹하는 정보 조각들과 화려한 영상에 마음을 빼앗기고 있다. 그러는 동안 우리는 사회적 자폐증에 걸려 버리게 되는 건 아닐까? 감시를 통해 주위 모은 단편적 정보를 통해 서로 관계를 맺으면서 우리는 서로에게 공감할 수 있는 이 풍성한 집중력의 기술을 조금씩 잃어 가고 있는 건 아닐까? 자기 삶의 나침반을 타인에게 맞추고 깊이 집중하려는 의지를 잃는다면, 우리는 바다 위에 외로이 떠 있는 섬이 되고 만다.

집에 돌아온 포스너는 제일 아끼는 의자에 자리를 잡았다. 나는 포스너에게 우리 시대 가장 흥미진진한 추리극이 될지 모를 사건에 대해 질문 공세를 퍼부었다. 뇌(특히 집중력)가 어떻게 작동하는지를 밝히는 문제 말이다. 이 미스터리를 해결하려면 먼저 '실체' 문제를 꺼내지 않을 수 없다. 생각은 단순히 뇌의 기막힌 작용에 불과한 것일까, 아니면 그 이상의 뭔가가 있는 것일까? 영혼이 충만한 의식은 있는 것일까? 데카르트는 두뇌와 마음은 분명 둘로 나뉘어 있다고 생각했고, 포스너가 심리학계에 발을 들인 1950년대만 해도 이 생각은 심리학계에 희미하게 남아 있었다. 19세기 프랑스 외과의사 폴 브로카Paul Broca를 비롯한 여러 인물들의 노력으로, 두뇌에서 움직임과 발화發話 같은 활동을 담당하는 부분들이 대강 밝혀졌다. 골상학자들은 이 내용을 극단적으로 밀고 나가 두개골(심지어는 얼굴)의 융기 부분을 지력과 연관시키기도 했다. 하지만 최근까지만 해도 마음을 연구하는 심리학자와 두뇌를 연구하는 신경과학자는 소원한 사이였다. 그러다 포스너가 나타나 두뇌 엔진의 작동법을 밝히겠다는 꿈을 이루기 위해 인지 능력의 작동 기제를 풀어헤치기 시작했다. 그때까지만 해도 집중력은 이해 불가의 개념이었고, 기껏해야 인식을 거르는 필터나 각종 기술의 저장고쯤으로 여겨졌다. 주류 과학이나 반대자에게 아부할 줄 모르는 한 젊은 과학자가 집중력을 붙잡아 영상으로까지 담아내리라고는 아무도 상상하지 못했다.

포스너는 자신의 생각에 심대한 영향을 미친 단순한 실험을 오래 전에 실시했다. 사람들에게 ('Aa'처럼) 대문자와 소문자가 섞여 있는 글자를 보여주자, ('AA', 'aa'처럼) 섞여 있지 않을 때보다 두 글자를 같은 글자라고 인식하는 데 시간이 0.08초 더 걸렸다. 피실험자는 평생에 걸쳐 이 실험에 응했지만, 그 조그만 차이에 대한 반응은 역시 더뎠다. 이유가 무엇이었을까? 이 단순한 알파벳 조합은 두뇌 좌반구의 시각 단어 형성 부분에서 분류하게 되는데, 시각을 담당하는 두뇌 우반구가 좌반구를 약간 방해하는 것이었다. 하지만 포스너는 당시에는 이 사실을 알지 못했다. 하지만 그가 제대로 추측한 것도 있었다. 대문자와 소문자의 조합에 반응할 때는 완전히 별개인 두뇌의 부분들이 함께 활성화된다는 것이었다. 그리고 보면 골상학자들이 생각을 두뇌의 특정 부위와 연결시키려 한 것도 전혀 터무니없는 노력은 아니었던 셈이다.

포스너의 그 다음 연구는 실험심리학의 역사에 길이 남을 이정표가 되었다. 집중력을 측정할 수 있는 기발한 방법을 만들어 낸 것이다. 언뜻 보면 불가능할 것 같은 일이었다. 집중력을 기울일 때나, 주의를 딴 데 돌릴 때, 어떤 문제에 100퍼센트 집중할 때가 어떤 느낌인지는 누구나 다 안다. 그런데 눈에 보이지 않는 이 과정을 어떻게 '측정'한다는 말인가? "게놈, 분자, 반응 시간, 행동은 측정할 수 있습니다. 하지만 심리적 구성물을 가지고는 어떻게 과학적 연구를 수행해야 할까요?"라고 신경과학자 브루스 맥캔들리스는 묻는다. "바로 이 부분 때문에 포스너의 신호 테스트를 대단하다고 하는 겁니다. 머릿속의 보이지 않는 유령을 측정한 기막힌 패러다임을 내놓았으니까요."[8] 포스너가 만들어 낸 실험 과정은 단순했다. 그는 사람들에게 화면 위에 글자나 별표 등의 자극이 보이면 버튼을 누르라고 했다. 그러고 난 뒤 자극이 화면의 어디에 나타날지 미리 알려 주었을 때 사람들의 반응 속도가 얼마나 빨라지는지 측정했다. 이때 사람들은 눈을 미리 움직이면 안 되었다. 따라서 사람들의 반응이 빨라진 것은 사람들이 방향 설정 체계를 활용해 경보에 주의를 기울였기 때문이라고 볼 수 있다. 짠! 불빛을 대면 선명하게 모습을 드러내는 아이들의 매직잉크처럼, 포스너는 이 실험을 통해 집중력의 정체를 드러내 보였다.

포스너는 초기에는 집중력의 본성과 기원을 추적했다. 그 과정에서 기발하면서도 단순한 실험을 고안해 내기도 하고, 뇌졸중을 앓은 사람들의 집중력 결핍을 정밀하게 연구하기도 했다. 그러다 1980년대 중반 신경영상의학이 마음 및 두뇌 연구와 한데 결합할 수 있을 거라고 호언장담해 동료들을 깜짝 놀라게 했다(당시에는 '새로운 골상학'이라며 조롱을 받았다). 포스너는 세인트루이스 워싱턴의과대학에서 가르치는 마커스 라이클Marcus Raichle과의 공동작업을 통해 인지신경과학 분야를 세상에 알리는 데 공헌했다. 그 과정에서 그가 늘 염두에 두었던 생각, 즉 집중력이 체계적으로 이루어져 있다는 점을 밝혀냈다. 그리고 논문에서 세 부분으로 이루어진 집중력의 작동 체계를 정리했다. 그것이 1971년이었다.[9]

주의 집중 체계의 작동법

방향 설정 체계가 열성적이라면, 집행 집중력은 거들먹거린다. 집행 체계는 본업은 보안관이고 부업으로 재판관까지 겸하는 우리의 문제 해결사다. 집행 체계는 세력권도 넓고 권력도 막강하지만, 안타깝게도 쉽게 부패한다. 이 체계가 전대상회와 어떤 식으로 작동하는가는 아직 약간 미스터리로 남아 있다. 하지만 이 능력이 없으면 두뇌는 사고의 세계에서 무법자로 날뛰게 된다. 집행 집중력은 자기 조절력의 핵심일 뿐 아니라, 계획 수립에서부터 메타 인식(즉 마음의 작용을 이해하는 것)까지 인간이 가진 갖가지 중대한 능력에서 중추적인 역할을 한다. 오솔길에서 뱀을 만나거나, 유언장을 쓰거나, 멀티태스킹을 하거나, 금연할 때를 생각해 보라. 새롭고, 어렵고, 위험하고, 복잡한 도전을 만나면 우리는 십중팔구 집행 집중력에게 구조 요청을 하게 된다. 집행 집중력은 '선별'과

'통제'가 주업이자, '갈등 조정'과 '오류 파악'이 주특기다. 집행 집중력은 '하향식'으로 작동한다. 다시 말해 두뇌의 고차원적인 부분들이 감각 자료를 모아 우리의 생각에 해석의 틀을, 행동에는 의지의 틀을 부여한다. 반대로 정보 처리가 상향식으로 진행되는 경우도 있는데 이때는 두뇌의 하부 단계에서 상부 단계로 사다리를 타듯 가공되지 않은 인식이 전달된다. 물론 인간은 늘 이 두 가지 회로를 모두 이용하지만, 자발적인 의식은 상당 부분 하향식으로 이루어진다. 그래서 우리는 상당히 왜곡된 현실에 의존하고 있는 순간에조차 통제력을 발휘하고 있다고 생각한다. 신경과학자 아미르 라즈Amir Raz가 밝혀낸 바에 따르면, 일례로 최면도 결국 집행 집중력을 관장하는 전대상회를 멍하게 만드는 작용인 듯하다. 전대상회가 멍해지면 사람들은 지극히 비합리적인 제안도 쉽게 받아들인다.[10] 최면은 빅토리아 시대에는 사람들을 겁먹게 했지만, 지금은 그만큼 위세를 떨치지 못한다. 가수면 상태, 혼수상태, 명상 등의 소위 '변형 집중력'에 대한 새로운 연구가 줄을 이으면서 두뇌의 작동 과정을 해명하고 있기 때문이다. 라즈는 그 대열의 선두에 서 있다. 전업 마술사로 일한 전력이 있는 그는 무대 위에서 집중력을 기막히게 다룰 줄 알았다.

최면 상태에서의 집행 집중력을 연구하기 위해 라즈는 신경 영상과 전 세계 집중력 과학자들이 가장 애용하는 스트룹 테스트 Stroop test를 활용했다. 농사를 짓다 학자가 된 테네시의 존 리들리 스트룹John Ridley Stroop란 젊은이가 1933년 자기 논문을 위해 만든 것인데, 기발하면서도 단순한 것이 특징이다. 'BLUE(파랑)'처럼 전부 대문자로 된 색깔 명사에 초록이나 빨강 등의 색을 입힌다. 그런 다음 사람들에게 이 글자에 어떤 색깔이 사용되었느냐고 물으면 사람들은 하나같이 열심히 머리를 굴린다. 자동적으로 글자를 읽는 작용이 일어나 무심코 '파랑'이라고 대답할 확률이 높기 때문이다. 스트룹 효과를 통해 우리는 집행 집중력의 핵심 기능인 '갈등 조정'의 기능을 손쉽게 시험할 수 있다. 인간은 이 능력이 있어야만 판단과 의사결정을 할 수 있다. 라즈는 사람들에게 최면을 건 후 '무의미한 상징'에 대한 테스트를 받게 될 거라고 말했다. 며칠 후 그 중 열여섯 사람이 실험실로 돌아와 (최면이 풀린 상태에서) 브레인 스캐너를 쓰고 스트룹 테스트를 받았다. 이때 며칠 전 최면에 가장 쉽게 걸렸던 사람들은 망설임이나 갈등을 거의 보이지 않았다.

우리의 집행 집중력 체계가 어떻게 작동하는지 완전히 이해하는 사람은 없다. 다만 전대상회의 넓은 세력권을 통해 그 작동 원리를 일부나마 밝혀볼 수는 있다. 포유류의 두뇌는 현재 인간과 영장류에게서 상당히 진화한 상태인데, 아득한 옛날부터 두뇌의 막일을 도맡아 해 온 것이 바로 전대상회다. 인간과 유인원의 전대상회 및 뇌섬엽 깊숙한 곳에는 기다란 섬유 세포가 자리 잡고 있다. 바로 이 세포가 전대상회 및 뇌섬엽과 인지 및 감정을 조절하는 다른 두뇌 체계 사이에서 조정 역할을 하는 것으로 보인다.[11] 집행 집중력은 그 영향력이 방대하고, 우리를 인간으로 만드는 중요한 특징이며, 다른 체계에 비해 뒤늦게 발달한다. 그리고 이 세 가지 요인의 공모 때문에 집행 집중력 체계는 제대로 돌아가지 못하는 경우가 왕왕 있다. 정신분열증, 주의력결핍, 경계선성격장애 등을 비롯한 다양한 장애들이 집행 집중력 체계의 붕괴와 연관이 있다.[12] 지금 우리는 하루하루가 지날수록 통제력, 판단력, 계획 수립 능력을 키우기 어려운 시대에 살고 있다. 그건 누구라도 마찬가지다. 하지만 이 집행 집중력의 힘을 이용하지 않고는 집중력 결핍과 정보 훑기가 대세인 문화를 바꿔 나갈 수 없다. 집행 집중력은 산만함의 흐름을 뒤바꿀 핵심 열쇠다.

포스너를 찾아갔던 주말 막바지에, 나는 오리건대학에 있는 포스너의 실험실을 찾았다. 당시 포스너는 동료들의 손자들을 데리고 간단한 집중력 테스트를 몇 가지 하는 중이었다. 이를 통해 집중력 발달과 관련한 놀라운 수수께끼들이 풀릴 수 있을 것이었다. 18개월 된 루시Lucy는 컴퓨터 화면에 번갈아 나타나는 동물 그림에 몇 분간 집중력을 돌리는 테스트를 마친 후 손가락을 빨며 눈을 비비고 있었다. 여섯 살 난 엠마Emma는 컴퓨터를 이용한 몇 가지 테스트를 쏜살같이 마쳤다. 거기에는 아동용으로 만들어진 숫자 버전의 스트룹 테스트와 마당에서 고양이를 옮기는 짤막한 연습 테스트 등이 들어 있었다. 두 가지 모두 포스너와 그의 동료 메리 K. 로스바트가 만든 것이었다. 주의력결핍장애가 있는 사람과 고도의 집중력을 발휘하는 사람은 날 때부터 따로 정해져 있는 것일까? 아니면 올바른 방식으로 훈련과 연습만 시키면 아이들의 수학 실력이나 읽기 능력이 향상되는 것처럼, 아이들의 집중력도 향상될 수 있는 시기가 있는 것일까? 어른이 되어서도 인지력을 미세하게 가다듬거나, 집중력 치료를 통해 뇌졸중이 남긴 참혹한 상처와 싸우는 것이 가능할까? 포스너는 이런 문제들에 매달리면서 25년 동안 성격과 의식 통제 연구의 선구자인 로스바트와 함께했다.

이들의 협력은 학문적인 도전에서 시작된 것이었다. 한 유명한 발달심리학자가 실험실 위주의 인지심리학자들의 연구는 실제 생활에 대해 알려 주는 게 거의 없다고 불평한 것이 계기였다. 그 말에 자극받은 포스너는 1980년 로스바트를 설득해 집중력 메커니즘의 발달을 주제로 함께 논문을 냈다.[13] 6~9개월 된 영아를 대상으로 한 실험을 보자. 장막을 친 후 아이들에게 장막 뒤에다 장난감을 더 가져다 놓거나 장막 뒤에서 장난감을 가져오는 모습을 보여준다. 그러고 나서 장막을 걷었을 때 남아 있는 장난감 숫자가 원래 있어야 할 장난감 숫자와 맞지 않을 경우 아기들은 그곳을 더 오랫동안 바라보았다. 이는 아기들도 간단한 산술적 오류를 알아차릴 수 있다는 이야기이고, 전형적인 집중력 집행 체계가 영아 시절부터 이미 자리 잡고 있다는 증거이다.[14] 부모의 소견과 뇌파 영상을 곁들인 갖가지의 맞춤형 인지 능력 테스트를 통해 포스너와 로스바트는 우리의 집중력 체계가 나름대로의 리듬에 따라 독립적으로 발달한다는 사실을 입증하고 있다. 방향 설정 체계는 유치원에 들어갈 무렵이면 대개 자리를 잡고, 갈등 조정의 핵심 기술은 8세에 이르면 정점에 이른다. 주의 체계 및 집행 기능은 성인기까지 계속 발달한다.[15] 우리가 지닌 집중력 체계의 마술은 오랜 세월에 걸쳐 완성되며 태생과 환경의 영향을 모두 받는다.

집중력의 기원을 해명할 마지막 실마리를 얻기 위해 이번에는 유전의 역할을 살펴보기로 하자. 우리의 운명은 우리 몸속의 유전자 2만 5,000개 속에 새겨져 있는 것일까, 아니면 인간은 경험의 산물에 더 가까운 것일까? 이는 내가 오랫동안 고민했던 문제다. 우리 자매는 쌍둥이로 태어나 한 가정에 입양되었다. 이 때문에 나는 내가 친부모로부터 물려받은 것들에 대해서는 알지 못했다. 물론 이 문제에 대한 답은 인간은 유전과 경험이 뒤죽박죽 섞인 결과물이라는 것이다. 우리 집중력이 가진 힘도 삶의 다른 부분과 마찬가지다. 포스너는 곰곰이 생각에 잠겼다가 "부모로서 우리가 아이들에게 잘해 주고 못해 주는 데는 다 한계가 있다. 그래서 다행인 것 같다"고 말했다. 이와 관련해 그는 집중력 발달에 관한 최신 연구에서 나온 사소하지만 흥미로운 사실을 들려주었다. 이 대목의 주연은 도파민 D4 수용체(DRD4)란 녀석이다. 이 유전자는 신경 전달 물질인 도파민이 뉴런 사이를 잘 흘러 다니도록 조절하는 일을 맡고 있다. 그리고 도파민은 어떤 경험이 보람 있는지 인식하는 등 여러 가지 기능을 조정하는 역할을 한다. 세븐 리피트(7-repeat: repeat는 반복 횟수를 가리킨다. 반복 횟수가 많은 DRD4 유전자를 가진 사람일수록 뇌 세포는 도파민과의 결합력이 약해 쾌감을 느끼는 데 더 강한 자극을 필요로 한다 - 옮긴이)라 불리는 DRD4의 한 형태는 주의력결핍/과잉행동장애가 있는 사람들에게서 흔히 나타나며 쾌감 추구 성향과 연관되어 왔다.[16] 포스너와 로스바트는 70명의 아기를 대상으로 영아일 때부터 생체 샘플 확보, 테스트, 모니터링을 실시했다. 그리하여 양육은 아이의 유전자 구성에 일종의 부동표 역할을 할 때가 있다는 사실을 밝혀냈다. 예를 들어 세븐 리피트를 가지고 있는 두 살짜리 아이는 약간만 열악한 양육(즉 독재적인 방식)에 노출되어도 충동적이 되고, 열심히 감각적 쾌락을 추구하며, 나중에 자라서는 주의력결핍장애를 가질 확률이 높다. 반면 세븐 리피트가 없으면 양육의 질은 별 영향을 미치지 못한다. "유전자가 환경의 영향력을 더 키울 수 있다는 이야기일 수 있다"라고 포스너는 말한다. 유전자가 운명을 결정하는 건 아니다. 또 유전자가 행동에 미치는 영향을 완전히 규명하기란 지독하게 복잡한 일이다. 하지만 우리는 여러 가지 뇌 손상이나 각종 테스트를 통해 정상적인 뇌의 작동 과정을 조명해 낸다. 그와 마찬가지로 유전적 다양성은 우리 집중력 체계의 구조를 조명해 줄 수 있고, 종국에는 마음의 작동 과정까지 밝혀 줄 수 있을 것이다.

삶의 미스터리를 잘게 쪼개 이해할 수 있도록 만드는 능력, 이것이 바로 포스너가 전설로 통하는 이유다. 미국국립과학원과 미국의학연구소의 회원으로 있는 포스너는 동료들 사이에서 20세기 가장 위대한 심리학자 100명 중 한 사람으로 꼽힌다.[17] 집중력 체계와 관련한 그의 비전은 보편적으로 받아들여지진 못해도, 그가 내놓은 일군의 연구 작업과 마찬가지로 그 영향력만큼은 타의 추종을 불허한다. 태평양 연안에 자리 잡은 유르트는 그가 미래를 내다보는 장소다. 포스너는 의자에 앉은 채 자세를 가다듬더니 묵직한 목소리로 말했다. "지금은 특정 집중력 체계를 구축하는 데 연관되는 유전자 및 노드가 어떤 것인지 알아낼 수 있는 가능성이 있습니다. 그러면 집중력 체계의 윤곽을 잡을 수 있는 설계도를 짤 수 있어요. 바로 이 때문에 이 작업이 흥미로운 겁니다. 그런 약속을 해 줄 수가 있으니까요." 마음의 구성 형태를 어림잡을 수 있도록 집중력의 청사진을 그려 내는 것, 그가 50년 동안 품었던 숙원이 이루어져 가고 있는 것이었다.

그가 도화선이 되어 일어난 집중력에 대한 연구가 우리 모두에게 집중력의 르네상스를 일으킬 수도 있지 않겠는가? 이제 막 싹트기 시작한 집중력에 대한 이해로 무장하면, 우리는 무궁무진한 잠재력을 가진 집중력을 길러 갈 수 있다. 나는 그것이 가능하다는 것을 8,000피트 고도의 록키산맥에서 실감할 수 있었다. 하지만 신경가소성의 비밀을 터득하기 전에 먼저 집중력의 세 번째 체계이자 가장 단계가 낮은 주의 체계에 대해 알아보도록 하자. 이 주의 체계야말로 우리 마음의 가장 근간이 되는 초석이다.

'주의 체계'는 문지기 네트워크다. 우리 뇌의 벽난로의 불을 껐다 켜고 지키는 역할을 한다. 간단히 말해 주의 체계는 정신을 깨어 있게 하는 것으로서, 우리가 주변 환경을 민감하게 받아들이는 데 결정적인 역할을 한다. 주의 체계는 그 양상이 다양하며 삶에 있어서 공기만큼이나 꼭 필요한 요소다.[18] 하지만 주의 체계에 관한 연구는 과학계에서 오랫동안 푸대접을 받았다. 항공 교통 통제관이나 트럭 운전사 등이 일하면서 얼마나 오랫동안 잘 깨어 있는지에 초점을 맞춘 연구들은 있었지만 말이다. "사람들은 주의 체계의 작동 과정이 얼마나 까다롭고 복잡한지 잘 모르고 있습니다. 주의 체계는 아주 복잡하게 이루어집니다"라고 포스너는 말한다. 예를 들어 아드레날린으로 움직이는 각성 체계가 망가지면 어떻게 되는지 한번 생각해 보자. 혼수상태나 (그보다는 약간 의식이 있는) 식물인간 상태 환자들은 이따금 섬뜩하게 울기도 하고, 인상을 찌푸리기도 하고, 말도 하지만 의식이 깨어 있다는 표현은 전혀 하지 못한다.[19] 주의 체계는 노르아드레날린이라는 신경 전달 물질에 의해 조절되는데, 제프리 핼퍼린Jeffrey Halperin 등의 심리학자들은 이 과정에 조금만 문제가 생겨도 집중력 결핍 장애가 생길 수 있다고 주장한다.[20]

심지어 인간의 주의 상태는 밀물과 썰물이 차고 빠지듯 시시각각 그 수위가 변한다. 방금 잠에서 깬 경우에는 '수면 관성'에 시달리느라 약 20분 동안 반응성이 둔감해진다.[21] 그러다 점점 의식이 깨어 저녁이 될 때까지 하루 종일 그 상태를 유지하게 된다. 이렇게 하루의 주기에 따라 변화하는 '정상적인' 각성 상태는 두뇌의 우반구에 뿌리를 두고 있는 반면, (선생님의 고함소리나 출발 신호탄에 즉각적으로 반응하는) '임시' 각성 상태는 두뇌 좌반구에 기반하고 있는 것으로 여겨지고 있다. 극단적 수준의 각성 상태로 전환할 때 우리의 주의 체계는 다른 인지 활동은 조용히 잠재워야 하는데, 이때 부분적으로 전대상회의 도움을 받는다. 라즈의 설명에 따르면 이때 집중력 체계 사이에서 "대화가 오가게 된다."[22] 이리하여 지위가 낮은 주의 체계가 우리 몸에 각성 상태의 깃발을 올리고 성을 단단히 지킬 열쇠를 쥐는 것이다. 이 상태에 들어서야만 우리는 주변의 아름다운 세상을 돌아보게 된다. 주변 환경에서 고개를 돌린 채 정신없이 돌아다니는 데만 중독되어 인생을 숨 가쁘게 달린다는 것은, 우리가 이러한 힘을 차단하고 있다는 뜻이다. 생명력 없는 기계와의 관계를 추구할수록, 실제 세상이 전하는 성가심과 위로에는 무감각한 존재가 되고 만다.

오리건을 떠나기 전 나는 포스너에게 마지막 질문을 던졌다. 100년 전 선봉에 서서 미국의 심리학에 처음으로 현대적인 가르침과 연구법을 들여온 윌리엄 제임스에 대해 어떻게 생각하느냐는 것이었다. 당대에 훌륭한 심리학자로 추앙받았던 제임스는 실험을 멀리했고 대개 이론가로서 인정을 받았다.[23] 하지만 여러 가지 다른 면에서는 포스너와 비슷한 점도 많아 흥미롭다. 텁수룩하게 수염을 기르고 거드름을 피울 줄 모르는 두 남자는 모두 중대하지만 까다로운 개념들을 추출하고 분해하는 귀한 능력을 타고났다. 또 둘 모두 명쾌하게 글을 쓰고 카리스마 넘치는 강연을 하며 심리학자로서 이론에서나 일상생활에서나 인간의 잠재력을 계발하는 데 많은 노력을 기울였다. 권위주의적인 아버지와 자기 회의에 뼈아프게 시달렸던 제임스는 자유 의지를 강하게 옹호했으며, 다른 사람들도 최선을 다해 자신의 삶을 살 수 있도록 하기 위해 열성을 다했다. 그는 하버드대학의 학생들에게 용기를 주고 자극했으며, 몇 년 동안이나 학생들을 집으로 불러 저녁을 들며 수업을 하기도 했다. 전기 작가 린다 사이먼Linda Simon은 책에서 "윌리엄 제임스는 보기 드문 능력을 지닌 사람이었다. 그의 이야기를 들으면 영혼의 정원 한 귀퉁이에서 꽃가지가 새로 무성히 자라날 수 있다는 사실이 믿겨졌다"고 말한다.[24] 1892년 후견을 받던 한 젊은이는 외국에 나가 있던 제임스에게 이런 내용의 편지를 보내기도 했다. "선생님이 안 계신 캠브리지는 버터가 빠진 토스트 같습니다."[25] 포스너도 아동의 집중력 계발 방법을 연구하면서 수십 년을 보내는 사이 후덕한 학자로서 명망을 쌓았다. 하지만 포스너는 제임스를 영웅으로 우러르지는 않는다. 포스너의 말에 따르면 제임스는 천재지만 철학자이지 현대적 의미의 과학자는 아니다. 그리고 철학자와 과학자는 한 가지 점에서 분명히 다르다. 제임스는 연습이나 훈련을 통해 집중력을 고차원으로 끌어올리는 일이 불가능하다고 생각했다.[26] 하지만 포스너를 비롯한 여러 과학자들은 제임스의 생각이 틀렸다는 것을 입증하기 시작하고 있다.

우리는 자기 자신과 연결되어야 한다

포스너를 만나고 나서 다섯 달 후, 나는 숨을 헐떡이며 긴 돌계단을 오르고 있었다. 끝에 다다르자 콜로라도 로키산맥의 8천

피트 고도의 산자락에 우뚝 솟은 사리탑이 나타났다. 청명한 푸른 하늘을 배경으로 한 108피트짜리의 사리탑은 눈부실 정도로 새하얀 빛깔이었고, 겉면은 무지개색의 복잡한 조각으로 화려하게 장식되어 있었다. 정상에서 한참 아래의 개간지에는 야트막한 건물들이 여기저기 흩어져 있었다. 여름 캠프 같기도 하고, 컨퍼런스 센터 같기도 한 사찰들이 덴버에서 120마일 떨어진 한적한 시골에 숨어 있는 것이었다. 고지대에 적응하는 데만 하루 종일이 걸렸기 때문에 정상에 다다르자 속이 메스껍고 정신이 잘 차려지지 않았다. 하지만 나는 신발을 벗고 발꿈치를 든 채 사리탑 안으로 들어가 바닥에 깔린 방석에 앉았다. 안에는 10명 남짓한 사람들이 금빛 부처상 앞에서 가부좌를 튼 채 미동도 않고 조용히 앉아 있었다. 나도 태어나서 처음으로 명상에 잠겨 보려 했지만 헛수고였다. 들이쉬고, 내쉬고, 이완. 숨이 들어오고 나갈 때마다 정신을 집중하는 식이었다. 이런 것이 도대체 집중력과 무슨 상관이 있단 말인가?

딴 세상과도 같은 이곳에서는 대부분의 심리학 실험실과는 달리 삭막한 구석을 전혀 찾아볼 수 없었지만, 바로 여기서 집중력 훈련과 관련된 역사상 가장 야심찬 과학적 연구가 진행되고 있었다. 독실한 불교도로서 묵상을 즐기는 한 학자와 뉴욕 태생의 정열적인 신경과학자의 머리에서 나온 이 합작품은 그 내용이 아주 정교하고 독창적이어서 앞으로 집중력에 대한 우리의 이해를 재정의하게 될지도 모른다. 이 연구의 목적은 간단하다. 절에서의 명상 수행이 집중력과 전반적인 사회성, 그리고 정서적 건강에 어떤 영향을 끼치는지 연구하는 것이다. 실험 대상은 각계각층에서 온 30명의 사람들로 구성돼 있다. 실제적인 실험 과정은 복잡하다. 데이비스에 있는 캘리포니아대학 교수 클리퍼드 새런Clifford Saron의 지휘 아래 16명의 젊은 신경과학자들은 명상 수행자들을 매일 14시간씩 테스트하는데, 심박 수, 침 속의 신경호르몬 수치, 혈액 속의 면역 기능 수치 측정부터 스트룹 테스트를 비롯한 여러 가지 집중력 테스트까지 온갖 방법이 동원된다.[27] 명상 수행자들은 이곳에 머무는 동안 세 번에 걸쳐 9~10시간이 걸리는 테스트를 받아야 한다. 테스트는 돔형으로 지어진 건물의 지하에 특별히 마련된 쌍둥이 실험실에서 이루어진다. (한 대학원생은 내게 "테스트를 질색하는 사람들도 있다"고 털어놓았다.) 이것이 전부가 아니다. 피실험자들은 나중에 그들의 기분이나 의견에 대한 단서로 참고할 수 있도록 매일 일기도 써야 한다. 이와 함께 임의로 선별된 30명의 대조군도(이들이 가을에 실시되는 2차 명상 수행의 기본 그룹이다) 정기적으로 이곳으로 와 똑같은 테스트를 받는다. 내가 이곳 샴발라 마운틴센터에 도착한 것은 5월로 1차 명상 수행이 마무리되던 시기였는데 새런과 그의 팀원들은 1,700시간에 달하는 자료를 모은 상태였다. 그의 연구팀과 과학계 동료들은 거의 10년 뒤에도 이 자료를 걸러내고 있을 것이었다. 멀티태스킹 분야 전문가인 데이브 마이어도 관광차 그곳에 들른 참이었다. 나는 고지대에서 펼쳐지는 이 연구가 어떤 식으로 진행되고 있는지 궁금해서 참을 수 없었다. 새런은 시간에 쫓겨 잠을 못 자고 있었고, 그의 밑에서 일하는 젊은 연구자들은 과도한 업무로 녹초가 되어 있었으며, 명상 수행자들은 이제 조만간 TV도, 컴퓨터도, 전화기도 없는 조용한 생활 대신 시끌벅적한 평소의 생활로 돌아간다는 생각에 예민해져 있었다. 심지어 이야기하는 것조차 찾아보기 힘들었다. 이곳은 거의 내내 쥐 죽은 듯 고요했다. 하지만 집중력을 소중히 여기는 사회를 꽃피우는 비밀 열쇠가 이런 식의 기술을 연마할 수 있다는 사실을 깨닫는 것이라면, 이들의 방식을 그렇게 기이하다고만 할 수는 없을 것이다. 붓다가 집중력을 키우기 위해 사용한 수행법 이름을 딴 이 사마타 프로젝트는, 명상 등의 집중력 훈련을 일상생활에 접목시키기 위한 일련의 노력들이 한데 결집된 것이다. 한마디로 산만함이 판치는 세상에 정면으로 맞서는 방법을 배워 나가는 중인 것이다.

본격적인 이야기에 앞서 신데렐라 이야기를 연상시키는 신경 유연성에 대해 살펴보도록 하자. 윌리엄 제임스는 마음과 몸의 습관이 우리 신경 체계를 결정짓는다고 추측했다. "종이나 코트가 한번 주름이 가거나 구겨지면 계속 그 모양대로 접히는 경향이 있는 것과 마찬가지다."[28] 그로부터 세월이 한참 지난 후 에릭 캔들 같은 과학자들은 여러 힘든 과정을 거친 끝에 학습과 기억이 시냅스의 기능을 향상시키거나 변화시킨다는 사실을 하나 둘 밝혀낼 수 있었다. 하지만 흥미로우면서도 두렵기도 한 두뇌의 기막힌 유연성이 온전히 밝혀지기 시작한 것은 아주 최근의 일이다. 수세대

동안, 다 자란 포유류의 뇌는 기본적으로 변하지 못하는 것으로 치부되었다. 과학 분야의 저자 샤론 베글리Sharon Begley에 따르면, 과거 신경과학자들은 두뇌에서는 새로운 뉴런이 자랄 수 없으며, 건강한 뇌의 각 부분은 인생에서 각자의 역할이 있다고 생각되었다. 그러한 가정에 따라 최근까지만 해도 뇌졸중 환자들은 여러 가지 신체 수술만 받았지, 엄청나게 감퇴된 인지 능력에 대해서는 아무 보살핌도 받지 못했다.[29] 뇌의 배선을 바꾸어 난독증이나 우울증을 치료할 생각을 하지 못한 것도 같은 맥락이다. "하지만 이는 잘못된 도그마"라고 베글리는 설명한다. "한마디로 성인의 뇌도 유연성을 상당 부분 유지하고 있다. 손상된 부위를 고치고, 새로운 뉴런을 만들고, 어떤 작업을 수행했던 부위에 다른 일을 맡길 힘이 있는 것이다."[30] 신데렐라 이야기에서 요정이 누더기 소녀를 먼지 구덩이에서 끌어내듯이, 청각장애인은 잠자고 있는 청각 피질을 되살려 '시각' 작업에 활용할 수 있다. 또한 시각 장애인은 시각 피질을 점자책을 읽는 등의 언어 능력에 활용할 수 있다.[31] 연습을 통해 혈액의 흐름과 새로운 뉴런의 성장을 증가시켜 전대상회의 효율성을 높일 수 있는 것으로 추측된다.[32] 양육이 유전 발현에 영향을 미칠 수 있다는 포스너의 발견 역시 환경이 인식 능력을 어떤 식으로 결정짓는지 잘 보여준다. 신경과학자 헬렌 네빌 Hellen Neville은 2004년 신경 유연성을 주제로 한 과학 모임에서 달라이라마에게 "우리의 인식과 경험이 우리가 누구이며, 어떻게 작동하는지를 결정짓는다"고 말했다.[33] 물론 그것은 청중에게 한 말이기도 하다. 티베트의 지도자 달라이라마는 『한 원자 속의 우주 The Universe in a Single Atom』에서 불교는 언제나 "의식을 변화에 따라 천차만별로 변할 수 있는 것"으로 본다고 이야기한다.[34] 마음을 만들어 나가는 것은 사실상 불교라는 영적 전통의 존재 이유이다. 내가 구름이 지나는 고지대의 콜로라도 레드페더 호수 근처에 자세를 바로 잡고 앉아 있는 것도 그래서다. 멍한 기분이지만 나름대로 열심히 따라해 본다. '들썩이는 마음을 가라앉히고, 산만함을 놓아 버리고, 나 자신의 호흡으로 돌아오자.'

종교학자 휴스턴 스미스Huston Smith는 불교는 경험적이고, 과학적이고, 심리학적인 종교로서 초자연적인 믿음을 가지고 있지 않은 종교라고 말한다. 스미스는 『인간의 종교The Religions of Man』에서 "우주와 인간이 우주 안에서 차지하고 있는 위치는 붓다에게 중요한 문제가 아니었다. 붓다는 한결같이 인간, 인간이 가진 여러 가지 문제, 인간의 본성, 그리고 인성 발달의 역학에 대한 것으로 이야기를 시작한다"고 말한다.[35] 불교도들에게 마음이 가진 놀라운 가능성은 인간의 기쁨과 고통의 근원이기도 하다. 그래서 고도의 정신 수행(즉 명상)은 자신과 이 세상을 더 좋게 바꿀 수 있는 길이다.[36] 명상은 세상 사람들이 흔히 알고 있는 것과는 달리 단순히 마음을 비우는 것이 아니다. 그보다는 모든 노력을 기울여 마음의 작동 과정을 탐구하고 조절하는 것이다. 2,500년 동안 이어져 온 일종의 정신 체조인 셈이다. 명상 수행의 목적은 명상 자체에 있지 않다. 명상을 발판으로 보다 자비롭고, 차분하고, 기쁨에 찬 상태가 되는 것이 목표다(이러한 특징들을 현대 사회에서 쉽게 찾아볼 수 있다고 말할 수는 없을 것이다). 불교학자 B. 앨런 월러스B. Allan Wallace 의 이야기에 따르면, 명상 호흡법은 그 하나만 놓고 보면 아무 쓸 모없는 기술이다.[37] 하지만 엄청나게 다양한 명상 수행법 중에서 도 초보자의 기술에 해당하는 명상 호흡법을 통해 사람들은 마음을 조절하고 나아가 훈련시키는 길에 들어서게 된다. 뛰어난 실력을 발휘하기 위해 음악가들이 스케일 연습을 하고 운동선수들이 체력 단련을 하는 것과 마찬가지다. 우리들은 제임스처럼 집중력이 뛰어난 사람과 집중력이 떨어지는 사람이 날 때부터 정해져 있다고 생각하는 경향이 있다. 그래서 몽상, 집착, 감정 폭발 등은 하지 않으려 노력하면서도 우리의 생각을 관리할 수 있는 명상 테크닉을 계발하는 데는 별 신경을 쓰지 않는다(뇌과학이 혁명적으로 발전하고 있는 시대인데도 말이다). 우리는 뇌를 두개골 속에 박혀 있는 조그만 기계로 생각하는 듯하다. 이 난해한 기계는 복잡한 소프트웨어를 통해 돌아가기 때문에 프로그램을 다시 짤 수도, 그것을 이해할 수도 없다고 생각한다. 이것은 무의식이 가진 막강한 힘을 점점 더 의식하게 된 결과이자 데카르트의 이원론이 20세기에 물려준 유산이기도 하다. 한마디로 우리는 늘 두뇌를 통제하고 살지는 못하는 것이다. 하지만 그것이 반드시 운전석을 비워 두어야 한다는 의미는 아닐 것이다.

보름달이 뜬 밤이었다. 앨런 월러스가 고요한 새크리드스터디홀의 상석에 자리 잡고 앉을 때 산자락에서 천둥소리가 우르릉

거렸다. 마운틴센터에서 온 수십 명의 직원들이 대나무 마룻바닥 위에 놓인 방석 위에 앉아 월러스의 이야기를 들었다. 새런은 수행자들에게 침묵을 깨고 사마타 프로젝트를 마치는 소감을 한 마디씩 들려 달라고 했다. 캘리포니아 태생으로 마르고 단단한 체구의 월러스는 다양한 영역을 다루는 학자로 수도승으로 출가한 적도 있다. 세상을 떠돌던 그의 어린 시절은 티베트 성지에서 얻은 공부와 가르침으로 마무리되었다(이 길의 일부는 달라이라마가 이끌어 주었다). 가르침을 전할 때면 그는 고압 방수포처럼 말을 쏟아 놓는다. 어린 시절 다양한 언어를 구사한 영향 때문인 듯하다. "당시 나는 열의가 대단했지만 너무 긴장해 있었다!" 월러스가 『집중력 혁명: 집중하는 마음의 힘 해방시키기』The Attention Revolution: Unlocking the Power of the Focused Mind』에서 오래 전 생쥐와 벌레가 들끓던 인도 산악 지대의 한 움막집에서 홀로 수도 생활을 했을 때를 회상하며 한 이야기다.[38] 방대하고 복잡한 전통을 기민하게 종합하는 것으로 이름이 난 월러스는 의식 해방부터 묵상 과학 정립에 이르기까지 다양한 지적 탐구 활동을 솜씨 좋게 해낸다. 하지만 그는 무엇보다도 집중력을 기르는 수련인 사마타 수행을 가르치는 데 열의를 쏟는다.

명상을 통한 마음 탐구에서 집중력은 이미 수천 년 동안 핵심 열쇠였다. 집중력이 없으면, 숨겨져 있는 마음 깊숙한 곳으로 들어가거나 지적 통제력을 발휘하는 것은 한낱 몽상에 그치고 만다. 이것은 티베트 불교의 중심 교의 중 하나이다. 그런데 월러스는 수행자들을 보고 가끔 낙담한다. '지금 현재에 존재하는 것'의 중요성을 선택하면서, 집중력을 연마하는 고된 노력은 건너뛰기 때문이다. 월러스는 전통 경전에 등장하는 마음 챙김mindfulness의 뜻을 (흔들리지 않는 꾸준한 집중력까지 포함하는) 인지력이라고 정의한다. 주변 상황에 대한 인식을 놓지 않는 '알아차림'과 자신의 마음을 들여다보고 이해하는 전방위적 인지력을 갈고 닦아야 한다고 말한다. 사용하는 용어는 다르기는 하지만 이제까지 이야기했던 집중력의 체계와 비슷한 면이 엿보여 매우 놀랍다. 신경과학은 이제 막 이 분야를 이제 막 파고들기 시작했는데, 불교에서는 이미 2,500년간이나 다각도의 명상을 통해 집중력을 가다듬어 온 것이다. 포스너와 마찬가지로 월러스는 집중력의 의미를 공유할 수 있는 언어를 제공하고 있다. 그리고 그 언어는 떠들썩하고 혼란스러운 산만함의 말들을 잠재울 수 있을 것이다.

집중력은 과연 훈련으로 강화할 수 있는가? 35년이 넘는 기간 동안 홀로 은거하며 명상한 시간이 1,000여 시간에 달하는 월러스에게는 답이 이미 나와 있다. 한편 그는 과학이 복잡하게 얽혀 있는 명상 집중력의 성격을 해명하는 데 도움이 될 수 있다고 믿는다. 집중력 형성에 대한 과학적 해명에서 명상은 더할 나위 없이 좋은 연구 대상이 되기도 한다. 월러스와 새런은 자신들이 연구하는 것은 불교가 아니라 불교의 전통 안에 있는 집중력 훈련이라고 강조했다. 더불어 자비심 등 집중력의 목표가 되는 불교도의 여러 '심성'도 연구 대상이다. 새런은 "기본적으로는 특정 종교를 지향하는 연구가 아닙니다"라고 말했다. 월러스가 덧붙였다. "이 연구에서는 쌍방향 교류가 이루어진다는 것이 핵심인 것 같습니다." 둘은 농담을 던져 가며 과학과 불교의 차이점을 이야기했다. 과학에서는 마음이 뇌에서 나온다고 주장하는 반면에, 불교에서는 사고를 단지 화학적·생물학적 작용 이상의 것으로 본다. 월러스는 붉은 빛의 기다란 숄을 어깨에 두른 채 "우리 둘은 세계관이 전혀 다릅니다. 그래서 연구가 재미있어졌습니다"라고 말했다.

나중에 나는 프로젝트 참가자 대여섯 명과 이야기를 나누었다. 전 세계 각계각층 출신인 이들은 대부분 중년이었다. 석 달간 수도원에서 지내며 테스트를 받고 가르침을 얻기 위해, 1인당 6,000달러를 들고 일자리를 그만두거나 휴가를 얻어 이곳에 온 것이었다. 이들 대부분은 이곳에서 생활하면서 집중력이 늘어나고 마음이 차분해졌다고 말했다. 그리고 결과가 어찌 되었건 그들은 미친 듯 돌아가는 일상에서 떠나 느긋한 마음으로 마음을 치유하고 삶을 돌아볼 귀한 기회를 얻을 수가 있었다. "'세상에, 한 가지 일에만 집중할 수 있다니!' 하는 생각이 머릿속에서 떠나질 않았어요. 그것만으로도 얼마나 큰 위안이 되는지 아시죠." 이렇게 말하는 카스 맥로플린Cass McLaughlin은 열의가 넘치는 잿빛 금발 여성으로, 미네소타대학 영성치유센터에서 봉사 사역을 담당하고 있다. 그녀는 이 프로그램에 참가하게 된 동기를 밝히며 이렇게 회상했다. "긴장을 푸는 데만 6주가 걸렸어요. 수도원에서 저는 보다 차분하고 보다 고요한 곳에 도달하는 법을 배웠어요. 이제껏

한 번도 가 보지 못한 곳이었죠."[39] 하지만 이것도 결국에는 '휴가 효과'에 불과해서 그녀가 현실로 돌아가는 즉시 온데간데없이 사라져 버리고 마는 건 아닐까? 월러스는 이런 어려운 질문들과 관련한 의미심장한 말로 모임을 마무리했다. "여기서 계발한 집중력 기술을 어떻게 일반적으로 적용하고 생활에 실천할 수 있을까요? 집중력을 훈련할 수 있다고 하면, 그 최고 수준은 얼마나 될까요? 높을까요, 낮을까요?" 그가 천천히 운을 떼듯 말하자 일부 사람들은 동요가 이는지 들썩거렸다. "이것들이 진정으로 근본적인 문제지만, 지금의 과학으로서는 그다지 명확하게 답을 할 수 없습니다." 하지만 서서히 그 답은 보이고 있다.

나흘 후 나는 새런과 마이어를 다시 만났다. 이번에는 옛날 수도원을 개조한 컨퍼런스 센터에서였다. 사람들로 북적이는 이 건물은 나무가 울창한 벼랑 끝에 자리 잡고 있어 뉴욕의 허드슨강이 다 내려다보였다. 과학적 명상 연구를 지원하는 콜로라도의 비영리 기구인 마음과삶연구소의 주최로 매년 닷새 동안 열리는 행사에 참가하기 위해 수십 명의 신경과학자들이 모여들었다. 마이어는 행사 주최자 중 한 사람이었다. 또 다른 행사 주최자인 리처드 J. 데이비슨 Richard J. Davidson은 전문 명상가의 감정 조절법 연구로 명성이 높다. 불과 20년 전만 해도 이 분야를 연구 대상으로 삼으려고 생각하는 과학자는 없었다. 지금은 두뇌 명상에 관한 소소한 정보들이 쉽게 기삿거리가 된다. 병원에서는 마음 챙김을 기반으로 하는 스트레스 감소 프로그램을 제공하고 있다. 분자생물학자

존 카밧진John Kabat-Zinn의 선구적 노력을 통해 만들어진 이 프로그램은 만성 통증부터 피부 질환에 이르기까지 다양한 질병을 치료해 준다. 신경과학자들은 어떻게 명상을 학교 수업에 접목시킬지 연구 중이다. 이제 막 꽃 피기 시작한 이 뇌과학의 하위 분야에서 집중력은 새로운 연구 초점이다. 애미쉬 자가 자신의 기념비적인 연구 결과를 발표하려 연단에 올랐을 때 행사장은 수많은 신경학자들로 꽉 들어차 있었다.[40]

자는 초보자들이 8주 동안 명상 입문 과정에 참가했을 때와 숙련된 명상가들이 한 달 동안 수도원에서 수도했을 때의 차이를 비교했다. 자는 실험 참가자들이 과정에 참가하기 전후에 포스너의 집중력 테스트를 실시했다. 각 개인의 집중력 체계 속에서 사람들이 얼마나 효율성을 보이는지 측정하는 간단한 테스트였다. 집행 집중력에서는 숙련자들이 초보자들보다 시작부터 나은 성적을 보였고, 명상 과정에 끝난 뒤에는 주의 체계의 효율성도 훨씬 나아진 것으로 드러났다. 한편 초보자들은 방향 설정 체계 부분에서 뚜렷한 향상을 보였다. 자는 이것은 집중력이 먼저 향상된 뒤에 보다 넓은 범위의 인지력이 향상되는 것으로 이해했다. 하지만 이런 훈련 효과보다도 자를 더 놀라게 한 것이 있었다. 명상에서는 다른 데서는 찾아보기 힘든 파급 효과가 나타난다는 사실이었다. 명상을 하자 사람들은 의식적인 호흡 수행과는 전혀 상관이 없는 다른 실험 과제들도 척척 해냈다. "자전거 타는 법을 배우면 외줄타기도 더 잘 하게 되는 것과 같은 이치랄까요?" 펜실베이니아대학에 조교수로 있는 자는 내게 이렇게 말했다. "뭔가를 꾸준히 한다는 면에서 그 활동들은 연관되어 있습니다. 하지만 그것들은 전혀 다른 것들이지요." 그녀의 연구에 따르면 단 8주 명상 훈련만 해도 공간 기술과 관련된 방향 설정 체계의 점수가 눈에 띄게 향상되었다. 자신의 호흡에 자꾸만 주의를 기울이는 것이 집중력의 플래시라이트를 터뜨리는 데 어떻게든 도움이 된다는 이야기였다. 점차로 명성이 높아지는 사마타 프로젝트를 통해 조만간 흥미로운 연구 결과를 얻을 수 있을 것이다. 명상은 참가자들의 집중하는 능력을 눈에 띄게 향상시켜주었고, 매일 명상 수련을 병행하면 이 향상된 능력이 7년 이상 지속될 수 있다는 사실 말이다. 이와 함께 포스너는 마음챙김 명상이 집행 집중력도 강화한다는 사실 또한 추후 밝혀냈다.[41] 자는 말을 이었다. "결국 훈련이 일상생활에 두루 적용될 수 있다는 이야기에요." 그녀는 일상의 스트레스를 해결하기 위해 인지 능력을 급속도로 향상시킬 방법을 절실히 원했는데, 몇 년 전 명상에서 그 방법을 찾았다고 했다. "하루에 30분만 투자해 보세요. 그러면 집중력이 확연히 향상돼요. 그 힘은 정말 대단하죠."

삶을 나누어 주는 집중력

윌리엄 제임스는 집중력의 크기가 우리가 태어날 때부터 정해져 있는 것은 아니라고 말했다. 집중력이 얼마든지 늘어나고 줄 수 있다는 증거가 속속 나옴에 따라 포스너와 로스바트는 학교에서 아이들에게 집중력 훈련을 시킬 것을 촉구하고 있다. 너무 늦어 버리기 전에 말이다. 성인도 단 8주 만에 집중력을 가다듬을 수 있는데, 한창 발달 단계에 있는 어린아이들의 집중력은 왜 가다듬지 않는 것인가? 몇 년 전 메리 로스바트는 한 컨퍼런스에 참석했다가 무릎을 쳤던 기억이 있다. 영장류학자 듀앤 럼바우Duane Rumbaugh가 원숭이를 훈련시켜 컴퓨터 업무를 하게 하는 데 성공을 거뒀다는 이야기를 들으면서였다. 어떤 과학자도 그 일이 성공할 것이라고 생각하지 않았다. 하지만 럼바우와 동료 연구자인 데이비드 워시번David Washburn이 무미건조하게 지적하는 것처럼 "다행히도 붉은털원숭이들은 그런 연구들에 대해 들어 본 적이 없었다."[42] 원숭이들은 조이스틱을 사용해 과제를 척척 해 나갔다. 원숭이들의 학습 능력을 알아보기 위해 정교하게 만들어진 스트룹 테스트 등의 여러 과제들을 말이다.

이 작은 동물들은 집중력과 협동심도 높아서 연구자들을 놀라게 만들었다. 포획 상태에서 태어난 원숭이들은 이런 능력이 부족한 것으로 알려져 있다. 예상치 못한 연구 결과를 통해 워시번은 새로운 초점을 발견하고 전혀 새로운 차원에서 연구를 시작했다. 그리고 이것이 오리건에 있는 포스너와 로스바트의 관심을 끌었다. 포스너와 로스바트는 원숭이들에 대한 테스트를 아이들을 위한 다섯 가지 집중력 훈련으로 바꾸었다. 앞서 소개된 여섯 살짜리 꼬마 엠마가 한 훈련도 그 중 하나였다. 이 활동들은 주로 작동 기억, 자기 조절, 계획 수립, 관찰 같은 집행 집중력을 향상시켜 준다. 30분짜리 이 훈련을 7회 받은 6세 꼬마들은 전대상회의 뇌파 활동이 성인과 비슷한 패턴을 띠었으며, 집행 집중력이 증가하는 모습을 보여주었다. 4세 꼬마들은 유동적 사고와 비언어적 추리같이 문화와 상관없는 지능이 급격히 향상된 덕에 IQ가 6점이나 올라갔다. 4세와 6세 모두 집중력 성적이 가장 나빴던 아이들이 훈련을 통해 가장 많이 향상되었다.[43] 이 속에 담긴 의미는 명확했다. 첫째, 정교하게 만들기만 하면 컴퓨터 과제를 통해 강력한 학습이 이루어질 수 있다는 사실을 보여준다. 컴퓨터가(특히 게임이) 자동적으로 어떤 내용이든 가르쳐 줄 수 있을 것이라고 기대하는 것은 무리지만, 컴퓨터는 분명 학습 수단이 될 수 있다. 포스너 같은 대가가 이용할 경우에는 특히 그렇다. 더 중요한 사실이 있다. 포스너의 연구 결과에 따르면, 지금 우리는 집중력을 어떻게 '이해하고 훈련시킬' 수 있는지 알아 가는 중이다. "현재 우리는 교육의 핵심이라고 할 수 있는 인간 두뇌 속에서 뉴런이 어떻게 발달해 가는지 그 과정을 추적할 수 있습니다. 이 말은 곧 우리가 뉴런을 보다 나은 방향으로 변화시키는 노력을 할 수 있다는 이야기입니다." 포스너는 미국심리학회 연례 모임의 대통령 초청 연설에서 이렇게 말했다. "우리는 집중력 훈련을 단순한 치료가 아닌 정규 교육과정의 일부로 생각해야 합니다."[44]

그렇다면 집중력 체계가 비정상적인 사람에게도 집중력을

훈련시킬 수 있을까? ADHD는 한때 생물학적으로 불변하고 증상 완화 치료밖에 안 되는 것으로 여겨졌다. 그러나 이제는 점점 뉴런 체계가 약해져 생기는 장애로서 그 힘을 키우면 되는 것으로 인식되고 있다.[45] 이 말은 우리가 역사상 최초로 '집중력 향상'을 통해 ADHD와의 정면 승부에 나설 수 있다는 의미다. 예를 들어 스웨덴의 신경과학자 토르켈 클링베르그Torkel Klingberg가 개발한 로보메모Robomemo의 경우, 매일 30분 동안 5주를 사용하자 ADHD에 걸린 아이들의 작동 기억 기술이 향상되었다. 클링베르크의 가설은 현명했다. 우리의 인식을 저장하는 언어 및 시공간 기억을 강화하는 것이 집행 집중력을 정상으로 돌릴 수 있는 비밀 통로가 되리라는 것이었다. 순간의 세부 사항을 기억하지 못하면 현재라는 거친 원석으로부터 더 나은 미래를 만들어 갈 수 없다. 로보메모는 파급 효과까지 가지고 있는 것처럼 보인다. 이 프로그램을 이용하면 추론 능력, 갈등 조정 능력 및 여타 집행 집중력 기능이 향상된다. (다만 한 가지 아쉬운 점은, 예비 연구에서 스웨덴 아이들은 스티커를 받기 위해 열심히 훈련에 임한 반면에 미국 아이들은 스티커에 시큰둥한 반응을 보였다는 것이다.)[46]

포스너의 연구를 각색한 사람은 스웨덴에만 있지 않았다. 린 탐Leanne Tamm 역시 ADHD에 걸릴 위험이 있는 로스앤젤레스의 유치원생을 대상으로 집행 체계를 훈련시켜 일찌감치 놀라운 결과를 내놓았다. 하지만 무엇보다 흥미로운 것은 그녀가 댈러스에서 새로 실시한 연구였다. 이 새로운 연구에서는 컴퓨터를 치우고,

8~12세의 아이들을 달래어 1980년대 뇌 손상을 입었던 사람들을 위해 개발된 집중력 훈련에 임하게 했다. 시끄러운 방 안에서 이야기 테이프를 들으면서 특정 단어가 나올 때마다 버저를 누르는 등의 방법이 동원되었다. 그러고 나서 탐은 다시 3~7세 아이들을 대상으로도 훈련을 했다. 이번에는 가족들에게 다양한 형태의 집중력 훈련을 시키고 더불어 (집중력, 자기 조절력, 기억력을 향상시켜 주는) 블록 쌓기, 카드 게임, 낱말 맞추기 등을 통해 가족간의 유대를 다지게 했다. 텍사스대학 사우스웨스턴의학센터의 정신과 조교수로 있는 탐은 "'이 CD를 TV에다 연결해서 보세요' 하는 식의 방법을 쓰는 대신 가족간의 유대를 맺을 수 있게 노력했어요" 라고 말한다. "지금은 부모가 아이들과 놀아 줄 시간이 한정돼 있는 사회잖아요."[47] 연구는 수년을 계획한 것이었지만 교사와 부모들은 불과 8주 만에 놀라운 변화가 일어났다고 말했다. 아이들 역시 자신이 그토록 원하던 관심(집중력)을 부모가 기울여 주면서 멀게 느껴지기만 했던 집중력의 개념을 비로소 이해하자 무척이나 기뻐했다. "아이들은 항상 주의를 기울이라는 이야기를 들어요. 하지만 그게 무슨 이야기인지 알지를 못하지요. 집중한다는 것이 무엇인지 공통된 언어로 알려 주는 것이 무엇보다 중요합니다." 그렇다. '집중력을 알려 주는 언어'가 필요한 것이다. 우리가 이 언어로 말할 때에만 비로소 우리의 관심(집중력)이라는 소중한 선물을 다른 사람에게 줄 수 있다.

"배려하다, 관심을 가지고 지켜보다, 돌보다. 참 달콤한 말이

군요." 앨런 월러스가 말했다. 스포츠셔츠에 면바지 차림을 한 그는 수도원에 있는 방 의자에 다리를 꼬고 앉아 오래 숙성된 와인을 음미하듯 집중력과 관련된 여러 가지 말들을 하나하나 되새겨 보고 있는 중이었다. 내가 집으로 향하기 전 그가 마지막 생각을 내놓았다. "어떤 사람이 위험한 일에 앞뒤 안 가리고 뛰어들어 목숨을 희생한다고 합시다. 예를 들면 아기를 구하고 죽는 경우 말입니다. 이러면 자기 삶을 한 번에 통째로 주는 셈입니다"라고 월러스는 스타카토처럼 톡톡 튀는 특유의 말투로 말했다. "참으로 멋진 희생입니다. 성경에서도 말씀하셨지 않습니까? '사람이 친구를 위하여 자기 목숨을 버리면 이보다 더 큰 사랑이 없나니.'[48] 정말 훌륭한 일이에요. 하지만 다른 사람에게 우리의 관심(집중력)을 줄 때도 우리는 그만큼 우리 삶을 나누어 주고 있는 겁니다. 돌려받지 않지요. 매순간 우리는 우리 인생에서 가치 있다고 보이는 것에 우리의 관심(집중력)을 나눠 주고 있습니다. 집중력, 집중력을 기르는 것, 이것이 절대적인 핵심입니다. 그것이야말로 진정한 비밀 열쇠죠."

비행기를 타기 위해 덴버로 돌아가는 길, 나는 산기슭에서 길을 잃고 말았다. 몇 마일 내에 집도 차도 거의 보이지 않아서 순간 겁이 덜컥 났다. 그러다 마침내 픽업트럭 한 대가 털털거리며 내 쪽으로 다가오는 게 보였다. 나는 차를 세웠다. 내가 좀 도와 달라고 하자 그는 따뜻한 미소를 지어 보이며 말했다. "저를 따라오세요. 저도 그 쪽으로 가는 길입니다."

산만함이란 무엇인가

월러스가 이별하며 남긴 말은 집중력에 대해 궁금해 하는 사람들에게 머릿속을 떠나지 않는 질문을 던진다. '우리는 무엇에다 주의를 기울여야 하는 걸까?' 집중력의 형태와 내용의 문제는 서로 뒤얽혀 있는 경우가 많다. 다시 말해 우리가 주의를 기울이는 방식이 우리가 주의를 기울이는 내용에 미묘하게 영향을 미칠수 있다. 업무 프로젝트와 아이 문제 두 가지 모두에 주의를 기울이느라 집중력을 쪼개면 두 문제 모두 중대성이 반감된다. 문제를외면하면 세상은 흐릿한 회색 빛깔로 둔탁해진다. 집중력이 감퇴한 결과 우리는 표면적인 관찰이나 흑백논리 등 미봉책에 안주하고 있다. 어쩌면 우리가 한 만큼 돌려받고 있는 셈이다. 여기서 잠깐 각도를 돌려 이 문제에 대해 생각해 보자. 산만함이란 과연 무엇일까? 『옥스퍼드영어사전』에서는 산만함을 "(정신이나 생각이) 한지점 혹은 경로에서 이탈하는 것, 마음이나 집중력이 딴 데로 가는 것. 보통 부정적 의미로 쓰임"이라고 정의하고 있다.[49] 산만함을 구성하는 요소는 무엇일까? 영화를 볼 때 우리는 그것에 주의를 기울이는가, 아니면 영화 때문에 집중력이 분산되는가? 이는 섣불리 대답할 수 없는 문제다. 산만함은 주의를 기울이는 사람 자신에게 달린 문제이기 때문이다.

통증에 대해 생각해 보자. 집중력에게 통증은 생존을 보장하라는 '명령'이다. 통증을 인식하려면 전대상회의 하부를 비롯해 두뇌의 다섯 체계 이상이 활성화되어야 한다.[50] 이때 집행 집중력의 핵심 작용을 통해 통증은 무시하지 못할 것이 되는 동시에, 우리 인식의 산물이 되기도 한다. 예를 들어 어떤 통증이 점점 심해진다고 생각해 보자. 그 통증을 줄여 줄 거라 믿고 집어 삼킨 알약이 위약僞藥이었다 해도 엔도르핀이 기반이 되는 두뇌의 통증 조절체계가 작동한다. 의학계에는 주의력 결핍이 통증을 경감시켜 주는 것으로 알려져 있다. 통증의 근원에서 집중력의 스포트라이트를 돌려 배경 속에 묻어 버리는 것이다. 워싱턴대학에서 심리학을 연구하는 헌터 호프먼Hunter Hoffman의 연구는 산만함의 막강한 힘을 긍정적으로 이용한 경우다. 그는 가상현실 게임을 만들어 화상 환자를 비롯해 공포증이나 외상후스트레스장애를 가진 환자에게 도움을 주었다. 매일같이 끔찍한 화상 치료를 받아야 하는 환자들은 그가 만든 〈스노우월드SnowWorld〉란 게임 속에서 북극의 자연 속을 마음껏 날아다닐 수 있다. 그러면서 새파란 얼음 속에서 불쑥 나타났다 사라지곤 하는 눈사람이나 펭귄과 눈싸움을 즐긴다. 이 모든 것은 폴 사이먼Paul Simon의 그레이스랜드Graceland 같은 노래처럼 마음을 녹이는 효과가 있다. 헌터는 게임을 통해 통증이 급격히 줄어든다는 사실을 알 수 있었다. "가상현실의 가장 큰 장점은 사람들에게 '어딘가 다른 곳'에 있다는 느낌을 준다는 것입니다. 이는 의학적 차원에서 큰 가치를 지닙니다"라고 호프먼은 말한다. 상냥한 성격에 몽상가 분위기가 나는 호프먼의 이 게임은 현재 점점 더 많은 병원에서 이용되고 있다.[51] 우리는 '자진해서'

산만함을 선택하고 집중력을 감금시킬 수도 있다. 월터 미셸의 마시멜로 테스트에서 일찌감치 과자를 먹어 버리는 영악한 아이들이 있는 것처럼 말이다. 하지만 윌리엄 제임스가 『심리학의 원리』에서 말한 것처럼 "무엇을 지나칠지 알아내는 기술, 그것이 바로 지혜로워지는 기술이다."[52] 집중력 결핍은 지혜의 음식은 되지는 못한다.

집중력 결핍에 대한 이야기를 좀 더 파고들어 가 보면 이 말 'Distraction'이 '분리'를 뜻하는 라틴어에서 왔다는 사실을 알 수 있는데 안타깝게도 본뜻은 사라져 버렸다. 16세기부터 19세기 초반까지는 본뜻 대신 '분할되다, 흩어지다, 퍼지다'의 뜻으로 쓰였다. 셰익스피어가 1606년에 쓴 『안토니우스와 클레오파트라 Anthony and Cleopatra』에는 옥타비우스의 병사 하나가 "시저가 로마에 있는 동안 병력을 조금씩 분산시켜 놓았기 때문에 그만 간첩들까지 모두 속았죠(While he was yet in Rome, His power went out in such distractions, As beguiled all Spies)"라고 말하는 대목이 있다.[53] 『옥스퍼드영어사전』의 추적에 따르면, '산만함'이란 말이 현대의 의미에 가깝게 사용된 것은 얇은 신학 논문인 〈숙녀의 거울 The Myroure of oure Ladye〉에서가 처음이었다. 이 논문은 1460년에서 1500년 사이에 신학자이자 옥스퍼드의 총장이었던 토머스 가스코인Thomas Gascoigne이 쓴 것으로 보인다. 책의 정확한 연대는 단정 지을 수 없다. 워낙 희귀한 책인 데다 현재는 단편만이 남아 있기 때문이다. 템스 강변에 설립된 부유한 수녀회를 위해 1415년 편찬된 〈숙녀의 거울〉은 시온수녀회의 신앙생활 지침서이다. 책에는 매일 아홉 번 드리던 라틴어 미사의 영어 번역과 지극히 제한된 수도원 생활에 대한 내용이 실려 있었다. 수녀들은 미사를 드릴 때를 제외하고는 아무 말도 할 수 없었고, 간략하게 몸짓으로만 대화를 했다. 수녀회 내부에는 권위에 따른 엄격한 위계질서가 자리 잡고 있었다. 예배 중에 '다른 생각'을 하는 것, 즉 '집중력을 분산'시키는 것은 바람직하지 못한 일로 지탄받았다.[54]

하지만 〈숙녀의 거울〉이 말하고자 노력했던 부분은 몽상을 단호히 금하는 것뿐만이 아니라 집중력의 기술을 가르치는 것이었다. 산만함을 다룬 부분을 보면 그 내용이 따뜻하고, 명상적인 데다, 일반 독자들에게까지 가르침을 준다. 가스코인은 주의를 기울이는 데는 노력이 필요하며, 오랜 기간 끈기를 가지고 마음 수련을 해야만 집중력을 습관으로 만들 수 있다고 말한다. 예배 중에는 다차원적으로 집중력을 발휘해야 한다. 전례에 쓰이는 말들의 외적인 의미와 내적인 의미, 전례의 진행 상황 모두에 신경을 써야 하기 때문이다. 주의력 결핍은 악마나 예배 중 훼방을 놓는 친구들 때문에 일어나기도 한다. 이런 친구들은 옥수수를 죽이는 가시나무처럼 타인의 훌륭한 성장을 질식시킨다고 저자는 주장한다. 하지만 우리 마음은 '육체적인 것이나 현실적인 것, 혹은 허영'에 사로잡혀 산만해지기도 한다. 아니면 '마음을 한 곳에 모으는 의지'가 부족해 제일 중요한 것에 계속 집중하지 못하기도 한다. 하지만 '의지 부족이나 약한 마음' 때문에 교회에서 이따금 생각이 산만해지는 것이 고해성사를 할 일은 아니라고 가스코인은 결론 내린다. "반드시 그 예배를 다시 드려야 하는 건 아니다." 〈숙녀의 거울〉의 슬기로운 가르침이 나오고 500년도 더 지난 지금, 심리학자들은 마음이 분산되는 현상이 이제까지 빛을 보지 못했지만 가능성이 풍부한 연구 분야라는 사실을 깨닫고 있다. '심적 이탈', '마음의 동요'라고도 불리는 마음의 방랑은 우리의 집중력이 외부 세계에서 떨어져 나와 다른 쪽으로 향하는 것을 말한다. 조너선 스몰우드Jonathan Smallwood와 조너선 스쿨러Jonathan Schooler의 연구 결과에 따르면 이런 현상은 사람들이 오랜 시간 쉽고 익숙한 일을 하고 있을 때 가장 흔히 일어난다고 한다.[55] 마음이 분산되는 현상은 일과 시간의 15~50퍼센트를 차지했으며 백이면 백 불시에 찾아온다. 하지만 (노련한 몽상가들이 잘 알듯) 이것이 오히려 문제 해결에 불을 지피기도 한다고 그들은 주장한다. 늘 웅성대는 우리의 마음은 집중력을 가로채 눈앞의 목표가 아닌 또 다른 목표에 대한 긴급 속보를 머릿속에 전하기도 하는 것이다. 이 대목에서 우리는 다시 한 번 집중력이 결코 말 잘 듣는 충견이 될 수 없다는 진실을 실감할 수 있다. 수녀들도 이 사실을 잘 알고 있었던 듯하다. 그녀들은 식사 중에 '영혼에 유익한' 책을 읽는 등 나름의 '정신적 오락'을 즐겼다는 19세기의 기록이 남아 있다. 중세 시대 수도원의 생활에서 핵심적인 것은 집중력이었지만 산만함도 한쪽에서 나름의 자리를 차지하고 있었던 셈이다.

묵상과 관찰로 도달하는 창의성의 세계

집중력은 항상 우리 뜻대로 움직여주지 않는다. 예기치 못한 사건의 변화, 묘한 일들, 심지어는 습관적인 생활, 이 모든 것이 우리의 집중력을 빼앗아 가고 인지력의 영역을 침입한다. 그러면 우리는 잠시 집중력을 놓을 수밖에 없다. 집중력은 우리가 외부 세계 및 내부 세계와 만나려 애를 쓸 때 그 접합 지점에 있는 제2의 피부와도 같다. 그런데 잘 사용하고 공들여 기르기만 하면, 집중력은 우리 삶을 만들어 나가는 가장 중요한 수단이 된다. 집중력 체계는 우리 자신과 환경을 통제할 수 있는 유용한 방법이 된다. 성장, 유대, 행복을 이룰 수 있는 열쇠를 얻게 되는 셈이다. 집중력이 침식당하는 문화를 받아들이면 우리는 개인이나 집단의 미래를 우리 손으로 만들어 나갈 수 있는 이 가능성을 포기해 버리는 것이다. 월터 미셸이 의지력에 대해 우리에게 경고한 것처럼, 우리가 늘 최고의 집중력을 발휘하고 싶어 하는 것은 아니다. 하지만 집중력, 관찰력, 훌륭한 판단력을 잃으면 우리는 선택의 기회마저 잃게 된다. 우리는 정말 산만함의 암흑기로 미끄러져 들어갈 것인가? 여정의 막바지에서 나는 과학과 예술이라는 정반대되는 두 분야에서 마지막 실마리를 찾을 수 있었다. 이 두 분야는 상극이지만 집중력을 세심히 분석하고, 다시 되살리고, 존중하려 노력한다는 점에서는 비슷하다. 암흑기를 되돌리기 위해서는 집중력을 이해하고, 강화하고, 그리고 '소중히 여겨야만 한다.'

맨해튼의 마차 차고를 개조해 만든 동굴처럼 어둑한 제이콥 콜린스Jacob Collins의 작업실 겸 예술 학교에 들어서면 마치 옛날 세상에 들어온 듯한 기분이 든다.[56] 회갈색 벽에는 그림이 세로로 여러 줄 걸려 있다. 선반 위에는 반짝반짝 빛나는 석고 모형들이 즐비하다. 학생들은 연단 위에 앉아 있는 누드모델 중심으로 이리저리 이젤을 세워 놓고 그 뒤에 서거나 앉은 채로 있었다. 희미한 불빛이 아른거리는 그 방은 그림에서나 볼 수 있었던 19세기의 아틀리에를 연상시켰다. 그때 건물 뒤쪽의 작업실에서 콜린스가 불쑥 모습을 드러내자 방 안에 돌연 활기가 돌았다. 관대하지만 다소 다혈질인 마흔세 살 콜린스의 엷은 갈색 머리는 마구 헝클어져 있었고, 옷에는 페인트가 여기저기 튀어 있었다.

콜린스는 오랜 옛날의 미술 세계를 다시 부활시키겠다는 포부를 가지고 있었다. 뉴욕의 미술가 및 사상가 집안에서 태어난 콜린스는 미술비평가 마이어 샤피로Meyer Schapiro의 종손이다. 그는 반反혁명론자로서 추상화가 대세를 이루고 있는 미술계에서 사실주의 전통을 다시 세우는 운동을 이끌고 있다. 불과 수십 년 되지 않았지만 그 노력은 벌써 결실을 거두고 있다. 콜린스의 그것과 비슷한 풍의 아틀리에가 미국과 유럽에서 수십 개나 생겨났다. 은은한 빛을 뿜는 듯한 콜린스의 작품은 최고 30만 달러까지 나가며, 최근 그는 정물화, 초상화, 풍경화를 수년에 걸친 도제생활을 통해 가르치는 예술 학교를 두 군데 더 열었다. 미술비평가 제임스 패너로James Panero는 "미술사를 재편집해야 할 시기가 왔다"

고 책에서 말한다.[57] 그가 미술계에서 이끌고 있는 십자군 전쟁을 지지하든 아니면 전통적인 사실주의보다 현대 미술이 좋아하든, 콜린스의 노력은 집중력이 결핍된 문화를 바꾸어 나가고자 하는 희망의 근거를 제시해 준다. 내가 그의 공간에 들어선 것도 미술계의 싸움이 어떻게 돌아가는지 알아보기 위해서가 아니다. 집중력에 대한 연구를 실제 삶에 적용한 대가에게서 한 수 배우기 위해서였다.

콜린스는 어린 시절부터 자신이 그림을 그리고 싶어 한다는 것을 알았다. 하지만 미술 실기를 배우는 과정은 절망스럽기만 했다. 그는 늘 뛰어난 글씨, 건축 조각, 걸작 그림같이 '마법처럼 기막히게 잘 만들어진 작품'들에 매료됐다. 하지만 20세기 말의 미술 학교들은 신속한 스케치와 순간의 창의성, 인상주의 테크닉을 선호했고, 콜린스에게는 이것이 인내심보다는 속도를 강조하는 것으로 느껴졌다. 콜린스는 집중력을 기민하게 (심지어는 산만한 방식으로) 활용하는 것이 삶에서 중요하다고 강조한다. 단 이때 우리는 보다 깊이 있고 지속적으로 집중력 전반을 키워 그 부족한 부분을 메워야 한다. 1986년 콜롬비아에서 역사학으로 학위를 받은 콜린스는 미술계에서는 상당 부분 잊어버린 전통적 테크닉을 활용하기 시작했다. 당시 이 테크닉은 일련의 화가들 손에서 부활을 맞고 있었는데, 그 중 한 명인 앤서니 라이더Anthony Ryder는 데생 하나를 하는 데만 70시간을 들인다. "깜짝 놀랐지요." 콜린스는 라이더를 처음 만나 공부를 같이 하던 때를 회상하며 말한다.

지금 둘은 절친한 친구 사이다. "당시 제가 데생에 들인 시간은 아무리 길어 봤자 서너 시간이었습니다. 그때 알았습니다. 모든 것은 창의성을 얼마나 쏟아 내느냐의 문제라는 것을." 콜린스는 완고하게 미술계의 주류에서 한 발 벗어나 있으며, 그래서 미술사 안에서도 그의 위치가 명확하지 않다. 그러나 그는 앨런 윌러스나 마이클 포스너처럼, 우리를 파고드는 집중력 결핍의 언어를 중화시키는 어휘들을 제공한다.

지금 콜린스는 학생들에게 단순히 그림 그리는 법만 가르치지 않는다. "채널이 마구 돌아가고 속도가 걷잡을 수 없이 빠른 집중력 결핍의 문화, 순식간에 여기저기를 돌아다니게 만드는 자동화 문화에서 한 발 떨어질 수 있는 방법을 가르친다." 콜린스는 작품 계획의 구성 틀부터, 형태 파악만을 위해 장면을 2차원으로 훑는 방법, 데생 뒤의 가상 3차원 공간을 투영해 형태, 빛, 음영을 경험하는 방법 등 여러 가지 테크닉을 학생들에게 가르치고 있다. 그는 노트를 하나 집어 들더니 사람의 허벅지를 대충 스케치했다. 그러면서 해부와 양감 등 인체를 파악하는 '지식의 기본적인 단위들'과, 자연 속에서 아름다운 패턴을 찾아내는 법, 자신을 잊고 물 흐르듯 창작 과정에 몸을 내맡기는 것에 대해 이야기해 주었다. "이 모든 생각들에는 엄청난 집중력이 요구됩니다"라고 콜린스는 말했다. "저 자신도 한 가지를 파고들며 끝없이 몰두하고자 하는 열망(전 이런 상태를 아주 좋아합니다)과 산만하다고 할 정도로 사고의 폭을 넓게 키우는 것 사이에서 늘 균형을 잡고 있습니다. 사람들은 단순히 그림이 왜 그렇게 보이는지 뿐만 아니라, 그림이 어떤 원리로 그렇게 보이는지 알고 싶어 합니다." 그는 프레더릭 처치Frederic Church, 폴 들라로슈Paul Delaroche 등 자신이 추종하는 화가들에 대해 이야기해 주었다. 이들이 살던 시대에는 자연에 대한 조용한 묵상과 정밀한 관찰이 이루어졌다. 따라서 이들 작품의 마법 같은 힘은 화가의 테크닉이나 역량에서도 나오지만 자기 세상을 '폭넓게 알아차리는' 집중력에서도 나온다.

갑자기 그가 움찔한다. 또 전화가 울리고 있었다. 한 시간 만에 세 번째였다. 콜린스는 처음에는 무시하더니 또 한 번 울리자 전화를 받았다. "제 인생은 집중력 결핍의 무한한 연속입니다." 그는 이렇게 사과를 하고 전화 통화를 짧게 마친 후 대화의 맥을 이어갔다. 자신의 예술 학교 위층에서 소설가인 아내, 그리고 세 자녀와 함께 살고 있는 콜린스는 스스로에게 인내심과 집중력을 가르치는 것이 평생의 작업에서 가장 중요한 일이라고 말했다. "저도 아주 산만한 구석이 있습니다. 바로 그 때문에 정반대 기질을 기르고 있는 것이지요. 전 초점을 갖기 위해 열심히 노력합니다. 그리고 그것이 사람들 개개인이 해내야 할 기본적인 의무가 아닐까 하는 생각을 하고 있습니다." 주의가 분산되기 쉬운 이 세상에서 집중력의 문화를 만들어 가는 것이야말로 콜린스의 가장 훌륭한 작품일지 모른다.

곁에 다가온 르네상스

깜박깜박. 땡땡. 딸깍딸깍. 나는 이제 콜린스의 고즈넉한 아틀리에를 벗어나 요란하게 돌아가는 브레인 스캐너 속에 꼼짝없이 갇혀 있었다. 나는 튜브처럼 생긴 기계 속에 등을 대고 누워 있어야 했다. 머리에 포수 헬멧 같은 장비를 쓰고, 손에는 벙어리장갑처럼 생긴 미니 키보드를 달고, 두 눈은 컴퓨터 화면에 딱 고정시킨 채였다(컴퓨터 화면은 작은 거울을 통해 내 뒤에서도 보이게 되어 있었다). 그 MRI 스캐너가 웅웅, 윙윙 요란한 소리를 내며 흔들려도, 나는 컴퓨터 화면 속에서 나를 향해 깜박거리는 조그만 빈 상자에 집중하려고 노력했다. 그 상자는 마치 "주의하세요! 바로 여기서 테스트가 시작돼요"라고 말하는 듯했다. 오늘 내가 다시 기계 속에 들어와 있게 된 것은 난해한 테크놀로지 연극을 보기 위해서가 아니라, 내 집중력의 위력을 과학적으로 파악해 보기 위해서였다. 제이콥 콜린스의 작업실에서 불과 몇 마일밖에 떨어져 있지 않은 마운트사이나이의대에서 집중력 체계 테스트(Attention Network Test: ANT)를 받는 것이다. 내 주의 체계, 방향 설정 체계, 집행 체계의 능력을 검사해 주는 이 30분짜리 심리 생체 검사는 최근 만들어진 것으로서, 개개인이 얼마나 뛰어난(혹은 열등한) 집중력을 가지고 있는지 알아보기 위해 야심차게 진행된 연구의 결과물이다.[58] 집중력의 비밀을 푸는 일에 몇 년 동안 빠져 지냈던 나 자신이 그것을 밝히는 데 조그만 빛을 더하고 있는 셈이었다(더불어 헤아릴 수 없는 내 마음을 살짝 들여다볼 수 있는 기회이기도 했다). 과연 시험을 통과할 수 있을까? 어떻게 이렇게 간단한 테스트가 그토록 복잡한 시스템을 해명해 줄 수 있다는 걸까? 재밌게도 관처럼 생긴 저 조그만 상자들이 유전, 심리, 지능, 집중력 테스트를 받는 동안 나를 안내해 주었던 머리가 엉망인 젊은 과학자의 안경처럼 보인다. 마지막 시험이 막 시작되려는 찰나 나는 벌써 이렇게 딴 생각을 하고 있다. 이번 테스트는 "아이나 환자, 원숭이라도 쉽게 치를 수 있습니다"라는 발명자의 글이 나왔다. 난감했다.

진 펜Jin Fan과 브루스 맥캔들리스가 포스너의 지도를 받으며 만든 이 ANT 테스트는 단순하면서도 집중력에 관해 많은 것을 설명해 주어 널리 활용되고 있다. 테스트 응시자가 해결해야 하는 과제는 사실 한 가지나 다름없다. 오른손이나 왼손의 버튼을 눌러 화면의 화살표가 어떤 방향을 향하고 있는지 알리는 것이다. 정말 쉬운 과제긴 하지만 화면에는 여러 가지 복잡한 요소가 있다. 이를 테면 우리가 방향을 파악해야 하는 화살표의 옆에 화살표 두 개가 따라다닌다. 목적 화살표와 이 친구 화살표들은 모두 한 방향을 가리키기도 하고, 서로 다른 방향을 가리키기도 한다. 서로 다른 방향을 가리킬 때는 스트룹 테스트를 받을 때처럼 멈칫하게 된다. ANT는 이런 불일치성을 통해 집행 집중력 능력을 측정해 준다. 즉 집중력이 분산되는 상황 속에서도 시선이 끝까지 볼을 쫓아가는 능력을 시험하는 것이다. 그러는 동안 화살표를 둘러싼 빈 상자들은 (때로는 빠르게, 때로는 천천히) 깜박이면서 화살표들이 화면 오른쪽에 나타날지, 왼쪽에 나타날지 알려 준다. 이 작은 상자들은 반응 속도를 높여 주는 역할을 하지만, 모두 동시에 깜박이거나 엉뚱한 방향에서 깜박여 시선을 흩뜨리는 식으로 방해를 하기도 한다. 무수하게 변형되며 반복되는 테스트 문항들을 클릭으로 따라다가 보면, 주변 상황을 계속 인지하고, 집중력을 특정 방향으로 돌리고, 방해물들을 물리치고 집중하는 능력이 측정된다. 테스트를 하는 동안 스캐너는 펄떡이는 두뇌의 사진을 찍는다. 우리가 사고를 할 때 두뇌가 어떤 구조가 되고 각 부분이 상대적으로 얼마나 집중하는지 알아보기 위한 작업이다. (두뇌의 활성화된 부분에는 산소량이 많은 동맥혈이 잔뜩 모인다. 이러한 부분에는 자성磁性이 나타나기 때문에 스캐너에 붙어 있는 커다란 자석으로 추적할 수가 있다.) 288개의 화살표와 상자들이 한바탕 지나가고 나자, 쿵쾅쿵쾅 두통이 일면서 몸이 축 늘어지는 기분이었다. 그리고 화면에는 점수세 개가 나란히 떠 있었다. 저것들이 의미하는 바는 무엇일까?

지금 우리가 살고 있는 첨단의 시대는 암흑기의 초입이기도 하다. 나의 집중력 성적을 한번 보자. 변화가 생겼을 때 내가 얼마나 잘 재집중하고 반응하는지 계산한 결과, 내 주의 체계의 평균 반응 시간은 0.077초, 방향 설정 체계의 반응 시간은 0.052초가 나왔다. 시시각각 변하는 세상에 반응하며 살 수 있다는 이야기다. 지금 우리 손에는 집중력을 알고, 만들고, 한껏 활용할 수 있는 잠재력이 있다. 그리고 이를 통해 점점 퍼져 나가는 집중력 결핍의 문화에 맞서 싸울 수 있다. 0.14초라는 내 집행 집중력 점수는 정상 수준에 해당한다. 그러니 완벽하게는 아니더라도 어느 정도 앞에 놓인 길을 내다볼 수 있다. 우리에게는 집중력의 문화를 만들어 낼 능력이 있다. 잠시 쉴 줄 알고, 집중하고, 유대 관계를 맺고, 판단하고, 사람이나 생각과 깊은 관계를 맺을 수 있는 능력을 회복할 수 있다는 이야기다. 그렇지 못하면 우리는 어느덧 쉽게 산만해지고 주변을 쉽게 외면해 버리고 마는 무감각한 시대에 살게 될 수도 있다. 집중력의 비밀을 밝히고자 했던 이 테스트, 지금까지의 여행, 그리고 탐색에서 내가 배운 것은 과연 무엇인가? 지금 우리는 아슬아슬한 순간에 있다. 여정은 이제 막 시작되었다. 우리는 과연 집중력의 르네상스를 일으킬 수 있을 것인가? 선택은 우리에게 달렸다.

프랑스의 인상주의 화가 피에르 오귀스트 르누아르의 그림 중엔 일상의 단편을 담은 작품들이 적지 않다. 그 그림들을 가만히 바라보고 있으면 사람들의 밝은 모습과 따뜻한 분위기에 절로 미소가 머금어지곤 한다. 그런데 이 행복의 화가 르누아르가 21세기 초입을 지나는 오늘날 태어나 붓과 캔버스를 챙겨 들고 사람들 일상을 화폭에 담으려 했다면 어땠을까?

아마 르누아르는 〈피아노 앞의 두 소녀〉나 〈뱃놀이 일행의 점심〉과 비슷한 풍경을 지금도 마주칠 수 있겠지만, 그림 속의 세부 묘사는 달라져 있지 않을까. 소녀들은 피아노에 앉아서도 악보 대신 화면을 응시하느라 정신없을지 모르고, 다 같이 뱃놀이를 나갔다 둘러앉은 사람들의 점심 식탁에는 고개를 숙인 채 스마트폰 만지작거리기에 여념이 없는 이들이 꽤 섞여 있을 것이다. 아니, 그림은 세부 묘사가 달라지는 데에 그치지 않을지 모른다. 세부는 그렇다 쳐도 르누아르가 이런 풍경을 마주하고 그려낸 그림에서도 여전히 그 특유의 밝고 따스한 분위기가 배어날까? 이 질문은 결국 이 질문과 일맥상통한다. 그 그림 속의 사람들도 여전히 행복해 보일까?

지금 우리는 집중력을 잃어버린, 혹은 도둑맞았다고까지 느끼는 시대에 살고 있다. 한 세대 전을 더듬을 만큼 나이든 이들은 집중력이 화두로 등장하면, '그러게, 내가 언제 이렇게 집중을 못 하게 됐지?' 하는 생각을 떨치기 힘들 때가 있을 것이다. 그런데 그런 경우라면 차라리 나을지도 모른다. 아주 어려서부터 화면을 응시하며 자라온 세대 가운데에는 자신들이 잃어버린 무언가가 있다는 사실조차 아예 모르는 이들도 있을 테니까.

생각하면 썩 유쾌하다고는 할 수 없는, 어쩌면 암울하기까지 한 우리 모습을 보면 자연히 이런 질문이 고개를 든다. 우리는 왜 이렇게 됐고, 우리는 왜 집중력을 잃어서는 안 되며, 어떻게 하면 그것을 되찾을 수 있을까. 미국의 저널리스트로 활발히 활동하고 있는 매기 잭슨의 책 『산만함의 탄생』에는 이 질문에 답할 수 있는 실마리들이 수두룩하다.

이 책은 첨단 기기에 둘러싸인 채 살아가는 우리의 모습을 섬뜩하리만치 생생히 그려낸다. 가상 세계에 빠져 인간과의 직접적

촉감을 경험하지 못하고, 효율성을 위해 멀티태스킹을 하면서도 거기 희생당하는 줄 모르고, 몇 시간 만에 세계 곳곳을 누비지만 정작 진정한 '집'은 느끼지 못하는 우리를 말이다. 책을 통해 그런 우리 모습을 바라보노라면 지금이 중세의 암흑기와 다름없다는 저자의 시각에 어느덧 공감이 간다.

급속도로 발달하는 첨단 기기들에 둘러싸여 있는데도 지금을 암흑기라고 부르는 건 우리가 무언가를 잃어가면서도 그걸 잃어간다는 사실조차 모르기 때문이다. 휴대전화는 우리 일상의 일부가 된 더없이 유용한 수단이지만, 그것 때문에 눈앞의 당장 중요한 것들에서 우리는 눈을 돌린다. 특유의 향과 촉감을 가진 종이책은 디지털 콘텐츠에 밀려 언제 사라질지 모르고, 조만간은 우리를 닮은 로봇을 만들어 인간 사이의 유대라는 짐까지 그들에게 떠넘길 태세다. 지금 우리는 우리에게 소중한 누군가와 무언가에 집중할 힘을 점차 잃어가고 있다.

오늘날의 암울한 풍경과 각종 문제를 그려내는 데 그쳤다면, 이 책으로 우리가 할 수 있는 일은 별로 없었을지 모른다. 이미 생활의 일부분으로 자리 잡은 첨단 기술을 내팽개칠 수는 없으니까 우울한 우리의 초상을 그냥 받아들이는 수밖에 없다면서 말이다. 하지만 『산만함의 탄생』에서 저자는 체념에만 그치지 않고 과감히 '이 암흑 속에서 우리는 무얼 해야만 하는가?'라고 물으며, 저명한 심리학자, 예술가, 고지대의 명상 체험을 직접 발로 찾아다닌 끝에 얻은 답을 제시한다. '집중력'이야말로 지금 우리가 처한 난관을 헤쳐 나갈 힘이라고, 이 집중력에서 희망을 찾을 수 있다고. 그 희망이란 아마도 미래 세대의 우리 아이들이 첨단 기기에 둘러싸인 틈에서도 여전히 행복하길 바란다는 이야기이리라.

이 글을 쓰는 지금 나는 노트북을 들고 카페에 나와 앉아 있다. 컴퓨터에서 시선을 들어 주위를 보니 제각기 나름의 시간들을 보내고 있는 사람들의 모습이 눈에 들어온다. 만일 르누아르가 화구를 챙겨 들고 이 카페에 들어선다면 과연 누구를 화폭에 담고 싶었을까. 아무래도 저 꼬마일 것 같다. 일고여덟 살은 돼 보이는, 작은 케이크를 하나 앞에 놓고, 엄마 아빠와 눈을 맞추며 끝말잇기를 하는 저 꼬마 말이다. 아이의 웃음 가득한 얼굴을 보니 이 책에 담긴 메시지가 더욱 와닿는 듯하다. 다른 데 눈 돌리지 않고 지금 우리 앞의 중요한 존재에 시선을 맞추는 힘, 그것이 우리를 행복에 이르게 하는 열쇠이다.

-2024년 2월, 왕수민

주석
- 주석에 포함된 모든 URL 주소는 2018년 1월 기준의 표기다.

개정판 서문 지금 더 시급한 과제가 된 '산만함'

1   Erik Piepenburg, "Living in an A.D.D. World: Lisa Loomer Talks about 'Distracted'", *New York Times*, March 4, 2009.

2   Sally Andrews et al., "Beyond Self-Report: Tools to Compare Estimated and Real-World Smartphone Use", *PLoS One* 10, no. 10 (October 28, 2015): e0139004.

3   Adrian Ward et al., "Brain Drain: The Mere Presence of One's Own Smartphone Reduces Available Cognitive Capacity", *Journal of the Association for Consumer Research* 2.2 (April 2017): pp. 140~54.

4   Cary Funk et al., "US Public Wary of Biomedical Technologies to 'Enhance' Human Abilities", Pew Research Center, July 26, 2016.

5   Kristen Purcell et al., "How Teens Do Research in the Digital World", Pew Research Center, November 1, 2012.

6   Eyal Ophir et al., "Cognitive Control in Media Multitaskers", *Proceedings of the National Academy of Sciences* 106, no. 37 (2009): pp. 15583~15587. Also David Sanbonmatsu et al., "Who Multi-Tasks and Why? Multi-Tasking Ability, Perceived Multitasking Ability, Impulsivity and Sensation Seeking", *PLoS One* 8, no. 1 (2013): p. e54402.

7   Adian Ward, "Brain Drain", op. cit.

8   Franklin Foer, *World without Mind: The Existential Threat of Big Tech* (New York: Penguin Press, 2017), p. 8.

9   Tristan Harris, "How Technology is Hijacking Your Mind: From a Magician and Google Design Ethicist", thriveglobal.com, May 18, 2016, https://journal.thriveglobal.com/how-technology-hijacks-peoples-minds-from-a-magician-and-google-s-design-ethicist-56d62ef5edf3. Also Nicholas Thompson, "Our Minds Have Been Hijacked by Our Phones. Tristan Harris Wants to Rescue Them", *Wired*, July 26, 2017, https://www.wired.com/story/our-minds-have-been-hijacked-by-our-phones-tristan-harris-wants-to-rescue-them/.

10 Ramsay Brown quoted in Aime Williams, "Why a Dumb Phone is a Smart Move", *Financial Times*, August 26, 2017, p. 8.

11 Sarah Firshein, "The Fastest Digital Detox Is In the Middle of the City", Bloom berg News, May 4, 2017, https://www.bloomberg.com/news/articles/2017-05-04/the-best-digital-detox-programs-in-big-cities.

12 Keats, "Ode to Psyche", line 60.

13 American Psychological Association, "Stress in America 2017 Coping With Change: Technology and Social Media", February 23, 2017.

14 International Center for Media and the Public Agenda and the Salzburg Academy on Media & Global Change, "The World Unplugged", 2010, https://icmpa.umd.edu/portfolio/the-world-unplugged/

15 Student, in an interview with the author, September 19, 2010.

16 Jesse Will, "Time for Simpler Tech: Technology Promised to Make Living Easier But Complicated It Instead. The Answer? More Tech, Especially for your Phone", *Wall Street Journal*, November 25–26, 2017, p. D11.

17 Andreas Bulling, "Indistinguishable From Magic: Pervasive Attentive User Interfaces", *Computer* 49, no. 1 (January 2016): pp. 94~98.

18 Astrid Carolus et al., "Research Report: Digital Companions", Kaspersky Lab, June 1, 2016, https://media.kaspersky.com/pdf/Carolus-et-al-DigitalCompanion-ResearchReport.pdf.

19 Penelope Green, "Alexa, Where Have You Been All My Life?" *New York Times*, July 11, 2017, https://www.nytimes.com/2017/07/11/style/alexa-amazon-echo.html.

20 Cali Williams Yost, "Launching the 'Attention Movement': Distracted by Maggie Jackson", *Fast Company*, June 26, 2008, https://www.fastcompany.com/901234/ launching-the-attention-movementdistracted-by-maggie-jackson.

21 Rachel Carson, *Silent Spring* (Boston: Houghton Mifflin, 1962), pp. 9~10.

22 Karin Foerde et al., "Modulation of Competing Memory Systems by Distraction", *Proceedings of the National Academy of Sciences* 103, no. 31 (2006): pp. 11778~11783.

23 Gloria Mark et al., "No Task Left Behind? Examining the Nature of Fragmented Work", *Proceedings of the Conference on Human Factors in Computer Systems* (2005): pp. 321~30.

서문 집중력을 회복하는 일은 우리 자신을 되찾는 일이다

1 Daniel Ho, "*1+1=0*", Richard Dresser, "Greetings from the Home Office", Malcolm Messersmith, "Chip." (presented at the State University of New York, Albany, November 2003.)

2 Adrienne LaFrance, "How Many Websites Are There?" *Atlantic*, September 30, 2015, https://www.theatlantic.com/technology/archive/2015/09/how-many-websites-are -there/408151/. 3.

3 William James, *The Principles of Psychology*, ed. Frederick Burkhardt (Cambridge, MA: Harvard University Press, 1981; originally published, 1890), 1:381~2. (윌리엄 제임스, 정양은 옮김, 『심리학의 원리』, 아카넷, 2005.)

4 Barbara Tuchman, *A Distant Mirror: The Calamitous Fourteenth Century* (New York: Knof, 1978), p. 55. Chiara Frugoni, *Books, Bank, Buttons and Other Inventions of the Middle Ages*, trans. William McCuaig (New York: Columbia University Press, 2001, 2003), pp. ix~x. (키아라 프루고니, 곽차섭 옮김, 『코앞에서 본 중세: 책, 안경, 단추, 그 밖의 중세 발명품들』, 길, 2005.)

5 Thomas Cahill, *How the Irish Saved Civilization: The Untold Story of Ireland's Heroic Role from the Fall of Rome to the Rise of Medieval Europe* (New York: Nan A. Talese, Doubleday, 1995), p. 181.

6 Dan Stanislawski, "Dark Age Contributions to the Mediterranean Way of Life", *Annals of the Association of American Geographers* 63, no.4 (1973): 397~410, here, p.398. Anthony Snodgrass, *The Dark Age of Greece: An Archeological Survey of the Eleventh to the Eighth Centuries BC* (Edinburgh: University of Edinburgh Press, 1971), pp. 2, 21, 363, 367, 381, 399~402.

7 Kenneth Clark, *Civilization: A Personal View* (London: British Broadcasting Corp. and John Murray, 1969), pp. 14, 17.

8   Umberto Eco, *Travels in Hyper Reality: Essays*, trans. William Weaver (San Diego: Hartcourt Brace Jovanovich, 1986), p. 73. Jane Jacobs, *Dark Ages Ahead* (New York: Random House, 2004), p. 3. Harold Bloom, "Great Dane", *Wall Street Journal*, April 20, 2005, p. A16.

9   Hallowell quoted in Kris Maher, "The Jungle: Focus on Recruitment, Pay and Getting Ahead", *Wall Street Journal*, March 2, 2004, p. B8.

10 Ellen Galinsky et al., *Overwork in America: When the Way We Work Becomes Too Much* (New York: Families and Work Institute, 2005), pp. 2~4.

11 Gloria Mark, Victor Gonzalez, and Justin Harris, "No Task Left Behind? Examining the Nature of Fragmented Work", *Proceeding of Conference on Human Factors in Computer Systems* (2005) : 321~30. Victor Gonzalez and Gloria Mark, "Constant, Constant Multi-tasking Craziness: Managing Multiple Working Spheres", *Proceedings of Conference on Human Factors in Computing Systems* (2004) : 113~20.

12 Victoria Rideout, Ulla Foehr, and Donald Roberts, *Generation M2: Media in the Lives of Eight to 18-Year-Olds* (Menlo Park, CA: Henry J. Kaiser Family Foundation, January 2010).

13 Kristen Purcell, Joanna Brenner, and Lee Rainie, *Search Engine Users 2012* (Washington, DC: Pew Internet and American Life Project), March 9, 2012, http://www.pewinternet.org/Reports/2012/Search-Engine-Use-2012.aspx. Melissa Gross and Don Latham, "What's Skill Go to Do with It? Information Literacy Skills and Self-Views of Ability among First-Year College Students", *Journal of the Association for Information Science and Technology* 63, no. 3 (2011): 574~83. Hoa Loranger and Jakob Nielsen, *Teenage Usability: Designing Teen-Targeted Websites* (Fremont, CA: Nielsen Norman Group, 2013).

14 Country Note: Key Findings from *PISA 2015 for the United States* (Paris: Organiza tion of Economic Co-operation and Development, 2016), p.7, https://www.oecd.org/pisa/ PISA-2015-United-States.pdf.

15 *CLA+ National Results 2016~2017* (New York: Council for Aid to Education, 2017). Steven Ingels et al., *A Profile of the American High School Sophomore in 2002: Initial Results from the Base Year of the Education Longitudinal Study of 2002* (Washington, DC: US Department of Education, National Center for Education Statistics, 2005), pp. 25~26, http://nces.ed.gov/pubs2005/2005338.pdf. *Crisis at the Core: Preparing All Students for College and Work* (Iwoa City: ACT, 2005), pp. 3, 24, http://www.act.org/path/policy/pdf/crisis_report.pdf.

16 Steven Johnson, *Everything Bad is Good for You: How Today's Popular Culture Is Actually Making Us Smarter* (New York: Riverhead Books, 2005), pp. 41~46, 61~62. (스티븐 존슨, 윤명지, 김영상 옮김, 『바보상자의 역습』, 비즈앤비즈, 2006.)

17 Kaveri Subrahmanyam et al., "The Impact of Home Computer Use on Children's Activities and Development", *Future of Children* 10, no.2 (2000): 123~44, here, p. 129. Sandra Calvert, "Cognitive Effects of Videogames", in *Handbook of Computer Game Studies*, ed. J. Raessens, and J. Goldstein (Cambridge, MA: MIT Press, 2005), pp. 125~31. June Lee and Aletha Huston, "Educational Televisual Media Effects", in *Faces of Televisual Media*, ed. Edward Palmer and Brian Young (Mahwah, NJ: L. Erlbaum Associates, 2003), pp. 83~105. C. Shawn Green and Daphne Bavelier, "Action Video Game Modifies Visual Selective Attention", *Nature* 423, no. 29 (2003): 534~37.

18 더불어 존슨은 전 세계적으로 비언어 IQ가 향상되고 있는 것은 우리가 그 어느 때보다 이미지의 지배를 많이 받는 세상에 살고 있기 때문이라고 주장한다. 물론 영양 상태가 개선되거나 단순히 사회가 복잡해져서 IQ가 향상된 거라 주장하는 사람들도 있다. 다음을 참조하라. Ulric Neisser, *The Rising Curve: Long-Term Gains in IQ and Related Measures* (Washington, DC: American Psychological Association, 1998).

19 Interviews with Brendan, his classmates, and the librarian, June 2005.

20 Ian Parker, "Absolute PowerPoint: Can a Software Package Edit Our Thoughts?" *New Yorker*, May 28, 2001, pp. 76~87.

21 Edward Tufte, *The Cognitive Style of PowerPoint* (Cheshire, CT: Graphics Press, 2003). Clive Thompson, "PowerPoint Makes You Dumb", *New York Times*, December 14, 2003, p.88. Also April Savoy, Robert Proctor, and Gavriel Salvendy, "Information Retention from PowerPoint and Traditional Lectures", *Computers & Education* 52, no. 4 (May 2009): 858~67.

22 Sherry Turkle, "From Powerful Ideas to Powerpoint", *Convergence* 9, no. 2 (2003): 24.

23 David Byrne, *Envisioning Emotional Epistemological Information* (Gottingen, Germany: Stiedel Verlag, 2003).

24 Miller McPherson, Matthew Brashers, and Lynn Smith-Lovin, "Social Isolation in America: Change in Core Discussion Networks over Two Decades", *American Sociological Review* 71 (2006): 353~75. Jerome Groopman, *How Doctors Think* (New York: Houghton Mifflin, 2007), p. 17. (제롬 그루프먼, 이문희 옮김, 『닥터스 씽킹』, 해냄, 2007.) Victoria Rideout, *The Common Sense Census: Media Use by Kids Ages Zero to Eight* (San Francisco, CA: Common Sense Media,

2017). Matthew Lapierre et al., "Background Television in the Homes of US Children," *Pediatrics* 130, no. 5 (2012): 1~8.

25 Michael Posner, and Jin Fan, "Attention as an Organ System", in *Topics in Integrative Neuroscience: From Cells to Cognition*, ed. James Pomerantz (New York: Cambridge University Press, 2007).

26 Michael Posner and Mary K. Rothbart, "Attention, Self-Regulation and Consciousness", *Philosophical Transactions: Biological Sciences* 353, no. 1377 (1998): 1916.

27 Mihaly Csikzsentmihalyi, *Flow: The Psychology of Optimal Experience* (New York: Harper Perennial, 1991), pp. 84~85. (미하이 칙센트미하이, 최인수 옮김, 『몰입: 미치도록 행복한 나를 만난다』, 한울림, 2005.)

28 위와 동일한 책.

29 Duane Rumbaugh and David Washburn, "Attention and Memory in Relation to Learning", in *Attention, Memory and Executive Function* (Baltimore, MD: Paul H. Brookes Publishing, 1995), pp. 199~219. 2007년 9월 워시번과 이메일로 소통한 내용도 참조함.

30 Mary K. Rothbart and M. Rosario Rueda, "The Development of Effortful Control", in *Developing Individuality in the Human Brain: A Tribute to Michael Posner*, ed. Ulrich Mayr, Edward Awh, and Steven Keele (Washington, DC: American Psychological Association), p. 170.

31 *Oxford English Dictionary*, Vol. 1 (Oxford: Clarendon Press, 1989), p. 765.

32 Cahill, *Irish Saved Civilization*, p. 59.

33 Lewis Lapham, *Waiting for the Barbarians* (London: Verso, 1997), p. 210.

1부 : 무엇이 우리를 산만하게 하는가

1 산만함의 뿌리를 찾아서

1 Ella Cheever Thayer, *Wired Love: A Romance of Dots and Dashes* (New York: W. J. Johnston, 1880), p. 44.

2 Blaise Cendrars, *Transsibérien et de la petite Jehanne de France* (Paris: Editions des hommes nouveaux, 2013). Translated passages from Blaise Cendrars, *Prose of the Trans-Siberian & of the Little Jeannie de France*, trans. Tony Baker (Nether Edge, Sheffield: West House Books, 2001).

3   Tom Standage, *The Victorian Internet: The Remarkable Story of the Telegraph and the Nineteenth Century's Online Pioneers* (London: Walker and Co., 1998), p.2.

4   James Katz and Mark Aakhus, eds., *Perpetual Contact: Mobile Communication, Private Talk, Public Performance* (New York: Cambridge University Press, 2001), p. 2.

5   James Gleick, *Faster: The Acceleration of Just about Everything* (New York: Pantheon Books, 1999), pp. 99~100.

6   Standage, *Victorian Internet*, pp. 25, 102.

7   Karl Lamprecht, *Deutsche Geschichte de jüngsten Vergangenheit und Gegenwart* (Berlin, 1912), 1:172. Reprinted in Stephen Kern, *The Culture of Time and Space 1880-1918* (Cambridge, MA: Harvard University Press, 1983), p. 230. (스티븐 컨, 박성관 옮김, 『시간과 공간의 문화사 1880~1918』, 휴머니스트, 2006.)

8   Fernand Léger, "The Origins of Painting and Its Representational Value"(1913). Reprinted in Edward Fry, ed., *Cubism* (London: Thames and Hudson, 1966), pp. 121~27.

9   Kern, *The Culture of Time and Space*, p77.

10 Paul Collins, "Love on a Wire", *New Scientist*, December 21, 2002, p. 40. Also Thayer, *Wired Love*, p. 25.

11 Standage, Victorian Internet, p. 133.

12 "Romances of the Telegraph," *Western Electrician* 9, no. 10 (1891): 130~31.

13 Kern, *Culture of Time and Space*, p. 314.

14 Teen quoted in Bonka Boneva et al., "Teenage Communication in the Instant Messaging Era," in *Computers, Phones and the Internet: Domesticating Information Technology*, ed. Robert Kraut, Malcolm Bryin, and Sara Kiesler (Oxford: Oxford University Press, 2006), pp. 201~18, here, p. 212.

15 Thomas Edison, *The Diary and Sundry Observations of Thomas Alva Edison*, ed. Dagobert Runes (New York: Philosophical Library, 1948), p. 233.

16 Pamela Thurschwell, *Literature, Technology and Magical Thinking: 1880-1920* (Cambridge: Cambridge University Press, 2001), pp. 22~23.

17 위와 동일한 책, p.3.

18 Sarah Waters, "Ghosting the Interface: Cyberspace and Spiritualism", *Science as Culture* 6, no. 3 (1997): 414~43, here, p. 428.

19 Charles Herold, "What Fools These Avatars Be", *New York Times*, September 16, 2004, p. G1.

20 Jonathan Crary, *Suspensions of Perception: Attention, Spectacle and Modern Culture* (Cambridge, MA: MIT Press, 1999), p. 78.

21 Lord Salisbury's speech reported by the *Electrician*, November 8, 1889. Reprinted in Kern, *Culture of Time and Space*, p. 68.

22 Ithiel de Sola Pool, *The Social Impact of the Telephone* (Cambridge, MA: MIT Press, 1977), p.24.

23 Pierre Teilhard de Chardin, *Toward the Future*, 1st American ed., trans. René Hague (New York: Harcourt Brace Jovanovich, 1975), p. 213. See also Thomas King and James Salmon, ed., *Teilhard and the Unity of Knowledge: The Georgetown University Centennial Symposium* (New York: Paulist Press, 1983). Also James Bix, *Pierre Teilhard de Chardin's Philosophy of Evolution* (Springfield, IL: Thomas, 1972), pp. 5, 11~16, 139.

24 Jon Gertner, "Social Netwroks", *New York Times Magazine*, December 14, 2003, p. 92.

25 August Fuhrmann, *Das Kaiserpanorama und das Welt-Archiv polychromer Stereo-Urkunden auf Glas* (Berlin, 1905), p. 8. Reprinted in Stephan Oettermann, *The Panorama: History of a Mass Medium*, trans. Deborah Lucas (New York: Zove Books, 1997), p. 230.

26 위와 동일한 곳에 인용된 벤야민의 말.

27 Angela Miller, "The Panorama, the Cinema and the Emergence of the Spectacle", *Wide Angle* 18, no. 2 (1996): 34~69, here, p. 48.

28 Henry Maudsley, *The Physiology of Mind* (New York: D. Appleton & Co., 1877), p. 310.

29 Michael Hagner, "Toward a History of Attention in Culture and Science", *MLN* 118, no. 3 (2003): 670~87, here, p. 680.

30 Friedrich Nietzsche, "Menshilsches, Allzumenschillches", *Kritishche Studienausgbe* (Munich: Deutscher Taschenbuch Verlag, 1980), 2:231. Reprinted in Hagner, "Toward a History of Attention," p. 683.

31 Kern, *Culture of Time and Space*, p. 149.

32 Lorraine Daston, "Attention and the Values of Nature in the Enlightenment", in *The Moral Authority of Nature*, ed. Lorraine Daston, and F. Vidal (Chicago: University of Chicago Press, 2004), pp. 100~26.

33 Hagner, "Toward a History of Attention," p. 686.

34 위와 동일한 곳, p. 679.

35 Bram Stoker, *Dracula: A Norton Critical Edition*, ed. Nina Auerbach and David Skal (New York: W. W. Norton, 1977), p. 252.

36 Crary, *Suspensions of Perception*, p. 69.

37 Joseph Urgo, *In the Age of Distraction* (Jackson: University Press of Mississippi, 2000), p. 169.

38 Sven Birkerts, *The Gutenberg Elegies: The Fate of Reading in an Electronic Age* (Boston: Faber and Faber, 1994), pp. 74~75.

39 Freud quoted in Ernest Jones, *The Life and Work of Sigmund Freud* (New York: Basic Books, 1953~1957), 2:36~37. Reprinted in Crary, *Suspensions of Perception*, p. 363.

40 Jeremy Rifkin, *The European Dream: How Europe's Vision of the Future Is Quietly Eclipsing the American Dream* (New York: Jeremy P. Tarcher/Penguin, 2004), p. 89. (제러미 리프킨, 이원기 옮김, 『유러피언 드림』, 민음사, 2005.)

41 Robert Hendrick, "Albert Robida's Imperfect Future", *History Today* 48, no. 7 (July 1998): 27.

42 Philippe Willems, introduction and critical materials for Albert Robida, *The Twentieth Century*, trans. Philippe Willems (Middletown, CT: Wesleyan University Press, 2004), p. xiii.

43 위와 동일한 책, p. 391.

2 짧아지는 감정의 유통기한

1 Interview with Alan Edelson, May 2006.

2 David Kesmodel, "To Find a Mate, Raid a Dungeon or Speak Like an Elf", *Wall Street Journal*, June 9, 2006, p. A1.

3 Manuel Castells, *The Rise of the Networked Society*, 2nd ed. (Malden, MA: Blackwell Publishers, 2000), 1: 403~404.

4 Sherry Turkle, "Computer Games as Evocative Objects: From Projective Screens to Relational Artifacts", in *Handbook of Computer Game Studies*, ed. Joost Raessens and Jeffrey Goldstein (Cambridge, MA: MIT Press, 2005), p. 278.

5 Barry Wellman, "Changing Connectivity: A Future History of Y2.03K", *Sociological Research Online* 4, no. 4 (2000): sect. 1.5, http:// www. socresonline.org.uk/4/4/wellman.html.

6 William Gibson, *Neuromancer* (New York: Ace Books, 1984), p. 4.

7 Quoted in Pamela Roberts, "The Living and the Dead: Community in the Virtual Cemetery", *Omega: The Journal of Death & Dying* 49, no. 1 (2004): 57~76, here, pp. 60~61.

8   Interview with Pamela Roberts, May 2006.

9   Warren St. John, "Rituals of Grief Go Online as Web Sites Set Up to Celebrate Life Recall Lives Lost", *New York Times*, April 27, 2006, p. A19.

10 Sandra Gilbert, *Death's Door: Modern Dying and the Ways We Grieve* (New York: W. W. Norton, 2006), p. 247.

11 David Moller, *Confronting Death* (New York: Oxford University Press, 1996), p. 134.

12 St. John, "Rituals of Grief."

13 Gilbert, *Death's Door*, p. 84.

14 Pamela Roberts and Deborah Schall, "'Hey Dad It's Me Again': Visiting in the Cyberspace Cemetery", paper presented at the Seventh Death, Dying, and Disposal Conference, Bath, UK, September 15~19, 2005.

15 Dagobert Runes, ed., *The Diary and Sundry Observations of Thomas Alva Edison* (New York: Philosophical Library, 1948), p. 233.

16 Michael Benedikt, ed., *Cyberspace: First Steps* (Cambridge, MA: MIT Press, 1991), p. 131.

17 Margaret Wertheim, *The Pearly Gates of Cyberspace: A History of Space from Dante to the Internet* (New York: W. W. Norton, 1999), pp. 21~23.

18 William Shakespeare, *The Tragedy of Hamlet, Prince of Denmark*, act III, scene 1, 79.

19 Yi-Fu Tuan, *Space and Place: The Perspective of Experience* (Minneapolis: University of Minnesota Press, 1977), pp. 6, 52, 54, 140.

20 Randal Walser, "Elements of a Cyberspace Playhouse", in *Virtual Reality: Theory, Practice and Promise*, eds. S. K. Helsel and J. Paris Roth (Westport: Meckler, 1991), p. 53. Reprinted in Sarah Waters, "Ghosting the Interface: Cyberspace and Spiritualism", *Science as Culture* 6, no. 3 (1997): 415.

21 Hans Moravec, *Robot: Mere Machine to Transcendent Mind* (New York: Oxford University Press, 1999), p. 167

22 Stef Aupers, "The Revenge of the Machines: On Modernity, Digital Technology and Animism", *Asian Journal of Social Science* 30, no. 2 (2002): 199~220, here, p. 216.

23 Interviews with Mae, Beth, and Willie Cohen, May 2006.

24 Barry Wellman, "Changing Connectivity", sects. 7.2~7.3, 8.2.

25 Jeffrey Boase and Barry Wellman, "Personal Relations On and Off the Internet", in Daniel Perlman, and Anita L. Vangelisti eds., *The Cambridge*

Handbook of Personal Relationships (Cambridge: Cambridge University Press, 2006), pp. 709~23.

26 danah boyd, Jeff Potter, and Fernanda Viegas, "Fragmentation of Identity through Structural Holes in Email", paper presented at International Sunbelt Social Network Conference XXII, New Orleans, February 13~17, 2002.

27 Interview with Clay Shirky, May 2006.

28 danah boyd research cited in Michael Erard, "Decoding the New Cues in Online Society", *New York Times*, November 27, 2003, p. G1.

29 John Perry Barlow quoted in Paul Tough, "What Are We Doing Online?" *Harper's Magazine*, August 1995, pp. 35~46.

30 E. M. Forster, "The Machine Stops", in *The Machine Stops and Other Stories*, ed. Rod Mengham (London: Andre Deutsch, 1997), p.87.

31 Robert Kraut et al., "Internet Paradox Revisited", *Journal of Social Issues* 58, no. 1 (2002): 49~74, here, pp. 61, 67~69. Also Irina Shklovski, Robert Kraut, and Lee Rainie, "The Internet and Social Participation: Contrasting Cross-Sectional and Longitudinal Analyses", *Journal of Computer Meditated Communication* 10, no. 1 (2004), http://jcmc.Indiana.edu/vol10/issue1/.

32 Ariana E. Cha, "Home Alone", *Washington Post*, July 13, 2003, p. W8.

33 Edward Castronova, "Virtual Worlds: A First-Hand Account of Market and Society on the Cyberian Frontier", *CESifo Working Paper Series No. 618*. (December 2001), 1~66.

34 Yi-Fu Tuan, *Escapism* (Baltimore, MD: Johns Hopkins University Press, 1998), p. xvi.

35 Wellman, *Changing Connectivity*, sect. 7.12.

36 Boase and Wellman, "Personal Relations."

37 Jennifer Egan, "Love in the Time of No Time," *New York Times Magazine*, November 23, 2003, p. 66.

38 Interview with Miguel de los Santos, May 2006.

39 Jan-Willem Huisman and Hanne Marckmann, "I Am What I Play: Participation and Reality as Content", in *The Handbook of Computer Game Studies*, ed. Joost Raessens and Jeffrey Goldstein (Cambridge, MA: MIT Press, 2005), p. 397.

40 Barry Wellman and Bernie Hogan, "The Immanent Internet", in *Netting Citizens: Exploring Citizenship in the Internet Age*, ed. Johnston McKay (St. Andrews, Scotland: University of St. Andrews Press, 2004), pp. 54~80.

41 Jeffrey Boase et al., *The Strength of Internet Ties* (Washington, DC: Pew Internet and American Life Project, 2006), pp. vi, 16, http://www.pewinternet. org/2006/01/25/thestrength-of-internet-ties/. Also Maria Konnikova, "The Limits of Friendship", *New Yorker*, October 7, 2014, https://www.newyorker. com/science/maria-konnikova/social-media-affect-math-dunbar-number-friendships.

42 Miller McPerson, Matthew Brashears, and Lynn Smith-Lovin, "Social Isolation in America: Changes in Core Discussion Networks over Two Decades", *American Sociological Review* 71 (2006): 353~75, here, p. 358. Stephanie Cacioppo et al., "Loneliness: Clinical Import and Interventions", *Perspectives on Psychological Science* 10, no. 2 (2015): 238~49.

43 Amanda Lenhart, *Teens and Technology: Youth Are Leading the Transition to a Fully Wired and Mobile Nation* (Washington, DC: Pew Internet & American Life Project, July 27, 2005), pp. iv, 13.

44 Interview with Elinor Ochs, May 2006. See also Joseph Verrengia, "American Families' Plight: Lives Structured to a Fault", *Seattle Times*, March 20, 2005, p. A3.

45 Alessandro Duranti, "Universal and Culture-Specific Properties of Greetings", *Journal of Linguistic Anthropology* 7, no. 1 (1997): 63~97, here, pp. 67~68. Also interview with Duranti, May 2006.

46 Goffman cited in Candace West, "Social Accessibility and Involvement: Challenges of the Twenty-first Century", *Contemporary Sociology* 29, no. 4 (2000): 584~90.

47 Elinor Ochs and Tamar Kremer-Sadlik, *Fast-Forward Family: Home, Work, and Relationships in Middle-Class America* (Berkeley: University of California Press, 2013), pp. 31, 58.

48 Interviews with Tammy, Randy, Jordan, and Lindsay Browning, June 2006.

49 Anthony Giddens, *The Transformation of Intimacy: Sexuality, Love and Eroticism in Modern Societies* (Cambridge, MA: Polity Press, 1992), p. 96.

50 Michael Heim, "The Erotic Ontology of Cyberspace", in *Reading Digital Trend*, ed. David Trend (Oxford: Blackwell Publishers, 2001), p. 81.

51 Paul Virilio, "Speed and Information: Cyberspace Alarm!", 위와 동일한 책, p. 24.

52 Kate Zernike, "First, Your Water Was Filtered. Now It's Your Life", *New York Times*, March 21, 2004, p. WK4.

53 Albert Borgmann, *Holding on to Reality: The Nature of Information at the Turn of the Millenium* (Chicago: University of Chicago Press, 1999), pp. 22, 106, 110.

54 E. B. White, *One Man's Meat* (Gardiner, ME: Tilbury House, 1997, 1983), p. 3.

55 Mark Slouka, *War of the Worlds: Cyberspace and the High-Tech Assault on Reality* (New York: Basic Books, 1995), p. 3. (마크 슬로카, 김인환 옮김, 『사이버스페이스 전쟁』, 한국경제신문사, 1996.)

56 Sherry Turkle, *The Second Self: Computers and the Human Spirit*, 20th anniversary ed. (Cambridge, MA: MIT Press, 2005), p. 15.

57 Borgmann, *Holding on to Reality*, p. 185.

58 Nick Bunkley and Micheline Maynard, "Hoffa Search Finds Town's Sense of Humor", *New York Times*, May 24, 2006, p. A21.

59 Thomas Lynch, *Booking Passage: We Irish and Americans* (New York: W. W. Norton, 2005). Interview with Lynch, May 2006.

60 W. H. Auden, "Musée de Beaux Arts", in *An Introduction to Poetry*, 11th ed., ed. X. J. Kennedy and Dana Gioia (New York: Pearson Longman, 2005), p. 450.

3 멀티태스킹의 불편한 진실

1 Interview with Daniel Anderson, May 2006.

2 Daniel Anderson and Heather Kirkorian, "Attention and Television", in *The Psychology of Entertainment*, ed. J. Bryant and P. Vorderer (Mahway, NJ: Lawrence Erlbaum, 2006), pp. 35~54.

3 John E. Richards and Daniel Anderson, "Attentional Inertia in Children's Extended Looking at Television", *Advances in Child Development and Behavior*, ed. R. V. Kail (Amsterdam: Academic Press, 2004), 32: 163~212, here, p. 168.

4 Daniel Anderson and Tiffany Pempek, "Television and Very Young Children", *American Behavioral Scientist* 48, no. 5 (January 2005): 505~22, here, p. 508.

5 Marie Schmidt et al., "The Effects of Background Television on the Toy Play of Very Young Children", *Child Development*, in press.

6 Heather Kirkorian et al., "The Impact of Background Television on Parent-Child Interaction", poster presented at the biannual meeting of the Society for Research in Child Development, Atlanta, April 2005.

7 Victoria Rideout, *The Common Sense Census: Media Use by Kids Ages Zero to*

Eight (San Francisco, CA: Common Sense Media, 2017).

8 Marshall McLuhan, *Understanding Me: Lectures and Interviews*, ed. Stephanie McLuhan and David Staines (Cambridge, MA: MIT Press, 2003), p. 129. (마셜 매클루언, 김정태 옮김, 『매클루언의 이해: 그의 강연과 대담』, 커뮤니케이션북스, 2007.)

9 Shira Offer and Barbara Schneider, "Revisiting the Gender Gap in Time-Use Patterns: Multitasking and Well-Being among Mothers and Fathers in Dual-Earner Families", *American Sociological Review* 76, no. 6 (2011): 809~33.

10 Bonka Boneva et al., "Teenage Communication in the Instant Messaging Era", in *Computers, Phones and the Internet: Domesticating Information Technology*, ed. Robert Kraut, Malcolm Bryin, and Sara Kiesler (Oxford: Oxford University Press, 2006), pp. 201~18.

11 Lisa Guernsey, "In the Lecture Hall, A Geek Chorus", *New York Times*, July 24, 2003, Circuits sect., p. 1.

12 위와 동일한 글.

13 Caryn James, "Splitting. Screens. For Minds. Divided", *New York Times*, January 9, 2004, p. E1.

14 August Fuhrmann, *Das Kaiserpanorama und das Welt-Archiv polychromer Stereo-Urkunden auf Glas* (Berlin, 1905), p. 8. Reprinted in Stephan Oettermann, *The Panorama: History of a Mass Medium*, trans. Deborah Lucas Schneider (New York: Zone Books, 1997), p. 230.

15 Interview with David Meyer, May 2006.

16 Jonathan Crary, *Suspensions of Perception: Attention, Spectacle and Modern Culture* (Cambridge, MA: MIT Press, 1999), p. 29.

17 위와 동일한 책, pp. 11~12, 27.

18 Arthur Jersild, "Mental Set and Shift", *Archives of Psychology* 29 (1927).

19 Interviews with Steven Yantis and David Meyer, May, June, and July 2006.

20 David E. Meyer, *Professional Biography Published on the Occasion of His Distinguished Scientific Contribution Award* (Washington, DC: American Psychological Association, 2002), http://www.umich.edu/~bcalab/Meyer_Biography.html.

21 John Serences and Steven Yantis, "Selective Visual Attention and Perceptual Coherence", *Trends in Cognitive Sciences* 10, no. 1 (2006): 38~45. Also Steven Yantis, "How Visual Salience Wins the Battle for Awareness", *Nature Neuroscience* 8, no. 8 (2005): 975~77.

22 Serences and Yantis, "Selective Visual Attention", p. 43.

23 Yantis, "How Visual Salience Wins", p. 975.

24 Susan Landry et al., "Early Maternal and Child Influences on Children's Later Independent Cognitive and Social Functioning", *Child Development* 71, no. 2 (2000): 358–75, here, p. 370.

25 Charles O'Connor, Howard Egeth, and Steven Yantis, "Visual Attention: Bottom-Up versus Top-Down", *Current Biology* 14, no. 19 (2004): R850~52.

26 "Continuous Partial Attention", *Linda Stone*, https://lindastone.net/qa/continuous-partial-attention/.

27 Alan Lightman, "The World Is Too Much with Me", in *Living with the Genie: Essays on Technology and the Quest for Human Mastery*, ed. Alan Lightman, Daniel Sarewitz, and Christine Dresser (Washington, DC: Island Press, 2003), pp. 287~303, here, pp. 287, 292.

28 Joshua Rubenstein, David Meyer, and Jeffrey Evans, "Executive Control of Cognitive Processes in Task-Switching", *Journal of Experimental Psychology, Human Perception and Performance* 27, no. 4 (2001): 763~97.

29 Peter F. Drucker, *Age of Discontinuity* (New York: Harper & Row, 1969), p. 271. Also Peter Drucker, "The Coming Rediscovery of Scientific Management", *Conference Board Record* 13 (June 1976): 13~27, here, p. 26. (피터 드러커, 이재규 옮김, 『단절의 시대』, 한국경제신문사, 2003.)

30 Daniel A. Wren and Ronald Greenwood, *Management Innovators: The People and Ideas That Have Shaped Modern Business* (New York: Oxford University Press, 1998), pp. 134~35, 139. Also Dilys Robinson, "Management Theorist: Thinkers for the 21st Century?" *Training Journal* (January 2005): 30~32.

31 Drucker, "Coming Rediscovery of Scientific Management."

32 Wren and Greenwood, *Management Innovators*, p. 138.

33 Charles Wrege and Ronald Greenwood, *Frederick W. Taylor: The Father of Scientific Management: Myth and Reality* (Homewood, IL: Business One Irwin, 1991), p. 254.

34 Daniel Nelson, "Frederick W. Taylor", American National Biography Online, http://www.anb.org/articles/20/20-01725.html.

35 Wren and Greenwood, *Management Innovators*, p. 136.

36 Walter Benjamin, "The Age of Mechanical Reproduction", in *Illuminations*, ed. Hannah Arendt (New York: Harcourt, Brace & World, 1968), p. 237.

37 Charles Leland, "Quickness of Perception", *Memory and Thought*, vol. 2 (Harrisburg, PA: J. P. Downs, 1891). Reprinted in Stephen Arata, "On Not Paying

Attention", *Victorian Studies* 46, no. 2 (Winter 2004): 193 ~205, here, p. 199.

38   Arata, "On Not Paying Attention."

39   Nelson, "Frederick W. Taylor."

40   Merle Thomas, "The Gold Standard", *Industrial Engineer* 38, no. 4 (2006): 35.

41   Peter Drucker, *Management Challenges for the 21st Century* (New York: Harper Business, 1999), p. 138. (피터 드러커, 이재규 옮김, 『21세기 지식 경영』, 한국경제신문사, 2002.)

42   "Report of a Lecture by and Questions Put to Mr. F. W. Taylor", *Journal of Management History* 1, no. 1 (1995): 8~32, here, p. 10. Also Robinson, "Management Theorist."

43   Wren and Greenwood, *Management Innovators*, p. 143.

44   Quoted in Clive Thompson, "Meet the Life Hackers", *New York Times Magazine*, October 16, 2005, pp. 40~45.

45   Gloria Mark, Victor Gonzalez, and Justin Harris, "No Task Left Behind? Examining the Nature of Fragmented Work", proceedings of the Conference on Human Factors in Computer Systems (Portland, OR, 2005): 321~30. Also interview with Gloria Mark, July 2006.

46   위와 동일한 글.

47   Thompson, "Meet the Life Hackers", p. 42.

48   Tony Gillie and Donald Broadbent, "What Makes Interruptions Disruptive? A Study of Length, Similarity and Complexity", *Psychological Research* 50 (1989): 243~50.

49   Jonathan Spira and Joshua Feintuch, *The Cost of Not Paying Attention: How Interruptions Impact Knowledge Worker Productivity* (New York: Basex, 2005), pp. 2, 10.

50   Mark, Gonzalez, and Harris, "No Task Left Behind", p. 326.

51   위와 동일한 글, p. 324.

52   Henry James, "A Novelist's View of the Morrises", in *William Morris: The Critical Heritage*, ed. Peter Faulkner (London: Routledge Kegan Paul, 1973), pp. 77~78.

53   Peter Ackroyd, "Blooming Genius", *New Yorker*, September 23, 1996, pp. 90~94.

54   Edward Carpenter, "Morris' 'Great Inspiring Hatred'", in Faulkner, *William Morris*, pp. 401~403.

55   Ackroyd, "Blooming Genius."

56 위와 동일한 글.

57 Peter Stansky, "Morris", in *Victorian Thinkers: Carlyle, Ruskin, Arnold, Morris* (Oxford: Oxford University Press, 1993), pp. 327~408, here, p. 345.

58 William Morris, "The Revival of Handicraft," *Fortnightly Review* 1 (November 1888): 603~11, here, p. 606.

59 William Morris, *News from Nowhere: Or an Epoch of Rest, Being Some Chapters from a Utopian Romance*, ed. Krishan Kumar (Cambridge: Cambridge University Press, 1995), p. 213.

60 Arata, "On Not Paying Attention", p. 199.

61 William Butler Yeats, "Review", in *Bookman* (November 1896): x, 37 – 38. Reprinted in Faulkner, *William Morris*, pp. 415~17. Also George Bernard Shaw, *Morris as I Knew Him* (New York: Dodd, 1936), p. 41.

62 Yeats, "Review."

63 Tara Matthews et al., "Clipping Lists and Change Borders: Improving Multitasking Efficiency with Peripheral Information Design", *Proceedings of the Conference on Human Factors in Computer Systems* (April 2006): 989~98.

64 Scott Brown and Fergus I. M. Craik, "Encoding and Retrieval of Information", *Oxford Handbook of Memory*, ed. Endel Tulving and Fergus I. M. Craik (New York: Oxford University Press, 2000), pp. 93~107, here, p. 79.

65 위와 같은 글. 다음의 글도 참조했다. Sadie Dingfelder, "A Workout for Working Memory", *Monitor on Psychology* 36, no. 8 (2005), http://www.apa.org/monitor/sep05/workout.html. Jan de Fockert et al., "The Role of Working Memory in Visual Selective Attention", Science 291, no. 5509 (2001): 1803~1804.

66 Lori Bergen, Tom Grimes, and Deborah Potter, "How Attention Partitions Itself during Simultaneous Message Presentations", *Human Communication Research* 31, no. 3 (2005): 311~36.

67 Interview with Mary Czerwinski, July 2006.

68 E-mail exchange with Roel Vertegaal, December 2016 and May 2018. Evan Peck et al., "Designing Brain-Computer Interfaces for Attention-Aware Systems", *Computer* 48, no. 10 (2015): 34~42. W. Wayt Gibbs, "Considerate Computing", *Scientific American*, January 2005, pp. 55~61.

69 Horwitz quoted in Gibbs, "Considerate Computing."

70 McCarthy quoted in Peter Weiss, "Minding Your Business", *Science News* 163, no. 18 (2006): 279.

71 Paul Virilio, *The Vision Machine* (Bloomington: Indiana University Press, 1994), p. 59.

72 Jane Healy, *Endangered Minds: Why Our Children Don't Think* (New York: Simon & Schuster, 1990), p. 153.

73 Arthur T. Jersild, "Reminiscences of Arthur Thomas Jersild: Oral History 1967", interviewer T. Hogan (New York: Columbia University, 1972), pp. 2, 20, 40~41, 79, 246.

74 Brown and Craik, *Oxford Handbook of Memory*, pp. 93~97. Also John T. Wixted, "A Theory about Why We Forget What We Once Knew", *Current Directions in Psychological Science* 14, no. 1 (2005): 6~9.

75 Alan Lightman, *The Diagnosis* (New York: Pantheon Books, 2000), pp. 3~20.

4 머물지 못하고 끊임없이 이동하는 사람들

1 Interview with Regina Lewis, September 2006.

2 Kate Murphy, "Look! We Can Drive and Snack at the Same Time", *New York Times*, November 2, 2003, p. 3.

3 USDA Economic Research Service, "Foods Away-from-Home", 2012, https://www.ers.usda.gov/topics/food-choices-health/food-consumption-demand/food-away-from-home.aspx.

4 Data for year ending September 2017, provided to author by the NPD Group / CREST, January 5, 2018.

5 Data for year ending February 2017, provided to author by the NPD Group / CREST, January 5, 2018.

6 Paul Rozin, "The Meaning of Food in Our Lives: A Cross-Cultural Perspective on Eating and Well-Being", *Journal of Nutrition, Education and Behavior* 37, supplement 2 (2005): 19~24.

7 Zygmunt Bauman, *Globalization: The Human Consequences* (New York: Columbia University Press, 1998), p. 2. (지그문트 바우만, 김동택 옮김, 『지구화, 야누스의 두 얼굴』, 한길사, 2003.)

8 George Pierson, "A Restless Temper", *American Historical Review* 69, no. 4 (July 1964): 969~89, here, p. 980.

9 Sylvia Hilton and Cornelis van Minnen, *Nation on the Move: Mobility in U.S. History* (Amsterdam: VU University Press, 2002), p. 4.

10 위와 동일한 책, p. 5.

11 Alexis de Tocqueville, *Journey to America*, ed. J. P. Mayer (New Haven, CT: Yale University Press, 1960), pp. 182~83. Also Alexis de Tocqueville, *Democracy in America*, ed. Phillips Bradley (New York: Knopf, 1945), 2:136~7. Reprinted in Pierson, "Restless Temper", pp. 987~88. (알렉시스 드 토크빌, 박지동, 임효선 옮김, 『미국의 민주주의』, 한길사, 1997.)

12 Nigel Thrift, *Spatial Formations* (London: Sage, 1996), p. 266.

13 US Census Bureau, "Moving in America: US Mover Rate at Historic Low", Current Population Survey 1948 – 2016 Table, www.census.gov/programs-surveys/cps.html. Jason Schachter, *Geographic Mobility: 2002 to 2003* (Washington, DC: US Census Bureau Current Population Reports, March 2003). Also Douglas Wolf and Charles Longino Jr., "Our 'Increasingly Mobile Society'? The Curious Persistence of a False Belief", *Gerontologist* 45, no. 1 (2005): 5. Miles driven from Federal Highway Administration data, obtained by author interview with FHA spokesman Doug Hecox, January 4, 2018.

14 Kenneth Gergen, *The Saturated Self: Dilemmas of Identity in Contemporary Life* (New York: Basic Books, 1991), p. 61.

15 "The World of Air Transport 2016," Annual Report of the International Civil Aviation Organization", https://www.icao.int/annual-report-2016/Pages/the-world-of-air-transport-in-2016.aspx. Also Hilton Worldwide Corp. (2016). 2016 Report of Hilton Worldwide Corp., p. 3, http://ir.hilton.com/~/media/Files/H/Hilton-Worldwide-IR-V3/annual-report/2016-annual-report.pdf.

16 Cullen Murphy, "The Oasis of Memory", *Atlantic Monthly*, May 1998, p. 24.

17 Bauman, *Globalization*, pp. 121~22.

18 Interview with Jaime Eshak, October 2006.

19 Data provided to author by Mintel Global New Products Database, Mintel International, January 2018.

20 Interview with Mekonnen Kebede, October 2006.

21 "Nutritional Shakes and Bars: U.S. Retail Market Trends and Opportunities", *Packaged Facts* (Rockville, MD: Market Research Group, November 2017).

22 *National Eating Trends* (Port Washington, NY: NPD Group, 2015), https://www.npd.com/wps/portal/npd/us/news/press-releases/2015/us-consumers-are-eating-nearly-as-much-fresh-foods-as-30-years-ago/.

23 Interview with Kevin Elliott, October 2006.

24 Clotaire Rapaille, *The Culture Code* (New York: Broadway Books, 2006), pp. 143, 146. (클로테르 라파이유, 김상철, 김정수 옮김, 『컬처 코드』, 리더스북, 2007.)

25 Suzanne Bianchi, John P. Robinson, and Melissa Milkie, *Changing Rhythms of American Family Life* (New York: Russell Sage Foundation, 2006), p. 95.

26 Paul Rozin et al., "The Ecology of Eating: Smaller Portion Sizes in France Than in the United States Help Explain the French Paradox", *Psychological Science* 14, no. 5 (September 2003): 450~54, here, p. 453.

27 Sundeep Vikramen et al., "Caloric Intake for Fast Food among Children and Adolescents in the US 2011~2012", National Center for Health Statistics Brief No. 213, September 2015. Cheryl Fryar and R. Bethene Ervin, "Caloric Intake for Fast Food among Adults in the US 2007~2010", NCHS Brief 114, February 2013.

28 Rapaille, *Culture Code*, pp. 109, 146.

29 Carole Sugarman, "Grab It and Go!: Convenience Foods Take on a Whole New Life", *Washington Post*, January 6, 1999, p. E01.

30 Yi-Fu Tuan, *Segmented Worlds and Self: Group Life and Individual Consciousness* (Minneapolis: University of Minnesota Press, 1982), pp. 40~43.

31 Darra Goldstein, "Implements of Eating", in Sarah D. Coffin et al., *Feeding Desire: Design and the Tools of the Table* (New York: Assouline Publishing and the Smithsonian Institution, 2006), pp. 118~19.

32 Tuan, *Segmented Worlds*, pp. 45, 50.

33 "Room with a View: Needing Some Space", *Wilson Quarterly* 30, no. 2 (2006): 12. Also Jamie Horwitz, "Meals in Transit", paper presented to the Alternative Mobility Futures Conference, Lancaster (UK) University, January 9~11, 2004.

34 T. E. Lawrence, *Seven Pillars of Wisdom* (Garden City, NY: Doubleday, 1938). Reprinted in John Ure, *In Search of Nomads: An Anglo-American Obsession from Hester Stanhope to Bruce Chatwin* (London: Constable, 2003), p. 105. (T. E. 로렌스, 최인자 옮김, 『지혜의 일곱 기둥』, 뿔, 2006.)

35 Morris Berman, *Wandering God: A Study in Nomadic Spirituality* (Albany: State University of New York Press, 2000), p. 165.

36 Ssu-Ma-Ch'ien, *Records of the Grand Historian of China*, chap. 108, trans. Burton Watson (New York: Columbia University Press, 1961). Reprinted in Bruce Chatwin, *Anatomy of Restlessness: Selected Writings*, ed. Jan Borm and Matthew Graves (London: Cape, 1996), p. 94.

37 Daniel Cohen, *Conquerors on Horseback* (Garden City, NY: Doubleday, 1970), p. 151.

38 Ure, *In Search of Nomads*, p. 222.

39 Chatwin, *Anatomy*, p. 11.

40 Isabelle Eberhardt, *The Nomad: The Diaries of Isabelle Eberhardt*, ed. Elizabeth Kershow (New York: Interlink Books, 2003), pp. 25, 180.

41 David Manners and Tsugio Makimoto, *Digital Nomad* (Chichester, England: Wiley, 1997), p. 21.

42 Fernand Braudel, *The Mediterranean and the Mediterranean World in the Age of Phillip II*, trans. Sian Reynolds (New York: Harper & Row, 1966), 1:100.

43 Owen Lattimore, *Nomads and Commissars: Mongolia Revisited* (New York: Oxford University Press, 1962).

44 Ure, *In Search of Nomads*, pp. 148, 154.

45 1980~2016 Census Data compiled in January 2018 for author by Alan Pisarski, author of *Commuting in America III: The Third National Report on Commuting Patterns and Trends* (Washington, DC: Transportation Research Board, 2006).

46 Peter Wilson, *The Domestication of the Human Species* (New Haven, CT: Yale University Press, 1988), pp. 50, 57.

47 Claire Parnet, "A Conversation: What Is It? What Is It For?" in *Dialogues II*, by Gilles Deleuze and Claire Parnet, trans. Barbara Habberjam and Hugh Tomlinson (New York: Columbia University Press, 2007, rev. ed.; originally published, 1977), p. 31.

48 Pico Iyer, *The Global Soul: Jet Lag, Shopping Malls and the Search for Home* (New York: Knopf, 2000), pp. 18, 19, 24.

49 Bauman, *Globalization*, p. 121.

50 Fleura Bardhi and Eric J. Arnould, "Making a Home on the Road: A Mobile Concept of Home", in *Advances in Consumer Research* 33 (2006): 651~54. Also interview with Fleura Bardhi, September 2006.

51 Chatwin, *Anatomy*, pp. 182~83.

52 Yi-Fu Tuan, *Space and Place: The Perspective of Experience* (Minneapolis: University of Minnesota Press, 1977), pp. 6, 54, 179.

53 Niels Bohr quoted in Werner Heisenberg, *Physics and Beyond: Encounters and Conversations* (New York: Harper Torchbook, 1972), p. 51. Reprinted ibid., p. 4. (닐스 보어, 베르너 하이젠베르크, 김용준 옮김, 『부분과 전체』, 지식산업사, 2005.)

54 Yi-Fu Tuan, "Space and Place: A Humanist Perspective", in *Progress in Geography* (London: Edward Arnold, 1974): 6:211–52, here, p. 241.

55 Yi-Fu Tuan, *Who Am I? An Autobiography of Emotion, Mind and Spirit* (Madison: University of Wisconsin Press, 1999), pp. 4, 94, 130.

56 Denis Wood quoted in "Mapping", *This American Life Episode 110*, September 4, 1998, http://www.thisamericanlife.org/Radio_Episode.aspx?episode=110.

57 *Encyclopedia Britannica* 1910 quoted in Stephen Hall, *Mapping the Next Millennium: The Discovery of New Geographies* (New York: Random House, 1992), p. 4.

58 Interview with Margaret Pearce, September 2006.

59 Cohen, *Conquerors*, pp. 66, 161.

60 Wilson, *The Domestication of the Human Species*, p. 50.

61 Interview with Mushon Zer-Aviv, September 2006.

62 Interview with Denis Wood, September 2006.

63 Rosalind Williams, *Noted on the Underground: An Essay on Technology, Society and the Imagination* (Cambridge, MA: MIT Press, 1990), p. 2.

64 John Urry, *Sociology beyond Societies: Mobilities for the Twenty-first Century* (London: Routledge, 2000), p. 63.

65 Michael Bull, *Sounding Out the City: Personal Stereos and the Management of Everyday Life* (Oxford: Berg, 2000), p. 41.

66 Bill McKibben, *The Age of Missing Information* (New York: Random House, 1992), p. 9.

67 Tuan, *Segmented Worlds*, p. 115.

68 Karen Hamrick and Ket McClelland, "Americans' Eating Patterns and Time Spent on Food: The 2014 Eating & Health Module Data", EIB-158, US Department of Agriculture, Economic Research Service, July 2016. Also Rozin, "The Meaning of Food in Our Lives", pp. S21~S22.

69 Interview with Carol Devine, September 2006.

70 Michael Pollan, *The Omnivore's Dilemma: A Natural History of Four Meals* (New York: Penguin Press, 2006), pp. 111~12. (마이클 폴란, 조윤정 옮김, 『잡식동물의 딜레마』, 다른 세상, 2008.)

71 Interview with Brian Wansink, September 2006.

72 Reine C. van der Wal and Lotte van Dillen, "Leaving a Flat Taste in Your Mouth: Task Load Reduces Taste Perception", *Psychological Science* 24, no. 7 (2013): 1277~84.

2부 : 사라지는 집중력, 무너지는 삶

5 모든 것을 기록하고, 모든 것을 망각하다

1   C. F. A. Marmoy, "The 'Auto-Icon' of Jeremy Bentham at University College, London", *Medical History* 2 (1958): 77~86. Also "Jeremy Bentham", University College London Bentham Project, http://www.ucl.ac.uk/Bentham-Project.

2   Kelly McCollum, "Founder of Utilitarianism Is Present in Spirit at 250th Birthday Teleconference", *Chronicle of Higher Education* 44, no. 25 (1998): A28.

3   Catherine Pease-Watkin, "Bentham's Panopticon and Dumont's Panoptique", *Journal of Bentham Studies* 6 (2003), pp. 1~8.

4   David Lyon, *Surveillance Society: Monitoring Everyday Life* (Buckingham: Open University Press, 2001), p. 15.

5   Jeremy Bentham, *The Correspondence of Jeremy Bentham*, vol. 4, ed. Alexander Milne (1788~1793), p. 219.

6   Jeremy Bentham, *The Works of Jeremy Bentham*, vol. 4 (New York: Russell & Russell, 1962), pp. 81~82.

7   Interview with "Jim", November 2006. Note: names of this family have been changed.

8   Anthony Giddens, *Conversations with Anthony Giddens: Making Sense of Modernity* (Cambridge: Polity Press, 1998), pp. 102~104. (앤서니 기든스, 김형식 옮김, 『기든스와의 대화』, 21세기북스, 1998.)

9   Interview with Steven Mintz, December 2006.

10   Interview with Dan Pope, December 2006.

11   Steven Flusty, "Building Paranoia", in *The Architecture of Fear*, ed. Nan Ellin (New York: Princeton Architectural Press, 1997), pp. 46~48.

12   Michel Foucault, *Psychiatric Power: Lectures at the College de France, 1973-74*, ed. Jacques Lagrange, trans. Graham Burchell (Basingstoke, England: Palgrave Macmillan, 2006), pp. 41~47.

13   Gilles Deleuze, "Postscript on the Societies of Control", *October* 59, no. 3 (Winter 1992): pp. 3~7.

14   Interview with Peter Kleiner, December 2006.

15   Larry Selditz, Road Safety International Web site, http://www.roadsafety.com/pressroom.php.

16 Lyon, *Surveillance Society*, p. 60.

17 Diane Ackerman, *A Natural History of the Senses* (New York: Random House, 1990), pp. 229~30. (다이앤 애커먼, 백영미 옮김, 『감각의 박물학』, 작가정신, 2004.)

18 Yi-Fu Tuan, *Segmented Worlds and Self: Group Life and Individual Consciousness* (Minneapolis: University of Minnesota Press, 1982), pp. 118~34.

19 John Urry, *Sociology beyond Societies: Mobilities for the Twenty-first Century* (London: Routledge, 2000), p. 25.

20 Jason McCarley, "Elements of Human Performance in Baggage X-Ray Screening", paper presented at the Fourth International Aviation Security Technology Symposium, Washington, DC, November 29, 2006.

21 Jeremy Wolfe, Todd Horowitz, and M. J. Van Wert, "The Prevalence Problem in Visual Search", paper presented at the Fourth International Aviation Security Technology Symposium, Washington, DC, November 29, 2006.

22 Daniel J. Simons and Christopher F. Chabris, "Gorillas in Our Midst: Sustained Inattentional Blindness for Dynamic Events", *Perception* 28 (1999): 1059~74.

23 James Gorman, "Come Here Often? And by the Way, Did You Happen to Notice That Gorilla?" *New York Times*, July 11, 2006, p. F3. Seema Clifasefi, Melanie Takarangi, and Jonah Bergman, "Blind Drunk: The Effects of Alcohol on Inattentional Blindness", *Applied Cognitive Psychology* 20 (2006): 697~704.

24 Interview with Daniel Simons, January 2007.

25 Jason McCarley et al., "Conversation Disrupts Change Detection in Complex Traffic Scenes", *Human Factors* 46, no. 3 (2004): 424~36.

26 Walter R. Boot et al., "Detecting Transient Changes in Dynamic Displays: The More You Look, the Less You See", *Human Factors* 48 (2006): 759~73.

27 Michael Shermer, "None So Blind", *Scientific American*, March 2004, p. 42.

28 Ackerman, *A Natural History of the Senses*, p. 304.

29 Georgia O'Keeffe quoted ibid., p. 267.

30 Madge quoted in Caleb Crain, "Surveillance Society: A Critic at Large", *New Yorker*, September 11, 2006, p. 76.

31 위와 동일한 곳에 인용된 Madge와 제닝스Jennings의 말.

32 위와 동일한 곳에서 인용.

33 Angus Calder and Dorothy Sheridan, *Speak for Yourself: A Mass Observation Anthology, 1937-49* (London: Jonathan Cape, 1984), pp. 3~17, 153.

34 Marion Dewhirst, "They May Be Watching You", *Everybody*, June 18, 1938. Reprinted ibid., p. 17.

35 Ackerman, *Natural History*, p. 231.

36 Susan Sontag, *On Photography* (New York: Anchor Books, 1990; originally published New York: Farrar, Straus and Giroux, 1977), pp. 3, 5~6. (수전 손탁, 이재원 옮김, 『사진에 관하여』, 이후, 2005.)

37 위와 동일한 책, pp. 23, 82.

38 Quoted in Crain, "Surveillance Society."

39 Interview with Alice Byrne, December 2006.

40 Robert O'Harrow Jr., *No Place to Hide* (New York: Free Press, 2005), pp. 162~66.

41 Steve Secklow, "Watch on the Thames", *Wall Street Journal*, July 8, 2005, p. B1. Also Libby Sander, "A Tempest When Art Becomes Surveillance", *New York Times*, December 28, 2006, p. A22.

42 O'Harrow, *No Place to Hide*, pp. 230~31.

43 Lyon, *Surveillance Society*, p. 86. 44.

44 위와 동일한 책, p. 113.

45 Crain, "Surveillance Society."

46 Sophie Calle, "The Address Book", in *Sophie Calle, M'as Tue Vue*, ed. Christine Macel, trans. Simon Pleasance and Charles Penwarden (Munich: Prestel, 2003), pp. 97~100.

47 위와 동일한 책, p. 41.

48 Alan Riding, "Keeping It Together by Living in Public", *New York Times*, December 7, 2003, p. 2. Also Alan Riding, "Intimacy and Strangers Structure Her Life", *New York Times*, April 28, 1999, p. E1.

49 Baudrillard, *Please Follow Me* (Seattle, WA: Bay Press, 1988). Reprinted in Janet Hand, "Sophie Calle's Art of Following and Seduction", *Cultural Geographies* 12 (2005): 463~84, here, p. 479.

50 Russell Hardin, *Trust & Trustworthiness* (New York: Russell Sage Foundation, 2002), p. 12.

51 Trudy Govier, *Social Trust and Human Communities* (London: McGill-Queen's University Press, 1997), p. 4.

52 Hardin, *Trust & Trustworthiness*, pp. 39, 91, 199. Russell Hardin, *Trust* (Cambridge: Polity Press, 2006), p. 18.

53 Interview with Russell Hardin, November 2006. 안타깝게도 그는 2017년에 세상을 떠났다.

54 Hardin, *Trust & Trustworthiness*, p. 92.

55 Govier, *Social Trust*, p. 138. See Edward Banfield, *The Moral Basis of a Backward Society* (Glencoe, IL: Free Press, 1958).

56 Interview with Wendy Mogel, December 2006.

57 Hardin, *Trust & Trustworthiness*, pp. 102, 113.

58 Erving Goffman, *Behavior in Public Places: Notes on the Social Organization of Gatherings* (New York: Free Press of Glencoe, 1963), pp. 16, 83.

59 Philip Manning, *Erving Goffman and Modern Sociology* (Stanford, CA: Stanford University Press, 1992), p. 5.

60 Goffman, *Behavior*, pp. 43~44, 246.

61 Giddens, *Conversations with Anthony Giddens*, pp. 101, 125.

62 Riding, "Keeping It Together."

63 William Hazlitt, *The Spirit of the Age* (Oxford: Woodstock Books, 1989), pp. 5, 25.

64 Charles Bahmueller quoted in *The National Charity Company: Jeremy Bentham's Silent Revolution* (Berkeley: University of California Press, 1981), p. 213.

6 위기에 빠진 문해력

1 Adrian Johns, *The Nature of the Book: Print and Knowledge in the Making* (Chicago: University of Chicago Press, 1998), p. 87.

2 위와 동일한 책, p. 66.

3 Interview with John Bidwell, February 2007.

4 International Publishers Association Annual Report 2015~2016 (Geneva, Switzerland: IPA, 2016), p. 16.

5 "The Nation's Report Card: 1992~2015 Reading Assessment", National Assessment of Educational Progress, National Center for Education Statistics, US Department of Education, https://www.nationsreportcard.gov/reading_math_g12_2015/#reading/acl. Also Andrew Perrin, "Book Reading 2016", *Pew Research Center*, September 2016, p. 2.

6 William Mitchell, *City of Bits: Space, Place and the Infobahn* (Cambridge, MA: MIT Press, 1995), p. 56.

7 Richard Lanham, *The Electronic Word: Democracy, Technology and the Arts* (Chicago: University of Chicago Press, 1993), pp. 73~74, 243, 253~54.

8	James J. O'Donnell, "The Pragmatics of the New: Trithemius, McLuhan, Cassiodorus", in Geoffrey Nunberg, *Future of the Book* (Berkeley: University of California Press, 1996), p. 54.

9	Marinetti quoted in Luciano de Maria, ed., *Marinetti e il Futurismo* (Milan: Mondadori, 1973), pp. 189~90. Reprinted and translated in Lanham, *Electronic Word*, p. 33.

10	Luce Marinetti, "Notes on Free-Word-Composition", in *Words-in-Freedom*: *Drawings by the Italian Futurists*, ed. Anne Coffin Hanson (New York: Ex Libris, Prakapas Gallery, 1985).

11	Richard Lanham, *The Economics of Attention*: *Style and Substance in the Age of Information* (Chicago: University of Chicago Press, 2006), p. 45.

12	Plato, *Phaedrus*, trans. C. J. Rowe (Warminster: Aris and Phillips, 1986), p. 125.

13	Raffaele Simone, "The Body of the Text", in Nunberg, *Future of the Book*, p. 245.

14	Johns, *Nature of the Book*, p. 31.

15	Alberto Manguel, *Into the Looking-Glass*: *Essays on Books, Reading and the World* (San Diego: Harcourt, 2000), p. 268.

16	Robert Darnton, "History of Reading", in *New Perspectives on Historical Writing*, ed. Peter Burke (Cambridge: Polity Press, 1991), pp. 141~67, here, p. 150.

17	Darnton, "History of Reading", p. 150.

18	David Thorburn and Henry Jenkins, introduction to *Rethinking Media Change*: *The Aesthetics of Transition*, ed. David Thorburn and Henry Jenkins (Cambridge, MA: MIT Press, 2003), pp. 1~16.

19	Harold Bloom, *How to Read and Why* (New York: Scriber, 2000), p. 29. (해럴드 블룸, 최용훈 옮김, 『교양인의 책 읽기』, 해바라기, 2004.)

20	Manguel, *Into the Looking-Glass*, p. 270.

21	Rosalind Thomas, *Literacy and Orality in Ancient Greece* (Cambridge: Cambridge University Press, 1992), p. 4.

22	David Levy, *Scrolling Forward*: *Making Sense of Documents in the Digital Age* (New York: Arcade Publishing, 2001), pp. 108~109.

23	Darnton, "History of Reading", p. 149. Also Roger Chartier, *Forms and Meanings*: *Texts, Performances, and Audiences from Codex to Computer* (Philadelphia: University of Pennsylvania Press, 1995), pp. 16~17.

25	Christine Pawley, *Reading on the Middle Border*: *The Culture of Print in Late*

Nineteenth-Century Osage, Iowa (Amherst: University of Massachusetts Press, 2001), p. 61.

25 정보 독해력이란 말이 처음 사용된 것은 1883년이었다. Oxford English Dictionary (Oxford: Clarendon Press, 1989), 8:1026.

26 Geoffrey Nunberg, "Farewell to the Information Age", in Future of the Book, ed. Nunberg, pp. 116~17.

27 Daniel Boorstin, Cleopatra's Nose: Essays on the Unexpected, ed. Ruth Boorstin (New York: Vintage Books Random House, 1995, first published, 1994), pp. 8~10. (대니얼 부어스틴, 정영목 옮김, 『부정적 발견의 시대』, 문예출판사, 2000.)

28 Walter Ong, An Ong Reader: Challenges for Further Inquiry, ed. Thomas Farrell and Paul Soukup (Cresskill, NJ: Hampton Press, 2002), p. 523.

29 Interviews with Norbert Elliot and his students, February 2007.

30 Shawn Lombardo and Cynthia Miree, "Caught in the Web: The Impact of Library Instruction on Business Students' Perceptions and Use of Print and Online Resources", College and Research Libraries 64, no. 1 (2003): 6~22, here, p. 30.

31 Bernard J. Jansen and Amanda Spink, "How Are We Searching the World Wide Web? A Comparison of Nine Search Engine Transaction Logs", Information Processing and Management 42 (2006): 248~63. Anita Crescenzi et al., "Time Pressure and System Delays in Information Search", Proceedings of the 38th International ACM SIGIR Conference on Research and Development in Information Retrieval, August 2015, pp. 767~70. M. Dostert and Diane Kelly, "Searchers' Stopping Behaviors and Estimates of Recall", Proceedings of the 34th International ACM SIGIR Conference on Research and Development in Information Retrieval, 2009, pp. 820~82. Kristen Purcell et al., "Search Engine Use 2012", Pew Internet & American Life, February 2012, http://www.pewinternet.org/2012/03/09/search-engine-use-2012/.

32 Christen Thompson, "Information Literate or Lazy: How College Students Use the Web for Research", Libraries and the Academy 3, no. 2 (2003): 259. Also Nancy Young and Marilyn Von Seggern, "General Information Seeking in Changing Times: A Focus Group Study", Reference and User Services Quarterly 41, no. 2 (2001): 159. Also Patti Caravello et al., Information Competence at UCLA: Report of a Survey Project (Los Angeles: UCLA Library Instructional Services Advisory Committee, 2001), pp. 1~3, http://www.library.

ucla.edu/infocompetence. Hoa Loranger and Jakob Nielsen, *Teenagers on the Web: Usability Guidelines for Creating Compelling Websites for Teens* (Fremont, CA: Nielsen Norman Group, 2005), pp. 5~6, 12~13, 17~18.

33 Geoffrey Nunberg, "Teaching Students to Swim in the Online Sea", *New York Times*, February 13, 2005, p. WK4.

34 Roth quoted in Patricia Senn Breivik and E. Gordon Gee, *Higher Education in the Internet Age: Libraries Creating a Strategic Edge* (Westport, CT: American Council on Education, Praeger Series on Higher Education, 2006), pp. 10~11.

35 *2006 Information Computer Training Literacy Assessment Preliminary Findings* (Princeton, NJ: Educational Testing Service, 2006), pp. 1~17.

36 David Scharf, "Direct Assessment of Information Literacy Using Writing Portfolios", *Journal of Academic Librarianship* 33, no. 4 (2007): 462~78.

37 Thomas, *Literacy and Orality*, pp. 10~11.

38 Patricia Davitt Maughan, "Assessing Information Literacy among Undergraduates: A Discussion of the Literature and the University of California/Berkeley Assessment Experience", *College and Research Libraries* 62, no. 1 (2001): 71~85, here, p. 77. Melissa Gross and Don Latham, "What's Skill Got to Do with It?: Information Literacy Skills and Self-Views of Ability Among First-Year College Students", *Journal of the American Society for Information Science and Technology* 63, no. 3 (2012): 574~83.

39 Deborah Fallows, *Search Engine Users* (Washington, DC: Pew Internet and American Life Project, 2005), pp. iii~iv, 24~27, http://www.pewinternet.org/files/old-media/Files/Reports/2005/PIP_Searchengine_users.pdf.pdf. Also Gross and Latham, "What's Skill Got to Do with It?"

40 Boorstin, *Cleopatra's Nose*, p. 7.

41 David Crystal, *How Language Works: How Babies Babble, Words Change Meaning, and Languages Live or Die* (Woodstock, NY: Overlook Press, 2006), pp. 121, 133.

42 Interview with Bruce McCandliss, January 2007.

43 Kimberly Noble and Bruce McCandliss, "Reading Development and Impairment: Behavioral, Social and Neurobiological Factors", *Development and Behavioral Pediatrics* 26, no. 5 (2005): 370~78.

44 위와 동일한 책, p. 372.

45 Bradley Schlagger and Bruce McCandliss, "Development of Neural Systems for Reading", *Annual Review of Neuroscience* 30, no. 1 (2007): 475~503.

46 Michael Posner and Mary K. Rothbart, *Educating the Human Brain* (Washington, DC: American Psychological Association, 2007), p. 151.

47 Bruce McCandliss, "Cognitive Neuroscience of Reading Development", presentation to Weill Cornell Medical College seminar series for training clinicians in functional neuroimaging, New York City, January 31, 2007.

48 Darnton, "History of Reading", p. 152.

49 Johns, *Nature of the Book*, pp. 392~97, 405~406.

50 Quoted in Darnton, "History of Reading", p. 152.

51 Bloom, *How to Read and Why*, p. 29.

52 Donna Shannon, "Kuhlthau's Information Search Process", *School Library Media Activities Monthly* 19, no. 2 (2002): 19.

53 John Dewey, *Art as Experience* (New York: Minton, Bach and Company, 1934), p. 35.

54 Carol Collier Kuhlthau, *Seeking Meaning: A Process Approach to Library and Information Services* (Norwood, NJ: Ablex Publishing, 1993), p. 3.

55 John Dewey, *How We Think* (Boston: Heath & Co., 1933), p. 108.

56 Crystal, *How Language Works*, p. 128. Bloom, *How to Read and Why*, p. 25.

57 Kuhlthau, *Seeking Meaning*, p. 68.

58 Dewey, *Art as Experience*, p. 35.

59 Carol Kuhlthau et al., "The 'Information Search Process' Revisited: Is the Model Still Useful?" *Information Research* 13, no. 4, Paper 355 (2008), http://www.informationr.net/ir/13-4/paper355.html. Also author e-mail and telephone communications with Kuhlthau, January 2018.

60 Benjamin Storm et al., "Using the Internet to Access Information Inflates Future Use of the Internet to Access Other Information", *Memory* 25, no. 6 (2017): 717~23.

61 Manguel, *Into the Looking-Glass*, p. 261.

62 George Kennedy, *A New History of Classical Rhetoric* (Princeton, NJ: Princeton University Press, 1994), pp. 3~4.

63 Walter Ong, *Orality and Literacy: The Technologizing of the Word* (London: Methuen, 1982), pp. 34~35. (월터 옹, 이기우 외 옮김, 『구술 문자와 문자 문화』, 문예출판사, 1995.)

64 위와 동일한 책, p. 58.

65 Walter Benjamin, *Illuminations*, ed. Hannah Arendt (New York: Harcourt, Brace & World, 1968), pp. 83, 88.

66 Johns, *Nature of the Book*, pp. 1~2, 183, 541, 622.

67 Alberto Manguel, *The Library at Night* (Toronto: A. A. Knopf Canada, 2006), p. 85.

68 "The Top 500 Sites on the Web", Alexa.com, retrieved January 5, 2018, https://www.alexa.com/topsites.

69 Manguel, *Library at Night*, p. 84.

70 Stacy Schiff, "Know It All: Annals of Information", *New Yorker*, July 31, 2006.

71 Kevin Kelly, "Scan this Book!" *New York Times Magazine*, May 14, 2006, p. 42.

72 Nunberg, "Farewell to the Information Age", in *Future of the Book*, p. 117.

73 John Updike, "The End of Authorship", *New York Times Book Review*, June 25, 2006, p. 27.

74 Martin Graff, "Differences in Concept Mapping, Hypertext Architecture and the Analyst-Intuitive Dimension of Cognitive Style", *Educational Psychology* 25, no. 4 (2005): 409~22. Also Sherry Chen, "A Cognitive Model for Non-linear Learning in Hypermedia Programmes", *British Journal of Educational Technology* 33, no. 4 (2002): 449~60. Also T. de Jong and A. van der Hurst, "The Effects of Graphical Overviews on Knowledge Acquisition in Hypertext", *Journal of Computer-Assisted Learning* 18 (2002): 219 –31. Also Richard Overbaugh and Shin Yi Lin, "Student Characteristics, Sense of Community and Cognitive Achievement in Web-Based and Lab-Based Learning Environments", *Journal on Research on Technology in Education* 39, no. 2 (2006): 205~23.

75 Manguel, *Library at Night*, pp. 88~89. Jorge Luis Borge, "The Congress", in *The Book of Sand*, trans. Norman Thomas di Giovanni (New York: E. P. Dutton, 1977), pp. 27~49.

76 Breivik and Gee, *Higher Education*, p. 41.

77 James Marcum, "Rethinking Information Literacy," *Library Quarterly* 72, no. 1 (2002): 1.

78 Updike, "End of Authorship."

79 Nunberg "Farewell", in *Future of the Book*, pp. 126~27.

80 Paula Bernstein, "The Book as Place: The 'Networked Book' Becomes New 'In' Destination", *Searcher* 14, no. 10 (November/December 2006), http://www.infotoday.com/searcher/nov06/Berinstein.shtml. See also McKenzie Wark, *Gamer Theory* (Cambridge, MA: Harvard University Press, 2007).

81   Ong, *Ong Reader*, pp. 546~47.

7 기계에서 인간성을 찾는 사람들

1   Interview with Aaron Edsinger, May 2007.

2   Edsinger quoted in interview with Bruce Gellerman, "The Future of Robotics", from *Living on Earth* radio show on WBUR Boston, January 12, 2007, http://www.loe.org/shows/segments.htm?programID=07-P13-00002 &segmentID=8.

3   Gaby Wood, *Edison's Eve: A Magical History of the Quest for Mechanical Life* (New York: Knopf, 2002), pp. 21, 60.

4   Nigel Thrift, *Spatial Formations* (London: Sage, 1996), p. 279.

5   Sherry Turkle, "Diary", *London Review of Books*, April 20, 2006, pp. 36~37.

6   "A Talking Teddy Bear Practicing in the Pediatric Hospital", *New York Times*, June 3, 2015. Sooyeon Jeong et al., "A Social Robot to Mitigate Stress, Anxiety, and Pain in Hospital Pediatric Care", *Proceedings of the Tenth Annual ACM/IEEE International Conference on Human-Robot Interaction Extended Abstracts* (Portland, Oregon: March 2-5, 2015), pp. 103~104.

7   Breazeal quoted in Clair Bowles, "Expressive Robot Computers", *New Scientist*, March 24, 2006.

8   Cynthia Breazeal and Rosalind Picard, "The Role of Emotion and Inspired Abilities in Relational Robots", in Raja Parasuraman and Matthew Rizzo, *Neuroergonomics: The Brain at Work* (Oxford: Oxford University Press, 2007), pp. 275~91, here, pp. 277~81.

9   Clifford Nass et al., "Improving Automatic Safety by Pairing Driver Emotion and Car Voice Emotion", *Proceedings of the Conference on Human Factors in Computing Systems* (Portland, OR, April 2005): 1973~76.

10 Breazeal and Picard, "Role of Emotion", p. 279.

11 Don Norman, "Cautious Cars and Cantankerous Kitchens: How Machines Take Control", draft introduction to *The Design of Future Things*, unpublished manuscript, http://www.jnd.org/dn.mss/post.html. (돈 노먼, 박창호 옮김, 『미래 세상의 디자인』, 학지사, 2009.)

12 enneth Goodrich, Paul Schutte, and Frank Flemisch, "Application of the H-Mode, A Design and Interaction Concept for Highly Automated Vehicles,

to Aircraft", *IEEE* (2006): 6A3-1 – 6A3-13.

13 Lijin Aryananda, "Art/Sci Collision: Of Human-Robot Bondage", presentation to American Museum of Natural History, April 18, 2007.

14 Interview with Timothy Bickmore, May 2007.

15 Timothy Bickmore et al., "It's Just Like You Talk to a Friend: Relational Agents for Older Adults", *Interacting with Computers* 17, no. 6 (2005): 711~35.

16 Picard quoted in Bennett Daviss, "Tell Laura I Love Her", *New Scientist*, December 3, 2005, pp. 42~46.

17 Sigmund Freud, *The Uncanny*, trans. David McClintock (New York: Penguin Books, 2003), pp. 123~25, 132, 135, 147~48. Originally published as Das Unheimliche in 1919 in Imago 5, pp. 5~6.

18 E. T. A. Hoffmann, "The Sandman," in The Tales of Hoffmann, trans. Michael Bullock (New York: Frederick Ungar, 1963), pp. 1~34.

19 Nass quoted in Daviss, "Tell Laura."

20 Charles Piller, "A Human Touch for Machines", *Los Angeles Times*, March 7, 2002, p. A1.

21 Bowles, "Expressive Robot Computers." Rana el Kaliouby, "We Need Computers With Empathy", *MIT Technology Review*, October 2017, https://www.technologyreview.com/s/609071/we-need-computers-with-empathy/. Also interviews with Rosalind Picard, August and October 2007.

22 Kathleen Richardson, "Mechanical People", *New Scientist*, June 24, 2006, pp. 56~57.

23 Rosalind Picard and Jonathan Klein, "Computers That Recognize and Respond to User Emotion: Theoretical and Practical Implications", *Interacting with Computers* 14 (2002): 141~69, here, pp. 147~48.

24 Interview with Sherry Turkle, April 2007.

25 Turkle, "Diary."

26 "Producer's Note," in Karel Capek, *R.U.R. (Rossum's Universal Robots): A Fantastic Melodrama*, trans. Paul Selver (New York: Samuel French, 1923), pp. x~xi. (까렐 차펙, 김희숙 옮김, 『로봇R.U.R.』, 길, 2002.)

27 Ivan Klima, *Karel Capek: Life and Work*, trans. Norma Comrada (North Haven, CT: Catbird Press, 2002), p. 127.

28 David Nye, *Technology Matters: Questions to Live With* (Cambridge, MA: MIT Press, 2006), p. 2.

29 Friedrich Kittler, *Gramophone, Film, Typewriter*, translated and with an

introduction by Geoffrey Winthrop-Young and Michael Wutz (Stanford, CA: Stanford University Press, 1999), p. 28. (프리드리히 키틀러, 유현주, 김남시 번역, 『축음기, 영화, 타자기』, 문학과지성사, 2019.)

30 Carolyn Marvin, *When Old Technologies Were New: Thinking about Electric Communication in the Late Nineteenth Century* (New York: Oxford University Press, 1988), pp. 109, 123. Also John Durham Peters, *Speaking into the Air: A History of the Idea of Communication* (Chicago: University of Chicago Press, 1999), p. 91.

31 "The Skinny on IT: The Human Body as a Computer Bus", *Economist*, July 3, 2004, pp. 66~67.

32 Nye, *Technology Matters*, p. 222.

35 Interview with John Halamka, May 2007. E-mail communication with Halamka, January 2018.

34 Rev. 13:16 (King James Version).

35 John Halamka et al., "A Security Analysis of the VeriChip Implantable RFID Device", *Journal of American Medical Informatics Association* 13 (2006): 601~607.

36 John Halamka, "Straight from the Shoulder", *New England Journal of Medicine* 353, no. 4 (2005): 331~33.

37 Rodney Brooks, *Flesh and Machines: How Robots Will Change Us* (New York: Pantheon Books, 2002), p. 236. (로드니 브룩스, 박우석 옮김, 『로드니 브룩스의 로봇 만들기』, 바다출판사, 2005.)

38 *Oxford English Dictionary*, vol. 12 (Oxford: Clarendon Press, 1989), p. 672.

39 Vivian Sobchak, "A Leg to Stand On", in *The Prosthetic Impulse: From a Post-human Present to a Biocultural Future*, by Maynard Smith and Joanne Morra (Cambridge, MA: MIT Press, 2006), p. 19.

40 N. Katherine Hayles, *How We Became Post-human* (Chicago: University of Chicago Press, 1999), p. 3. Reprinted in Smith and Morra, *Prosthetic Impulse*, p. 7.

41 Andrew Pollack, "Paralyzed Man Uses Thoughts to Move a Cursor", *New York Times*, July 13, 2006, p. A1. Also Ian Parker, "Reading Minds", *New Yorker*, January 20, 2003, p. 52. Interview with John Donoghue, June 2007. Data on current BrainGate recipients courtesy of company e-mail communication with author, January 2018.

42 James McGaugh quoted in interview with Jonathan Cott, *On the Sea of Memory: A Journey from Forgetting to Remembering* (New York: Random House,

43 Modafinil user quoted in Graham Lawton, "If I Take a Dose", New Scientist, February 18~24, 2006, p. 34. Modafinil sales data from Krishna Chinthapalli, "The Billion Dollar Business of Being Smart", *British Medical Journal* 351, no. h4829 (September 2015), http://www.bmj.com/content/351/bmj.h4829.

44 Walter Glannon, "Psychopharmacology and Memory", *Journal of Medical Ethics* 32 (2006): 74~78. Also Anjan Chatterjee, "The Promise and Predicament of Cosmetic Neurology", *Journal of Medical Ethics* 32 (2006): 110~13. James Vlahos, "Will Drugs Make Us Smarter and Happier", *Popular Science* 267, no. 3 (2005): 64. "Supercharging the Brain", *Economist*, September 18, 2004, pp. 27~29.

45 McGaugh in *On the Sea of Memory*, p. 26.

46 William Shakespeare, *Macbeth*, act 5, scene 3, lines 41~42.

47 Chuck Klosterman, "Amnesia Is the New Bliss", *Esquire* 147, no. 4 (April 2007): 90.

48 David Pearce quoted in Mark White, "Medication Nation", *Ecologist* 35, no. 10 (December 2005~January 2006): 50.

49 *Beyond Therapy: Biotechnology and the Pursuit of Happiness: A Report of the President's Council on Bioethics*, foreword by Leon Kass (Washington, DC: President's Council on Bioethics, 2003), p. 257.

50 N. Katherine Hayles, "The Seductions of Cyberspace", in *Reading Digital Trends*, ed. David Trend (Oxford: Blackwell Publishers, 2001), pp. 305~21, here, p. 313.

51 Quoted in Glannon, "Psychopharmacology and Memory," p. 177.

52 Oliver Sacks, keynote address to MIT Media Lab's H2.0 conference, Cambridge, MA, May 9, 2007.

53 Michael Chorost, *Rebuilt: How Becoming Part Computer Made Me More Human* (Boston: Houghton Mifflin, 2005), p. 16.

54 위와 동일한 책, p. 78.

55 위와 동일한 책, p. 183.

56 Steve Talbott, *Devices of the Soul: Battling for Our Selves in an Age of Machines* (Sebastopol, CA: O'Reilly Media, 2007), p. vii.

57 Nye, *Technology Matters*, pp. 2~3, 5.

58 Sobchak, "A Leg to Stand On," p. 38.

59　Brooks, *Flesh and Machines*, p. 195.

60　Rachel Rabkin Peachman, "Mattel Pulls Aristotle Children's Device after Privacy Concerns", *New York Times*, October 5, 2017. David Masci, "Americans Are Wary of Enhancements that Could Enable Them to Live Longer and Stronger", Pew Research Center, September 13, 2016, http:// www.pewresearch.org/fact-tank/2016/09/13/americans-are-wary-of-enhancements-that-could-enable-them-to-live-longer-and-stronger/.

61　Interview with Steve Talbott, April 2007.

62　Talbott, *Devices of the Soul*, p. ix.

63　위와 동일한 책, p. vii.

64　위와 동일한 책, pp. 5~9. 64.

65　위와 동일한 책, p. 261.

66　A. 2007년에 만난 이후, 애런 에드싱어는 공장과 연구실에서 인간과 함께 일하는 '완전한' 로봇을 만드는 여러 스타트업 기업을 설립했다. See Rob Matheson, "Rise of the Compliant Machines", *Robotics@MIT* News Release, February 20, 2014, http://news.mit.edu/2014/rise-of-the-compliant-machines-0220.

3부 : 더 나은 삶을 위한 변화

8 자기 조절 능력 되찾기

1　Hannah Arendt, *Thinking, Life of the Mind* (New York: Harcourt Brace Jovanovich, 1978), 1:202 – 10. (한나 아렌트, 홍원표 옮김, 『사유, 정신의 삶』, 푸른숲, 2004.)

2　Paul Saffo, "Six Rules for Effective Forecasting," *Harvard Business Review*, July – August 2007, pp. 122~31.

3　Jane Jacobs, *Dark Age Ahead* (New York: Random House, 2004), pp. 4, 7.

4　Joseph Tainter, *The Collapse of Complex Societies* (Cambridge: Cambridge University Press, 1988), pp. 19~20. (조셉 테인터, 이희재 옮김, 『문명의 붕괴』, 대원사, 1999.)

5　Jacobs, *Dark Age Ahead*, p. 4.

6　Strachey quoted in Lewis Lapham, *Waiting for the Barbarians* (London: Verso, 1997), p. 207.

7　Hannah Arendt, *Men in Dark Times* (New York: Harcourt, Brace & World, 1968), p. ix. (한나 아렌트, 권영빈 옮김, 『어두운 시대의 사람들』, 문학과지성사, 1983.)

8 Daniel Boorstin, *Cleopatra's Nose: Essays on the Unexpected*, ed. Ruth Boorstin (New York: Random House, 1994), p. 7.

9 St. Augustine, *Confessions in Thirteen Books*, Book X quoted in James McConkey, *The Anatomy of Memory: An Anthology* (New York: Oxford University Press, 1996), pp. 6~7.

10 위와 동일한 책.

11 Clara Claiborne Park, "The Mother of the Muses: In Praise of Memory", ibid., pp. 173~89.

12 McGaugh quoted in Jonathan Cott, *On the Sea of Memory: A Journey from Forgetting to Remembering* (New York: Random House, 2005), p. 42.

13 Aldous Huxley, *Brave New World and Brave New World Revisited* (New York: Harper Perennial, 2005; first published in 1932 and 1958), pp. 40~41.

14 Eudora Welty, "One Writer's Beginnings", in McConkey, *Anatomy of Memory*, p. 225.

15 Elizabeth Parker, Larry Cahill, and James McGaugh, "A Case of Unusual Autobiographical Remembering", *Neurocase* 12 (2006): 35~49.

16 James McGaugh, *Memory and Emotion: The Making of Lasting Memories* (New York: Columbia University Press, 2003), p. 131.

17 McGaugh quoted in Farnez Khadem, "UCI Researchers Identify New Form of Superior Memory Syndrome", *University of California/Irvine News Service*, March 13, 2006.

18 Jorge Luis Borges, "Funes the Memorious", in *Ficciones* (New York: Grover Press, 1962), pp. 107~15. (호르헤 루이스 보르헤스, 황병하 옮김, 『기억의 왕, 푸네스』, 민음사, 1994.)

19 Eric Kandel, *In Search of Memory: The Emergence of a New Science of Mind* (New York: W. W. Norton, 2006), pp. 59~60, 64~67.

20 Robert Sapolsky, "Stressed Out Memories", *Scientific American Mind* 15, no. 4 (2004): 28~33, here, p. 30.

21 Kandel, *In Search of Memory*, p. 264.

22 위와 동일한 책, p. 276.

23 Michael Posner and Mary K. Rothbart, *Educating the Human Brain* (Washington, DC: American Psychological Association, 2007), p. 198.

24 Alberto Manguel, *The Library at Night* (Toronto: A. A. Knopf Canada, 2006), p. 108.

25 James Fallows, "File Not Found", *Atlantic Monthly*, September 2006, p. 142.

Also Brad Reagan, "The Digital Ice Age", *Popular Mechanics*, December 2006, p. 95. Bryan Bergeron, "Why Your Digital Data Could One Day Disappear—Dark Ages II: When the Digital Data Die", *Working Knowledge: Harvard Business School*, February 11, 2001, https://hbswk.hbs.edu/archive/why-your-digital-data-could-one-day-disappear-dark-ages-ii-when-the-digital-data-die.

26 Roy Rosenzweig, "Scarcity or Abundance? Preserving the Past in a Digital Era", *American Historical Review* (June 2003): 735~62, here, p. 741. Jim Barksdale and Francine Berman, "Saving Our Digital Heritage", Washington Post, May 16, 2007, p. A15.

27 James Billington, "Is Alexandria Burning Again?" Patricia Doyle Wise lecture, Washington, DC, June 7, 1993. Also Billington quoted in Fallows, "File Not Found."

28 Alexander Stille, *The Future of the Past* (New York: Farrar, Straus and Giroux, 2002), p. 302. Also Daniel Cohen, "The Future of Preserving the Past", in Hilda Kean and Paul Martin eds., *The Public History Reader* (New York: Routledge, 2013), pp. 214~23. Rob Sloan, "Companies Look to An Old Technology to Protect Against New Threats", *Wall Street Journal*, September 17, 2017, https://www.wsj.com/articles/companies-look-to-an-old-technology-to-protect-against-new-threats-1505700180.

29 Cohen, "The Future of Preserving the Past", p. 12.

30 Fallows, "File Not Found", p. 142.

31 David Talbot, "The Fading Memory of the State", *Technology Review* 108, no. 7 (2005), p. 44.

32 Clay Shirky, *Library of Congress Archive Ingest and Handling Test Final Report* (Washington, DC: Library of Congress National Digital Information Infrastructure and Preservation Project, 2005). Also interviews with Martha Anderson and Clay Shirky, July 2007.

33 Laura Millar, "Touchstones: Considering the Relationship between Memory and Archives", *Archivaria* 61 (Spring 2006): 105~26, here, p. 114.

34 Jacques Derrida, *Archive Fever: A Freudian Impression* (Chicago: University of Chicago Press, 1996), pp. 1, 91.

35 위와 동일한 책, p. 36. Also Mary Bergstein, "Gradiva Medica: Freud's Model Female Analyst as Lizard-Slayer", *American Imago* 60, no. 3 (2003): 285~301.

36 Michele Cloonan, "Whither Preservation?" *Library Quarterly* 71, no. 2 (2001):

231~42, here, p. 235.

37 Eviatar Zerubavel, *Time Maps: Collective Memory and the Social Shape of the Past* (Chicago: University of Chicago Press, 2003), pp. 26, 33.

38 Kandel, *In Search of Memory*, p. 281.

39 McGaugh, *Memory and Emotion*, p. 116.

40 Umberto Eco, "Living in the New Middle Ages", in *Travels in Hyper Reality: Essays*, trans. William Weaver (New York: Harcourt and Brace, 1986), pp. 73~85, here, p. 84.

41 Cloonan, "Whither Preservation?" p. 232.

42 Lucas Mearian, "CW@50: Data Storage Goes From $1 M to 2 Cents per Megabyte", March 23, 2017. Clive Thompson, "A Head for Detail", *Fast Company*, November 2006, p. 73.

43 Vernor Vinge, "What If the Singularity Does Not Happen?" presentation to Long Now Foundation, San Francisco, CA, February 16, 2007. Also Rosenzweig, "Scarcity or Abundance?" p. 758.

44 Stille, *Future of the Past*, p. 247.

45 Walter Mischel, Yuichi Shoda, and Monica Rodriguez, "Delay of Gratification in Children", *Science* 244, no. 4907 (1989): 933~38.

46 Walter Mischel and Ozlem Ayduk, "Self-Regulation in a CognitiveAffective Personality System: Attentional Control in the Service of the Self", *Self and Identity* 1 (2002): 113~20, here, p. 115.

47 Arendt, *Thinking*, p. 210.

48 Lisa Tsui, "Fostering Critical Thinking through Effective Pedagogy: Evidence from Four Institutional Case Studies", *Journal of Higher Education* 73, no. 6 (2002): 740.

49 *Education At a Glance 2017: OECD Indicators* (Paris: OECD Publishing, 2017), http://dx.doi.org/10.1787/eag-2017-en. Doug Shapiro et al., *A National View of Student Attainment Rates by Race and Ethnicity—Fall 2010 Cohort, Signature Report No. 12b* (Herndon, VA: National Student Clearinghouse Research Center, April 2017), p. 2.

50 Beginning College Survey of Student Engagement, *BCSSE Institutional Report 2017 Grand.*, p. 26, http://bcsse.indiana.edu/summary_tables.cfm. Alexander McCormick, "It's About Time: What to Make of Reported Declines in How Much College Students Study", *Liberation Education* 97, no. 1 (Winter 2011), https://www.aacu.org/publications-research/periodicals/its-about-time-

what-make-reported-declines-how-much-college. National Survey of Student Engagement, *NSSE 2017 U.S. Summary Frequencies by Class and Sex*, 2017, p. 1. http://nsse.indiana.edu/2017_institutional_report/pdf/Frequencies/Freq%20-%20Sex.pdf.

51 National Survey of Student Engagement, *Bringing the Institution into Focus: Annual Results 2014* (Bloomington, IN: Center for Postsecondary Research Indiana University, 2014), p. 16.

52 *2016 ACT High School Profile Report: The Graduating Class of 2016* (Iowa City: ACT, 2016), https://www.act.org/content/dam/act/unsecured/documents/P_99_999999_N_S_N00_ACT-GCPR_National.pdf. Laura Jimenez et al., *Remedial Education: The Cost of Catching Up* (Washington DC: Center for American Progress, September 2016), p. 1.

53 Patricia King quoted in Mark Clayton, "Rethinking Thinking", *Christian Science Monitor*, October 13, 2003, p. 18.

54 Derek Bok, *Our Underachieving Colleges: A Candid Look at How Much Students Learn and Why They Should Be Learning More* (Princeton, NJ: Princeton University Press, 2006), pp. 68~69.

55 Christopher Huber and Nathan Kuncel, "Does College Teach Critical Thinking: A Meta-Analysis", *Review of Educational Research* 20, no. 10 (Month 201X, 2016): pp. 1~38. Ernest Pascarella and Patrick Terenzini, *How College Affects Students: A Third Decade of Research* (San Francisco: John Wiley & Sons, 2005), p. 158.

56 Patricia King and Karen Strohm Kitchener, *Developing Reflective Judgment: Understanding and Promoting Intellectual Growth and Critical Thinking in Adolescents and Adults* (San Francisco: Jossey-Bass Publishers, 1994), pp. 166~67.

57 Barry Kroll, *Teaching Hearts and Minds: College Students Reflect on the Vietnam War in Literature* (Carbondale: Southern Illinois University Press, 1992). Reprinted in King and Kitchener, *Developing Reflective Judgment*, p. 166.

58 Walter Mischel and Ozlem Ayduk, "Willpower in a CognitiveAffective Processing System", in *Handbook of Self-Regulation*, ed. Roy Baumeister and Kathleen Vohs (New York: Guilford Press, 2004), pp. 99~129.

59 Mischel, Shoda, and Rodriguez, "Delay of Gratification", p. 935.

60 Kathleen Vohs and Roy Baumeister, "Understanding SelfRegulation: An Introduction", in *Handbook of Self-Regulation*, pp. 1~22.

61 Martin Seligman and Angela Duckworth, "Self-Discipline Outdoes IQ in

Used to Help the Child?" *Development of Medicine and Child Neurology* 47, no. 10 (2005): 699.

4   Michael Posner, "Genes and Experience Shape Brain Networks of Conscious Control", *Progress in Brain Research* 150 (2005): 173~83, here, p.180. Also Michael Posner and Mary K. Rothbart, *Educating the Human Brain* (Washington, DC: American Psychological Association, 2007), pp. 60~61.

5   Posner and Rothbart, *Educating the Human Brain*, pp. 68~69.

6   Naomi Eilen, ed., *Joint Attention: Communication and Other Minds: Issues in Philosophy and Psychology* (Oxford: Clarendon Press, 2005), p. 1.

7   Marie Rocha, Laura Schreibman, and Aubyn Stahmer, "Effectiveness of Training Parents to Teach Joint Attention in Children with Autism", *Journal of Early Intervention* 29, no. 2 (2007): 154.

8   Interview with Bruce McCandliss, October 2007.

9   Michael Posner and Stephen Boies, "Components of Attention", *Psychological Review* 78 (1971): 391~408.

10 Amir Raz and Jason Buhle, "Typologies of Attention Networks", *Nature Reviews Neuroscience* 7 (May 2006): 367~79.

11 Posner and Rothbart, *Educating the Human Brain*, p. 93.

12 Michael Posner and Mary K. Rothbart, "Research on Attention Networks as a Model for the Integration of Psychological Science", *Annual Review of Psychology* 58 (2007): 1~23.

13 Michael Posner, "How I Got Here", in *Developing Individuality in the Human Brain: A Tribute to Michael I. Posner*, ed. Ulrich Mayr, Edward Awh, and Steven Keele (Washington, DC: American Psychological Association, 2005), pp. 237~46.

14 Andrea Berger, Gabriel Tzur, and Michael Posner, "Infant Brains Detect Arithmetic Errors", *Proceedings of the National Academy of Sciences* 103, no. 33 (2006): 12649~53.

15 M. Rosario Rueda et al., "Training, Maturity and Genetic Influences on the Development of Executive Attention", *Proceedings of the National Academy of Sciences* 102, no. 41 (2005): 14931~36. Also Raz and Buhle, "Typologies of Attention Networks."

16 Brad Sheese et al., "Parenting Quality Interacts with Genetic Variation in Dopamine Receptor DRD4 to Influence Temperament in Early Childhood", *Development and Psychopathology* 19 (2007): 1039~46. Also Michael Posner et al. "Developing Attention: Behavioral and Brain Mechanisms", *Advances in*

Predicting Academic Performance of Adolescents," *Psychological Science* 16, no. 12 (2005): 939~44.

62 Mischel and Ayduk, "Self-Regulation," p. 118. Also Mischel, Shoda, and Rodriguez, "Delay of Gratification", p. 934.

63 Russell Barkley, "Attention-Deficit/Hyperactivity Disorder and Self-Regulation", in Baumeister and Vohs, *Handbook of Self-Regulation*, pp. 301~23, here, p. 309.

64 Posner and Rothbart, *Educating the Human Brain*, p. 64.

65 Grazyna Kochanska et al., "Individual Differences in Emotionality in Infancy", *Child Development* 69, no. 2 (1998): 375~90.

66 Posner and Rothbart, *Educating the Human Brain*, p. 86~87.

67 Pascarella and Terenzini, *How College Affects Students*, pp. 186~87.

68 Jennifer Fredericks, Phyllis Blumenfeld, and Alison Paris, "School Engagement: Potential of the Concept, State of the Evidence", *Review of Educational Research* 74, no. 1 (2004): p. 59.

69 American Philosophical Association statement quoted in Peter Facione, *Critical Thinking: A Statement of Expert Consensus for Purposes of Educational Assessment and Instruction* (Millbrae, CA: California Academic Press, 1990). Bok, *Our Underachieving Colleges*, pp. 68~69.

70 Mischel and Ayduk, "Self-Regulation", p. 119.

71 Alexander Astin, *The American Freshman: Thirty-five-Year Trends* (Los Angeles: American Council on Education, Cooperative Institutional Research Program, University of California/Los Angeles, 2002), pp. 16~17.

72 Arthur Levine and Jeanette Cureton, "What We Know about Today's College Students", *About Campus*, March/April 1998, pp. 4~9.

73 Barkley, "Attention-Deficit/Hyperactivity Disorder", pp. 310~16.

9 다시 집중하는 삶으로

1 William James, *The Principles of Psychology*, ed. Frederick Burkhardt (Cambridge, MA: Harvard University Press, 1981, 1890), 1:381~82.

2 Michael Posner and Marcus Raichle, *Images of Mind* (New York: Scientific American Library, 1994), pp. 182~83.

3 Natalie Boyle et al., "Blindsight in Children: Does It Exist and Can It Be

Neuroscience (Hindawi) (May 1, 2014): 405094.

17 Steven Haggbloom et al., "Eminent Psychologists of the Twentieth Century", *Review of General Psychology* 6, no. 2 (2002): 139~52.

18 Nicholas Schiff and Michael Posner, "Consciousness: Mechanisms, Keynote", in *Encyclopedia of Life Sciences* (New York: John Wiley & Sons, 2005), pp. 1~6. Also Michael Posner, "Measuring Alertness", in *Annals of the New York Academy of Sciences 1129* (2008): 193~99.

19 Schiff and Posner, "Consciousness: Mechanisms", p. 3.

20 Jeffrey Halperin and Kurt Schulz, "Revisiting the Role of the Prefrontal Cortex in the Pathophysiology of Attention-Deficit/Hyperactivity Disorder", *Psychological Bulletin* 132, no. 4 (2006): 560~81.

21 Schiff and Posner, "Consciousness: Mechanisms", p. 5.

22 Raz and Buhle, "Typologies of Attention Networks", p. 374.

23 Ignas Skrupskelis, "William James", *American National Biography Online*, February 2000, http://www.anb.org/articles/20/20-01725. Also Linda Simon, *Genuine Reality: A Life of William James* (New York: Harcourt Brace, 1998).

24 Linda Simon, ed., *William James Remembered* (Lincoln: University of Nebraska Press, 1996), p. 119.

25 위와 동일한 책, p. 37.

26 William James, *Talks to Teachers on Psychology and to Students on Some of Life's Ideals* (New York: Henry Holt and Company, 1906), p. 113.

27 Interview with Clifford Saron, May 2007.

28 James, *Talks to Teachers*, p. 65.

29 Joan McDowd et al., "Attentional Abilities and Functional Outcomes Following Stroke", *Journals of Gerontology: Series B: Psychological Sciences and Social Sciences* 58B, no. 1 (2003): 45~53.

30 Sharon Begley, *Train Your Mind, Change Your Brain: How a New Science Reveals Our Extraordinary Potential to Transform Ourselves* (New York: Ballantine Books, 2007), pp. 6, 8. (샤론 베글리, 이성동, 김종옥 옮김, 『달라이라마, 마음이 뇌에게 묻다』, 북섬, 2008.)

31 위와 동일한 책, pp. 74, 91, 100.

32 Stanley Colcombe et al., "Cardiovascular Fitness, Cortical Plasticity, and Aging", *Proceedings of the National Academy of Sciences* 101, no. 9 (2004): 3316~21.

33 Helen Neville quoted in Begley, *Train Your Mind*, pp. 90~92.

34 Bstan-dzin-rgya-mtsho, the Dalai Lama XIV, *The Universe in a Single Atom*: *The Convergence of Science and Spirituality* (New York: Morgan Road Books, 2005), p. 150. (14대 달라이라마 텐신 갸초, 삼묵, 이해심 옮김,『한 원자 속의 우주 : 과학과 불교』, 하늘북, 2007.)

35 Huston Smith, *The Religions of Man* (New York: Harper & Row, 1958, 1964), pp. 96~97. (휴스턴 스미스, 이종찬 옮김,『인간의 종교』, 은성, 2005.)

36 B. Alan Wallace, *Contemplative Science*: *Where Buddhism and Neuroscience Converge* (New York: Columbia University Press, 2007), p. 136.

37 Interviews with Alan Wallace, May and July 2007.

38 B. Alan Wallace, *The Attention Revolution*: *Unlocking the Power of the Focused Mind* (Boston: Wisdom Publications, 2006), p. 15.

39 Interview with Cass McLaughlin, May 2007.

40 Amishi Jha, Jason Krompinger, and Michael Baime, "Mindfulness Training Modifies Subsystems of Attention", *Cognitive, Affective and Behavioral Neuroscience* 7, no. 2 (2007): 109~19.

41 Anthony Zanesco et al., "Cognitive Aging and Long-Term Maintenance of Attentional Improvements Following Meditation Training", *Journal of Cognitive Enhancement* (2018), https://doi.org/10.1007/s41465-018-0068-1. 2012년 말, 존 템플턴 재단이 230만 달러의 보조금을 후원한 덕분에 사마타 프로젝트는 계속되었다. 다음을 참고하라. http://saronlab.ucdavis.edu/shamatha-project.html. Also Yi-Yuan Tang et al., "Mechanisms of White Matter Changes Induced By Meditation", *Proceedings of the National Academy of Sciences* 109 (2012): 10,570~10,574.

42 David Washburn, "Picking up the Check When It's Time to Pay Attention", *Psychological Science Agenda* 20, no. 5 (2006): 1-4. Duane Rumbaugh and David Washburn, "Attention and Memory in Relation to Learning", in *Attention, Memory and Executive Function*, ed. G. Reid Lyon and Norman Krasnegor (Baltimore, MD: Paul H. Brookes, 1995), pp. 199~219. Also interview with David Washburn, September 2007.

43 M. Rosario Rueda et al., "Training, Maturity and Genetic Influences." Also M. Rosario Rueda et al., "Enhanced Efficiency of the Executive Attention Network after Training in Preschool Children: Immediate and after Two Month Effects", *Developmental Cognitive Neuroscience* 2 (2012): S192~204.

44 Michael I. Posner et al., "Enhancing Attention through Training", *Current*

Opinion in Behavioral Sciences 4 (2015): 105. Posner quoted in Bridget Murray, "Training Young Minds Not to Wander", *Monitor on Psychology* 34, no. 9 (2003): 58.

45 Leanne Tamm et al., "Can Attention Itself Be Trained: Attention Training for Children At-Risk for ADHD", in *Attention Deficit/Hyperactivity Disorder: A 21st Century Perspective*, ed. Keith McBurnett et al. (New York: Marcel Dekler, 2007).

46 Torkel Klingberg, "Computerized Training of Working Memory in Children with ADHD—A Randomized, Controlled Trial", *Journal of American Academy of Child and Adolescent Psychiatry* 44, no. 2 (2005): 177~86. Also interview with Dr. Christopher Lucas, associate professor of child and adolescent psychiatry at New York University, August 2007.

47 Interview with Leanne Tamm, August 2007. Also Tamm et al., "Can Attention Itself Be Trained."

48 "Greater love hath no man than this, that a man lay down his life for his friends", John 15:13 (King James Version).

49 *Oxford English Dictionary*, vol. 4 (Oxford: Clarendon Press, 1989), p. 863.

50 Melanie Thernstrom, "My Pain, My Brain", *New York Times Magazine*, May 14, 2006, pp. 51~55.

51 Hunter Hoffman, "Virtual Reality Therapy", *Scientific American*, August 2004, pp. 58~65.

52 James, *Principles of Psychology*, 2:992.

53 William Shakespeare, *Anthony and Cleopatra*, act III, scene vii, 77.

54 John Henry Blunt, ed., *The Myroure of Oure Ladye*, Early English Text Society ed. (London: N. Trubner & Co., 1873), pp. 41~52.

55 Jonathan Smallwood and Jonathan Schooler, *Psychological Bulletin* 132, no. 6 (2006): 946~58. Also Jonathan Smallwood, Daniel Fishman, and Jonathan Schooler, "Counting the Cost of an Absent Mind: Mind Wandering as an Underrecognized Influence on Educational Performance", *Psychonomic Bulletin & Review* 14, no. 2 (2007): 230.

56 Interviews with Jacob Collins, July and September 2007.

57 James Panero, "The New Old School", New Criterion, September 2006, pp. 104~107.

58 Jin Fan et al., "Testing the Efficiency and Independence of Attentional Networks", *Journal of Cognitive Neuroscience* 14, no. 34 (2002): 340~47.

옮긴이 왕수민

서강대학교에서 역사와 철학을 전공했다. 주로 인문 분야의 도서를 맡아 번역을 진행하고 있다. 옮긴 책으로는 『문명 이야기 1, 4』(공역), 『더 타임스 세계사』, 『클라이브 폰팅의 세계사』, 『수잔 바이어의 세상의 모든 역사: 중세편』, 『바른 마음』, 『나쁜 교육』, 『바른 행복』 『유럽: 하나의 역사』, 『양심은 힘이 없다는 착각』 등이 있다.

생각하는 법을 잃어버린 사람들

산만함의 탄생

초판   1쇄 발행 2010년 2월 14일
개정증보판 1쇄 발행 2024년 7월 10일

지은이 매기 잭슨
옮긴이 왕수민
펴낸이 김선식

부사장 김은영
콘텐츠사업본부장 박현미
책임편집 옥다애 **디자인** 황정민 **책임마케터** 오서영
콘텐츠사업4팀장 임소연 **콘텐츠사업4팀** 황정민, 박윤아, 옥다애, 백지윤
마케팅본부장 권장규 **마케팅1팀** 최혜령, 오서영, 문서희 **채널1팀** 박태준
미디어홍보본부장 정명찬 **브랜드관리팀** 안지혜, 오수미, 김은지, 이소영
뉴미디어팀 김민정, 이지은, 홍수경, 서가을
크리에이티브팀 임유나, 변승주, 김화정, 장세진, 박장미, 박주현
지식교양팀 이수인, 염아라, 석찬미, 김혜원, 백지은
편집관리팀 조세현, 김호주, 백설희 **저작권팀** 한승빈, 이슬, 윤제희
재무관리팀 하미선, 윤이경, 김재경, 임혜정, 이슬기
인사총무팀 강미숙, 지석배, 김혜진, 황종원
제작관리팀 이소현, 김소영, 김진경, 최완규, 이지우, 박예찬
물류관리팀 김형기, 김선민, 주정훈, 김선진, 한유현, 전태연, 양문현, 이민운

펴낸곳 다산북스 **출판등록** 2005년 12월 23일 제313-2005-00277호
주소 경기도 파주시 회동길 490 다산북스 파주사옥 3층
전화 02-702-1724 **팩스** 02-703-2219 **이메일** dasanbooks@dasanbooks.com
홈페이지 www.dasanbooks.com **블로그** blog.naver.com/dasan_books
용지 스마일몬스터 **인쇄** 민언프린텍 **제본** 다온바인텍 **코팅 및 후가공** 평창피앤지

ISBN 979-11-306-5099-9(03180)